Egon Fein · Nürnberg in den 50ern

Trümmerfeld
Nürnberg 1950:
Die „Schuttbahn"
auf dem
Hans-Sachs-Platz

Egon Fein

Nürnberg in den 50ern

Die Stadt in stürmischen Aufbaujahren der Nachkriegszeit
Geschichte, Geschichten, Anekdoten und 400 Bilder

Verlag Nürnberger Presse

Impressum

Zweite, überarbeitete Auflage

Grafische Gestaltung/Umschlag:
Dagmar Lössl

Gesamtherstellung:
Verlag Nürnberger Presse,
Druckhaus Nürnberg GmbH & Co.
Lithos:
Reprotechnik Fockner, Nürnberg
Buchbinderische Verarbeitung:
Röck, Weinsberg

Dokumentation:
Archiv Nürnberger Nachrichten,
Stadtarchiv Nürnberg,
Amt für Stadtforschung und
Statistik Nürnberg, Alois Fröhler,
Erich Schödel, Industrie- und
Handelskammer Nürnberg,
Handwerkskammer für Mittel-
franken, Hans Bernhard, Privat

Fotos:
Archiv Nürnberger Nachrichten
(331), Kurt Schmidtpeter (23),
Bischof & Broel (7), Städtisches
Hochbauamt Nürnberg (6),
Bildarchiv Ullstein, Berlin (5),
Helga Clausnitzer (4),
Baumann (2), Privat (35)

ISBN: 3-920701-98-4

Vorwort

Die fünfziger Jahre des zwanzigsten Jahrhunderts haben ihre Faszination nie verloren. Die Erinnerung an diese Pionierzeit ist wie ein Vermerk im Notizbuch der Geschichte, der den Beginn eines neuen Zeitalters in Deutschland festschreibt.

Die sie erlebt haben, reagieren widersprüchlich. Viele bekommen verklärte Augen, als schauten sie in ein verlorenes Paradies. Viele mokieren hämisch den Mief einer kleinbürgerlichen Lebensenge. Man kann darüber streiten, aber so richtig wahr ist weder das eine noch das andere. Wahr indessen ist, daß diese Zeit durch ihre Ausnahmesituation zur Legende wurde.

Die fünfziger Jahre waren der wirkliche Anfang nach der größten Katastrophe, die Deutschland je getroffen hat. Sie erst brachten den Aufbruch in eine bessere Zeit, nachdem die Währungsreform im Juni 1948 mit ihrer harten D-Mark den Grundstein für die Gesundung der deutschen Wirtschaft gelegt hatte. Erst jetzt, fast zwei Jahre danach, als Rationierung und Kontingentierung im Januar 1950 zu Ende gingen, fing Otto Normalverbraucher an, davon zu profitieren.

Jetzt waren die Deutschen nicht mehr nur ein Volk von Trümmerfrauen und Heimkehrern. Jetzt war die Nachkriegszeit mit allen ihren Entbehrungen endgültig abgeschlossen, das normale Leben begann mit einer Dynamik, die alle mitriß: Die Zeit eines unglaublichen, nie dagewesenen Wiederaufbaus.

Dafür nahmen auch die Nürnberger fast alles in Kauf. Sie krempelten die Ärmel hoch, sie warfen den Schutt des Krieges aus den Mauern, sie bauten ihre Stadt von morgen und vergaßen die Trümmer von gestern.

Foto aus den 50ern

Ruinen paßten nicht mehr in den Plan vom neuen Leben. Fleiß, Arbeit und Rastlosigkeit allein galten als Prämisse für Erfolg, Effizienz und moralische Wiederkehr. Die Menschen produzierten, fabrizierten, montierten; sie kultivierten, was sie geschaffen. Zupacken und Improvisieren standen obenauf. Dieses Streben nach Wohlstand, immerwährendem Wachstum und Anerkennung gebar das Wirtschaftswunder der fünfziger Jahre.

Die Wellen des Fortschritts folgten rasch aufeinander. Erst die „Freßwelle", dann die „Kleider-", die „Einrichtungs-", die „Motorisierungs-" und die „Reisewelle". Die Menschen der fünfziger Jahre waren glücklich über das lang vermißte Völlegefühl, das ihnen ein Schäuferla mit zwei Klöß' bereitete; sie waren stolz auf ihren Nierentisch, auf Mehrzweckmöbel und Plastikstühle, auf Nyltesthemden, dicke Kreppsohlen, Petticoats, auf die feine Naht der Nylonstrümpfe. Erst recht auf die neue Waschmaschine und den gebrauchten VW. Elegant sollte alles sein, möglichst repräsentativ, aber auch praktisch, zweckmäßig und strapazierfähig.

Die fünfziger Jahre schufen ein neues, kollektives Lebensgefühl, sie brachten den neugeborenen Typus des deutschen Bürgers zustande: den „anständigen" und bescheidenen Menschen in einem „anständigen" und bescheidenen Lebensraum.

Nach Jahren des Überlebens machte sich aber auch ein Hunger nach Leben breit, in Maßen freilich, wohl dosiert und kontrolliert. Sogar für Originale hatte die Zeit des ruhelosen Wiederaufbaus wieder Platz.

Wie immer die Geschichte über die „Flegeljahre" der jungen Republik einst urteilen mag – ohne die Leistungen der „Fünfziger", ohne ihre unwiederbringlichen Merkmale wäre unser späteres Leben so nicht möglich gewesen.

Als junger Lokalredakteur der „Nürnberger Nachrichten" hatte ich mit diesen fünfziger Jahren in meiner Heimatstadt innige Bekanntschaft geschlossen. Ich habe Ereignisse miterlebt, die bedeutsam waren für ihre Zeit, aber auch scheinbar nebensächliches Geschehen beobachtet. Licht- und Schattenseiten des Alltags habe ich gesehen. Ich war eng verbunden mit dem Werden und Wachsen dieser Stadt und mit ihren Menschen, denn ich habe jeden Tag darüber berichtet.

Aus diesem vielseitigen Mit-Erleben und Beobachten habe ich versucht, ein Mosaik zu filtern: Die Geschichte der Stadt neben Geschichten und Anekdoten der ganz persönlichen Art. Beides, so glaube ich, gehört zum Bericht eines Zeitzeugen über Nürnberg in den fünfziger Jahren – die mitunter etwas subjektive Chronik eines Journalisten, der dabei war.

Egon Fein

Inhalt

1950

Hauptmarkt 1950: Die Sebalduskirche ohne Dach, das alte Rathaus eine Ruine, vom neuen noch keine Spur, die Frauenkirche ein Torso, zur Plobenhofstraße karger Rasen, auf der Südseite schäbige „Ladenhütten“. Nur die Handelskammer baut auf, und der Schöne Brunnen steht wie eh und je, weil er den Krieg hinter einem Betonmantel überlebt hat

Winklerstraße: Das Wirtshaus im Eisenbahnwaggon - aber mit „Vorgarten“. Später entsteht hier der „König Otto“

Brandschwarze Mauern, öde Fensterhöhlen: Das alte Rathaus vom Sebaldusplatz gesehen (links). Mehr rührt sich in der Königstraße (ganz links): Wenig Autos zwar, aber die Straßenbahn fährt. Auf der rechten Seite schon wieder ganz passable Fassaden, doch links nur Ruinen, vorn die Mauthalle. Vom Kaufhof ist noch nichts zu sehen

Vorerst nur ein Traum: Der erste Nachkriegs-DKW, Modell Meisterklasse, mit Zweitakt-Motor und 23 PS

An der Wende zu einem neuen Jahrzehnt: Der letzte Christkindlesmarkt der vierziger Jahre, Weihnachten 1949. Schon ein paar Wochen später, im Januar 1950, stürzt Nürnberg kopfüber in den Fasching: Beim „Wunder-Wirt" Andreas Meißenbach, die Narrenkappe auf dem lockigen Haupt (zweiter von links)

Treffpunkt gastronomischer Kenner: „Böhm's Waizenstüblein" am Hauptmarkt, hinterm Rathaus Fünferplatz

Am Vorabend der 50er Jahre: Marktfrauen zwischen Ruinen, „a bißla“ Grünzeug in alten Holzkisten, dürftiges Angebot aus dem Knoblauchsland. Jahrelang geben hungrige Nürnberger sich damit zufrieden, bevor 1950 die Lebensmittelkarten verschwinden. Trostlos wie der Hauptmarkt die Nachbarschaft zwischen Fleisch- und Museumsbrücke (links)

1950

Ein Leben ohne Marken

Die Metzgerin hinterm Ladentisch ziert sich: „Allmächt, etz is a bisserla mehr worn! Macht's was aus?"

Natürlich macht's nix aus. Wir verstehen bloß Bahnhof. Ich schaue meinen Freund Georg an, den Gerch, der manchmal auch Schorsch heißt; der schaut mich an. Seine Frau, die Betty, schaut die Metzgerin an, und die lächelt wie a Päckla Kunsthonig.

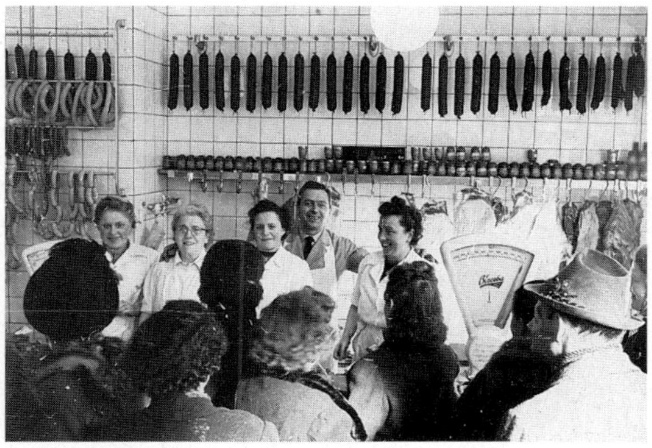

Das Wunder am 10. Januar 1950: Würste locken, Metzger lächeln, Kunden staunen

Na sowas! Seit zehn Jahren hat mich keine Metzgerin mehr gefragt, ob's mehr sein darf. Ist über Nacht der Wohlstand ausgebrochen, haben wir was übersehen?

Nix haben wir übersehen, auch den Kalender nicht, und der Wohlstand ist auch so plötzlich nicht über uns gekommen.

Wir leben in den ersten Januartagen 1950, der Krieg liegt noch nicht mal fünf Jahre hinter uns. Gar nicht so lang ist es her, da standen einem erwachsenen „Normalverbraucher" pro Tag 700 Kalorien und im Monat, unter wenig anderem, 450 g Fleisch, 62,5 g Käse, ein Liter entrahmte Frischmilch, 170 g Fett und 125 g Malz-Kaffee zu. Richtig gelesen: im Monat.

Und noch im Dezember 49, vor knapp drei Wochen, hat die Betty für ihre Weihnachtsbäckerei die letzten 20 Gramm Fettmarken von der löchrigen Zuteilungskarte abgeschnippelt, um ihre Plätzla nicht zu gefährden. Jetzt, auf einmal, „därf's a bisserla mehr sei", ohne daß jemand nach „die Mark'n" fragt. Dabei gibt's offiziell noch immer Lebensmittelkarten, Fett- und Zuckermarken, zum Beispiel.

Aber auch damit hat's am 10. Januar 1950 – fast – ein Ende. An diesem Dienstagmittag teilt der Bundesminister für Ernährung und Landwirtschaft aus Bonn den Ernährungsämtern mit, daß die „Bewirtschaftung sämtlicher Lebensmittel mit Ausnahme des Zuckers ab sofort aufgehoben ist".

Zucker – wieso? Kein Mensch will mehr Zuckermarken. Zucker gibt's genug. Trotzdem werden sie – wenn auch wertlos wie Zuckerwatte im Regen – noch bis März gedruckt. Noch ein Relikt des Krieges verschwindet: der papierene Fünfzigpfennig-Schein.

Na also, sie fangen doch gut an, die fünfziger Jahre! Nach genau zehn Jahren, vier Monaten und neun Tagen haben die sogenannten Ernährungsämter ausgedient, ihren letzten 220 Beamten und Angestellten in Nürnberg bleibt Zeit bis März zur „Abwicklung". Was und wieviel du essen und trinken darfst, verordnet von nun an nicht mehr „das Amt", jetzt kannst du ungeniert spachteln und schlucken, was dir schmeckt. Alles ohne Marken, nichts mehr ist rationiert. Die Wirtschaft lebt wieder vom Umsatz, nicht mehr vom Bezugschein. Die D-Mark, am 20. Juni 1948 eingeführt und in kurzer Zeit zur stabilen Währung herangewachsen, hat die Schaufenster gefüllt. Essen und Trinken sind zunächst mal Thema Nummer eins. Keiner will mehr hungern, Messer und Gabel werden die wichtigsten Werkzeuge, die „Freßwelle" deckt die ersten Wünsche des Nachholbedarfs.

Die Betty packt ihre Wurst, die „a bißla mehr worn is", ins Einkaufsnetz, läßt den Gerch und mich auf eine Halbe (40 Pfennig) ins nächste Wirtshaus ziehen und geht heim. Noch immer lächelt sie etwas ungläubig. Betty ist Jahrgang 25, kriegsgebeutelt vom ersten bis zum letzten Tag, goldene Zeiten hat sie nie gesehen: sie war acht, als Hitler kam; 14, als der Krieg begann, 20, als die Waffen schwiegen und der Magen laut wurde – denn wer im Krieg nicht gehungert hat, der lernte es jetzt.

Betty kommt aus Steinbühl, Steinheilstraße; dort geboren, dort aufgewachsen und mit 19 Jahren dort beinahe schon wieder begraben. Im Oktober 44 pflügen Bomben die Steinheilstraße um, auf Nummer 14 und 16 sind sie fast alle tot, nur zwei Frauen kommen davon; und bloß die Häuser 17 und 19 bleiben stehen, zwar ausgebrannt, aber zum Überleben gerade noch zu gebrauchen. Besser ein windiges Dach als ein solider Sargdeckel, spöttelt der Nachbar.

Bettys Eltern sind „fliegergeschädigt", und da bekommen sie 3.000 Mark Zuschuß, um aus der Ruine wieder ein paar brauchbare Zimmer zu machen. „Fliegergeschädigt" oder „ausgebombt" heißt soviel wie „alles hin". Nix mehr übrig

Tatort Willstraße: Wer am Trittbrett hängt, hat Glück gehabt, drinnen macht qualvolle Enge die Menschen zu Sardinen in der Büchse. Bleibt nur die Hoffnung auf die nächste Bahn. Links die Pfannenschmiedsgasse hinter der Mauthalle: Nur nackte Fassaden erinnern ans „Apollo" und das Hotel „Wittelsbacher Hof". Das Plakat über dem Eingang lockt ins Kino

außer vielleicht einem Koffer mit dem „Luftschutz-Gepäck“: Bluse, Rock, ein paar Strümpfe, etwas Unterwäsche.

Georg, aus Gostenhof, 26 Jahre alt, vor drei Jahren aus Gefangenschaft heimgekommen und seit einem halben Jahr mit Betty verheiratet, arbeitet als Schlosser bei Schuckert, Stundenlohn 1,26 DM, achtundvierzig Stunden die Woche; das sind 60 Mark und 48 Pfennig. Betty addiert Zahlen in der Buchhaltung eines Textilbetriebes für 185 DM im Monat. Weil sie noch kein Kind haben, streicht das Finanzamt beim Gerch 2,43 DM vom Wochenlohn ein, bei Betty 6,25 DM im Monat. Zieht man Krankenkasse, Arbeitslosenbeitrag und sonst noch ein paar Beiträge ab, bleiben dem Gerch und der Betty im Monat knapp 400 Mark. Gar nicht so schlecht für Anfang 1950, legt man den durchschnittlichen Bruttolohn zugrunde: Zwei Drittel aller Frauen verdienen im Monat unter 200 DM, die Männer etwa 280 DM. Logisch, für große Sprüng' reicht's nicht, aber man kann leben, ebenso gut oder vielleicht sogar etwas besser als andere.

Wer allerdings auf die Fürsorge angewiesen ist, der schaut alt aus. Erbärmliche 55 DM kriegt der arme Mann im Monat, wenn er allein lebt; 50 DM, wenn er „Haushaltsvorstand“ ist, 28 DM für jedes Familienmitglied über 16 Jahre, 23 DM, wenn es jünger ist. Satt kannst du davon nicht werden.

Für ihre zwei Zimmer mit Badbenützung bei der Peterskirche zahlen Georg und Betty 46 DM im Monat, für ein Ei 18 Pfennig, ein Pfund Schweinefleisch 1,52 DM, 100 Gramm Dauerwurst 25 Pfennig, ein Pfund Butter 2,60 DM und für einen Laib Roggen-Mischbrot 55 Pfennig. Zwei Bratwürst' mit Gurkensalat und Kartoffeln kosten im Wirtshaus 1,20 DM, ein Wiener Schnitzel samt gemischtem Salat 1,40 DM, zwei sauere Zipfel 70 Pfennig und die Portion Stadtwurst mit Musik eine D-Mark. Die Halbe Hell kostet 40 Pfennig, das Dunkle einen Pfennig weniger, das Export 49, das Märzen 53 Pfennig, eine Flasche Weißwein aus der Pfalz 1,24 DM. Für eine 20er-Packung Zigaretten sind 1,70 DM fällig. „Texas“ kaufen die meisten, das Stück für 8,5 Pfennig; eine echte Orient-Zigarette „in Friedensqualität“ für 12 Pfennig, die 25er-Schachtel für 3 Mark. Für den Straßenbahnfahrschein bezahlt man 25 Pfennig.

Menü für 15 Mark

Leute wie der Gerch und die Betty verkehren kaum im „Luftsprung“ am Bergauer Platz, wo ein halbes gebackenes Kärpfla mit 2,80 DM auf der Karte steht. Und schon gar nicht im Hotel „Victoria“ in der Königstraße. Zu Silvester 49/50 haben dort die Herren Ober im Vorkriegs-Smoking, das „Schmiesla“ (Vorhemd) frisch gestärkt, ein festliches Menü aufgetragen: Krebsschwanz-Mayonnaise „Carnot“, Schildkrötensuppe, Lendenschnitte vom Rost mit Haushofmeister-Butter, umlegt mit Gemüsesträußchen und Pommes dauphine, Fruchtsalat aus kalifornischen Früchten mit Maraschino. Kostenpunkt: 15 deutsche Mark.

Soviele Schrauben kann der Schuckert-Schlosser Georg im halben Leben nicht drehen, um für ein Menü 15 Mark auf den Tisch zu blättern; das wären ja fast zwölf Stundenlöhne! Außerdem ist es ihm vollkommen wurscht, ob das Obst aus Kalifornien oder aus Kalchreuth kommt. Warum der Krebsschwanz (was die Leut' bloß für „a Zeuch“ essen!) „Carnot“ und die Butter „Haushofmeister“ heißt, das begreift der Gerch sowieso nicht. Wenn man sich schon mal was gönnt, dann am Sonntag in der Eckwirtschaft für fünf Mark Ochsenschwanz-Suppe, Lendensteak mit frischen Champignons, Pommes frites und eine Portion Eis.

Viel Vergnügen und ein paar gute Angebote in der Zeitung

Die gastronomischen Silvester-Einladungen in den „Nürnberger Nachrichten“ haben der Gerch und die Betty bloß gelesen, weil sie neugierig waren. Zum Ball in den Humboldtsälen ist da geladen worden; zur blonden Gitta mit der Quetschkommod'n ins Burgstübla an der Burgstraße; in die Rigoletto-Bar, Klaragasse 9; in die Roxi-Bar bei der Jakobskirche; oder ins Mausloch an der Adlerstraße; ins Trocadero, Luitpoldstraße 9, I. Stock; dort swingt der Hermann Seiler mit seinen Solisten im feinen Ausgehanzug. Nebenan, ein paar Treppen tiefer, in der „Königin-Bar“ im einst berühmten „Wintergarten“, fiedelt die Kapelle F. Bechtold mit dem Stimmungssänger Werner Fischer zum Champagner-Entkorken, und die Edel-Platzhirsche mit den schon wieder gefüllten Brieftaschen (woher bloß?) bleiben im „Gärtla“ unter sich.

Dort hat der Gerch mit seiner Betty bestimmt nix verloren. Für solche Fisimatenten fehlt ihnen – wie den meisten Nürnbergern – das Kleingeld. Georg und Betty sind ganz und gar mit ihrem bescheidenen Leben beschäftigt, denn dazu haben sie ein Jahrzehnt lang wenig Gelegenheit gehabt. Da war mehr vom Sterben als vom Leben die Rede. Jetzt aber hoffen 351.085 Nürnberger, die inzwischen wieder unter die geflickten Dächer der Stadt zurückgefunden haben, auf bessere Zeiten. 25.189 Heimatvertriebene und 8.447 Ausländer haben sich unter die Einheimischen gemischt. 67.000 Nürnberger sind immer noch evakuiert, leben draußen auf dem Land, wohin sie während des Bombenkriegs „verschickt“ wurden; 12.000 von ihnen kommen als Pendler täglich „von draußen“ in die Stadt und verschwinden abends wieder. Die meisten wollen zurück, aber in Nürnberg ist kein Platz. Der Wohnraum bleibt bewirtschaftet, der Zuzug amtlich

Ramschladen in der Plobenhofstraße: Improvisation ist das halbe Leben

geregelt. Nach wie vor gibt es „Zuzugssperren“, noch darf niemand ohne Genehmigung dort wohnen, wo er gern möchte. Trotzdem schleichen sich von Januar bis März 4.000 Nürnberger heimlich zurück in die Heimatstadt, so daß es am 31. März schon 355.188 Einwohner sind.

Zum Vergleich: Bei Kriegsende im Mai 45 waren es gerade noch 196.000, ohne Ausländer sogar nur 175.000 in der zu zwei Dritteln zerstörten Stadt. Bei Kriegsausbruch 1939 lebten mehr als 423.000 Menschen in Nürnberg.

Nicht nur die Zahl der Einwohner hat zugenommen, der ganz normale Nürnberger auch. Er wird gewogen und wieder für „normal“ befunden. Statistiker bitten 1.680 Männer und 1.057 Frauen auf die Waage und stellen fest: Männer zwischen 40 und 60 Jahren, das sind 38,1 Prozent, haben in vier Wochen durchschnittlich um 2 Kilo und Frauen von 20 bis 40 um 1,2 Kilo zugelegt. Der „normale“ Mann hat über 60 Kilo auf den Rippen; immerhin neun Kilo mehr als zu den Hungerzeiten 47/48.

Ist der Zeiger der Waage auch ein Indikator für nahenden Wohlstand in der jungen Bundesrepublik, die noch nicht einmal ein Jahr alt ist? Am 23. Mai 1949 wurde das Grundgesetz verkündet und am 14. August die erste Bundesregierung gewählt. 31 Prozent stimmten für die CDU, 29,2 für die SPD, 11,9 für die FDP, 5,7 für die KPD, 4,2 für die Bayernpartei und 4 Prozent für die Deutsche Partei (DP). Die Regierungskoalition setzt sich aus CDU, FDP und DP zusammen.

Zweifel am Paradies sind berechtigt, denn die wirtschaftliche Situation läßt zwar Spielraum für langfristige Hoffnungen, aber rosig sieht's noch längst nicht aus. Am 19. Januar 1950 werden in Nürnberg 13.381 Arbeitslose gezählt, 7.576 männliche und 5.805 weibliche; dazu 4.185 Kurzarbeiter. Damit ist der Stand des Krisenjahres 1932 wieder erreicht. Im Februar sind es sogar 14.554 und 4.356 Kurzarbeiter.

Schuld daran sind, so widersprüchlich das klingen mag, die Folgen der Währungsreform. Sie war unumgänglich, um das geschundene Land gesund zu pflegen und der Wirtschaft auf die Beine zu helfen, aber so ein Heilungsprozeß ist schmerzhaft und langwierig. Das Geld wird knapp, die Kaufkraft fehlt, Industrie und Handel klagen über fehlende Aufträge, Arbeitsplätze werden gestrichen. Kleine Betriebe gehen in die Knie, die großen wanken und specken ab.

„Industrie-Flughafen Nürnberg“

Neue Hoffnung für die Nürnberger und fränkische Wirtschaft kommt aus der Luft. Seit dem 2. Januar nämlich ist der Abstand zwischen Nürnberg und dem Rest der Welt ein Stück kürzer geworden: Es gibt wieder einen Flughafen. Ein schmeichelhafter Name für die holprige Kärwawies'n mit ihren windigen Baracken an der Würzburger Straße in Fürth. Einst Werkflugplatz der Firma Bachmann und Blumenthal, jetzt eher ein ziviler Feldflughafen.

„Industrie-Flughafen“ heißt der Landeplatz deshalb auch fränkisch bescheiden, und es darf zum Jungfernflug nur eine schwachbrüstige DC 3 der KLM sein, die am Dienstag, 2. Januar 1950, um 15.30 Uhr mit 21 Personen und einstündiger Verspätung über die nur 1.200 m lange, seit Herbst 49 notdürftig reparierte Betonpiste und auf weiteren 160 Metern löchriger Stahlblechplatten hoppelt. Größere Maschinen haben keinen Platz und hier auch nichts verloren.

1950

Kriegsopfer, die nicht betteln wollen und mit ihrer Geduld am Ende sind, protestieren am Ring. Von 55 Mark Fürsorge kann niemand leben

Pendlerschicksal: Allein auf der Strecke Nordostbahnhof–Gräfenberg müssen jeden Tag mehr als 2000 Nürnberger 3. Klasse zur Arbeit fahren – und abends wieder zurück, weil sie in ihrer Heimatstadt keine Wohnung finden. Glücklich, wer einen Sitzplatz ergattert

Auf dem Behelfsflughafen an der Würzburger Straße in Fürth warten Bürgermeister Loßmann (Mitte), sein Fürther Kollege Hans Segitz (links) und der Autor auf den Abflug mit der DC 3 der belgischen Linie Sabena

Die Herren des Empfangskomitees frieren sich die Füße blau, denn es ist frostig geworden, zur Jahreswende haben russische Kaltluftmassen Schnee und Eis über Franken ausgebreitet.

Zu diesem Komitee gehören Oberbürgermeister Dr. Hans Bornkessel aus Fürth, Bürgermeister Julius Loßmann aus Nürnberg, Regierungspräsident Dr. Hans Schregle aus Ansbach und der amerikanische District-Officer Harald T. Lund, der mehr zu sagen hat als alle drei zusammen. Die Bundesrepublik besitzt nämlich noch längst nicht wieder die Hoheit über ihren eigenen Luftraum, die liegt weiterhin in den militärischen Händen der amerikanischen Besatzungsmacht.

Die holländische Fluggesellschaft KLM und die belgische Linie Sabena fliegen von nun an je zweimal in der Woche von Amsterdam bzw. Brüssel über Düsseldorf nach Nürnberg und weiter nach München – und zurück. Bald folgen Air France und SAS. Das Ticket innerhalb der Bundesrepublik kann in deutscher Mark bezahlt werden. Ein Novum im internationalen Flugverkehr, der sonst nur Dollar-Passagiere akzeptiert, aber auch eine frühe Verbeugung vor der gerade 18 Monate alten DM, die langsam flügge wird. Von Nürnberg nach Düsseldorf kostet's 95 Mark, nach München 39 DM.

Neben seiner wenig attraktiven Erscheinung leidet das Provisorium „Industrie-Flughafen" an einem weiteren Makel: Nürnbergs Platz am Fenster zur Welt, der erste nach dem Krieg, liegt in Fürth, ausgerechnet in Fürth! Dabei hat Nürnberg für diesen Notnagel dreimal soviel bezahlt wie Fürth. Das ist für jeden Nürnberger Patrioten wie eine Ohrfeige. Aber es ging nicht anders, Nürnberg hat keinen Platz für Flugzeuge. Der Vorkriegs-Flugplatz auf dem Marienberg kommt nicht mehr in Frage, auf dem liegt der Schutt der ganzen Sebalder Altstadt. Und die Schnapsidee, die von den Amis für Army-Kleinflugzeuge benutzte „Große Straße" am Dutzendteich zur Verkehrsflug-Landebahn umzufunktionieren, ist zum Glück wieder in den Schubladen verschwunden.

Kein D-Zug nach Berlin

Noch etwas gereicht Nürnberg zum Nachteil: Die politischen Veränderungen der Nachkriegszeit haben die Stadt in eine prekäre geographische Lage gedrängt. Bisher im Mittelpunkt eines nach allen Seiten offenen Europa, findet Nürnberg sich plötzlich am Saum des neu gestrickten Wirtschaftskleides: im Osten der Eiserne Vorhang zur Tschechoslowakei, im Norden der Eiserne Vorhang zur DDR, hier wie dort die Welt mit Brettern vernagelt. Die traditionellen Absatz- und Rohstoffmärkte im Osten und in Mitteldeutschland sind verloren und die neuen Märkte liegen weit im Westen. Die Folge: Lange Frachtwege und höhere Kosten für Nürnbergs Industrie und Handel. Für Nürnberg bestimmte Waren aus der Tschechoslowakei werden teilweise über Gibraltar (!) herangeschafft. Ohne viel Phantasie kann man sich ausrechnen, wie lange das dauert, wie teuer die Waren werden, ehe sie Nürnberg erreichen, und wer sich daran die Hände wäscht. Untertags verkehrt nicht mal ein D-Zug zwischen Nürnberg und Berlin.

Auch die Autobahn-Verbindungen sind spärlich. Es gibt nur den Anschluß an die Linie Berlin–München. Die Autobahnen nach Frankfurt und Stuttgart enden bei Tennenlohe und Schwabach im Sand. Und die Großschiffahrts-Planung zwischen Main und Donau ruht seit 1940 in den Amtsstuben. Die kläglichen Reste des alten Ludwigs-Kanals, durch Bombentreffer stark dezimiert, werden am 4. Januar 1950 endgültig stillgelegt. Ein Abschied ohne Tränen nach genau 105 Jahren.

In Nürnberg werden 16.898 Kraftfahrzeugbesitzer gezählt; 4.084 davon haben ein Auto und 2.464 ein Motorrad; der Rest sind Lastwagen und Busse. Außerdem klappern 682 Pferde durch die Stadt. Offiziell sind Benzin und Dieselöl zwar immer noch rationiert, aber das meiste wird längst ohne Marken verkauft. Der Sprit kostet anfangs 32, bald aber schon 45 und 48 Pfennig pro Liter. Bis zu 60 Pfennig sind angepeilt für die nahe Zukunft.

Den Normalverbraucher kümmern Benzinpreise wenig. Wer hat schon ein Auto?

Ich habe ein Auto, und was für eins! Ein klassisches Auto der 50er Jahre. In diesen autoarmen Zeiten ist der Mensch froh um alles, was sich vorwärtsbewegt, und das tut er, mein Vorkriegs-Opel-Olympia, Baujahr 1937 mit 27 PS. Zumindest meistens. Seine Kilometerzahl läßt sich nicht zurückverfolgen, aber der feine Riß im Motorblock einiges ahnen. Eine Schönheitskönigin ist die Gurke nicht, die ich für satte 2.700 nagelneue und bis auf den letzten Pfennig gepumpte D-Mark im Sommer 1949 von einem Taxifahrer aus der Holzgartenstraße erworben habe. Der gute Mann war heilfroh, daß er so einen Idioten wie mich gefun-

Ein Stück Vergangenheit: Der Ludwigskanal a. D. beim Gaswerk. In die Zukunft rollt der Opel-Olympia, Baujahr 1950. Das Cabrio kostet 6.950 DM

Mai 1950, Marienplatz 5, vor dem Verlagsgebäude der NN: Ford Taunus, Modell 49, das Auto mit dem Buckel. Darunter der Nachfolger des Jahres 1950, jetzt schon stark verchromt

Hauptsache, er fährt, wenn auch mühsam: Der 37er Opel-Olympia des Autors. Hier am Bierweg

den hat. Zweitausendsiebenhundert Mark – ein Sünden-Preis, an dem ich noch Jahre zu kauen habe. Wenn der Opel längst die Schrottpresse hinter sich hat, werden die Raten noch immer laufen.

Das Unikum sieht aus, als gehöre es eher heute als morgen auf den Müllplatz. Die einstmals beige Farbe ist nur mit der Lupe als solche zu erkennen, weil ich dem bedauernswerten Auto mit einer kaputten Spritzpistole eigenhändig das Blech besprüht habe. Der Erfolg ist höchst zweifelhaft, denn der Lack bröselt jeden Tag „a bißla" mehr ab. Beim Afrikakorps wären sie stolz gewesen auf so eine perfekte Tarnfarbe. Aber der alte Blecheimer ist ein Cabriolet, ein Vorteil, der Mängel verzeiht. Mädchen mögen Cabriolets, und das kommt mir sehr entgegen. So ein Auto ist anziehend, bei Regen aber leider sehr unpraktisch, denn es tröpfelt rein an allen Ecken und Falten. Um zu verhindern, daß die Karre zur Badewanne wird, sind mindestens fünfzehn dicke Samstag-Ausgaben der „Nürnberger Nachrichten" zum Löcherstopfen nötig.

Regnet's mal nicht und das scheckig-beige Ungetüm steigert sich zu rasenden 80 Stundenkilometern (mehr sind nicht drin), drohen andere Gefahren. Erst klappern die Türen und Fenster, dann rüttelt die Kühlerhaube, um am liebsten gleich abzuheben, und schließlich knirschen die rostigen Scharniere, die das Verdeck mühsam festhalten. Das brüchige Stoffzelt über meinem Haupt flattert wie die Vereinsfahne vom Gostenhofer Trachtenverein und um meine Ohren braust ein Orkan. Jetzt bleiben mir nur zwei Möglichkeiten, um nicht vollends im Freien zu sitzen: Entweder ich stoppe die Höllenfahrt von 80 km/h und bummle gottergeben dahin oder ich halte mit der freien Hand eines der beiden Scharniere fest. Die erste Lösung kommt einer Blamage gleich, die zweite riecht nach Harakiri. Ich reagiere je nach Stimmungslage. Am liebsten ist mir ein reaktionsschneller Beifahrer, der mit starker Hand ins stürmische Geschehen eingreift und verhindert, daß die flatterhafte Plane davonsegelt wie dürres Laub im Herbst.

Das Ende eines Cabrios

Das Ende des windigen Methusalems kommt nicht überraschend, aber es stimmt mich trotzdem traurig, weil es zu einem denkbar unpassenden Zeitpunkt passiert. Bei knapp 70 auf dem Autobahn-Zubringer nach Feucht reißt es mich ohne Vorwarnung aus dem Geschwindigkeitsrausch, zuerst klimpern die Ventile wie ein Xylophon, die Kolben knirschen und krachen, als sei ein Schraubenschlüssel dazwischengeraten, dann raucht's und stinkt's aus der Motorhöhle und schließlich tut sich gar nichts mehr. Die Kiste bleibt stehen. Kolbenfresser. Aus, Ende eines schönen, alten Cabrios.

Zum Glück hat die beifahrende Freundin Humor. Sie zieht das Kopftuch fest, ich ein paar alte Handschuhe an, und wir schieben den alterskranken Blecheimer zur nächsten Tankstelle, fast fünf Kilometer weit.

Das Auto bin ich zunächst mal los, das sehe ich erst nach Begleichung der Reparatur-Rechnung wieder. Leider zieht sich sowas in die Länge, wenn die fetten Restaurierungs-Kosten in einem krassen Mißverhältnis zum mageren Redakteurs-Gehalt stehen. Die Freundin bleibt mir erhalten. Schier grenzenlos ist ihr Verständnis für die Tücken eines alternden Automobils und noch mehr für einen gebrochenen Automobilisten, der von einem neuen Vehikel träumt.

Daß sich dieser Wunschtraum bald erfüllt, habe ich den guten Beziehungen meines Vaters zu seiner Bank zu verdanken. Nachdem ein leicht bescheuerter Käufer, technisch offensichtlich ein noch größerer Ignorant als ich, für meinen graumelierten Cabrio-Verschnitt (jetzt immerhin neu motorisiert) tatsächlich 1.500 Mark auf den Tisch gelegt hat, pumpe ich mir – für 4,5 % Zinsen – 5.000 DM bei besagter Bank und erstehe beim Ford-Greissinger für 6.300 DM einen Ford Taunus. Das Auto mit dem Buckel hat 1172 ccm Hubraum, 34 PS, fährt 110 Spitze und verbraucht 9 Liter auf 100 Kilometer.

Zurück zum Normalverbraucher. Seine Träume sind bescheidener. Ein paar hundert gesicherte Märker im Monat bleiben erstmal das Wichtigste. Das geht dem Gerch mit seiner Betty genauso wie mir und unseren Freunden Eberhard und Bärbel aus der Rollnerstraße. Der Eberhard und seine Frau sind eine Familie der

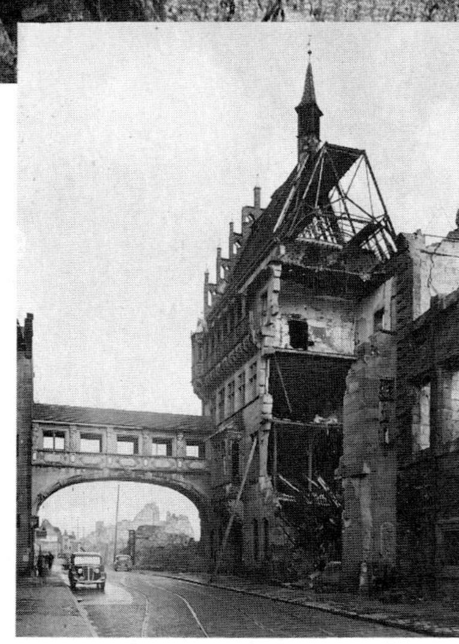

Einsam blickt Hans Sachs von seinem Podest auf die Schienen der „Schuttbahn“. Der Blick reicht ungehindert bis zum Obstmarkt und Fünferplatz. Rechts der zerbombte Rest des alten Rathauses an der Theresienstraße, dahinter das gleiche düstere Bild

„guten Mittelschicht". Er, 30 Jahre, stellvertretender Abteilungsleiter in einer Baufirma mit stolzen 365 Mark Monatsgehalt; sie, 27 Jahre, Sachbearbeiterin beim Photo-Porst mit 190 Mark im Monat. Sie haben sogar ein Telefon, Radio sowieso.

Alle wollen wir nix weiter als „g'scheit" leben und uns endlich mal was leisten können. Die Anzüge aus der ersten Nachkriegszeit, ohnehin nicht sehr strapazierfähig, sind verschlissen, die Schuhe mit den Kunstleder- oder gar Holzsohlen aus dem Verkehr gezogen. Meine ausgediente beige Sommerhose trägt einen eingesetzten Hosenboden zur Verstärkung, damit die Naht nicht reißt und der Unterhose freien Durchblick erlaubt. Zum Gedenken an den ehrwürdigen preußischen Reitergeneral Ziethen, der mehr auf dem Gaul als sonstwo hockte und sich deshalb den Hintern durch einen Lederfleck abgesichert hatte, heißt mein schäbiges Beinkleid unter Freunden „Ziethen-Hose". Niemand stört das, mich am allerwenigsten, denn ich weiß, daß ich mit meinem bepflasterten Arsch nirgendwo auffalle. In diesen Tagen ist es nicht ungewöhnlich, die karge Garderobe zu „strecken". Bevor du dir was Neues kaufst, drehst du deine alten Klamotten dreimal um.

Es macht mir auch gar nix aus, mit einer Jacke aus altfränkischem Karnickel öffentlich aufzutreten, wenn's kalt wird. Ich schau zwar aus wie ein falscher Osterhase, aber unter eingefärbten amerikanischen Armeedecken, die findige Nürnberger zu Mänteln umgeschneidert haben, fühle ich mich nicht als Fremdling.

Weder der Gerch noch der Eberhard sind politisch sonderlich engagiert. Sie haben ihren Oberbürgermeister noch nie persönlich gesehen. Aus der Zeitung wissen sie, daß er Dr. Otto Ziebill heißt und ein SPD-Politiker ist, sein Stellvertreter und Bürgermeister Julius Loßmann (ebenfalls SPD), von Freunden wegen seines erlernten Schusterberufs und seiner „molligen" Kopfrundung „Schusterkugel" genannt, was der gütige Mann aus der Pfalz nicht übel nimmt. Zwanzig der im Juni 1948 gewählten 50 Stadträte gehören der SPD an, acht der FDP, sieben der CSU, sieben der KPD, der Rest bildet eine Freie Stadtratsfraktion. Nur acht Frauen gibt's im Stadtrat; vier von der SPD, zwei von der KPD und je eine von CSU und FDP. Die Stadtverwaltung amtiert noch immer in den Klassenzimmern des Bieling-Schulhauses, weil das Rathaus am Fünferplatz erst wieder zusammengeflickt werden muß; die Gebäude am Hauptmarkt, an der Theresienstraße und der Wolff'sche Bau sind total zerstört und bis auf weiteres nicht zu gebrauchen. Der ordentliche Haushalt der Stadt für 1950 beträgt 91.123.933 DM.

12 Millionen Tonnen Schutt

Die 42 Männer und acht Frauen regieren eine Stadt, die nur Narben hat. Knapp fünf Jahre nach Kriegsende besteht Nürnberg zu großen Teilen aus Trümmern, Ruinen und einer kilometerlangen Wüstenei: Feldbahnen (die letzte wird erst im September 50 abgebaut) und Lastwagen haben bis Ende 1949 von den insgesamt zwölf Millionen Tonnen Schutt schon mehr als ein Drittel hinausgekarrt zum Marienberg, zum Haidberg, zum Föhren- und Silberbuck beim Dutzendteich, der geordnete Wiederaufbau aber kommt nur langsam voran; er zeigt sich zunächst in vielen lobenswerten Planungen. Die Sebalder Altstadt gleicht einer Steppe, und der Nürnberger nennt sie auch so. Noch viele zerbombte Grundstücke müssen erst mal freigebaggert, dann die beschädigten Gebäude ausgebessert werden. 58.285 Wohnungen sind noch immer zerstört, 27.273 zwar bewohnt, aber mehr oder weniger stark beschädigt, 4.804 unbewohnbar und nur 45.106 inzwischen wieder in einem Zustand, den man „bewohnbar" nennt, 1.074 allerdings von der amerikanischen Besatzungsmacht beschlagnahmt. Von 134.000 Wohnungen haben 1945 nur 14.517 den Krieg einigermaßen unbeschädigt überstanden, von 3.600 Industriebauten ganze 332 und von 114 Schulhäusern gerade 46.

OB Ziebill (mitte) mit US-Hochkommissar McCloy

Aber auch die Umschreibung „bewohnbar" trifft nicht immer die Wahrheit. In der Breiten Gasse 54, zum Beispiel, wohnen sieben Personen auf zwei Stockwerken zwischen baufälligen Mauern mit faustgroßen Löchern, handbreiten Ritzen, Zeltplanen und Pappdeckeln in den Fensterhöhlen, um den Regen notdürftig abzuhalten. Die Wände sind naß, die Balken verfault, die Treppen aus den Fugen, und das ganze Haus hat sich um 35 Zentimeter zur Seite geneigt. Die Tür zum Hof im zweiten Stock führt glattweg in die Tiefe; die Mau-

Mitten in der Stadt, auf der Insel Schütt: Der Großmarkt 1950. Viel zu klein für eine Großstadt, viel zu eng, die Lieferwagen stehen einander im Weg – das alltägliche Chaos. Draußen in Langwasser die Baracken des Valka-Lagers (links). Auch keine Zierde, eher ein Ärgernis

er ist weggebrochen. „Eigentlich unbewohnbar“, sagt die Bauordnungsbehörde, aber weil sie kein anderes Dach für die sieben Menschen weiß, wird das Haus in der Statistik als „bewohnbar“ geführt.

Die größte Sorge der Kommunen ist deshalb der Wohnungsbau. Bevor die Menschen ihre Zukunft planen, brauchen sie ein anständiges Dach über dem Kopf. Besonders in der zu mehr als 80 Prozent ausradierten Altstadt, wo fünf Jahre nach Kriegsende nur knapp 8.000 Menschen und damit magere 2,3 Prozent der Bevölkerung wohnen; bei Kriegsbeginn waren es 44.019. Hier muß schleunigst etwas geschehen. Aber was? Pläne werden gemacht und wieder verworfen. Die Stadt will eine große Durchgangsstraße vom Rathenauplatz zum Plärrer bauen, mitten durch die Altstadt. Dafür sollen die Straßen breiter gemacht und Grundstücke abgetreten werden, aber die Eigentümer rücken freiwillig nichts raus. Ohne ein Aufbaugesetz schon gar nicht.

Abends in der Karolinenstraße: Ein Trugbild, denn die Läden täuschen Häuserzeilen vor, die es gar nicht gibt. Über dem Erdgeschoß kommt meist gleich der Himmel

So streiten sich die Leut' herum, während zwei Nürnberger Architekten, deren Namen aus unerfindlichen Gründen verborgen bleiben, flugs ein komplettes Fertigteil-Wohnhaus für 7.500 in der kleineren und 8.500 Mark in der größeren Ausführung erfinden. Es hat eine Metall-Außenhaut und eine Innenverkleidung aus Pressfaserstoffen, die so warm halten sollen wie eine 51 cm dicke Ziegelmauer. Küche mit Eßplatz und Kühlschrank sowie Bad mit WC sind schon eingebaut. Je nach Wunsch hat das Wohnzimmer 24 qm oder 48 qm. Dazu gibt's zwei Schlafzimmer, der Boden ist aus Kork. Eine Glaswand mit Fenstertüren trennt die beiden Fertigteile. Sie werden in zwei Stunden zusammenmontiert – und fertig ist die Laube, die in diesem Fall „Bayern-Haus“ heißt. Das Zwei-Stunden-Ding soll ein probates Mittel gegen die Wohnungsnot sein, hat aber im wahrsten Sinn des Wortes einen Schönheitsfehler: Es ist häßlich wie eine Elends-Baracke, und wer drin wohnt, glaubt in einem Lager zu hausen.

Das Wort „Lager“ hat eh einen schlechten Klang. Draußen in Langwasser gibt es eines, das nur Ärger macht: Das Valka-Lager, ein Ausländerlager für Flüchtlinge aus 25 Nationen, vornehmlich Tschechen und Slowaken, aber auch Polen, Russen, Rumänen, Letten, Litauer, Bulgaren, Kroaten und Griechen, derzeit mit 1.550 Menschen besetzt. Jeden Tag werden es mehr; bald sind es 3.000.

Auf den Langwasser-Wiesen herrscht seit nahezu zwei Jahrzehnten kein Frieden. In den dreißiger Jahren kampieren hier alljährlich zum NS-Reichsparteitag im September die braunen Heerscharen in riesigen Zelten. Mit Ausbruch des Krieges füllen alliierte Kriegsgefangene rasch hochgezogene Baracken, nach 1945 kehren die braunen Herren von einst als Arrestanten zurück. Langwasser wird Internierungslager für NS-Größen.

Jetzt also das Valka-Lager, auch ein Erbe des Krieges. Die neuen Insassen führen noch immer Krieg, einen sehr privaten Krieg, denn sie sind sich untereinander nicht grün. Zwischen den drei größten Gruppen gibt es täglich eine Schlägerei. Die Anhänger des früheren tschechischen Ministerpräsidenten Benesch dreschen mal auf die sogenannten Nationaltschechen ein, mal auf die slowakischen Separatisten, die wiederum sich mit beiden tschechischen Gruppierungen anlegen. Wer gerade wen verprügelt, ist nicht immer so genau auszumachen.

Kampf an zwei Fronten

Die 43 Polizisten der Sonderwache führen von Montag bis Sonntag einen 24-Stunden-Kampf an zwei Fronten. Drinnen im Lager wird nicht nur geprügelt, es wird gestohlen, Alkohol schwarz gebrannt, Falschgeld gehandelt. Ein Nationaltscheche wird erstochen, die Telefonleitung der Polizeiwache durchschnitten, viele der 500 ledigen Frauen gehen auf den Strich, andere treiben Kinderhandel, die Feuerwehr muß bald täglich einen anderen Brand löschen, aus einem Lagerraum verschwinden 24 Decken, bei einem Tanz-„Vergnügen“ werden zehn Personen schwer verletzt, Typhus bricht aus, und innerhalb weniger Wochen sterben sechs Menschen an Methylalkohol-Vergiftung.

Draußen, rund um das Lager, klagt die Bevölkerung über Einbrüche und Diebstähle; von Fischbach und Altenfurt, wo eine ganze Drogerie ausgeplündert wird, über die Rangierbahnhof-Siedlung bis

15. Juni 1950: Aufstand im Valka-Lager. Noch stehen sich Polizei und randalierende Tschechen abwartend gegenüber. Ganz oben: Polizeipräsident Leo Stahl (links) erklärt dem Autor und Kollegen den Stand der Dinge. Rechts Schutzpolizeikommandeur Kothmann, im Hintergrund (mit Koks) das Nürnberger Journalisten-Original Georg Dorner, genannt Geodor. Links: Razzia nach Diebesgut

zur Regensburger und Allersberger Straße; dort taucht in einem Laden ein falscher Hunderter auf.

Nach solchen Bilanzen bezeichnet Polizeipräsident Leo Stahl die Situation in vornehmer Zurückhaltung als „sehr unangenehm" für Nürnberg und legt dem Stadtrat ein ganzes Arsenal von Hieb- und Stichwaffen vor, die der Polizei im Valka-Lager in die Hände gefallen sind.

Will man die Täter überführen, schweigen die Zeugen. Sie haben Angst vor der Rache ihrer Landsleute und ziehen ihre Anzeigen zurück. Einen Toten und mehrere Schwerverletzte gibt es bei einem Aufstand am Donnerstagmittag, 15. Juni. Tausend Tschechen treten in den Hungerstreik, weil sie nicht in ein anderes Lager nach Babenhausen verlegt werden wollen. Dort sollen sie arbeiten. Aus dem Streik wird offener Kampf gegen die Polizei.

Langwasser 1950: Die „Ureinwohner", Flüchtlinge aus dem Osten. Noch leben sie in windigen Baracken

In der Redaktion der NN bekommen wir natürlich Wind davon, fahren hinaus ins Valka-Lager, unser Fotograf Friedel Ulrich und ich, der Reporter. Um dem Geschehen so nah wie möglich zu kommen, steuere ich mitten in die aufgebrachte Menge, vorbei an winkenden Polizisten, die uns unbedingt aufhalten wollen. Die Tschechen sehen die Kamera und protestieren laut: „Nix fotografizki!" Friedel Ulrich fotografiert trotzdem. Ich will aussteigen, möchte mich mit den Typen unterhalten. Ich will wissen, was sie auf dem Herzen haben, weshalb sie so zornig sind. Aber daraus wird nix. Erst krieg' ich die Tür nicht auf, weil die Burschen dagegentreten wie die Zahnbrecher, dann fliegen Steine, Blechbüchsen und Blumentöpfe. Mein schönes neues Auto, der beigebraune Ford-Buckel-Taunus, wird bös' mißhandelt. Die Burschen steigen mir aufs Dach, klettern auf den Kühler, trommeln mit Fäusten gegen das Blech, das sich langsam zu verformen beginnt, und schließlich wollen sie die Tür aufreißen. Erst lassen sie mich nicht raus, und jetzt hat es den Anschein, als wollten sie rein und mich rausholen. Bloß das nicht! Es sieht nicht gut aus. Wenn die wilden Gesellen die Tür aufkriegen, wird uns heute abend die Halbe Bier vermutlich nicht mehr schmecken.

Amerikanische MP-Soldaten, die in der Nähe stehen, zentnerschwere Revolver im Halfter wie Gary Cooper um zwölf Uhr mittags, schauen einfältig, zucken hilflos die Achseln. Sie können nur mit Mühe den Wagen ihres Distrikt-Officers Lee van Roberts schützen, der ein paar Meter entfernt den Kopf einzieht. Deutsche Polizisten rufen aus halbwegs sicherer Distanz: „Schaut bloß, daß ihr rauskommt!"

Das ist leicht gesagt. Mir bleibt nichts anderes übrig, als aufs Gaspedal zu treten, das Steuer herumzureißen – und ab durch die Mitte. Die Typen springen zur Seite, purzeln vom Wagen, zum Glück nicht vor die Stoßstange. Wieder prasseln Steine, Blechdosen und Blumentöpfe gegen mein geplagtes Auto, das ich erst vor sechs Wochen beim Greissinger abgeholt habe. Vor der Verwaltungs-Baracke sehe ich den mächtigen Polizei-Hund Bonzo, einen ausgewachsenen Rottweiler mit der Kopfweite eines überfressenen Schwergewichtlers. Das beruhigt ungeheuer. Ich kenne Bonzo, und er kennt mich. Ich halte an. Neben Bonzo stehen dummerweise Polizeipräsident Leo Stahl und Schutzpolizei-Kommandant Bernhard Kothmann. Das beruhigt mich weniger, denn ich weiß, daß wir uns polizeiwidrig benommen haben, und ich ahne, wie Stahl jetzt reagieren wird. Er enttäuscht mich nicht, denn er faucht mich an: „Wos moußt denn du Doldi a da neifahr'n?!"

Ein Schuß fällt

Ich sage nichts, betrauere nur die Beulen an meinem Buckel-Taunus.

Stahl hat den Blockältesten inzwischen klargemacht, daß die Polizei schießen wird, wenn die Tschechen sie angreifen. Ein paar ganz Wilde wollen das wohl nicht glauben. Eine Keilerei beginnt. Aus einer Baracke fällt ein Schuß, wie sich später herausstellt aus einer Pistole Kaliber 6,35. Die Polizisten ziehen ihre Waffen und schießen in die Luft. Ein Tscheche bricht zusammen. Kopfschuß. Wer ihn getroffen hat, läßt sich nicht feststellen. Der Mann stirbt auf der Fahrt ins Krankenhaus.

Die Tschechen, auf offene Rebellion aus, decken die Polizisten jetzt mit einem Steinhagel zu. Fünfzehn Beamte werden verletzt. Zu Pferd und mit Hunden gehen die Polizisten gegen die brodelnde Menge vor. Der Friedel Ulrich und ich wieder mittendrin. Vor uns, neben uns, hinter

Bademoden 1950: Keusch, züchtig und noch kaum dem Stil der 40er Jahre entwachsen. Nur der Bikini läßt die Zukunft ahnen …

uns prügelnde Tschechen, Haß im Gesicht, Polizisten, denen man ansieht, daß sie langsam die Geduld verlieren und außer Gummiknüppeln und Pistolen kaum noch eine Lösung wissen. Ein Wunder, daß wir mit ein paar Remplern und mittleren Blessuren das Feld verlassen. Die Aufwiegler weichen schließlich zurück, verziehen sich in die Lagerstraßen, sammeln sich aber immer wieder zu Gruppen. „Deutsche Schweine!“ brüllen sie.

Ich frage den Polizeipräsident, weshalb die Tschechen Fotos fürchten wie der Teufel das Weihwasser.

Er antwortet, typisch Stahl: „Blöde Froch'. Weil die net woll'n, daß sie erkannt wer'n. Genau wie sie ihre Päß' verbrannt oder wegg'worf'n ham, damit wir ihre Namen net kenna, woll'ns ihre G'sichter versteck'n. Könnt' ja sei, daß man sie auf solche Fotos daham erkennt. Dort wern nämlich an Hauf'n von dene Bursch'n polizeilich g'sucht.“

Die Polizei schätzt, daß kaum ein Drittel der Lagerinsassen aus politischen Motiven geflüchtet ist. Bei den meisten handele es sich um „kriminelle Elemente“, die auf der Flucht vor ihrer eigenen Polizei untertauchen wollen. Bei einer Razzia werden 63 Personen verhaftet, darunter ein international gesuchter Verbrecher. Am meisten ärgert es den Leo Stahl, daß die sonst recht ordentliche Kriminalstatistik Nürnbergs durch den Unruheherd Valka-Lager verhunzt wird.

In diese Statistik gerate auch ich, zum Glück als Passiv-Posten und unschuldig wie ein Lamm. Opfer eines Autoknackers, der aus meinem verschlossenen Wagen eine Mappe klaut. Geschieht mir recht, schnauzt der Kriminaler, der den Fall notiert. Der Mann weiß, was er sagt, denn ein ordentlicher Mensch läßt seine Tasche nicht offen im Auto liegen.

Diese Mappe aber will ich wiederhaben, und deshalb greife ich zur Feder und damit zu einer ungewöhnlichen Maßnahme. Schließlich bin ich Jung-Redakteur bei den „Nürnberger Nachrichten“, und das eröffnet mir ungeahnte Möglichkeiten. Ich schreibe im Lokalteil eine sogenannte „Lokalspitze“.

Brief an einen Dieb

„Lieber Herr Dieb“, schreibe ich, „daß Sie stehlen, nehme ich Ihnen nicht übel. Das ist Ihr Beruf. Ich finde Sie großartig, weil Sie in ein verschlossenes Auto kommen, ohne durch die Tür zu gehen. Sie haben meine Mappe samt Inhalt gestohlen. Sehen Sie zu, ob Sie die Manuskripte, die Sie darin finden, irgendwo loswerden. Vielleicht findet sich ein Dummer. Und dann meine Brille. Im Kino haben Sie mich durch diesen Verlust auf den Rasierplatz herabgewürdigt. Die Liebesbriefe können Sie behalten; beantwortet sind sie noch nicht. Aber der Clou: meine Lohnsteuerkarte. Die behalten Sie, bitte, erst recht. Sie haben mir damit sämtliche Steuern vom Hals geschafft. Viel Vergnügen beim Finanzamt. Am 28. ist Termin!“

Eine Woche später. Der Kerl hat Zeitung gelesen, und ich bekomme einen Brief. Absender: Unbekannt. Inhalt: Meine Lohnsteuerkarte. Keine Liebesbriefe, keine Manuskripte, keine Brille. Im Kino sitze ich weiter auf dem Rasiersitz, die Freundinnen warten auf Antwort, meine Manuskripte verschimmeln. Aber Lohnsteuer darf ich weiter bezahlen.

Die Diebe sind halt auch nicht mehr das, was sie einmal waren. 1950 haben sie sogar Angst vor der Steuer.

Dabei ist die reichlich moderat und noch kein Thema, auf die Barrikaden zu steigen. Die Nürnberger bewegt jetzt etwas anderes als das Finanzamt. Noch mitten in der „Freßwelle“, kündigt sich so ganz allmählich die „Kleiderwelle“ an, zumindest erste Anfänge davon. Zwar ist der erwähnte Militärdecken-Wintermantel noch nicht ausgemustert, und ich trage noch immer meine Ziethen-Hose, aber die Mode verleitet langsam zur allgemeinen Runderneuerung. Nun, den Bauch wieder einigermaßen vollgeschlagen, soll's vielleicht doch ein neues Kleid sein, ein schickes Kostüm, ein modischer Anzug, ein paar elegante Schuhe, die nicht mehr zwicken. Man möchte ja wieder „nach was aussehen“ und nicht bloß satt sein.

Die Angebote werden verlokkend: Damenkleider von 14,50 DM bis 54 DM (bei wöchentlicher Abzahlung von 5 Mark), Blusen ab 9,75 DM, Röcke ab 14 DM, Damenmäntel ab 69 DM, Kostüme von 79 DM aufwärts, Sakkos und Anzüge von 19,80 DM bis 198 DM (bei 25 DM Anzahlung); „bessere“ wie jene „aus besten ausländischen Kammgarnstoffen“ gearbeiteten Sakko-Anzüge vom „Rihm am Ring“ gibt's für 230 DM, Wintermäntel für 105 bis 175 DM, Herrenschuhe für 34,50 DM und Damen-

Die Anzeigenseiten in den Tageszeitungen füllen sich, die Angebote werden verlockender, aber das Geld bleibt knapp, noch zählt der Pfennig

schuhe für 32,50 DM; eine Silberfuchsstola kostet 190 DM, ein ganzer Mantel (unerschwinglich!) 2.300 DM.

Wer kann, greift zu und hört nicht auf Pessimisten, die ihre warnenden Zeigefinger heben und orakeln, daß wir „vom Zustand eines friedensmäßigen Wirtschafts-Niveaus" noch weit entfernt seien. Das weiß doch jeder, aber ohne eine gewisse Portion Optimismus, ohne „a weng" Leichtigkeit, die nichts zu tun hat mit Leichtsinn, ohne Risiko geht nun mal gar nichts. Nur so kann die Wirtschaft wieder laufen lernen.

Die ganz Mutigen fangen an, meinem voreiligen Beispiel zu folgen und in Auto-Prospekten zu blättern, wenn's zunächst auch nur beim Wunschdenken bleibt. Man kann ja mal darüber nachdenken, anfangen

Pflasterfloh „Kleinschnittger", Zweisitzer für 1995 Mark

zu sparen. Der mobile Mensch braucht Zukunftsperspektiven, seine Träume rollen auf vier Rädern, zumal das Automobil seit 1. Januar auch an Wochenenden privat gefahren werden darf; bis dahin war dazu eine Ausnahmegenehmigung notwendig.

Seit Juli 1948 gibt's den VW Standard, seit März 49 den Export-Käfer, jetzt eine verbesserte Ausführung für 5.450 DM. Das Ding hat einen Vierzylinder-Boxermotor im Heck, 1131 ccm, 25 PS, fährt 100 Stundenkilometer Höchstgeschwindigkeit und ist höllisch laut. Der Fahrer hockt ein bißchen wie der Aff auf dem Schleifstein, vor sich nur einen Tacho, dessen Nadel seltsamerweise entgegen dem Uhrzeigersinn von rechts nach links läuft, einen Aschenbecher, darunter den Anlasserknopf und eine Uhr – schon die der reinste Luxus. Dazu ein Schalter für die Winker, die rechts oder links neben der Tür ausklappen wie kurzfingrige Wegweiser, wenn man abbiegen will; die Amis nennen sie spöttisch „max-nix-stick". Ein anderer Schalter ist für die zierlichen Scheibenwischer da, die bei Wolkenbrüchen recht hilflos aussehen, als würden sie jeden Augenblick abbrechen.

Höheren Ansprüchen genügt der neue Opel Olympia mit 1,5-l-Hochleistungsmotor, Schaltung am Lenkrad, „zugfreier Entlüftung durch Drehfenster" und hydraulischem Bremssystem. Auf der ziemlich leeren Autobahn macht der Olympia 112 Spitze, und er kostet als zweitürige Limousine 6.785 DM, als Cabrio-Limousine 6.950 DM.

Neu ist auch der Ford-Taunus (meiner) mit dem komischen Buckel, in dem Onkel Friedrich seinen Zylinder auflassen darf, weil der Innenraum so hoch ist, daß Tante Anna glatt drin stehen kann.

Borgward hat neben seinem Hansa 1500 und 1800 den Goliath mit 24 PS und 100 km/h Spitze für 5.600 DM angekündigt. Dann steht der erste DKW Meisterklasse vor der Tür, auch ein Zweitaktmotor mit 23 PS. Für 5.830 DM zu haben, das Cabriolet für 7.585 DM. Als Winzig-Auto erscheint der „Kleinschnittger" auf den Straßen, ein 2,75 m langer, ein Meter hoher und 130 Kilo leichter Pflasterfloh mit einem Miniatur-Zweitaktmotor, der 50 Spitze macht, 2,5 l Benzin auf 100 km verbraucht und 1.995 DM kostet. Das Ding nennt sich mutig Cabriolet, weil es ein Flatterdach hat.

Das alles hört sich sehr verlockend an, aber wer rechnet schon in fünf oder mehr Tausendern, wenn er bloß 300 oder 400 Mark im Monat verdient, die schnipp-schnapp aufgehen!

Da schaut man sich besser erst mal unter den Gebrauchten um, denn es gibt erstaunlich viele Autos, die den Krieg überstanden haben. Ein Ford Eifel von 1938 kostet 1.400 DM, eine Hansa-Limousine 1.950 DM, ein Adler-Junior 2.200 DM, eine DKW-Meisterklasse, Baujahr 36, 1.300 DM, oder eine BMW-Limousine, Typ 320, 3.600 DM.

Kann allerdings passieren, daß schon während der Probefahrt der Kühler Wasser läßt, das Getriebe zähneknirschend die Lust am Schalten verliert, die Kolben sich ächzend festfressen (eigene Erfahrung!) oder ein Flügel des Ventilators wegbricht und durch den Motorraum segelt. Zwölf oder fünfzehn harte Jahre, die

Schon sehr betagt, noch immer begehrt: Vorkriegs-Opel P 4

Er rollt und rollt, der VW 1950 mit dem originellen „Brezenfenster". Wunschtraum von Millionen, doch die Lieferfristen sind lang, die monatlichen Raten schlagen tiefe Löcher in die Haushaltskasse

Drei Meisterstücke aus Nürnbergs Motorrad-Werken: 200-ccm-Hecker mit Teleskopgabel, Mars-Mofa mit 98-ccm-Sachs-Motor, Zündapp KS 601 mit Beiwagen und 110 Spitze – die schwerste Maschine (von oben)

Deutsche Tanzmeister 1950: Ehepaar Margit und Paul Krebs

keine Rücksicht kannten, haben nagende Korrosionen hinterlassen.

Wenn alle Stricke reißen, fragt man eben die Bank, wie's denn mit einem Kredit aussehe. Ich hab's schließlich auch gewagt, und jetzt tun es immer mehr; ein neues Kaufbewußtsein greift um sich, das Ratenzahlen nach amerikanischem Vorbild wird Mode, es entwickelt sich zum weit verbreiteten Stottergeschäft. „Teilzahlung" heißt das Wort der Stunde, Schuldenmachen, gestern noch argwöhnisch beäugt, ist keine Schande mehr. Schon 75 Prozent aller Möbelkäufer stottern ab, ein Drittel Anzahlung und sechs bis zwölf Monatsraten gelten als honorig. Beliebt sind noch immer die Möbelmodelle der späten 40er Jahre, modisch aufgemotzt durch Zierleisten und Abrundungen.

Schlaumeier wie mein Freund Gerch schwingen sich zweirädrig und damit leichter „finanzierbar" auf die Motorisierungswelle, die von nun an niemand mehr aufhalten kann. Nürnberg ist wieder die deutsche Motorrad-Hauptstadt, obgleich viele Vorkriegsfabriken verschwunden bleiben. Ardie aber, Hecker, Hercules, Mars, Triumph, Victoria, Zündapp sind wieder da; in Neumarkt Expreß. Seitenwagen baut der Steib aus der Zerzabelshofstraße, der außerdem eine hübsche Tochter hat.

Von einem bis zu 28 PS

Der Kleinste aus Nürnbergs Motorrad-Werkstätten: Victorias Fahrrad mit 1-PS-Hilfsmotor, Kostenpunkt 405 DM. Der Größte: Zündapps KS 601 mit 28-PS-Zweizylinder-Viertaktmotor für 2.650 DM. Eine 250er Triumph will immerhin mit 1.800 DM bezahlt sein; dafür ist sie auch 105 Stundenkilometer schnell. Nürnbergs Motorräder sind gewohnt, an der Spitze zu fahren.

Vom Club kann man das leider nicht sagen. Der ist gerade mal wieder weg von der Spitze – und das ausgerechnet im 50. Jubiläumsjahr. Vor zwei Jahren, 1948, noch deutscher Meister, und das zum siebten Mal, mühen sich die Herren vom Zabo Anfang 1950 mit Ach und Krach auf dem 10. Tabellenplatz der Oberliga Süd herum, 13:15 Punkte auf dem mageren Konto. Zu mehr reicht's erst wieder im Herbst, mit Beginn der Saison 50/51. Dabei sind die Mannen Schaffer und Fischer (im Tor), Ucko, Mirsberger, Sippel, Baumann, Gebhardt, Bergner, Brenzke, Morlock (der eben das Fräulein Ingeborg Weiß geheiratet hat), Pöschl, Herbolsheimer, Winterstein, Stauffer, Gehring und Reiser keine schlechten Fußballer. Der Schorsch Kennemann hat aufgehört, und daß der Knoll Adi nach acht Jahren Clubverteidigung den Verein im Zorn verlassen hat, dürfte mit dem Kellersturz kaum etwas zu tun haben. In den neuen Zabo passen wieder 35.000 Zuschauer, nachdem die im Krieg arg zerzauste Anlage neu erstanden ist.

Besser als die Fußballer machen's da schon die Eheleute Margit und Paul Krebs; sie werden deutsche Tanzmeister 1950. Nürnbergs Eissportler spielen in diesen eisigen Tagen nur eine bescheidene Rolle, weil sie so gut wie nie trainieren können. Oder nur dann, wenn der Winter Natureis produziert. Das Linde-Stadion nämlich haben die Amis noch immer besetzt, und erst ab 23. Januar dürfen wenigstens die Schulkinder an fünf Vormittagen in der Woche für ein paar Stunden aufs Eis. Die Eishockey-Spieler müssen weiter draußen vor den Toren der Stadt spielen, auf dem Valznerweiher, so er zugefroren ist. Dort findet am 30. Januar das erste Nürnberger Eishockey-Spiel seit mehr als zehn Jahren statt. Die HGN (mit Namen wie Küfner, Alfred Schmitt, Buscher und den Brüdern Grimmler) gewinnt gegen den NHTC mit 3:0. Kein erhebendes Spiel für die knapp tausend Zuschauer, die sich nur in der Pause erwärmen, als die 19jährige deutsche Jugendmeisterin im Rollkunstlauf, Traute Clausnitzer vom 1. FCN, einen Eis-Walzer tanzt.

Mit der amerikanischen Besatzungsmacht leben die Nürnberger auch sonst nicht immer so recht in Frieden. US-Offiziere sitzen nach wie vor in den schönsten Villen, mit Vorliebe am Stadtrand, in Erlenstegen, zum Beispiel. Die Besitzer dieser beschlagnahmten Häuser nennen sich zu Recht „Besatzungsgeschädigte", nach Bomben- und Fliegergeschädigten eine neue Version: „Nachkriegsgeschädigte", von den US-Besatzern in diesen ärgerlichen Zustand versetzt. Die solcherart Geprellten kriegen von den Uniformierten aus Übersee nur eine kümmerliche Miete, müssen aber für die Reparaturen in den nicht gerade pfleglich behandelten Häusern selbst blechen. Nicht einmal in ihre Gärten dürfen sie rein, um wenigstens das Obst zu ernten; es verfault im Gras. Wer Schadenersatz-An-

Der Morlocks Max, der Club und sein Zabo – drei Namen, drei Begriffe, jahrelang untrennbar miteinander verbunden. Der Max, stets ein Vorbild und Beispiel für Einsatz und Zuverlässigkeit, hunderte Male Garant für große Siege und Fels in der Brandung kritischer Spiele, ist nicht nur in Nürnberg ein Idol der 50er Jahre. 1950 kommt er unter die Haube. Er heiratet seine Freundin Ingeborg Weiß (rechts)

Lebensabend im Hühnerstall: Oma und Opa haben ihr Einfamilienhäuschen in Ziegelstein für amerikanische Besatzungsoffiziere räumen müssen. Jetzt wohnen und schlafen sie in einem einzigen engen Raum. Nur wenig Möbel und der Volksempfänger sind ihnen geblieben

Nordbayerns oberster US-Zivilbeamter Harald T. Lund (Mitte, mit Polizeipräsident Stahl) stiftet Frieden zwischen Besatzern und Besetzten

sprüche anmelden will, steht sich beim Besatzungskostenamt in der Klingenhofstraße 70 die Beine in den Bauch. Er stellt einen Antrag, denn Papier haben die Amis genug, und dann wartet er, und wartet, und wenn er zwischendurch nicht gestorben ist, kriegt er vielleicht ein paar Mark. Vielleicht auch nicht. Und wer zahlt diesen Schadenersatz? Der deutsche Steuerzahler, weil er für die Besatzungskosten aufkommt.

Die Nürnberger Taxifahrer beschweren sich über US-Soldaten, die nicht bezahlen wollen, Taxi-Chauffeure überfallen und berauben. Zahlreiche Fahrer werden ernsthaft verletzt, ihre Kollegen Werner Seidel und Wilhelm Fehrle ermordet.

Die Gastwirte haben ähnliche Klagen. In den Wirtschaften benehmen sich amerikanische Soldaten oft rüpelhaft, besaufen und prügeln sich, ihre Mädchen machen Ärger und die deutschen Gäste bleiben weg. Viele Soldaten wollen mit Dollars bezahlen, die deutsche Wirte nicht annehmen dürfen. Am Ende bleiben sie dann auf der Zeche sitzen. Steckt der Wirt jedoch einen Dollarschein ein, wird er von den selben Amis angezeigt, die eben noch mit einem Grünen gewunken haben, und von der Militärpolizei im eigenen Wirtshaus verhaftet. Besatzungsrecht geht vor Hausrecht. Viele Wirte verlangen deshalb ein „Off-Limits"-Schild an der Tür; das heißt, daß dieses Lokal für US-Soldaten verboten ist. Diese Forderung wiederum verstehen die Amerikaner als Diskriminierung.

Im Leihhaus am Unschlittplatz wird der Chef und Geschäftsführer der „Nürnberger Nothilfe", Hans Baum, von dem amerikanischen CIA-Agent Stawiecky wie ein Verbrecher abgeführt. Stawiecky erscheint mit einem Haftbefehl des 10. US-Gerichtsdistrikts, weil ein Projektionsapparat versetzt wurde, der einer Amerikanerin gestohlen worden sei.

Baum hat keine Ahnung davon. Er meint etwas süffisant, das könne jeder behaupten und rückt das Versatzstück nicht raus. Mr. Stawiecky ist verschnupft und nimmt den unbeugsamen Leihhaus-Chef mit. Nach zwei Stunden muß der CIA-Agent den Deutschen freilassen.

Das beschädigte Verhältnis zwischen Amis und Deutschen soll durch den Äther bereinigt werden. Im dritten Stock des beschlagnahmten Grand-Hotels am Hauptbahnhof, in dem seit 1945 die Amis sitzen, wird am Montag, 30. Januar, der Nürnberger Ableger des amerikanischen Soldatensenders AFN eingeweiht, der uns den Swing von Glenn Miller ins Haus bringt, „In the mood" oder die „Moonlight-Serenade". Der 23jährige US-Sendeleiter Don J. Brewer aus Iowa will jetzt auch über das „Zivilleben der Nürnberger und Franken" berichten und damit das Verständnis zwischen Deutschen und Amerikanern erleichtern.

Gefährliches Doppelspiel

Auch die deutsche Presse versucht sich in dieser Übung, wobei sie natürlich zusieht, daß die Deutschen dabei besser wegkommen. Das tu' ich auch, mehr als einmal, und manchmal vielleicht etwas zu aufmüpfig. Dies quittiert der US-District-Officer und Häuptling für Nordbayern, Harald T. Lund, mit dem Vorwurf: „Egon, you are double-crossing." Er will damit sagen, daß ich ein „Doppelspiel" riskiere. Lund, US-Oberst norwegischer Abstammung, blauäugiger Hüne von Wikinger-Zuschnitt, residiert im Oberfinanzpräsidium an der Krelingstraße. Der Lund ist ein umgänglicher Mann, der seine Gäste nie mit einem leeren Glas stehen läßt. Seinen Anraunzer begründet er damit, daß der deutsche „Double-Crosser" Fein seine Informationen den gesprächigen Amis aus der Nase ziehe, sie dann aber gegen die Besatzer verwende. Wirklich übel nimmt er die Parteinahme nicht.

Eher das Gegenteil. Nach einer recht massiven Berichterstattung in den „Nürnberger Nachrichten" über die „Zuchtlosigkeit und kriminellen Exzesse" amerikanischer Soldaten tritt in der Krelingstraße ein Tribunal hoher US-Offiziere zusammen. Die Herren haben die finstere Absicht, mir, dem unbotmäßigen deutschen Journalisten, ein Verfahren anzuhängen, damit ich künftig die Tinte halte. Die Inquisition dauert drei Stunden, die Herren in dekorierten Uniformen schauen mich bitterbös an, drohen, mich mit gestreckten Zeigefingern zu durchbohren, stellen hochnotpeinliche Fragen, erinnern mich unüberhörbar daran, daß auch ich den Krieg verloren und als Verlierer gefälligst das Maul zu halten habe. Knebel des Besatzungsstatuts, soweit noch anwendbar, sollen mich schweigsam machen. Allein der Wikinger Lund springt mir bei, plädiert für Verständnis auf beiden Seiten, schenkt neuen Whiskey ein und versucht, Beleidigte und Beleidiger mit gefüllten Gläsern zu versöhnen. Der Versuch gelingt, shake hands, Reporter (deutsch) entgeht Besatzerzelle (amerikanisch).

Solche Drohung hat NN-Verleger Dr. Joseph E. Drexel ohnehin nicht allzu hoch eingeschätzt: „Das sitzt du doch mit einer Backe ab", sagt er zu mir, als ich unbeschädigt von der Inquisition in die Redaktion zurückkehre. Der hat leicht reden.

Die „Nürnberger Nachrichten", Verbreitungsorgan der inkriminierten Artikel wider die Besatzer, verkaufen täglich 140.797 Exemplare, davon 66.263 in der Stadt Nürnberg. Seit Aufhebung des Lizenzzwangs durch die Besatzungsmacht Anfang August 1949 und nach Verkündung des Bayerischen Gesetzes über die Pressefreiheit am 22. August 1949, was den endgültigen Übergang in deutsche (Besitzer-)Hände bedeutet, erscheinen die sechs Nürnberger Tageszeitungen (neben den NN die „Nürnberger Zeitung", der „Fränkische Kurier", die „Nordbayerische Zeitung", die „Fränkische Tagespost" und das „8-Uhr-Blatt") viermal die Woche: montags, mittwochs, freitags und samstags.

Roland Buschmann, Chefredakteur der NN, schickt mich zu Pfingsten nach Berlin, ahnungslos, daß dort eine „Nürnberg-Connection" um ein Haar Agentengeschichte geschrieben hätte.

Ausgangspunkt ist ein von der ostzonalen FDJ angekündigtes Spektakel: Die Blauhemden wollen durch West-Berlin marschieren, um ihr großes Pfingsttreffen von Ost-Berlin in den Westteil der Stadt zu verlegen, möglichst ins Olympiastadion. Und sei es mit Gewalt, drohen sie. Ein Medien-Knall ersten Ranges kündigt sich an – für die Amerikaner ein Grund, westliche Journalisten nach Berlin zu fliegen.

Nun darf man sich so einen Transport von 1950 nicht vorstellen wie komfortable Einladungsflüge späterer Jahrzehnte. 1950 geht sowas spartanisch einfach vonstatten. Wir besteigen am 26. Mai in Frankfurt eine klapprige, zweimotorige DC-3 der US-Airforce, nehmen buckelnd Platz auf zwei zeltstoffüberzogenen Sitzreihen längs zur Flugrichtung, wie die amerikanischen Fallschirmjäger sechs Jahre zuvor über der Normandie. Die Motoren brummen, daß uns die Trommelfelle flattern, der rechte spuckt und faucht, was wir bei dieser Maschine für normal halten. Sie schüttelt sich wie ein Hund im Regen, versucht trotzdem unverdrossen, die Erde zu verlassen, schafft es aber nicht, weil der rechte Propeller sich steif stellt, und kehrt um. Diese mißratene Übung lassen wir dreimal hintereinander über uns ergehen.

Alfred Heueck, Journalist aus Passau, und als überzeugter Schlaraffe mit reichlich viel schwarzem Humor ausgestattet, zählt die Reihen der inzwischen bleich gewordenen Kollegen, kommt bei 36 an und verkündet laut: „Als der amerikanische Reporter Knickerbocker über Indien abgestürzt ist, waren auch 36 Journalisten im Flugzeug."

Start nach drei Versuchen

Nur wenige lachen, die meisten haben keinen Sinn für solch feinen Humor, wischen sich ein paar Schweißtropfen von der Stirn und versuchen, die Reise auf eigene Faust abzubrechen. Aber aussteigen ist nicht: Die Tür einer Militärmaschine bleibt stets fest verschlossen. Als die Mechaniker zum dritten Mal von der Tragfläche springen, schöpfen wir Hoffnung – mit Recht, denn der rechte Propeller bewegt sich jetzt doch, die Maschine fliegt.

In Berlin bleibt die Mehrzahl der westlichen Journalisten im friedlichen Westen, bewaffnet sich mit Ferngläsern und starrt hinüber nach Osten, was dort wohl passieren würde. Besagter Heueck, Kollege Lohfink aus Ulm und ich wollen mehr wissen. Wir fahren in den Ostsektor, stellen uns in einem großen Gebäude nahe Bahnhof Friedrichstraße beim FDJ-Organisations-Komitee vor, fragen nach Informationen, Programm und Eintrittskarten zu den wichtigsten Veranstaltungen.

Was jetzt passiert, mitten im kommunistischen Ost-Berlin, hat sehr viel mit Nürnberg zu tun, und ganz besonders mit einem Freund aus Nürnberg. Aber das erfahre ich erst später, und deshalb steht mir zunächst mal die Gänsehaut auf.

Ich nehme mir eines der Blauhemden vor und melde brav: „Egon Fein von den Nürnberger Nachrichten. Wo gibt es hier Informationen?"

Das Blauhemd reißt den Kopf hoch, schaut mich mit stahlblauen Augen durchdringend an und sagt: „Freut mich, daß du da bist. Kamerad Viereck wartet schon auf dich, er will dich sprechen. Setz' dich doch solange dort hin. Ich rufe Kamerad Viereck."

Mir verschlägt's die Sprache. Ich stelle mir vor, daß das Blauhemd ein braunes Hemd anhat, denn ich werde lebhaft an eine Zeit erinnert, die gerade fünf Jahre zurückliegt, und ich zermartere mein Gehirn: Woher kennen die dich, was wollen die von dir, wer ist Kamerad Viereck, warum Kamerad und nicht Genosse und weshalb das vertrauliche Du?

Ich verstehe gar nichts, setze mich folgsam auf den angebotenen Stuhl und warte auf Kamerad Viereck. Neugierig bin ich ja, und ich lasse mich auch nicht entmutigen, als Kollege Heueck mir trostreich die Hand zum Abschied bietet. Mit den Worten: „Einen schönen Gruß an den Ural. Schreiben Sie mir mal, wenn Sie können", verabschiedet er sich und zieht den Ulmer Kollegen mit.

Nach einer ganzen Weile erscheint ein breitschultriges Blauhemd und sagt: „Viereck. Willkommen in der DDR."

Schon vermute ich, die haben mich verwechselt, da fordert Kamerad Viereck mich auf: „Gehen wir in mein Zimmer, dort sind wir ungestört."

Er geht voran, ich folge ihm durch lange Gänge, mal rechts, mal links, hier ein Zimmer, dort eins, mal rein, dann wieder raus. Da findest du nie wieder zurück, fürchte ich, doch endlich landen wir in einem Raum mit Schreibtisch, ohne Fenster.

Wir setzen uns, ich schau das große Blauhemd mit Namen Viereck etwas ratlos an. Der Kamerad bleibt unverbindlich. „Wie war der Flug? Habt ihr die rauchenden Schlöte in der DDR gesehen? Ja, bei uns geht's aufwärts!" Es folgen aufklärende Worte über die Leistungen des sozialistischen Staates, aber ich weiß noch immer nicht, warum dieser Mann, den ich gar nicht kenne, ausgerechnet mir das alles erzählt. Deshalb hat er mich doch nicht in dieses fensterlose Zimmer gelotst.

So wirbt man Spione

Es geht noch eine ganze Zeit so weiter, und erst, als er fragt, wie denn junge westdeutsche Journalisten so leben, was sie verdienen, da leuchtet bei mir langsam das erste Licht auf: So wirbt man Spione an! Aber weshalb gerade ich?

Endlich die Antwort: „Ach so, du fragst dich sicher, weshalb wir auf dich gewartet haben. Kamerad Hermann R. hat dich avisiert."

Jetzt fällt mir ein Pflasterstein vom Herzen. So ist das also: Der, wie alle anderen, zu meinem Erstaunen mit Kamerad titulierte Hermann ist mir als Genosse und Mitglied der Nürnberger KPD bekannt. Ich kenne ihn aus Jugendjahren, als sein Hemd noch braun war und er auf einer „Adolf-Hitler-Schule" zum nationalsozialistischen Elite-Nachwuchs ausgebildet wurde. Nach 45 hat er Hemd und Ideologie gewechselt und ist zu den Kommunisten übergelaufen. Nun hat er also seine neuen Führer im Osten von meiner Berlin-Reise informiert, weil die an jungen West-Journalisten sehr interessiert sind und offensichtlich die „Nürnberg-Connection" zwischen Hermann und mir nutzen wollen.

In diesem Sinn geht auch die Unterhaltung zwischen Kamerad Viereck und mir weiter. „Du kannst dir doch nebenbei was verdienen, wenn du Berichte für unsere Zeitungen schreibst. Wir können immer Geschichten aus dem Westen brauchen. Und wir bezahlen eine Mark für die Zeile. Westmark", sagt Viereck.

Aha, das Honorar als Lockvogel. Eine ganze DM für eine einzige Zeile, das ist eine Menge Geld, denn normalerweise liegt das Zeilenhonorar bei 30 Pfennig. Ich kann mir vorstellen, daß da mancher schwach wird. Der Kollege Manfred R. vom Nürnberger „8-Uhr-Blatt" wird es später auch. Es fängt mit harmlosen Alltagsgeschichten an, dann werden ganz gezielte Auftragsberichte daraus, am Ende bist du ein Spion. Sowas geht Schritt für Schritt, und du merkst es kaum. Einmal den kleinen Finger gegeben, lassen sie dich nicht mehr los. Kollege Manfred R. vom „8-Uhr-Blatt" bezahlt sein Techtel-Mechtel mit den Ostlern schließlich mit ein paar Jahren Gefängnis.

Ostberlin 1950: Maifeier der FDJ. Nicht überall wird nur friedlich getrommelt

Obgleich in solchen Dingen unerfahren, von Stasi, IMs und ähnlichen Dingen noch nie etwas gehört, rieche ich den Braten. Ich höre interessiert zu, sage nicht nein und nicht ja, denn schließlich will ich mir die Ehrenkarten nicht versauen, die Kamerad Viereck mir für die Veranstaltungen anbietet. So gerate ich in unmittelbare Nähe höchster SED-Bonzen, sitze ein paar Reihen hinter Pieck, Grotewohl, Ulbricht und Ober-Blauhemd Honecker in der Werner-Seelenbinder-Halle, ducke mich etwas, wenn Fotografen auftauchen, und erfahre mehr als meine Kollegen, die draußen mit dem Feldstecher lauern und vergeblich darauf warten, daß die FDJ-Blauhemden ins westliche Olympiastadion marschieren. Sie wagen es nicht.

Nach dem Rummel tauche ich geräuschlos ab nach West-Berlin, um einem weiteren Treffen mit Kamerad Viereck zu entgehen, der dabei Nägel mit Agentenköpfen machen will. Später werde ich, rein zufällig, in einer Zeitung lesen, daß Viereck ein ganz großes Tier im DDR-Informationswesen geworden ist.

Daß sich am nächsten Abend im „Haus Vaterland" eine hübsche Blonde aus Pankow an meinen Tisch setzt, um auch für den Rest der Nacht nicht mehr zu weichen, mir die Vorzüge preist, die ein westlicher Journalist in der DDR genießen könne, wenn er nur wolle, dies mag Zufall sein oder auch nicht. Als ich jedoch erfahre, daß die Dame mit einem „Kader-Funktionär" der SED verheiratet sei, der gerade auf irgendeiner „Karl-Marx-Führungsschule" indoktriniert werde, glaube ich weniger an einen Zufall.

So oder so, ich lasse mich nicht verführen von östlichen Führungsoffizieren, was in dieser Zeit an der Tagesordnung ist, und höre auch, Gott sei Dank, nie mehr etwas von den Ost-Berliner Kameraden. Sie suchen ihren IM in Nürnberg anderswo. Und sie finden ihn – bei der Konkurrenz. Kollege Manfred R. tut ihnen den Gefallen.

Zurück in Nürnberg, erlebe ich einen führerlosen Medienträger: den Sender Nürnberg des Bayerischen Rundfunks. Seit Ende 49 gibt's dort keinen Sendeleiter mehr – Ausdruck fränkisch-altbayerischer Rivalität. BR-Intendant Rudolf von Scholtz hat seinen Nürnberger Statthalter Fritz Mellinger fristlos gefeuert, weil der „selbständig und ohne Wissen der Intendanz" mit dem Kapellmeister Leo Eysolt einen Vertrag abgeschlossen habe.

Fadenscheiniger Vorwand, sagt man in Nürnberg und erinnert an die ständigen Spannungen mit den Münchner BR-Göttern, die keine anderen neben sich dulden wollen, fränkische schon gar nicht.

Oberbürgermeister Dr. Otto Ziebill schaltet sich ein. In einer Stadtratsitzung am 18. Januar 1950 fordert er angemessene Sendezeiten für Franken, eigene Regie und eigene Etatmittel. Der neue Sendeleiter müsse „als maßgebliche Persönlichkeit im fränkischen Kulturleben" bekannt sein „und das Vertrauen weitester Kreise in Franken" genießen. Der von der Münchner BR-Intendanz vorgeschlagene Otto Freundorfer wird vom Stadtrat als „unbekannte Persönlichkeit des fränkischen Kulturkreises" abgelehnt. Der städtische Kulturreferent Dr. Wilhelm Korff nennt den BR einen „Jodler-Rundfunk". 500.000 fränkische Hörer, ein Drittel aller Teilnehmer, bezahlen jeden Monat eine Million Mark, und was bekommen sie dafür? Ein Zehntel der Programmzeit! Die Diskussion gipfelt in der Drohung: „Entweder wir kriegen mehr Programm oder wir treten in den Hörerstreik". Das nürnbergisch-fränkische Selbstbewußtsein steigt bedrohlich, doch wer das fränkische Streitroß besteigt, muß mit königlich-bayerischen Seiten-Stichen rechnen. Erst mit der Berufung des Dr. Hermann Dollinger glätten sich die Wellen. Er ist in Nürnberg geboren, mit den hiesigen Verhältnissen vertraut und dem Stadtrat genehm.

„Stork Club" im Opernhaus

Fechten die Nürnberger für ihre Kultur, dann meinen sie das bierernst. Was sich am Beispiel Opernhaus erweist, dem Nürnberger Kult-Tempel aus Tradition. Verbissen kämpft die Stadt mit der Besatzungsmacht um den nunmehr 45 Jahre alten Prachtbau am Ring.

Mit Nürnberg eng verbunden: Kurt Edelhagen und seine Big Band spielen in den Buchersälen

Am 1. September 1905 im Glanz von 5.000 Glühlampen als „schönstes Jugendstil-Theater Deutschlands" eröffnet, hat das Opernhaus den zweiten Weltkrieg leidlich gut überstanden. Dieser Glücksfall kommt den Amis zupaß. Sie besetzen das Opernhaus und wollen nicht mehr raus. Kino und Shows zeigen die US-Boys in dem Arien-Palast, im Foyer haben sie zum Amüsement der GIs den „Stork Club" etabliert.

Aber mit der Zeit sind die Herren Besatzer weichgekocht, sie öffnen ihr Ohr den kunstsinnigen Wünschen der Nürnberger. Wenigstens werden hin und wieder Nachmittagsvorstellungen erlaubt, und mit der Spielzeit 48/49 räumen die Amerikaner das Opernhaus zweimal jede Woche abends für die Städtischen Bühnen. Nebenan, im 1. Stock des Hotels „Deutscher Hof", im Saal des Lehrerheims, hat sich seit Mai 47 das „Lessing-Theater" eingerichtet. Dort gastieren Anfang 1950 Hans Moser mit dem Schwank „Weekend im Paradies" und Luise Ulrich in der Komödie „Ein Mann wird gesucht". Im Opernhaus begeistert am 12. Januar 1950 „Die Bernauerin" von Karl Orff mit Heidemarie Hatheyer, am 20. Januar die Operette „Der Zigeunerbaron" mit Anni Coty, Karl Mikorey, Hans-Joachim Worringen und Margot Weindel; später dirigiert Robert Stolz persönlich seine Operette „Frühling im Prater" als deutsche Erstaufführung, Nico Dostal seine Operette „Zirkusblut". Umju-

Noch heißt das Opernhaus „Opera House“, aber für einen Tag ist es fest in deutscher Hand: Ein Festakt läutet die Feiern zum 900jährigen Jubiläum der Stadt ein. Rechts oben Erster Kapellmeister Dr. Max Loy, darunter Operetten-Liebling Hans-Joachim Worringen

Von Nürnbergs Theater-Fans umjubelt: Kurt-Leo Sourisseaux, Gusti Rainhoff, Willi Schmid-Scholven, Anny Coty (von links) in Lehárs Operette „Graf von Luxemburg“

belt werden Robert Fackler, Gusti Rainhoff, Jacqui Bügler, Hans Hermann Pudor, Wilhelm Schmid-Scholven, Elisabeth Müllauer – und ein dressiertes Zebra. Im Lessing-Theater erregt Tennessee Williams „Endstation Sehnsucht“ mit Klara Klotz und Karl Pschigode Aufsehen. Im Neuen Theater an der Bucher Straße applaudieren die Nürnberger Marika Rökk, anschließend Johannes Heesters in „Hochzeitsnacht im Paradies“.

Den hinterfotzigen Ruf eines „Provinztheaters“, zielbewußt ausgeheckt in München, schaffen die Nürnberger sich rasch vom Hals. Namen wie Karl Pschigode (Intendant), Alfons Dressel (Generalmusikdirektor), Professor Rudolf Otto Hartmann (Oberspielleiter der Oper), Helmut Hensel (Oberspielleiter der Operette), Friedrich Bröger (Chefdramaturg) und Dr. Max Loy (Erster Kapellmeister) verhelfen rasch zu Renommee und Reputation.

Jacqui Bügler und Karl Mikorey in der Operette „Lump mit Herz“

Am 27. Januar rührt ein Ereignis die Herzen der Nürnberger: Der 2000. Rußland-Heimkehrer wird empfangen, ein ehemaliger Gebirgsjäger. Er heißt Fritz Bareiß, ist gerade 27 Jahre alt und nach fünf Jahren Gefangenschaft natürlich ohne Beruf. Durch vier sibirische Lager hat er sich gehungert, jetzt erwarten ihn ein Nelkenstrauß in den Stadtfarben rot-weiß, 20 DM, ganze zwanzig Mark, von der „Nürnberger Nothilfe“ und ein Anzug, den eine Nürnberger Firma stiftet. Der Mensch der fünfziger Jahre ist leicht zufriedenzustellen.

Die Heimkehr dieses 2000. Nürnberger Soldaten und die fast täglichen Meldungen von Bombenfunden in den Ruinen – im letzten halben Jahr waren es 787 gefährliche Blindgänger – wecken das Bewußtsein, daß wir dem Krieg und seinen Folgen noch lange nicht so endgültig entronnen sind, wie wir das in den hoffnungsfrohen ersten Monaten der 50er Jahre wohl möchten.

11.500 Nürnberger sind im Krieg an der Front gefallen, 5.300 zusammen mit 5.600 ausländischen Kriegsgefangenen und Arbeitern bei Luftangriffen ums Leben gekommen, und von den ursprünglich 7.500 vermißten Soldaten fehlen noch immer 6.932, viele vielleicht in einem sibirischen Schweigelager vor der Welt versteckt. 251 ehemalige Soldaten harren offiziell noch hinter fremdem Stacheldraht. Fast täglich melden sich bei der „Nürnberger Nothilfe“ 20 bis 30 Heimkehrer, und an manchen Tagen werden bis zu 800 DM verteilt.

Die meisten finden sich rasch zurecht in ihrem neuen Leben, manche tun sich schwer mit dem Anschluß an die veränderte Gesellschaft. Der Gerch und ich schleppen den älteren Bruder eines Freundes zum Fasching. Heinz heißt der Bruder, und er ist erst vor ein paar Wochen aus Rußland zurückgekommen. Einen Faschingsball hat er in seinem ganzen Leben noch nicht erlebt, und da kommt er aus dem Staunen gar nicht mehr raus. Jede Firma, die etwas auf sich hält, feiert einen „Betriebs-Faschingsball“. Die Ballsäle sind proppenvoll; Barbara Galauner, Fee von Reichlin und Fred Rauch treten auf. Die Gastronomie schürt die Stimmung, die Zeit der „Kappenabende“ und „Hausbälle“ bricht aus wie eine Seuche. „Samba-Fieber“ herrscht im „Carlton“-Hotel mit drei Kapellen (Eintritt 3 Mark), und im Cabaret „Confetti“ hinterm Polizeipräsidium tanzt das Manja Nolepa-Ballett „Raspa“, den Modetanz 1950. Nürnbergs junge Herren stehen Schlange nach dieser Korona hübscher Mädchen aus dem Rheinland. Gefeiert wird in der kleinsten Vorstadt-Wirtschaft. Es ist Brauch, und den kann nichts vermiesen, auch die hohe Arbeitslosen-Zahl nicht.

Zum Höhepunkt gerät der Faschingszug am Sonntag, 19. Februar, der erste in Nürnberg seit 1939. Sechzig Wagen hat die „Lustige Narrenfahrt 1950“. Sie schlängelt sich vom Volksfestplatz an der Fürther Straße über den Plärrer zum Bahnhofsplatz, von dort zurück über den Ring, hinein in die Ludwig-, Karolinen- und Königstraße bis zum Königstor, am Marientorgraben entlang bis zum Prinzregentenufer – vorbei an Ruinen und Trümmern, Schutt und Scherben, an nackten Fassaden und kahlen Steppen. Die Narren wollen die Erbschaft des Krieges für ein paar Stunden vergessen, und die Nürnberger mit ihnen. Das Wetter hat sich prächtig herausgeputzt, die Menschen stehen in Zwölferreihen

Sonntag, 19. Februar 1950: Halb Nürnberg will den ersten Faschingszug nach dem Krieg sehen und die Ruinen ringsum möglichst vergessen. Hier windet sich der Gaudiwurm durch die Menschenmassen am Frauentorgraben. Zu Nürnbergs Faschingskönigen gehört Hans Bernhard (unten), Präsident der Trichter-Gesellschaft und jahrelang unermüdlicher Antreiber der närrischen Jahreszeit

Beliebt bei allen Nachtschwärmern: Cabaret „Confetti" und seine Bar. Dezente Bedienung, intime Beleuchtung

am Straßenrand wie seit dem letzten Reichsparteitag nicht mehr, nur daß die Stimmung diesmal beträchtlich lustiger ist.

Die „Nürnberger Nachrichten" begleiten die närrischen Tage „literarisch". Das Extrablatt „Narrnberger Nachrichten", eine eigens produzierte Faschings- und Blödel-Zeitung, albert für 20 Pfennig Exemplarpreis und findet reißend Absatz.

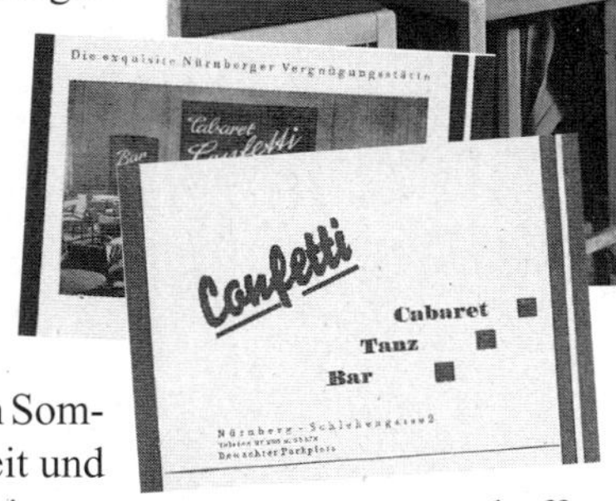

Mit dem Frühjahr drängt die neue Mode in die Schaufenster. Den Damen werden im Sommer 50 Kleider und Röcke weit und sportlich empfohlen, handbreit unterm Knie bis wadenlang; die Ärmel angeschnitten, die Kragen möglichst groß; Kleider auch im Hemdblusen-Stil mit Plissee-Röcken; Mäntel weit schwingend und auf Taille geschneidert; Kostüme mit hüftlangen, doppelreihigen Jacken; Goldknöpfe und breite, schwarze Lackgürtel; auf dem Kopf, den eine „unsymmetrische" Frisur verschönt, Filz- oder Strohhut, garniert mit (künstlichen) Blumen oder Früchten.

Die Herren tragen lange, weite Jacketts, kurze, enge Hosen, Ringelsöckchen und dicke Kreppsohlen, falls sie sich dies leisten können.

Das simple Kaninchenfell findet plötzlich Gefallen. Hochtrabend nennt man die veredelten Felle: Biberette, Skunks, Seal, Rotfuchs, sogar Chinchilla- und Zobel-Verschnitt – von den echten kaum zu unterscheiden. Sagt man. Zwischen 200 und 550 DM kostet so ein Blendwerk aus Karnickeln.

Leder wird knapp, wer Geld hat, findet Ersatz in Pythonschlangen, Aligatoren, Eidechsen und Chamäleons. Für Handtaschen wird hellbraunes Krokodil bevorzugt, Damenschuhe mit dem weltoffenen Namen California sind aus Velours mit Eidechse geformt und kosten 22,50 DM, lederne Aktenmappen 9,50 DM. Teilweise fallen die Preise im ersten Halbjahr 50, besonders die Textilien. Erst als im Juni der Korea-Krieg ausbricht, wird die Ware wieder teurer. Die Nürnberger, gewitzt und kriegserfahren, fangen an zu hamstern.

Sparen können ganz Schlaue, wenn sie im Amtsblatt das Kleingedruckte aufmerksam lesen. Zum ersten Mal nach zehn Jahren fallen im Leihhaus Pfänder unter den Hammer, 500 Stück, die nicht abgeholt werden: Fahrräder, Schreibmaschinen, Bügeleisen. Der absolute Hammer sind fünf Silberfüchse für 650 Mark.

Erschwinglich bleibt das Kino: 0,90 DM bis 1,80 DM und – je nach der Kategorie des Theaters – für die besseren Plätze auch etwas darüber. Deshalb sind die Stunden im Kino die schönsten nach Feierabend. Von Januar bis März füllen 924.000 Besucher Parkett und Ränge, bis Ende des Jahres werden 4.455.475 Karten verkauft. Allein 60.000 sehen sich im Phoebus am Königstor das Opus „Die Nachtwache" mit Luise Ulrich, René Deltgen und Dieter Borsche an. Filme, die auch Furore machen: „Gilda" mit Rita Hayworth, der „schönsten Frau der Welt", „Das Herz muß schweigen" mit Paula Wessely, „Der Theodor im Fußballtor" mit Theo Lingen, „Schwarzwaldmädel" mit Sonja Ziemann, Rudolf Prack und Paul Hörbiger, „Melodie des Schicksals" mit Brigitte Horney und Viktor de Kowa, Willy Forsts „Serenade" mit Hilde Krahl, „Die Dritte von rechts" mit Grete Weiser, Rudolf Platte, Oskar Sima, Vera Molnar und Peter van Eyck.

Der Boom hat Folgen: Die Filmtheater schießen wie Pilze aus der Erde. Zu den „Großen" wie „Phoebus", „Hans-Sachs" an der Allersberger Straße, „Apollo" in der Pfannenschmiedsgasse und „Orpheum" an der Ecke Johannis- und Burgschmietstraße („Orfala" genannt) kommen 1950, unter anderem, der „Alhambra-Palast" an der Fürther Straße (Spitzname „Hamberla") mit 800 Plätzen, die „Biberbau-Lichtspiele" an der Sulzbacher Straße mit 580 Sitzplätzen, die „Filmeck-Lichtspiele" an der Gibitzenhof-/Singerstraße mit 600 Plätzen, das „Atrium" in der Wölckernstraße für 450 Besucher, das „Corso" an der Bayreuther Straße und das „Roxy" am Südfriedhof sowie der „Regina-Palast" in der Königstraße mit 470 Stühlen. Dort wird von 9.45 Uhr morgens bis 3 Uhr nachts ununterbrochen Kino gespielt. Zum Jahresende 1950 gibt's 28 Filmtheater für 11.014 Besucher in der Stadt.

Das Opernhaus kann 1950 wieder mit 3.760 Abonnenten aufwarten, mit 190 Aufführungen von 15 Opern und Operetten. Das Lessingtheater

Laufsteg im Trümmerfeld: Modenschau mitten auf dem Hauptmarkt. Bizarr, aber niemand stört's.

Der Normalverbraucher staunt, die Frau Nachbarin darf träumen

So geht die elegante Dame am Nachmittag: Weißer Kragen und Plisseerock – der letzte Schrei

kommt auf 370 und das Neue Theater auf 37 Vorstellungen.

Im August wird Nürnberg zum Schauplatz eines Kinospektakels, das um die Welt geht. Hollywood-Filmheinis drehen in der Theresienstraße und am Hauptbahnhof den Kriegsfilm „Entscheidung vor Morgengrauen". Die Handlung spielt im Frühjahr 45, und an den notwendigen Ruinen mangelt es auch fünf Jahre später nicht. Oscar Werner und Hans Christian Blech spazieren in Wehrmachts-Uniform durch die Straßen, und den Nürnbergern wird's mulmig im Magen, wenn sie karabinerbehangenen Landsern in Feldgrau und „Goldfasanen" in brauner NS-Uniform in der Stadt begegnen.

Vier Tage Königssee für 48 DM

Wer die Welt nicht nur auf der Leinwand oder auf der Bühne sehen, sondern hautnah erleben will, kann 3. Klasse mit der Bahn für 35 DM nach Venedig, für 50,60 DM nach Paris und für 97,90 DM nach London fahren, wenn er Paß und Visum hat. Doch wer dies beantragt, muß sich in Geduld üben. Vier Tage mit dem Bus zum Königssee kosten samt Vollpension 48 DM, nach Mittenwald, Garmisch, zum Bodensee inklusive Übernachtung und Frühstück 44 DM, zwei Tage in den Bayerischen Wald 25 DM, rund um den Ochsenkopf 10 DM, und nach Berlin bezahlt der Tourist hin und zurück 70 DM; die Ostmark tauscht er 1:9 um. Von einer hochschwappenden Reisewelle kann allerdings noch keine Rede sein, obgleich 60.000 Nürnberger sich in den Sommerurlaub wagen; doppelt so viele wie 49.

Aber die Welt kommt auch nach Nürnberg zu Besuch. Vom 11. bis 18. März machen 50.000 Händler, darunter 500 aus dem Ausland, der 1. Deutschen Spielwaren-Fachmesse ihre Aufwartung. Mehr als 350 deutsche, besonders fränkische, Spielzeughersteller zeigen, was dem Kind der 50er Jahre gefällt. Schuco aus Nürnberg brilliert mit einem durchsichtigen Viertakt-Motor, nicht viel größer als eine Streichholzschachtel. Das erste Spielwaren-Märchenland präsentiert sich etwas beengt im Wieseler-Haus an der Schoppershofstraße, im evangelischen Gemeindehaus Maxfeld und in der Landesgewerbeanstalt. Die Schau läßt auf einen Export-Schub für Nürnbergs Wirtschaft hoffen, und positive Anzeichen werden auch anderswo sichtbar: Die Nürnberg-Fürther Bauvereine wollen in den kommenden Jahren 23,5 Millionen DM für 2.425 Wohnungen aufbringen, die Autobahn nach Frankfurt wird vorbereitet, der Plan, aus dem Ludwigskanal eine Schnellstraße zu machen, zeigt Konturen.

Die Oberpostdirektion Nürnberg will durch den Umbau des Fernsprechamts an der Karolinenstraße den ersten Schritt zum Selbstwählverkehr tun, so daß „der Teilnehmer bei Anmeldungen mit dem Hörer am Ohr gleich auf die Verbindung warten kann". Aber schon bald geht der Post das Geld aus, 11.000 Telefon-Anträge bleiben zunächst mal liegen. Statt dessen bekommt Nürnberg das modernste Paketpostamt der Bundesrepublik. 150.000 Pakete und 35.000 Päckchen laufen hier jeden Tag über die Rolle. In der Königstraße reckt sich der Kaufhof in die Höhe, heftig angefeindet wegen seiner unnürnbergischen, fremdartig kalten Fassade. Trotzdem wird der Bau schon am 9. November eingeweiht, er kostet fünf Millionen und gibt 800 Menschen einen Arbeitsplatz. Am Harnisch-Schlag feiern 40 Holz-Siedlungshäuschen, vornehmlich für ausgebombte Nürnberger reserviert, ihr Richtfest, das Stück zu 13.500 DM. Vom Staat gibt's 11.500 DM Zuschuß, 500 DM steuert die „Gemeinnützige Wohnungsbau-Gesellschaft der Stadt Nürnberg" bei, 1.500 DM müssen selbst aufgebracht werden, in monatlichen Raten von 58 DM wohl dosiert.

Messegast Ludwig Erhard, Bundeswirtschaftsminister, Wohlstandsvater und Nachbar aus Fürth

Übereifrige Fortschrittsprediger wollen den Stadtgraben mit den Trümmern der Altstadt zuschütten und damit die Erinnerung an eine jahrhundertealte Tradition löschen. Zum Glück nimmt kein vernünftiger Mensch diese Schnapsidee ernst. Im Gegenteil, anderswo wird Tradition mit klingender Münze gestützt: Um die Meistersinger-Kirche und das Heilig-Geist-Spital wieder aufrichten zu können, wird gesammelt; ein Baustein kostet 1,50 DM.

In der Johannisgasse erfüllt sich eine klassische Aufbaulegende der 50er Jahre. Gemeinsam machen Besitzer und Angestellte aus einer Ruine ein dreistöckiges Hotel: Der „Reichshof" ist wieder eine elegante Herberge mit Restaurant. Von der Besitzerfamilie Bindl bis zum Kellnerstift hat jeder Steine geklopft und

Straßenbahn in der Laufer Gasse. Kriegsspuren überall, der Laufer Schlagturm noch stark blessiert

Mörtel geschleppt. Auf der Fleischbrücke kriegt der steinerne Ochs aus einem 145 Zentner schweren Quarzblock wieder Leib und Kopf und damit das Recht zurück, zitiert zu werden wie zu alt-nürnbergerischen Zeiten. Redet einer leeres Stroh, bekommt er trocken zur Antwort: „Dös hätt' mir der auf der Fleischbrück'n a g'sacht."

Die Situation auf dem Wohnungsmarkt spiegeln die Anzeigen in den „Nürnberger Nachrichten" wider: „Zu vermieten Nähe Maxfeld-Straße: Drei-Zimmer-Wohnung, Küche, eingerichtetes Bad, Balkon, gegen 4.000 DM Mieterdarlehen, das angerechnet wird." – „Zwei-Zimmer-Wohnung, 42 DM Miete, 100 DM verlorener Baukostenzuschuß." – „Ein großes, leeres Zimmer, 35 DM Miete, 300 DM verlorener Baukostenzuschuß." – „Wohnungstausch, für Rentner besonders geeignet. Biete abgeschlossenes Leerzimmer mit Mansarde, Bad-Mitbenutzung, Garten- und Kelleranteil, Monatsmiete 8 DM, sowie zwei Zimmer, Bad, Küche, Balkon, Miete 28 DM. Suche: Drei Zimmer mit Bad."

Zwei Zimmer, Küche und Bad für zwei Personen sollten nicht mehr als 40 DM Miete kosten, empfiehlt das Wohnungsamt. So ganz stimmt das nicht immer, und für eine freifinanzierte Wohnung wird auch schon 1,50 DM oder mehr pro Quadratmeter verlangt.

Protest gegen Bierpreis

Während die Stadtverwaltung ihre Beamten und Angestellten wieder 48 statt 45 Stunden in der Woche arbeiten lassen will, werden anderswo andere Forderungen laut: Die „Deutsche Angestellten Gewerkschaft" macht sich zum ersten Mal für eine 40-Stunden-Woche stark, um die Arbeitslosigkeit zu bekämpfen. Im „Holzmüllerbau" in der Rosenau, einem pavillonartigen Versammlungs-Schuppen, häßlich wie eine zu groß geratene Bedürfnisanstalt, protestieren 3.200 nordbayerische Gastwirte gegen den von Bonn diktierten Bierpreis von satten 80 Pfennig für den Liter Helles; sie wollen die Maß für 70 Pfennig ausschenken, zum Nutzen aller Biertrinker, und statt 20 Prozent Getränkesteuer nur noch 10 bezahlen; die Stadt läßt sich aber nur auf 15 Prozent ein.

Noch mehr Gastronomie versammelt sich auf dem Ausstellungsgelände am Dutzendteich. Dort findet zum ersten Mal nach zwölf Jahren eine bayerische „Fachschau für Hotel, Gaststätte und Konditorei" statt. Mehr als 115.000 Besucher delektieren sich, und in der Pfannenschmiedsgasse rennen Nürnbergs Kellner bei einem Geschicklichkeitslauf mit dem Weinglas auf dem Kopf um die Wette. Wer am wenigsten verschüttet, ohne das Glas festzuhalten, hat gewonnen. Meister dieser Disziplin ist Andreas Meißenbach, Wirt der Weinstube „Wunder" aus der Ottostraße. Klein gewachsen, aber groß im Auftritt und sehr populär. Seine Markenzeichen: Beethoven-Mähne auf dem gedrungenen Kopf, Hundertmarkscheine bündelweise in der Hosentasche, sehr zugetan Damen jeden Alters. Das Ballett der „Garmischer Eisrevue", zu Gast in besagtem Holzmüllerbau, der für jeden Zweck gut ist, versucht er mit meiner Hilfe in seinen Keller zu locken, zwecks intimer abendlicher Alleinunterhaltung.

„Du kennst doch döi Madli vo dera Eisrewüh. Do lod'st a paar da-

Häßlich, aber nützlich: Im Holzmüllerbau sitzt der Gast auf harten Gartenstühlen

vou ei und kummst zu mir in mei Lokal. Ich nehm' an Ring Stadtworscht und a Fläschla Sekt miet, dann gänga mir in Keller no und dou pack' mer's g'scheit."

Weil ich kein Kostverächter oder Spaßverderber bin und einige der flotten Eisdamen tatsächlich gut kenne, gebe ich die Einladung weiter, verschweige jedoch die geplante Stadtwurst-Bewirtung und die kokette Absicht, die sich dahinter verbirgt. Aber die Damen kommen trotzdem nicht, was den Weinwirt zu dem gequälten Ausruf aus heiserer Kehle provoziert: „Au wäerla, mei Herz!"

Das ist sein Standard-Spruch, den er mehrmals am Tag ausstößt, dessen warnendem Unterton jedoch niemand, der den Meißenbach kennt, große Bedeutung beimessen will. Den regelmäßig immer dann angedrohten „Herzkasper", wenn ihm was nicht paßt, traut dem fröhlichen Weinwirt keiner zu.

Seine Weinstube „Wunder" ist ein Wunder und genauso originell wie der Wirt, nur etwas älter, 1576 gegründet. Das größte Wunder versteckt sich in der Ecke, die „Silber-

Stars der Garmischer Eisrevue im Holzmüllerbau. Nürnbergs Eislauffreunde staunen wehmütig. Ihre Schlittschuhe bleiben im Keller, es sei denn, Flüsse und Seen sind zugefroren. Auf dem Kunsteis im „Linde“ ziehen die Amis ihre Kreise

Zum Ausgleich treibt's Nürnbergs Eisläufer auf Rollen. Aber selbst hier gibt's Probleme. Die altersschwache Rollschuhbahn des 1. FCN im Zabo muß repariert werden. Harte Geduldsprobe für die Sportler, die im Hintergrund schon warten

Bar“, eine im Stil der 50er verschönte Miniatur-Ausgabe eines gehobenen Stehausschanks. Die Bar bezieht ihren Namen von Tausenden silbern schimmernden Stanniolblättchen aus Zigarettenschachteln. Hier hat Meißenbachs ständige Begleiterin Gitta Hand angelegt und diese Dinger zentnerweise an die Wand geklebt. Sie beherrscht die winzige Bar unübersehbar: stattlich gebaut, zwei Köpfe größer als der Meißenbach, das heftig erblondete Haar glatt und straff nach hinten gebändigt. Wenn Gitta mehr als drei ausgewachsenen Trinkern einen einschenkt, ist die „Silber-Bar“ hoffnungslos überfüllt. Währenddessen schweift der Wirt, ewig das Abenteuer im Auge, durch Nürnbergs Nachtkneipen.

Im Cabaret „Confetti“ treffe ich ihn hin und wieder. Das hat sich im ersten Stock der „Bäckerherberge“ in der Schlotfegergasse eingenistet. Wenn man reinkommt, gleich rechts, steht die Theke, vom Mitinhaber Fritz Bauer ausdauernd bewacht. Dort postiert sich auch der Meißenbach Andreas gern, weil niemand ihm entgeht, der rein oder raus kommt. Auch die aufgeputzten Hupfdohlen nicht, wenn sie auf die Bühne tänzeln. Sonst aber ein recht braver Laden, das „Confetti“. Auch als Bauer zehn hübsche Taxigirls engagiert, um Herren zu verwöhnen, die sich's leisten können, und dafür eine Mark Eintritt verlangt, leidet der Ruf nicht. Niemand stört diese „Innovation“ in Nürnbergs Nachtleben.

Ein bißchen verruchter treibt's da schon Heinz Moll in seinem Künstlerkeller „Moll's Bunter Trichter“, 45 Treppen unter der Pfannenschmiedsgasse, in der „Apollo“-Passage; von Stammgästen „Bergwerk“ genannt. Wer will, sieht dort Schönheits- und Schleiertänze im durchsichtigen Negligé zu nachtschlafender Zeit. Eine Dame mit dem Künstlernamen Jolly Maré behauptet von sich, Tänzerin auf dem Zwischendeck der „Titanic“ gewesen zu sein. Mathematisch begabte Besucher rechnen nach: Der angeblich unsinkbare Überseedampfer „Titanic“ ging 1912 unter, müßte die Dame also mindestens um die 60 sein. So aber sieht sie auch wieder nicht aus. Was soll's: Es glaubt ihr sowieso niemand ein Wort, und die tanzende Schöne weiß bestimmt nicht, wovon sie redet. Die „Titanic“ hat ihr garantiert ihr Manager unter die hauchdünne Bluse gejubelt, ohne zu ahnen, was es mit dem Dampfer auf sich hatte.

Dolores Marco aus Giesing

Eine weibliche Rennrad-Truppe schwitzt auf enger Bühne. Die Damen radeln, daß die Brüste hüpfen und die prallen Oberschenkel glänzen. Bewegt werden dabei nur die strammen Beine, die Rennräder rühren sich nicht vom Fleck. Sie stehen, „bodenständig“ festgeschraubt, wie eine Eins auf dem staubigen Kleinkunst-Podium. Ein großer Zeitmesser verrät dem interessierten Publikum, wer die Schnellste ist. Die Damen tragen exotische Namen und bunte Trikots, damit man sie unterscheiden kann. Dolores Marco (Spanien) auf Grün (womit die Farbe des gut gefüllten Leibchens gemeint ist), radelt gegen Anny Williams (England) auf Gelb.

Natürlich heißt die Dolores Marco nicht Dolores Marco, sondern Hannelore H., und sie hat Spanien nie gesehen; sie kommt aus München-Giesing. Die Anny kennt England nur von der Landkarte, zu Hause ist sie am Halleschen Tor in Berlin, und sie trägt den niedlichen Namen Evchen. Nach Schluß der schweißtreibenden Veranstaltung ziehen sich die bedauernswerten Mädels entweder gleich in ihre öde 8-Zimmer-Bude in der ehemaligen 21er Kaserne hinter Schweinau zurück, oder sie nippen noch an einem Cognac-Coke für 60 Pfennig Hauspreis.

Drohen die Künstlerinnen zu fortgeschrittener Stunde schlapp zu machen, greift Heinz Moll mit seiner ganzen imposanten Erscheinung und wehender Mähne persönlich ein. Er bemüht seine singende Geige inklusive einer leicht asthmatischen Stimme. Favorit unter seinen sechs Fidelstücken, die er stehend freihändig und unter eindrucksvollem Kopfwackeln beherrscht, ist der Parade-Schmachtfetzen „Kleine Geige du, du mein Kamerad“, eine private, sehr geräuschvolle Auseinandersetzung des Künstlers mit seinem geduldigen Arbeitsgerät, das sich nur unter Zwang wie ein guter Kamerad anhört.

Die Boheme-Figur Moll gehört zu Nürnbergs Vergnügungswelt der 50er Jahre wie das Kraut zur Bratwurst. Wer schon mal gern in Kneipen geht oder nachts durch die Gemeinde schweift, der kennt den Heinz Moll. Aber auch Kinogängern ist er nicht unbekannt. Weil als Lebenskünstler schon geboren, weiß der Heinz sich auch dann zu helfen, wenn's eng wird im Geldbeutel und mal nix läuft in seinem Keller. Er nimmt seine treue Barbara, Künstlername Adalat, an der zarten Hand, die weinende Geige in die andere und tingelt von Kino zu Kino, mit Vorliebe in der fränkischen Provinz.

Im Keller der Apollo-Ruine versteckt sich „Moll's Bunter Trichter" (links neben dem Kinoplakat). Nebenan ein Spielclub, im notdürftig geflickten Saal ein Kino – sonst tut sich nichts mehr im einstigen Varieté- und Amüsier-Tempel

In sein Gewölbe bringt Heinz Moll allnächtlich mächtig Schwung. Rechts außen (stehend) lächelt er ins Bild, inmitten seiner Künstler und Gäste. Daneben Partnerin Barbara, bekannt als Adalat. Vierter von rechts (stehend) Nürnbergs Meister-Conférencier Heinz Wedorn. Vierter von links Catcher Saturski jun., daneben noch ein Catcher von Zurth's Truppe

Den Besitzern macht er klar, daß es ihren Umsatz fördere, wenn Adalat erst Step tanze und er die „kleine Geige, du" anstimme, bevor irgendwelche fremden Künstler auf der Leinwand erscheinen, die eh bloß abgelichtet sind, während man ihn und Adalat leibhaftig erleben könne. Zehn Pfennig, a Zehnerla, pro Karte sei wohl angemessen. Die Herren Kinobesitzer finden's witzig, und sie zwacken die geforderten 10 Pfennig von jeder Eintrittskarte ab.

Trotzdem sind finanzielle Talfahrten im turbulenten Künstlerleben des Heinz Moll nicht immer abzuwenden, denn schließlich war er fünfmal verheiratet, und das zehrt an der Substanz. Doch wenn's auch noch so klemmt, an seinem „Bunten Trichter" hängt der Moll wie ein Zeck. Natürlich fallen da auch Rechnungen an, immer wollen ein paar Lieferanten Geld vom Moll, das er gerade nicht hat. Also schicken sie den Gerichtsvollzieher, der mitten in der Nacht in den rot schimmernden Niederungen des „Bunten Trichters" auftaucht wie die rächende Nemesis und zielsicher die Kasse ansteuert, beseelt von dem naiven Glauben, so könne man Molls Schulden akquirieren. So was nennt man die Rechnung ohne den Wirt gemacht, denn ein Lebenskünstler wie der Heinz sorgt vor: Die Kasse ist permanent leer, die wenigen Scheine trägt er im Brustbeutel eng auf der Haut. Mit dieser Übung schlägt Heinz Moll jeden Angriff des Gerichtsbüttels ab – bis irgendein mieser Judas das Geheimnis des Brustbeutels verrät. Statt in die Kasse, greift der gemütsarme Vollstrecker dem Heinz unters Hemd und vollzieht am offenen Brustbeutel grausam seine schnöde Pflicht.

Der letzte Pfennig ist weg, aber der „Bergwerks-Besitzer" nur für einen Augenblick sprachlos, denn solche Unbill steckt er weltmännisch weg. Einer wie Heinz Moll weiß immer einen Ausweg, und er bleibt fröhlich und hilfsbereit.

Abenteuer auf der Steubenbrücke

Ich bitte ihn eines Nachts, eher schon eines Morgens, mich nach Hause zu fahren. Am Marientorgraben, kurz vor der Steubenbrücke, passiert's: platter Reifen hinten rechts. Weil der gute Heinz seine blütenreinen weißen Bühnen-Klamotten anhat, packe ich den Wagenheber aus dem Mercedes 170 V und versuche das Kunststück, mit dem angerosteten Gerät den Reifen zu wechseln. Das Auto hebt sich, sackt wieder ab, der Wagenheber fällt scheppernd auf die Straße. Das macht die Frühschichtler aufmerksam, die mit dem Henkelmann „in Arbeit" gehen. Sie bleiben stehen und bewundern einen weißbefrackten Herrn, der einem verzweifelt mit der Tücke des Objekts ringenden Reifenwechsler heftig gestikulierend Anweisungen erteilt. Schließlich will er selbst Hand anlegen, bekleckert sich aber nur den schönen weißen Frack und gibt fluchend auf.

Einer Funkstreife fällt das morgendliche Schauspiel auf. Sie hält auf der anderen Straßenseite. Weil weder der Heinz Moll noch ich besonders nüchtern sind, spiele ich den Harmlosen und raune Heinz zu: „Mensch, sei ruhig, da drüben steht eine Funkstreife!" Den Heinz ficht das nicht an. Er glaubt wohl, auf der Bühne zu stehen, wirft sich in die imposante Heldenbrust, bewegt sich in Richtung Funkstreife, bleibt mitten auf der Straße stehen und deklamiert bühnenreif: „Niemand wird es wagen, einen Heinz Moll anzutasten. Einen Heinz Moll doch nicht!"

Ich verschanze mich schamvoll hinter dem waidwunden Auto, das noch immer schief daliegt wie ein beleidigtes Kamel vor der leeren Tränke, und warte darauf, daß mein Freund Heinz Moll mit Handschellen abgeführt wird. Aber nichts passiert. Der Streifenwagen rollt langsam an und fährt weg. Ob die Polizisten Theater lieben oder selbst fröhliche Zecher sind oder bloß Sinn für Humor haben, ich hab' es nie erfahren.

Unter den zwölf Schönsten: Kriemhild Steidtner

So ist das eben in den 50ern, und Originale wie Andreas Meißenbach und Heinz Moll sind zum Glück noch nicht ausgestorben. Es herrscht eine besondere Art von Toleranz und Liberalität in diesen Jahren des Wiederaufbaus. Ein bißchen Augenzwinkern ist meist dabei, noch mehr das Bewußtsein, gemeinsam eine schlimme Zeit überstanden zu haben und nun gemeinsam für eine bessere Zukunft sorgen zu müssen.

Solche Menschen wollen nicht nur arbeiten, sie möchten auch unterhalten werden. Die Gastronomie bedient sich dabei meist bewährter Vorkriegsmodelle. Im Café „Königshof", gleich vorn rechts an der

Zentrum des seriösen Tanzvergnügens: Cafe „Königshof" in der Königstraße, daneben die Regina-Lichtspiele. Nürnbergs Nachtleben spielt sich im Jahr 1950 vornehmlich auf der Lorenzer Stadtseite ab

Königstraße, wenn man vom Bahnhof kommt, spielt täglich nachmittags und abends eine leibhaftige Kapelle zum Tanz, und eine Dame im langen Gesellschaftskleid singt dazu; 1950 sind dies Fred Zickler und Martha Danner.

Eine Werbeveranstaltung in eben jenem „Königshof" wird mir beinahe zum Verhängnis. Es geht um einen Filmnachwuchs-Wettbewerb, den die Seifenfirma Warta ausgeschrieben hat. Von 5.000 Bewerberinnen aus ganz Deutschland bleiben zwölf hübsche Mädels übrig, darunter die 18jährige Nürnbergerin Kriemhild Steidtner, die es schon immer zum Theater gezogen hat. Diese zweifellos hübsche junge Dame soll sich nun am Abend des 5. Juni im „Königshof" den Nürnbergern vorstellen, was wegen des strikten väterlichen Ausgehverbots auf Widerstand stößt. Ich helfe etwas nach, mime im Hause Steidtner den engagierten Journalisten, der nichts weiter im Sinn hat, als die Filmkarriere des Fräulein Tochter mit allen Machtmitteln der Presse zu fördern. Als ich tatsächlich in den „Nürnberger Nachrichten" einen Zweispalter mit Foto der hübschen Maid veröffentliche, zieht Vater Steidtner seinen Einspruch zurück. Natürlich muß er bemerkt haben, daß mein Interesse eher persönlicher Natur ist und mehr seiner Tochter als deren Filmkarriere gilt. Hat er damit die Hoffnung auf weitergehende, womöglich engere familiäre Bande verbunden, die eines Tages vor einem Altar enden würden, ist dies nicht meine Schuld. Davon habe ich nichts gesagt, und deshalb sehe ich hier keine Gefahr.

Die droht mir von ganz anderer Seite und aus ganz anderem Grund. Der Warta-Werbechef hat die blödsinnige Idee, mich zum Conférencier der Vorstellungs-Veranstaltung des Fräulein Kriemhild zu ernennen. Wie das eben in den 50er Jahren so ist: Man fackelt nicht lang, man improvisiert. Statt mich zurückzuhalten, spiele ich Jung-Siegfried, der seine Kriemhild auf den Thron des künftigen Filmstars heben will. Ich besteige tatsächlich das Podium im „Königshof" und mache die schöne Dame Steidtner dem verehrten Publikum schmackhaft. Ein paar dazwischen gestreute Witze und dämliche Kalauer scheinen nur einen Teil des Saales zu erreichen, und ich komme mir – vermutlich zu Recht – höchst albern vor. Kriemhilds attraktive Erscheinung rettet mich vor der Blamage – nicht aber vor der schroffen Reaktion meines Verlegers Dr. Joseph Drexel. Woher er von meinem Auftritt als Conférencier erfahren hat, bleibt mir verborgen, jedenfalls hält er mein Debüt für ganz und gar deplaciert und unvereinbar mit der Würde eines Jung-Redakteurs der „Nürnberger Nachrichten". Das sei geradezu geschäftsschädigend, meint er, und ich solle mich gefälligst zwischen Journalismus und Gauklerei entscheiden. Nun denn, ich bin bei der Zeitung geblieben (was „Gauklerei" nicht vollständig ausschließt) und trete in der Vergnügungsbranche nur noch passiv auf.

Nachmittags Tanztee

Im „Deutschen Hof", zum Beispiel, kann ich samstags und sonntags zum Gesellschaftstanz antreten, im „Jägerheim" an der Valznerweiherstraße ist dies auch noch mittwochs (mit Franz Ploners Musikern) möglich, im „Carlton" pflegt man regelmäßig den Tanztee, an der Ecke König- und Luitpoldstraße wird das Café-Restaurant „Drei Mohren" mit Balkon im ersten Stock und Schnellgaststätte im Parterre eröffnet; gegenüber im „Corso", im „Porten" an der Luitpoldstraße (Dienstag und Donnerstag nachmittag „Tanztee") und im Café am Hallplatz, Königstraße 56 (abends Live-Musik) plauschen die Hausfrauen; am Marientor macht der „Zwinger" wieder auf, am Frauentorgraben der Kulturverein mit Restaurant und „Goldenem Saal", und in der Königstraße der „Pillhofer", wo Mutter Betty Burzlauer den einfachen Korn für 30 Pfennig ausschenkt und Sohn Hans später den wiederhergestellten „Kettensteg" übernehmen wird.

Ein Vergnügen zweifelhafter Art macht sich ganz heimlich breit, bemerkt nur von Nachtschwärmern, mißtrauisch beäugt von der Polizei: die Spielcasinos. Es beginnt im Keller des „Apollo"-Theaters, gegenüber von „Moll's Buntem Trichter", wo ein Mann namens Leo Harvart aus München, einst hervorgetreten als „Inszenator" des Rummels um den unglückseligen Wunderheiler Gröning, den ersten Club aufmacht. Es folgen Spiel-Casinos im Café „Wiener Grinzing" an der Breiten Gasse, das sonst nur von farbigen US-Soldaten bevölkert wird, in der „Aquarium"-Bar an der Sterngasse, in der Luitpold- und Fürther Straße, später im Keller des Hotels „Victoria". „Ecarté" wird in diesen Salons ausdauernd gezockt und pro Monat etwa eine halbe Million er- oder verspielt.

Zu Hause sucht der Nürnberger die Gemütlichkeit. Wohnkultur, jahrelang kaum ein Thema, weil die meisten Wohnungen durch Bombenhagel mehr als nur ihre Kultur verlo-

Allen Freunden der Nürnberger Gastronomie ein Begriff: Gastwirts-Ehepaar Georg Wiegner vom Kulturverein (oben). Eine originelle Idee am anderen Ende der Stadt: Das Terrassen-Café im Torso der Kongreßhalle

ren haben, wird wieder gepflegt. Ein neuer Zeitstil entwickelt sich, denn auch die schlichten vier Wände sollen dem besseren Leben angepaßt werden. Bescheiden das Ganze noch, klein und eng, aber gerade deshalb muß eine moderne Lösung her. Aus eins mach drei, zum Beispiel, aus einer Ein-Zimmer-Wohnung lassen sich mit ein bißchen Grips drei Lebensbereiche zaubern: Eß-Ecke, Wohn-Ecke, Schlaf-Ecke. Ein Schrank mitten ins Zimmer, die Rückwand mit Rupfen oder einem hübschen Stoff dekoriert, und schon sind's ein paar Ecken mehr, die Illusion der Mini-Wohnung ist komplett.

Im Sommer 50 droht Nürnberg zu verdursten. Nachdem ein Hitzerekord mit 31 Grad im Schatten schon am 21. Mai einen heißen Sommer vermuten läßt, kommt es ein paar Wochen später knüppeldick: Der Stadt geht das Wasser aus. Die Rohre der städtischen Leitung von Ranna, 40 Jahre alt, durch Bombeneinschläge und andere Erschütterungen brüchig geworden, platzen hintereinander an vier Stellen. Vom 29. Juni bis 6. Juli kommt aus den meisten Wasserhähnen der Stadt kein Tropfen – und das bei brütender Hitze. Von Fürth wird eilends eine Notleitung gelegt, Nachbarstädte schicken Tankwagen; die Nürnberger stehen Schlange, den Wassereimer in der Hand. Erst am achten Tag, gerade rechtzeitig, um die Stadt vor dem Sahara-Syndrom zu bewahren, rinnt das Wasser wieder.

900 Jahre Nürnberg

Ein paar Tage später, und die Attraktion des Jahres wäre auf dem Trockenen gelegen: die 900-Jahr-Feier Nürnbergs mit Festakt im Opernhaus, Jubiläumsausstellung am Dutzendteich, historischem Festzug durch die Stadt, Sonderschau im Germanischen Nationalmuseum, Serenaden auf der Burg, Gottesdiensten und Konzerten in den Kirchen, Festaufführung der „Meistersinger" mit Künstlern aus München, Dresden und Köln, Vorführungen der Polizei, kulturgeschichtlichen Auftritten in allen Stadtteilen. Die historischen Bauten werden in Scheinwerferlicht getaucht, die Stadt schmückt sich, Zehntausende sind auf den Beinen.

Weniger Staat ist mit den neudeutschen Bauten draußen vor der Stadt, auf dem sogenannten Reichsparteitagsgelände, zu machen. Dort verschwinden vier Menschen und ein Auto spurlos. Sechs Tage lang bleiben sie wie vom Erdboden verschluckt, die schlimmsten Verbrechen werden befürchtet, halb Nürnberg bangt mit den Angehörigen der Verschollenen – bis die Suchtrupps nach einer knappen Woche fündig werden. Es sind die Bamberger Ärzte Dr. Willi Engler und Dr. Karl Zeller, dessen Ehefrau und ein Dr. Pfister aus Erlangen. Sie kommen von einem Burschenschaftstreffen im „Heidekrug" in Zabo, Dr. Engler am Steuer. Gegen 1 Uhr morgens fahren sie ab, suchen vermutlich die Ausfallstraße, verirren sich in dem unübersichtlichen Parteitagsgelände und stürzen mit ihrem Auto, einem Opel Olympia, in eine fünf Meter tiefe Wassergrube, eine halbfertige Unterführung aus Reichsparteitagszeiten. Eingeschlossen in dem Wagen, ertrinken sie jämmerlich. Dr. Zeller gelingt es noch, sich durch das rechte vordere Fenster zu zwängen, will schwimmend das Ufer erreichen, stirbt aber an einem Herzschlag.

Die Zeitungen fragen: Warum sind solch gefährliche Todesfallen nicht gesichert? Die Staatsanwaltschaft antwortet: Straßen im Parteitagsgelände sind keine Verkehrswege. Eine Erklärung, die niemand befriedigt. Woher sollen Ortsfremde in stockdunkler Nacht wissen, daß sie sich nicht auf einem „Verkehrsweg" befinden?

Sarg für vier Personen: Der Opel aus Bamberg wird geborgen

Als das erste Jahr des neuen Jahrzehnts, auf das eine Generation seine ganze Hoffnung setzt, sich dem Ende zuneigt, müssen die Nürnberger am 26. November politisch Farbe bekennen. 78 Prozent gehen zur Landtagswahl, 49,3 Prozent wählen die SPD, 16,7 die CSU, 13,4 die FDP, 6 die WAV („Wirtschaftliche Aufbauvereinigung"), 5,7 die KPD, 3,4 den „Deutschen Gemeinschaftsblock der Heimatvertriebenen und Entrechteten" (BHE), 3,3 die Bayernpartei und 2,3 Prozent den „Wahlblock der Kriegsgeschädigten".

Die Wirtschaft erholt sich, zumindest vorübergehend; die Produktion erreicht den höchsten Stand seit Kriegsende, der Export steigt. Die Leute geben aus, was sie verdienen, um den Nachholbedarf zu decken.

Nürnberg leidet Durst: Schlangestehen mit Eimern und Kanistern in brütender Juli-Hitze. Das Wasser muß aus Nachbarstädten herangefahren werden. Ein Bild wie im Krieg

Ein Gasherd für den 120.000 Besucher der Jubiläums-Ausstellung zur 900-Jahr-Feier. Gestiftet von Nürnbergs Flaschnern und Installateuren

Große Auswahl in allen Radio-Geschäften. Oben die erste Schaufenster-Drehbühne Nürnbergs beim neu eröffneten Radio-Raum, rechts Grundigs erstes Kofferradio, der „Boy"

Die Nürnberger Motorradwerke sind auf Monate hinaus ausverkauft, Hilfsmotore besonders gefragt. AEG kommt mit den Bestellungen nicht mehr nach, Grundig (zwar in Fürth, aber unmittelbar an der Stadtgrenze) stellt in jeder Minute vier neue Radiogeräte her (sein neuer Kofferradio „Boy" kostet, je nach Ausstattung, zwischen 196 und 296 DM), Nürnberg/Fürth hat Berlin den Rang als Branchenführer der Elektroindustrie abgelaufen, Optimisten sehen erste Vorboten des Aufschwungs.

Vielleicht haben sie recht. Die Spalten der Stellenanzeigen in den „Nürnberger Nachrichten" füllen sich, Bauarbeiter werden gesucht, die Metallindustrie meldet Facharbeitermangel, die Arbeitslosenquote im Arbeitsamtsbezirk Nürnberg fällt auf 8,4 %, in der Stadt sind nur noch 8.866 Menschen arbeitslos. Mein Freund Gerch bekommt jetzt 1,40 DM Stundenlohn, auf Bettys Gehaltsstreifen stehen 196 DM am Monatsletzten. Eberhard aus der Rollnerstraße, inzwischen Abteilungsleiter, trägt nun monatlich 387 DM nach Hause, seine Frau, die Bärbel, ordentliche 205 DM.

Am Ende des Jahres 1950 hat diese Stadt wieder 369.348 Einwohner und 138.000 Haushalte, 198.408 Frauen und 170.940 Männer. 66,6 Prozent wohnen in den Außenbezirken. 159.754 Männer und Frauen stehen in Lohn und Brot, davon 93.020 bei Industrie und Handwerk; 7687 leben von der Fürsorge, 1173 von der Sozialrente, 143 sind registrierte Trinker. 20.950 Nürnberger haben ein Telefon, 99.000 ein Radio, 12.000 einen Hund, 151.517 Fremde besuchen die Stadt; 57 Hotels und Pensionen bieten 1660 Betten, 21.637 Kraftfahrzeuge werden gezählt, 4.739 mehr als Anfang 1950, darunter 7.910 Autos und 6.486 Motorräder. 399 Straßenbahnzüge und 53 Omnibusse befördern 135.359.283 Personen. Ein Tag im Krankenhaus (3. Klasse) kostet 9,90 DM.

Exakt 54.968 Wohnungen befinden sich wieder in einem ordentlichen Zustand; das sind 9.862 mehr als zu Beginn des Jahres. 55.223 Behausungen sind noch immer zerstört.

Die Stadt hat 10.998 Beamte und Angestellte, 26.895.420 DM Steuern eingenommen, 14.046.265 DM Schulden – und in der Ludwigstraße ein baufälliges Polizeipräsidium. Dort bricht ein Beamter vom 3. Stock durch den morschen Fußboden und saust eine Etage tiefer.

Zahlen, lauter Zahlen zum Ausklang des ersten Jahres der 50er. Sie zeigen zwar Trends auf, lassen Entwicklungen deuten, aber Statistiken blicken nicht in Herzen, nicht in Seelen. Am allerwenigsten in Herz und Seele eines Rentners mit 86 DM im Monat.

Zu Weihnachten, wenn es Zeit wird zum Nachdenken, tun sich Sorgenfalten auf. Leserstimmen aus den „Nürnberger Nachrichten", die mehr aussagen als tausend Zahlen:

„Diese Preise! An vielen verlockenden Angeboten muß ich vorbeigehen" (Postschaffner Karl Simon). „Die meisten Geschäftsleute auf dem Christkindlesmarkt klagen über schlechte Umsätze, nur das Buchgeschäft geht gut" (Buchhändlerin Gretl Nickol). „Auf viele meiner Wünsche muß ich verzichten, auf manches Kleid oder Möbel werde ich wohl noch warten. Das kostet alles viel Geld, und ich bezahle allein für mein Zimmer 50 DM im Monat. Ich muß sparen" (Ingeborg Hiemann, Fotografin).

Sparen? Natürlich, jeder dreht die Mark dreimal um, ehe er sie dann doch ausgibt oder – und das sehr selten – zur Bank trägt. Schon klagen die Banken und Sparkassen. Die Leute sparen zu wenig. Es wird immer schwieriger, Hypotheken zu beschaffen, und das kratzt an den Fundamenten des Wohnungsbaus. Für kurzfristige Anlagen gibt's 2,5 %, für Sechsmonats-Anlagen 3 %, bei 12 Monaten 4 %. Aber: Wer hat schon Geld übrig, um es anzulegen?

Ein schwarzer Fleck verdunkelt das Licht der Zuversicht: Kohlen werden knapp und teuer. Das Bundeswirtschaftsministerium verordnet eine Kontingentierung, die Händler bekommen nur einen Zentner für jeden Kunden. Die Industrie erhält knapp 60 bis 65 Prozent ihres Bedarfs. Zement- und Ziegelfabriken wollen schließen, und das kann fatale Folgen für den Wohnungsbau haben. Die Preise für Gas, Wasser und für Strom drohen zu steigen. Die Wirtschaft hat Aufträge, aber wie soll sie die ausführen, wenn sie keine Kohlen hat?

Bei allen Schwierigkeiten, die sich den Nürnbergern auf ihrem Marsch zurück in die Normalität in den Weg stellen, wird eines klar: 1950 ist das Jahr des Aufbruchs, jetzt muß die Frage sich beantworten, ob

Im Reichelsdorfer Keller lebt die alte Tradition der Steher-Rennen wieder auf

die junge D-Mark eine harte Währung bleibt, ob wirklich alles besser wird, ob der eingeschlagene Weg richtig ist.

Der Beginn eines Jahrzehnts wird sichtbar, das die Ideologie einer nivellierten, „wohlbefindlichen“ und rechtschaffenen Mittelstandsgesellschaft in die Welt setzt. Das Jahrzehnt einer Spezies von fleißigen, ordnungsliebenden Menschen, die Milieu und Etikette neu erfinden. Wohnung, Kleider, Frisur, Geselligkeit bekommen einen eigenen Stil. Eine Epoche, die Orientierung gibt, denn sie ist einfach und überschaubar strukturiert wie alle Pionierjahre. Eine Zeit, die wie eine Heimat ist, weil die Menschen sich mit ihr identifizieren. Vielleicht gerade deshalb, weil sie das Wunder vollbringen soll, aus einer lahmenden Wirtschaft ein Wirtschafts-Wunder zu machen.

1. Juli 1950: Das erste Norisring-Rennen auf dem Zeppelinfeld. Europas Motorrad-Elite begeistert 100.000 Zuschauer, Nürnberg wird zum Schauplatz internationaler Rennen

1951

Aus den Trümmern der Kaiserstallung soll eine Jugendherberge werden, der Grundstein wird gelegt (rechts). Geschäftsleute (unten der Hut-Brömme in der Inneren Laufer Gasse) rappeln sich aus eigener Kraft wieder hoch, so gut sie können, und die Stadt geht der Mauthalle zu Leibe (darunter). Erste Verkehrsprobleme werden am Königstor sichtbar (rechts unten)

Als eines der ersten historischen Gebäude wird das Dürer-Haus am Tiergärtnertor restauriert. Gegenüber zeigt sich auch die Gaststätte „Zur Schranke“, genannt „Schlenkerla“, ihren Gästen einladend wie ehedem, am Obstmarkt pilgern Schäuferles-Kenner zum Bratwurst-Röslein vom Köhnlein (rechts)

1 9 5 1

Schwarzer Tag für „Bräisala"

Wirtschafts-Wunder? Wir werden uns noch wundern, denn zu Beginn des neuen Jahres sieht es zunächst gar nicht danach aus. Ein Rückschlag droht. Der Kohlenmangel wird immer bedenklicher, ab 15. Januar bleibt jegliche Reklame-Beleuchtung nach Geschäftsschluß verboten. Das Großkraftwerk hat Mitte Januar nur noch für wenige Tage Kohlen. Stromabschaltungen werden erwogen, Wärmestuben eingerichtet. Von 28 mittelfränkischen Ziegeleien arbeiten nur noch acht, Klein- und Mittelbetriebe in der Stadt schließen vorübergehend; Kurzarbeit wird eingeführt. Über Nacht schnellt der Brotpreis in die Höhe, ein Zentner Kartoffeln kostet plötzlich sieben bis acht Mark statt 5,50 DM wie noch vor ein paar Tagen, und ein Liter Milch 42 statt 36 Pfennig.

Die Arbeitslosenzahl zeigt nach oben, sie übersteigt in Nürnberg die überwunden geglaubte 10.000er Marke erneut bei weitem. Lehrstellen gibt's auch viel zuwenig: 756 für 3984 Bewerber.

Auf dem Hauptmarkt kommt es am 23. März zur größten Kundgebung seit Kriegsende. Mehr als 70.000 Nürnberger protestieren gegen Preissteigerungen, gegen die Bonner Wirtschaftspolitik und für mehr Lohn.

Aber wer durch die Straßen geht und die Stadt an der Oberfläche betrachtet, der freilich kann nichts Bedrohliches entdecken. Es wird gebaut und gebaut, und darunter sind auch so durststillende Kultstätten der Nürnberger Biertrinkerzunft wie das „Schlenkerla" am Tiergärtnertor, das eigentlich „Schranke" heißt. Es zeigt sich „naturgetreu" wie eh und je, ein echtes Stück Alt-Nürnberg. Dafür hat Bernhard Kiesel gesorgt, Eigentümer der Traditionswirtschaft, die schon in dritter Generation seiner Familie gehört.

Zum besseren Verständnis für Ortsfremde: „Schlenkerla" ist das Bamberger Rauchbier, das hier ausgeschenkt wird und dessen Namen dem Stammgast so würzig auf der Zunge zergeht, daß er die Schankstätte danach benennt. Rauchbier mag nicht jeder, beim ersten Glas schüttelt es selbst den Kenner. Das zweite hellt den Geschmack auf, und von der dritten Halben an läuft der geräucherte Saft wie Öl.

Auch der Patrizier-Keller in der Königstraße wird wieder eröffnet, ebenso der „Reichelsdorfer Keller".

Am Obstmarkt steht ein Wirtshaus, das man leicht mit einem Behelfsheim verwechseln kann. Es steht einsam und verloren in der Sebalder Steppe. Es sieht verdächtig nach Krieg aus, höchstens nach 1946/47, jedenfalls wie ein Reichsmark-Notbau, in dem es für 50 Gramm Fleischmarken bei gutem Zureden vielleicht ein „Stammgericht" gibt. Kenner wissen es besser. Die „Hütt'n" ist das „Bratwurst-Röslein", und von wegen „Stammgericht": Hier gibt's die besten Schäuferle von ganz Nürnberg, zwei bis drei Mark das Trumm. Die Hax'n sind nicht minder, die Bratwürscht sowieso. Der Metzger Köhnlein, dessen Familie schon ganze Generationen Nürnberger herausgefüttert hat, braucht 1951 noch kein vornehmes Ambiente, wie das komische neumodische Wort heißt. Die Leut' kommen auch so aus der ganzen Stadt zum Obstmarkt, da muß keine Straßenbahn und kein Omnibus hinfahren. Sie fragen nicht danach, ob die Teller und Töpfe noch vom letzten Reichsparteitag übriggeblieben sind. Sie begnügen sich mit brettharten Gartenstühlen und wackligen Tischen, die nur ein Packen Bierfilzla waagrecht halten kann. Wenn blouß des Schäuferla schöi frisch und knusprig aus der Behelfsküche rauskommt. Worauf du dich verlassen kannst! Da ist von „Behelf" keine Rede, das ist feinste Friedensqualität im Baracken-Milieu. Nicht übler „Böhm's Weizenstüblein", nur ein paar Meter vom „Röslein" entfernt, und von außen ebenso unansehnlich. Drinnen aber genießen Nürnbergs gastronomische Kenner.

Anderswo entschlüpft man dem Barackendasein: Bei Kraftshof soll ein neuer Flughafen gebaut werden, am Fünferplatz wird das Rathaus fertig, am Hauptbahnhof das neue

Das Pellerhaus noch immer eine Ruine

Posthochhaus eröffnet, im Süden die wiederhergestellte Katzwanger Brücke eingeweiht, zwischen Breslauer und Oppelner Straße entstehen mit 41 Häusern die ersten Vorläufer der künftigen Trabantenstadt Langwasser, insgesamt sind im Stadtgebiet 8.286 Wohnungen im Bau, 57

Bürgermeister Julius Loßmann (am Mikrofon bei der Schlüssel-Übergabe für das neue Rathaus Fünferplatz am 10. Oktober mit

Oberbaudirektor Schmeißner, rechts) nimmt die Geschicke der Stadt in die Hand

Prozent davon Wiederaufbauten. Zählt man die 14.303 Wohnungen dazu, die seit der Währungsreform in Nürnberg entstanden sind, dürften 60 Prozent des Vorkriegsstandes erreicht sein. Noch immer viel zuwenig, denn derzeit suchen 12.254 Familien, und das sind 41.101 Menschen, eine Wohnung. Trotzdem kehren wieder 3.000 evakuierte Nürnberger in ihre Heimatstadt zurück. Die Altbaumieten kosten jetzt zwischen einer Mark und 1,40 DM pro Quadratmeter. Billiger kommt die Kabine in einem Bunker: Acht Mark pro Monat, und davon müssen nach wie vor 442 Nürnberger Gebrauch machen.

An Ideen mangelt's nicht, das Wohnungselend an der Wurzel zu packen. Der „Verein zur Behebung der Wohnungsnot" und ein „Helfer-Werk Bayern" setzen den Nürnberger Trichter an: Der Verein erfindet das „Mieteigentum nach Bruchteilen" und macht sich damit zum Geburtshelfer der Eigentumswohnung, die – just in diesen Tagen – durch ein neues Bundesgesetz salonfähig gemacht wird. Dieses Gesetz sichert zum ersten Mal das Eigentum an Wohnungen. Die „Helfer" gebären eine „revolvierende" Baustein-Idee: Jeder Kaufmann gewährt seinem Kunden ein Prozent Rabatt in Form von Wohnungsbau-Marken, jeder Arbeitgeber spendiert seinen Arbeitern und Angestellten pro Arbeitsstunde einen Pfennig für die Sparmarke. Wer nun für 500 oder 1000 DM Sparmarken bzw. „Bausteine" angesammelt hat, kann Anspruch auf Zuteilung einer Wohnung erheben, die durch diese Sparmarken finanziert wird. Ob das funktioniert? Fachleute lachen darüber.

Aber Nürnbergs neuer amtierender OB Julius Loßmann ist dankbar für jeden Denkanstoß. Die „Schusterkugel" übernimmt nämlich bis zur nächsten Wahl die Amtsgeschäfte, weil das bisherige Stadtoberhaupt Dr. Otto Ziebill, ohnehin ein gebürtiger Hamburger, Präsidial-Direktor des Deutschen Städtetags in Köln wird. Weniger behagt es dem sparsamen Schuster und Bürgermeister dazu, daß die Stadt im 51er Etat fünf Millionen für städtische Bauvorhaben, 4,2 Millionen für den Wohnungsbau, drei Millionen für die Schutträumung und über eine Million für den Wiederaufbau des Heilig-Geist-Spitals unterbringen muß. Und wenn die Nürnberger Schulen wieder so aussehen sollen, wie es sich für einen ordentlichen Unterricht gehört, sind in den nächsten Jahren satte 45 Millionen fällig. Wer soll das bezahlen?

Erste Jugendbanden

Ernste Sorge bereiten erste Anzeichen von Jugendkriminalität, ein seit den Nachkriegswirren vergessenes Thema. Einige Beispiele: Unter 68 Personen, die in der zweiten Novemberhälfte 51 von der Nürnberger Kripo aufgegriffen werden, sind 17 Jugendliche, die durch die Stadt streichen, stehlen und einbrechen: der Jüngste ist 12. Immer mehr Kinder und Jugendliche landen wegen Metalldiebstählen vor dem Jugendrichter, eine bequeme Art, zu Taschengeld zu kommen. 80 Prozent stammen aus kinderreichen Familien ohne Aufsicht. Sieben Burschen, vier davon minderjährig, überfallen bei Eibach Mädchen, schlagen sie nieder und vergewaltigen sie. Jugendpsychologen glauben eine der tieferen Ursachen für die Gewaltbereitschaft junger Menschen zu erkennen – und damit eine typische Zeiterscheinung: Viele Kinder bleiben sich selbst überlassen, die Eltern haben keine Zeit mehr, sie arbeiten beide, abends sind sie todmüde. Ein Problem, das sich noch verstärken soll.

Die Zahl der mitarbeitenden Ehefrauen hat seit 1948 einen ersten Höchststand erreicht. Das Doppelverdienertum, notwendig in den meisten Familien, um den erwünschten Lebensstandard erst mal zu erreichen und, ist das geschafft, auch halten zu können, dieses Mitverdienen der Ehefrauen geht meist auf Kosten der Kinder. Sie werden vernachlässigt, die Gefahr ist groß, daß sie in falsche Gesellschaft abrutschen. Dabei erweist sich die Jugend der 50er Jahre in ihrer überwiegenden Mehrheit als wenig aufmüpfig, eher „brav" und angepaßt, wie spätere Untersuchungen ergeben werden. Doch soziales Elend ist in Zeiten beginnenden materiellen Wohlstands keine Seltenheit.

In fünf Monaten notiert die Polizei fast hundert Einbrüche in Autos, Spezialisten sind am Werk. Die Polizei fühlt sich nicht beweglich genug, um rasch zugreifen zu können. Sie hat nur zwei Funkstreifenwagen, aber 14 Pferde. Mindestens sechs Streifenfahrzeuge seien notwendig, sagt Polizei-Amtmann Kothmann, Leiter der Schutzpolizei.

Doch zum Glück gibt es mehr positive Nachrichten, und die beste macht sich im Geldbeutel bemerkbar: die Löhne steigen. Mein Freund

Alltag und Luxus: Oben das Tempo-Dreirad, unentbehrliches Gefährt für Lieferanten; darunter der neue „Goliath“ mit 29 PS; links der nagelneue 300er von Mercedes mit sechs Zylindern und 115 PS – genannt „Adenauer-Mercedes“, weil der Bundeskanzler mit diesem Typ fuhr – ein Traum für jeden Normalverbraucher. Die Kennzeichen geben das Bundesland an: B für Bayern, W für Württemberg-Baden

Die letzten Benzinmarken

Gerch, inzwischen Vorarbeiter, steckt Ende 51 immerhin 1,55 DM Stundenlohn ein, die Betty 208 DM im Monat; Arbeitszeit nach wie vor 48 Stunden die Woche. Am schlechtesten verdient wird im Einzelhandel, am besten auf dem Bau und in Brauereien.

Gerch hat sein Motorrad drangegeben und sich für 1.800 DM einen gebrauchten VW gekauft, Anzahlung 650 DM, Rest in 24 Monatsraten zu je 50,07 DM. Der Gerch bekommt den Kredit von seiner Sparkasse, er hat die Warnungen vor obskuren Geldvermittlern, die jetzt überall auftauchen, ernstgenommen. Betty wartet auf ihr erstes Kind, mit 26 „höchste Zeit", meint sie, „aber früher ging's halt nicht. Wir müssen doch beide verdienen". Auch Bärbel will weiter arbeiten, denn es gibt noch viel anzuschaffen. Sie verdient jetzt 220 DM als Sachbearbeiterin beim Photo Porst. Eberhards Baufirma geht es gut, deshalb trägt er als Abteilungsleiter 427 DM monatlich nach Hause. Ein Grund, warum er sich einen Goliath „Sport GP 100" für 5.750 DM kauft. Die stolze Kiste leistet 29 PS, verbraucht 8 Liter und macht 120 Spitze. Eberhard zahlt 2.000 DM an, der Rest wird abgestottert, im Monat 165,46 DM. Ganz Betuchte freilich legen für das neue 300er Cabrio von Mercedes mit 115 PS und 155 Kilometer Spitze unvorstellbare 25.000 DM stehend freihändig auf den Tisch. Für Eberhard und Bärbel jedoch bedeutet der kleine Goliath den Verzicht auf die geplante Eigentumswohnung in der Schlüsselfelderstraße, die 15.000 DM gekostet hätte; sie mieten sich statt dessen eine sonnige 3-Zimmer-Wohnung am Nordring für 78 DM. Das reicht, sagen sie, denn sie wollen sich kein Kind „anschaffen", die Zeiten seien „zu unsicher". Eberhard und Bärbel sind eben vorsichtige Leute. Auch ihre neue Wohnung richten sie – notgedrungen wie die meisten – „Stück für Stück" ein. Die Auswahl ist reichhaltiger geworden, die Möbelgeschäfte haben sich vermehrt wie die Ratzen: Krügel, Otto, Heß, Beck, Reusch, Münch, Böhm, Holler, Beer und so weiter.

Motto: „Hilf dir selbst"

Weil die meisten Räume nach wie vor klein sind, greift das schon 1950 praktizierte Wohnmodell „Hilf dir selbst" weiter um sich. Da muß, zum Beispiel, der Küchenschrank dreigeteilt sein, um ihn besser auf die kurzgeratenen Stellwände aufteilen zu können. Will man eine Wohnküche, kriegt der Schrank die Farbe eines Wohnmöbels, die Illusion vom Wohnzimmer ist perfekt. Im Wohn-/Schlafraum verwandelt sich die Partycouch – ausgezogen – zum Doppelbett; ein geschickt angebrachter Vorhang schafft hinter dem Kleiderschrank eine Ankleidekabine. Niederer Tisch, kleine Sessel, Bücherbord und Minischreibtisch „erhöhen die Wohnlichkeit".

Geht die Bärbel „was zum Essen" einkaufen, prüft sie erst mal die Preise im „Kaufhaus Weißer Turm" (KWT) in der Ludwigstraße. Dort wird der erste Supermarkt Nürnbergs mit Selbstbedienung eröffnet. Soll billiger sein, sagen die Leute, aber niemand denkt daran, daß diese neumodische Einkaufsmethode der Anfang vom Ende der schönen alten Tante-Emma-Läden an der Ecke sein wird.

Will die Bärbel sich „was schäin's" zum Anziehen leisten, kümmert sie sich keinen Saumbreit um die „neueste Mode". Sie greift auf die gute alte Hausschneiderin zurück. Die ist nicht halb so teuer wie der letzte Modeschrei und kommt, wie der Name schon sagt, ins Haus, womit das Wohnzimmerla gemeint ist. Selbst die „Miß Franken 1951" hat sich solcherart eingekleidet. Auf dem Laufsteg des vornehmen „Carlton"-Hotels erhascht die 17jährige Nürnbergerin Lieselotte Marr im Selbstgenähten die Schönheitskrone, und der strenge Herr Vater hat keine Ahnung davon.

Denken wir an ein wenig Zerstreuung, spielt nach wie vor das Kino die erste Geige. Die Vergnügungs-Hochkonjunktur schwemmt auch 1951 wieder mehr als 4,5 Millionen Besucher ins Parkett und auf die Ränge, und das bedeutet, daß jeder Nürnberger einmal im Monat ins Kino geht. Die Stadt hat jetzt 32 Filmtheater (soviel hat Nürnberg zu seinen besten Zeiten nicht gehabt), und das größte nennt sich „Atlantik", ist eirund wie ein frisch gebrütetes Gaggala, protzt in einer Passage an der Karolinenstraße und nimmt 1.200 Besucher auf.

Der Kino-Skandal 51 läuft im „Phoebus" am Königstor und heißt „Die Sünderin" mit Hildegard Knef und Gustav Fröhlich. Weil die Knef ein leichtes Mädchen spielt und sich, milchglasverschwommen, auch noch nackt zeigt, bricht unter deutschen Moralaposteln das helle Entsetzen aus. „Unzucht" und „sittenwidrig" sind noch die mildesten Ausdrücke der Empörung, während

1951

Großstadt-Kaufhaus „Weißer Turm" in der Ludwigstraße, direkt neben dem gleichnamigen Turm. Auch drinnen ist alles picobello sortiert – das klassische Warenhaus der 50er Jahre

Kundennähe pur: Der Laufsteg im Schaufenster, Kleider frisch von der Stange, von Models dem staunenden Publikum auf der Straße präsentiert, Idee eines Geschäftsmannes aus der Südstadt. Daneben Rundfunkplauderer Fred Rauch mit zwei Gewinnern beim „Fest der Mode" im Tiergarten

besonnene Zuschauer und Kritiker die Meinung vertreten, der Film sei überhaupt nicht obszön, er sei nur schlecht gemacht. Aber der Skandal macht ihn zum Kassenschlager.

Auch so epochale Werke wie „Dr. Holl“ mit Dieter Borsche in der Titelrolle als „Herr Doktor“, Heidemarie Hatheyer als Schwester Helga und Maria Schell, „Der Kongreß tanzt“ mit Willy Fritsch und Lilian Harvey, „Das doppelte Lottchen“ mit Ira und Jutta Günther, „Fanfaren der Liebe“ wieder mit Dieter Borsche, Inge Egger und Grete Weiser, „Czardasfürstin“ mit Marika Rökk und Johannes Heesters, oder „Abenteuer im Roten Meer“, der erste Unterwasser-Farbfilm, garantieren volle Kassen.

Unverkennbar: Nach den harten Kriegsjahren dominieren weiter weiche bis schnulzenweiche Themen, Gefühl und Gemüt sind erwünscht. Betty schaut sich „Wiener Walzer“ an und lacht, Bärbel den „Dr. Holl“ und weint. Die alten Schauspieler aus der Vorkriegs- und Kriegszeit beherrschen die Leinwand, neue Gesichter tauchen nur selten auf.

Auch die Prüderie hat die 50er Jahre noch voll im Griff. Jugendämter und Staatsanwaltschaften laufen Sturm gegen „Auswüchse der Kinowerbung“. Plakate, die „eine am Oberkörper mangelhaft bekleidete Frau in greller Farbe zeigen, deren Brust in übertriebener Form dargestellt und zum größten Teil sichtbar ist“, sowie „spärlich bekleidete Mädchen“ werden als „geschmacklos“ und „grob sinnlich-primitiv“ bezeichnet.

Kein Wunder, daß der erste deutsche Aufklärungsfilm „Eva und der Frauenarzt“ etwas verschämt gehandelt wird, hat er doch ungeniert „die intimsten Geheimnisse hinter den verschlossenen Türen eines Frauenarztes“ verheißen. Dabei ist gar nichts dran, von wegen „Aufklärung“, lauter leere Versprechungen, das Opus bleibt lauwarm, und wer da glaubt, Geheimnisse zu erfahren, muß feststellen, daß es zwischen Eva und ihrem Frauenarzt gar keine gibt. Wär' ja noch schöner – wo der Zensor mit der Schere längst dazwischengeschnitten hat.

Nicht minder argwöhnisch wird die Bühne beobachtet. Im „Neuen Theater“ an der Bucher Straße, genau dort, wo später der Schöller Eis rührt und Lebkuchen backt, schlängelt sich das angeblich so laszive Ballett „Abraxas“ von Werner Egk übers Parkett. Die Nürnberger harren gespannt der ordinären Schaustellung, die man aus München vernommen, aber das mystische Drama geht ohne Peinlichkeit über die Bühne. Wozu also der Bannstrahl des frommen bayerischen Kultusministers Dr. Hundhammer, der das ganze Werk als eine „orgiastische Sauerei“ bezeichnet?

Vergleichsweise harmlos, schon eher beschwingt in Frack und Zylinder kündigt sich die Wiederkehr eines traditionsreichen musischen Tempels der „kleinen Kunst“ an: Der „Bamberger Hof“, schon vor 50 Jahren Nürnberger Kleinkunstbühne, eröffnet wieder, am 1. Oktober in der Königstraße, gleich neben dem Gasthof Pillhofer. Die Leute stehen Schlange, Damen und Herren tragen Abendkleid und Smoking, Ober schleppen Eiskübel mit Sekt- und Weinpullen – eine verheißungsvolle Premiere. Die Brüder Hans und Karl Müller, Inhaber und alte Hasen des Kabarett-Milieus, bedauern, daß sie nur Platz für 290 Gäste haben. Das Eröffnungsprogramm bestreiten „Die Amnestierten“, das führende deutsche Studentenkabarett-Ensemble, und in der Ecke neben der Bühne musiziert das stadtbekannte Hammer-Trio, Herbert am Klavier, Bertl Mages am Baß, Freddy, ein Holländer, an der Gitarre, später abgelöst von Charly, dem Dicken.

Das Opernhaus wird endlich befreit von jeglicher Beschlagnahme durch die Amis und deren Einschränkungen. Es steht wieder allein den Städtischen Bühnen zur Verfügung, und am 22. September wird das Fest mit der Oper „Carmen“ gefeiert. Im Gegenzug werden die US-Amerikaner nebenan ein neues Kino bekommen, dort, wo einst der „Herkules“-Saalbau stand.

Kleinkunst-Bühne „Bamberger Hof“: Deutschlands beste Kabarettisten zu Gast

„Bamberger Hof“-Besitzer Müller mit Caterina Valente. Auch sie tritt hier auf

Die bald übermächtige Konkurrenz allen Vergnügens, das Fernsehen, hat zwar noch total matte Scheibe, strahlt aber zaghaft erste Vorboten aus, und in Nürnberg ist man besorgt, übergangen zu werden. Von einer künftigen „Fernsehbrücke" quer durch das Bundesland ist die Rede, und ob die sich auch über Nürnberg spannt, weiß niemand. Zumal der Bayerische Rundfunk, seit Jahr und Tag Ärgernis der Franken, nur sieben Prozent seines Haushalts für das „neumodische Experiment Fernsehen" opfern will, „das den Film sowieso nicht ersetzen kann". Sagen die „Experten" des Bayerischen Rundfunks.

Fernseh-Pionier Grundig

Da springt ein Nürnberger aus der Denisstraße ein, der in der Fürther Kurgartenstraße groß geworden ist: Max Grundig, erst Radio-Pionier nach dem Krieg, jetzt auf dem besten Weg, das Medium der Zukunft voranzutreiben. Als einer der ersten glaubt er an das Fernsehen, und schon im April 51 läßt er sich einen Industrie-Fernsehsender für Messungen und Erprobungen künftiger Geräte aufs Fürther Hausdach stellen. Kurz darauf, am 28. Juni, führt er Pressevertretern mit einem von ihm entwickelten 22 × 29,4 cm-Bildschirm-TV-Gerät einen Film vor. 94 Stück von diesen Apparaten baut Grundig noch 1951 – und wird damit wieder zum Pionier einer neuen Technik, diesmal des zukünftigen „Heimkinos", das über kurz oder lang dem großen Kino die Leinwand verdunkeln wird. Sagen die, die weiterdenken. Was soll da aus den 32 Filmtheatern Nürnbergs werden?

Während „drinnen" Träume auf Zelluloid abgespult werden, zeigt „draußen" die Realität ein grausames Gesicht. Der Krieg, längst vergessen geglaubt, holt sich seine späten Opfer. Am Dienstag, 5. Juni, morgens um 9.03 Uhr, fliegt im Hinterhof der Maxfeldstraße 40 eine englische 250-Kilo-Bombe in die Luft, als die Sprengmeister Alfons Haas und Karl Ziegler den Zünder entschärfen wollen. Die beiden erfahrenen Feuerwerker und der Kraftfahrer Hans Weber werden auf der Stelle getötet. Die Detonation ist in der ganzen Stadt zu hören.

Im Umkreis von mehr als 200 Metern richtet die Bombe – ein Relikt des Luftangriffs vom 2. Januar 1945 – erhebliche Verwüstungen an. Neun Menschen werden schwer, 25 leicht verletzt, 69 Wohnungen zerstört und elf Familien mit 29 Personen obdachlos. Der Stadtrat genehmigt 25.000 DM, damit die ärgsten Schäden behoben werden können; US-Soldaten spenden 2.600 DM.

Als ich kurz nach halb zehn in dem total verwüsteten Hinterhof über Trümmerberge klettere, fühle ich mich in die schlimmsten Kriegstage versetzt. Ganz in der Nähe, auch im Maxfeld, wo ich aufgewachsen bin, habe ich 1942 und 43 brennende Häuser gelöscht und Menschen aus verschütteten Häusern gegraben. Und jetzt, acht, neun Jahre danach, derselbe furchtbare Anblick: Herausgerissenes, geborstenes Mauerwerk, über den ganzen Hof verstreut; abgedeckte Dächer, leere Fensterhöhlen, verlassene Wohnungen, in denen nichts mehr ganz geblieben ist, und überall Glasscherben, ein Meer von Glas und kaputten Dachziegeln. Ganz hinten eine rußgeschwärzte Wand zum Nebenhaus. Sie ist stehengeblieben. Unerklärlich. Warum ist sie nicht unter der Wucht der Detonation eingestürzt? Nur wenige Meter entfernt mußten die beiden Sprengmeister sterben. Von der Bombe zerfetzt.

Maxfeldstraße 40: Hier ist die Bombe explodiert (oben). Witwe und Sohn des toten Sprengmeisters Ziegler am Ort der Katastrophe

Aber die Mauer ist noch da. Das soll einer verstehen.

Wenig später stehe ich der Witwe Ziegler gegenüber, zu Hause in ihrer Wohnung. Ich will sie

27. September: Lautsprecherwagen der Polizei fahren durch die Südstadt, ganze Straßenzüge in Hummelstein, Lichtenhof und Steinbühl werden evakuiert, bevor die 10-Zentner-Bombe gesprengt werden kann. Links Sprengmeister Frodermanns

Meisterwerk: Allein ein tiefer Krater, aber sonst nur wenige Spuren erinnern an die Explosion

interviewen und ein Bild von ihrem toten Mann haben – gefürchteter Augenblick in einem Reporterleben. Die Frau schaut mich groß an, nickt nur, als ich meinen Beileidsspruch vorsage, wendet sich um und holt aus einem Schrank in der Ecke ein Bild ihres Mannes. Sie nimmt es mir nicht übel, daß ich in ihre Trauer eingebrochen bin, und sie hält die Tränen zurück. Taktlos ist das schon, was ich treibe, denke ich, aber es ist mein Beruf, der mich dazu zwingt. Dann will ich noch etwas fragen, aber es fällt mir nicht mehr ein. Was soll ich diese Frau auch fragen, die ihren Mann vor ein paar Stunden verloren hat und nun allein ist mit ihrem kleinen Jungen? Sechs Jahre Krieg hat der Feuerwerker Ziegler überstanden, und jetzt, ausgerechnet jetzt, mitten im Frieden, muß er sterben. An einer Bombe, die der Krieg zurückgelassen hat.

Draußen auf der Straße kommt mir ein böser Journalisten-Witz in den Sinn: Fragt der Reporter die Frau des eben tödlich Verunglückten, die noch nichts weiß davon: „Entschuldigen Sie, sind Sie die Witwe Meier?" Jetzt kotzt mich dieser „Witz" an.

Glimpflich dagegen verläuft ein anderer spektakulärer Bombenfund, diesmal in der Südstadt: Am Donnerstag, 27. September, um 14.20 Uhr erfaßt ein Bagger bei Bauarbeiten zwischen der Äußeren Ziegelgasse und der Voltastraße eine englische 10-Zentner-Bombe. Sprengmeister Erich Frodermann, Nachfolger von Ziegler und Haas, befürchtet, daß die Bombe durch die Berührung des Baggers ihre Lage verändert hat und der Zünder aktiv geworden ist. Das bedeutet: Er kann nicht entschärfen, die Bombe muß gesprengt werden. Nach der Katastrophe vom Maxfeld ist man vorsichtig geworden.

Die Stadtteile Hummelstein, Lichtenhof und Steinbühl üben sechs Jahre nach dem Krieg „luftschutzmäßiges Verhalten". 8.000 Menschen werden evakuiert, sechs Häuser in unmittelbarer Nähe ausgeräumt, die Straßen im Umkreis von tausend Metern abgeriegelt. Die Ausquartierten verbringen eine lange Nacht in den Humboldt- und Hubertussälen, in der Jahn-Turnhalle, im „Hummelsteiner Park" und im Landgrabenbunker. Lastwagen bringen Betten, Decken und Verpflegung. 110 Polizisten sichern die bedrohte Gegend.

Höchste Lebensgefahr

Am Freitag nachmittag, 28. September, stehen wieder ein paar Männer allein vor einer riesigen Bombe, die jeden Augenblick ihr Leben auslöschen kann. Sprengmeister Frodermann gräbt mit seinen Helfern unter höchster Lebensgefahr ein drei Meter tiefes Loch, senkt die Bombe Zentimeter für Zentimeter ab, bedeckt sie mit Zentnern Stroh und Torfmull, plaziert drei Panzerfaustköpfe mit Bohrpatronen neben dem Zünder und jagt den Sprengkörper mit einer 400 m langen Zündschnur in die Luft.

Nur ein paar hundert Meter weiter lauern NN-Fotografin Gertrud Gerardi und ich auf dem Treppenabsatz im dritten Stock eines Wohnhauses, wo die Leute alle im Keller hocken, wir aber freie Sicht zur Bombe haben, auf den entscheidenden Augenblick, um ihn für die Nachwelt festzuhalten.

Es geht alles blitzschnell, und uns drückt es auch nur etwas an die Wand: Zwei heftige Explosionen, zwei Fenster und eine kleine, baufällige Bretterhütte gehen zu Bruch, eine Qualmwolke zieht über die Südstadt – sonst passiert nichts. Kein Schaden! Zurück bleibt nur ein fünf Meter breiter und drei Meter tiefer Krater. Sprengmeister Frodermann hat ein Meisterstück vollbracht. Ganz Nürnberg dankt ihm, und von Bayerns Ministerpräsident Dr. Ehard bekommt er das Bundesverdienstkreuz.

Wenig später, in einer Wirtschaft in Peter, sitzt Erich Frodermann mir beim Bier gegenüber. Als wäre gar nichts Besonderes passiert, trinkt der Erich in aller Ruhe sein Bier, zündet sich eine Zigarette an, seine Hand zittert kein bißchen, und er erzählt. Aber er spricht nur wenig über die Bombe und wie er das gemacht hat. Wir unterhalten uns über den Krieg, über seine Familie, übers Bier, über seine Pläne, die ihn womöglich in eine andere Stadt führen werden. Daß er eben eine „Heldentat" vollbracht hat und als „Held von Nürnberg" in die Stadtgeschichte eingehen wird, das interessiert ihn so ziemlich gar nicht. Ein erstaunlicher, außerordentlich sympathischer Mann. Wie auch sein Kollege Erich Hesse.

Da gibt es also Helden in dieser Stadt, die keine sein wollen, und es gibt Originale, die gar nicht originell sein möchten. Der „Hansl", zum Beispiel, bürgerlich Hans Meutler, 49 Jahre alt und seit 23 Jahren Fremdenführer in Nürnberg, neben der fränkischen auch der englischen, russischen und holländischen Sprache mächtig. Aber das nützt ihm gar nichts, das Geschäft geht schlecht, die Ausländer begaffen zumeist die jüngste Geschichte, und die besteht aus Reichsparteitags-Gelände und aus Trümmern. Ein ganzer Omnibus voller Schweden kratzt gerade noch 70 Pfennig zusammen, und nicht einmal die kriegt der Hansl. Haferflocken kaufen die Schweden dafür, damit sie auf der Rückreise nicht verhungern. Von satten Trinkgeldern kann der Hansl nur noch träumen. Vor dem Krieg, ja da hat Henry Ford ihm einen dicken Schein in die Hand gedrückt, die holländische Königin-Mutter Wilhelmine auch, und erst recht ein indischer Maharadscha, der mit Trinkgeld und Haremsdamen nur so um sich geworfen hat. Früher haben auch die Metzger noch was getaugt: 35 von dieser Zunft, einer besoffener als der andere, drückten dem Hansl 160 Mark in die Hand. Damals! Heute mangle es den Leuten

Ein Nürnberger Weltmeister hinter der Theke: Beiwagen-Champion Fuchs in seiner Bar „Bei Quex" am Jakobsplatz. „Quex" – sein Spitzname auf den Rennpisten Europas

an Interesse für die Historie, klagt der Hansl, dafür rennen sie kurzlebigem Firlefanz und Flitter hinterdrein.

Noch weniger übrig für Firlefanz und Flitter hat ein anderer Hans, von dem niemand weiß, wie er wirklich heißt. Er ist Nürnbergs erster „Aussteiger", ein rüstiger älterer Herr mit zerbeultem Hut, nennt sich „Eremit, Privat-Philosoph und Naturbursche", war Seemann und Stukkateur von Beruf und lebt nur mit zwei Decken, Strohsäcken, Marmeladeeimern und einem kleinen Bullerofen auf der Wöhrder Wiese. Weil er keinem Menschen etwas tut und niemanden stört, läßt die Polizei ihn in Ruhe.

Auf der anderen Seite der sozialen Skala, ganz und gar bürgerlichen Wertvorstellungen zugewandt, bewegt sich das neuvermählte Ehepaar Johann Hauser (80) und seine Frau Elisabeth (75). Sie haben 1904 in Nürnberg schon einmal geheiratet, werden nach dem Ersten Weltkrieg geschieden, woraufhin Elisabeth nach Amerika auswandert. Nach dem nächsten Weltkrieg, dem zweiten in diesem Jahrhundert, erfährt sie in den USA, daß Johann alles gut überstanden hat. Sie setzt sich in einen Dampfer und kommt nach Nürnberg, um ihren Johann zum zweiten Mal zu heiraten. Da stimmt's nun wirklich mal: Alte Liebe rostet nicht!

Ein anderer Heimkehrer, wenn auch nur für ein paar Wochen, ist der gebürtige Nürnberger Emil Wacker. Nach 26 Jahren Weltenbummel taucht er mit 350 Menschen und 200 Tieren in seiner Heimatstadt wieder auf. 1915 hat er als Billett-Abreißer im „Apollo"-Theater klein angefangen, und heute gehört dem wackeren Mann der Zirkus „Apollo". Den hat er nach seinem ersten Arbeitsplatz so genannt.

Original Nummer vier hat Nürnbergs Mauern nie verlassen. Warum auch, ihm hat's immer nur hier gefallen. Denn hier spielt sein Club, für den er sich vierteilen läßt. Wie er mit vollem Namen heißt, verrät er keinem Menschen, aber jeder, der schon mal abends ausgegangen ist, kennt ihn: „Bräisala", von Beruf Losverkäufer. Nacht für Nacht streift er durch Nürnbergs Innenstadt-Lokale, die Schirmmütze im hageren Gesicht, den schweren Loskasten vorm Bauch, versteckt unter einem weiten Umhang.

„Bräisala" heißt „Bräisala", weil er dünn ist wie ein Brotbrösel, auf nürnbergisch „Bräisala". „Bräisala" kommt aus der Südstadt. Gleich nach dem Krieg hat ihm ein Ami nachts ein Gasrohr über den hageren Schädel gezogen. Man setzt ihm eine silberne Schädelplatte ein, und wochenlang hängt sein schmales Leben an einem Faden, dünn wie a „Bräisala". Aber er hat's derpackt: „Miech mach'n döi su schnell net hie!" A bißla Erinnerungslücken und sonst ein paar Macken hat das Gasrohr schon hinterlassen, aber nicht genug, um „Bräisalas" Club-Begeisterung zu schmälern.

Die Spiele der Fußball-Oberliga Süd finden sonntags statt, schon Anfang der Woche prophezeit „Bräisala" in jeder Wirtschaft: „Am Sunntach gwinna mier, net houch, aber mir gwinna." Nächsten Sonntag, am Abend nach dem Spiel, der Club hat verloren: Angepflaumt wegen seiner falschen Prognose, legt „Bräisala" den hageren Schädel schief, das kummervolle Gesicht in ernste Falten, nimmt die Mütze in die eine Hand, hebt den Zeigefinger der anderen und doziert philosophisch: „Gout, verlurn hama, aber net houch!"

„Net houch" sind auch seine Einnahmen. Der arme Kerl kriegt fünf Pfennig für jedes 50-Pfennig-Los, das er verkauft, und dafür läuft er

Das grausame 1:2-Spiel gegen Münster: Links Morlock, daneben Pohnke und Torwart Mirzowski von Münster.

Die Meisterschaft wird schon im ersten Spiel „vergeigt“

Noch so ein schlimmes Spiel am Anfang der Saison 50/51: Das 0:6 gegen die 60er aus München. Morlock (links) und Kallenborn (rechts) können nur noch zuschauen. Feuchtfröhlich geht's besser (oben). Zu Gast bei US-Distrikt-Chef Lund (von links): Schaffer, Morlock (verdeckt), Schriftführer Böhm (abgewandt), Gehring, Kapp (dahinter), Club-Präsident Rechtsanwalt Franz, Sportredakteur Werner Ludwig, Harald T. Lund, Herbolsheimer (davor), Mirsberger, Mrs. Lund, ein Betreuer, Kallenborn, Trainer Alv Riemke, Bergner

sich Nacht für Nacht die Absätze krumm.

Der schlimmste Tag in „Bräisalas“ Leben ist der 10. Juni 1951, ein Sonntag; der zweitschlimmste der 6. Mai, auch ein Sonntag. Und das kommt so:

Der 1. FCN und die Spielvereinigung Fürth, seit Jahrzehnten wie Hund und Katz, setzen nach mageren Jahren zu sportlichem Höhenflug an: Der Club wird Meister der Oberliga Süd, die Spielvereinigung zweiter, beide also bei den Gruppenspielen zur deutschen Fußballmeisterschaft dabei, die in zwei Gruppen zu je vier Mannschaften ausgetragen wird. Hier treffen die Besten der vier Oberligen Süd, Südwest, West und Nord sowie der Berliner Meister aufeinander. Für „Bräisala“ fallen Weihnachten und Ostern zusammen. „Net houch, net houch, aber mir pack'ns!“ prophezeit er jedem, der ihn nachts mit seinem Bauchladen trifft.

Beinah' behält er recht, aber nur beinah', denn das erste Spiel in der Gruppe II geht voll in die Hose. Der 1. FCN verliert zu Hause gegen den Westzweiten Preußen Münster („Wer sind denn döi scho? Döi patsch'n mir doch, wöi se's braung!“) völlig außerprogrammmäßig 1:2. Ein Rätsel! Der hohe Favorit aus Nürnberg läßt sich im Stadion von einer Bimberlas-Mannschaft o'zulln!

Die Ursachen-Forschung beginnt, und der Sportredakteur „Nm“ von der NN glaubt fündig geworden zu sein. Er hat Unglaubliches erfahren: Am Sonntag morgen, 6. Mai, 4 Uhr, hocken die Spieler Alfred Mirsberger, genannt Taler, Verteidiger, und Kallenborn, von Hamborn 07 gekommener Läufer, nach durchzechter Nacht mit Freunden, zu denen auch ich gehöre, fröhlich im Wartesaal II. Klasse des Hauptbahnhofs Nürnberg und saufen immer noch, während die Spielkameraden Schaffer, Sippel, Bergner, Ucko, Baumann, Herbolsheimer, Morlock, Kapp und Winterstein im Tiefschlaf Kraft aufladen. Ja, so lamentiert Nm (mit Klarnamen Willy Neumeier), so was kann doch nicht gutgehen, da muß man ja auf dem Zahnfleisch daherkommen.

Den Gegner unterschätzt

Ganz so einfach ist die Sache freilich nicht. Wer den Taler kennt, weiß, daß ihn ein paar nächtliche Biere noch längst nicht umhauen. Der ist im Wirtshaus genauso knochenhart wie auf dem Fußballplatz. Und der Kallenborn, das Schlitzohr aus dem Kohlenpott, läuft selbst mit 1,5 Promille dem besten Münsteraner Verteidiger durch die Beine. Nein, nein, die Schuld liegt nicht bei zwei fröhlichen Zechern, sondern bei der ganzen Mannschaft, die den Gegner aus Münster nicht ernstgenommen hat.

Wie schwer diese zwei verlorenen Punkte aber noch wiegen sollen, kann niemand ahnen. Denn es kommt noch viel dicker. Zum Schluß geht's nicht mal mehr um Punkte, um ins Endspiel gegen den Sieger der Gruppe I einzuziehen, da entscheidet ein siebenhundertstel Tor Differenz! Eigentlich gibt's sowas gar nicht, es kann sich auch kein Fußballfan erinnern, so was je erlebt zu haben. Aber manchmal geht's eben mit dem Teufel samt seiner ganzen Verwandtschaft zu, und eine sportliche Endrunde um die deutsche Meisterschaft kann zu einer menschlichen Tragikomödie ausarten.

In der Gruppe II spielen vier Vereine, neben dem 1. FCN der Hamburger SV, Tennis Borussia Berlin und die Spielverderber aus Münster. Der Club gewinnt drei Spiele, zweimal gegen Berlin mit 3:2 und 3:1 und das erste Spiel in Hamburg mit 2:1, verliert in Münster nochmals gegen die Preußen, und zwar sehr happig mit 4:6. Nun haben drei Vereine je 6:4 Punkte. Der Club, HSV und Münster. Am 10. Juni wird abgerechnet, der HSV kommt nach Nürnberg. Gewinnt der Club mit einem ordentlichen Vorsprung und läuft das Spiel Tennis Borussia gegen Preußen Münster nur einigermaßen erwartungsgemäß, dann ist alles geritzt, der Club im Endspiel.

Im Stadion läuft es tatsächlich wie geschmiert, bei Halbzeit liegt der Club mit 4:0 vorn; Kallenborn, der Zecher vom Bahnhof, donnert dreimal ins Netz, Winterstein einmal. Zum Schluß steht's 4:1, denn Harden vom HSV hat noch einmal getroffen. Schönheitsfehler, mehr nicht, denkt ganz Nürnberg, und: Etzala ist der Club nach drei Jahren wieder im Endspiel, zumal es bei Halbzeit in Berlin 2:0 für Tennis Borussia geheißen hat. Da kann doch nichts mehr anbrennen!

Und was da noch anbrennt! In der zweiten Halbzeit veranstalten die Berliner den Tag des offenen Tors, die Münsteraner schießen eins nach dem anderen, und nach 90 Minuten steht's 8:2 für Münster. Kein Mensch will glauben, daß dies mit rechten Dingen zugegangen ist, zumal das Berliner Spiel später angepfiffen wird als das Nürnberger. Haben die Berliner aus Rache für ihre zwei Niederlagen gegen den Club den Münsteranern, die ja auch noch „Preußen“ heißen und damit den

Spree-Fritzen näherstehen als elf Franken, den Vortritt gelassen? Unfaßbar!

Tatsache ist, daß der Club mit einem Torverhältnis von 17:13 dasteht, Münster durch das Fabel-Ergebnis mit 22:16. Das macht – nach dem sogenannten Divisionsverfahren – einen Unterschied von einem siebenhundertstel Tor, und diese lächerliche Differenz öffnet das Tor zum Endspiel gegen den 1. FC Kaiserslautern, dem Ersten der Gruppe I. Hätte bloß der Harden das Ehrentor für den HSV nicht geschossen, dann hätt's auch noch gereicht. Hätte der Club bloß das Heimspiel gegen Münster nicht vergeigt! Hätte, hätte, hätte – es hilft nichts mehr, es reicht nicht.

Aussichtsloser Protest

Weil aber niemand an das Wunder von Berlin glauben will, legt der 1. FCN Protest ein. Aussichtslos, denn wo sind die Beweise? Wer will die Berliner überführen, daß sie ein krummes Ding gedreht haben? Nach sechseinhalb Stunden Dauersitzung beim DFB-Schiedsgericht in Frankfurt zieht der 1. FCN seinen Einspruch „mit dem Ausdruck sportlichen Bedauerns" zurück.

Jeder, der bis acht zählen kann, glaubt trotzdem an einen Krampf in Berlin. Aber jeder, der Sportfunktionäre kennt, weiß auch, daß nicht sein kann, was nicht sein darf. Doch nicht im hehren deutschen Fußballsport! Niemals! Und wenn's auch um ein siebenhundertstel zum Himmel stinkt – bloß nicht zugeben: Das könnte dem deutschen Sport schaden! Drum schreibt die Presse denn auch: „Sieger von Frankfurt: Der deutsche Fußball-Sport."

So kann man's auch sehen. Die Weste bleibt sauber, obgleich sie längst bekleckert ist. Die Club-Spieler geben ihrem Vorstand recht, weil's ja doch keinen Sinn hat, aber der „Bräisala", der verliert vor lauter Wut fast seine silberne Gehirnplatte und droht, vom Sinwell-Turm zu springen, „am liebsten glei in tief'n Brunna nei".

„Su a B'schieß! Betrong ham uns döi Gauner, döi Krüpp'l. Dene sullt ma di Hütt'n o'zünd'n! Sulche Sauköpf!" Noch Wochen später kann der „Bräisala" sich nicht beruhigen. Das Thema wird er so schnell nicht mehr los, Nacht für Nacht. „Nix mehr is dou mit net houch! Döi ham uns ganz houch b'schiss'n!"

Der einzige Trost: Münster verliert das Endspiel gegen Kaiserslautern mit 1:3.

Daß die Club-Frauen wieder mal, wie von 1950 bis 57 alljährlich fast schon im Abonnement, deutscher Leichtathletik-Mannschaftsmeister werden, ist nur ein kleines Pflaster auf die große Wunde.

Auch meinen Freund Gerch, den es hin und wieder in den Zabo zieht, bewegt die Fußball-Tragödie. Lieber spricht er aber von seinem nächsten Urlaub, zumal da es seit dem 1. Februar 51 für jeden erwachsenen Bürger wieder einen echten „Deutschen Reisepaß" gibt. Fährt der Gerch mit seiner Betty zum Skilaufen, dann tut's aber auch der Bayerische Wald oder das Fichtelgebirge. Neue Skistiefel haben sie gekauft, das letzte Modell: Doppelte Schnürung, mit Schaumgummi gepolsterte Innenwände, ledergefüttert, Einkerbungen im Absatz für den Federstrammer der Skibindung, Rist-Riemen und Knöchel-Zugriemen. Toll!

Im Sommer schließt sich der Gerch der Mehrheit an, denn 60 Prozent aller Nürnberger bleiben in diesem Jahr im Urlaub zu Hause. Balkon, so man einen hat, Freibad, Parks und Sportplatz sind billiger, und Geld haben die wenigsten übrig – wenn's auch da und dort so aussieht, als käme die Wirtschaft jetzt endlich, nach der Flaute zu Anfang des Jahres, wieder auf Trab.

Noch steht der alte Ludwigs-Bahnhof am Plärrer, das Hochhaus ist erst geplant

Triumph, zum Beispiel, fertigt im Jahr 51 mit 3.000 Arbeitern mehr als 40.000 Fahrräder, 13.000 Motorräder und 40.000 Schreibmaschinen, mit Vorliebe die erfolgreiche „Matura". Damit ist die Vorkriegs-Produktion überschritten.

Als das Jahr 1951 sich neigt, leben in Nürnberg wieder mehr als 380.000 Menschen, 28.000 sind noch evakuiert. Ich kaufe mir für 98 DM den letzten Schrei der Technik, den ersten Elektrorasierer, der jetzt auf den Markt kommt und sinnigerweise „Schermann" heißt.

TEXTIL-BRAUN
TEXTIL-BRAUN
Leykauf

Ecke König- und Karolinenstraße an der Lorenzkirche: Das Leykauf-Eck hat nur noch Erinnerungswert, doch nebenan blühen schon wieder die Geschäfte. In der Luitpoldstraße pulsiert das Nachtleben, und daran wird sich auch in den folgenden Jahren nichts ändern (unten)

1952

Der Plärrer zum ersten Mal aus der Vogelperspektive – das neue Hochhaus der Städtischen Werke macht's möglich. Doch im November 1952 ist der Platz noch meilenweit entfernt von einer angestrebten Ideallösung – bei spärlichem Sonntagsverkehr, wie hier, scheinbar auch gar nicht notwendig. Aber dieser Schein trügt, wie sich schon sehr bald schmerzlich erweisen wird.

So tänzelt das Ballett des Non-Stop-Theaters aus Fürth über notdürftig zusammengeflickte Bühnen. Bloß nicht zuviel Bein zeigen, sowas schickt sich nicht in den 50ern

Noch sieht die Stadtmauer arg zerrupft aus, erst ein Teil ist wieder instandgesetzt. Am Spittlertor paddeln Kinder im Regenwasser des Stadtgrabens

1952

Die Luitpoldstraße boomt

Die Stadt forciert den Wiederaufbau. Sie beginnt damit, 256 ihrer eigenen, total zerstörten Häuser hochzuziehen und sie obdachlosen Familien – 140 leben derzeit in Bunkern und Baracken – als Fürsorge-Wohnungen zur Verfügung zu stellen. Die Stadtmauer ist teilweise wieder geflickt; 850 Meter waren zerbombt, und jeder neue Meter kostet zwischen 60 und 80 Mark. In der Sebalder Steppe ist das erste größere Wohnbauprojekt abgeschlossen. Aus den Ruinen der Unteren Söldnersgasse, am Paniersplatz und in der Schildgasse sind 13 Häuser mit 142 Wohnungen gewachsen.

Leider gibt es aber auch wieder mehr Arbeitslose, im Februar über 14.000. Die Baupreise steigen weiter, die Hypotheken werden teurer und jeder Wohnungssuchende muß nach wie vor 1.500 DM bis 4.000 DM und mehr an Zuschüssen aufbringen, wenn er überhaupt als Mieter in Frage kommen will.

Viele Angestellte sind enttäuscht, sie fühlen sich finanziell vom Facharbeiter überrundet. Eine soziale Umschichtung hat begonnen. Mancher Bankangestellte bekommt 150 DM Anfangsgehalt und nach sechs Berufsjahren gerade 276 DM; es gibt „kleine" kaufmännische Angestellte, die 1948 schon 240 DM verdient haben und jetzt auch nur auf 280 DM kommen. Klagt ein Behörden-Angestellter: „Ich habe zwei Kinder, da reicht mein Gehalt nur zum Nötigsten. Da hat es ja ein 18jähriger Bauschlosser mit 60 Mark Wochenlohn besser."

In der Tat scheinen viele Menschen besorgt zu sein um ihre Zukunft, denn bei den Beratungsstellen für Auswanderer erscheinen immer mehr Aspiranten für einen Platz im Überseeparadies. Im letzten halben Jahr kommen 900 ernsthafte Anwärter. „...weil ich in Amerika bessere Aussichten habe", erklärt ein 21jähriger Dreher seinen Entschluß.

Abseits aller Alltagssorgen sucht der Mensch der 50er Jahre jetzt verstärkt nach Lustbarkeit und lockerer Kurzweil. Diese Suche fällt immer leichter. Nürnbergs Vergnügungszentrum hat sich nämlich massiv im Lorenzer Stadtviertel aufgebaut, vornehmlich in der Luitpoldstraße, dann hinterm Polizeipräsidium, rund um die Jakobs- und bei der Lorenzkirche. Dort serviert der Italiener Antonio in seiner Mini-Bar Maxi-Drinks, und ein paar Schritte weiter, an der Ecke zur Adlerstraße, zapft Gert Riessner im „Ritter" als erster Ritter-Bier aus Dortmund.

Ruhe im „Norden"

Auch in der Südstadt gehen da und dort die Lichter später aus, zum Beispiel in der Scheurlstraße in den Hans-Sachs-Stuben, wo beim Hunger Max der blinde Hansl allnächtlich bis 3 Uhr Harmonika spielt, in der Wiesenstraße im „Nachtfalter", im Café Andler in der Humboldtstraße oder im Café Scheuermann. Im Osten, Künhoferstraße 27, lockt die „Reblaus". Die Sebalder Seite bleibt still, sie hat nur etwas mehr als 20 Gaststätten anzubieten; in der südlichen Altstadt sind es fast 70. Nürnbergs Einzelhandel läßt sich bevorzugt in der mittleren Königstraße, Karolinenstraße, Ludwigstraße und in der Pfannenschmiedsgasse nieder, im Geviert zwischen Lorenzkirche und Weißem Turm. In der Südstadt werden Landgraben- und Allersberger Straße zu Einkaufs-Schwerpunkten.

„Sündenbabel" Luitpoldstraße, die Glitzerstraße, wo bunte Neonlichter sich im frischen Asphalt spiegeln: Kommt man von der Königstraße, kann man gleich links dem betreßten Türsteher der bereits zitierten „Königin-Bar" die Hand drücken. Ein paar Treppen tiefer das „Gärtla" und seine teure Bar, runde Tanzfläche und einschmeichelnde Musik, zu gewissen Zeiten sogar ein echter Stehgeiger wie aus dem Bilderbuch der dreißiger Jahre. Der betuchte Gast blickt in erwartungsfrohe, sauber getuschte Augen ausgesuchter Bardamen. Wirklich: Damen, denn sie sehen so aus, weil sie in gestylten Abendroben stecken, als würden sie gleich aufbrechen zum Roulette in Monte Carlo. Blond, griechische Nase, schlank, das ist Grit. Schwarz, rollende dunkle Augen, sinnlicher Mund: die Dame heißt Hilla und wohnt in Eibach. Brünett, tiefe russische Seele: Tamara aus Zirndorf, ursprünglich aus der Ukraine. Zu Spitzenzeiten verbringen 18 Bardamen ihre Nächte im „Gärtla".

Sie vertreiben Herren der gehobenen Preisklasse aus Nürnbergs Industrie und Handel und deren Gästen die karge Freizeit, mit Vorliebe bei eisgekühltem Sekt oder Champagner. Der Diskretion halber stehen die Sektkübel abgedeckt hinter der Theke, dezent wird nachgegossen, wenn der Gast inhaltsschweren Seelenschutt ablädt und nicht so recht bei der Sache ist. Wer zählt die Gläser, nennt die Flaschen?

Ein sehr bekannter Nürnberg-Fürther Großkaufmann tut's nicht, wundert sich vielleicht später, was er vertragen kann. Die Erklärung für den gesteigerten Konsum erfährt er

Dreimal Nürnberger Nachtleben: Königin-Bar im Wintergarten (ganz oben), an der Bar vom „Fliegenden Holländer" (oben, von rechts: Wirtin Morgeneier sen., Namensgeber Hohenbrink, Schwiegertochter Morgeneier jun.), links das „Trocadero"

nie. Die sitzt schweigend, eher unerkannt neben ihm, hat höchstens fünf Mark fünfzig in der Tasche, aber die schwarze Hilla zur Freundin. Sie schenkt nach, weil das ihr Beruf ist, häufig tut sie das, weniger jedoch dem zahlenden Gast, mehr ihrem Freund. Und dieser Freund bin ich, immer durstig, aber ebenso häufig blank. Eigentlich habe ich in einem Etablissement wie der „Königin" überhaupt nichts verloren, die Hilla ist dran schuld, daß ich mich auf einen teuren Barhocker verirre. Sie hat mir im elterlichen Haus in der Eibacher Brandenburger Straße zu einem preiswerten Zimmer verholfen, das ich erst wieder räume, als ich aus der Nachbarschaft höre, daß Hilla bald einen jungen Redakteur heiraten werde. Ich vermute, daß ich damit gemeint bin. Nix gegen Hilla, eine Klasse- und Rassefrau, zum Ende des Krieges sehr jung verwitwet, aber doch ein paar Jährchen älter als ich. Wer heiraten will, ist mit Hilla gewiß gut bedient. Ich will es nicht. Damit endet mein Idyll in Eibach, und mit meinem billigen Barhocker im „Gärtla" ist es auch vorbei.

Zurück zur pulsierenden Luitpoldstraße. Wenige Schritte von der „Königin" entfernt, erster Stock links: das „Trocadero". Jeden Abend spielt dort – wie schon gesagt – eine ausgewachsene Vier- bis Sechs-Mann-Band echte Live-Musik, deutschen und amerikanischen Sound, Foxtrott, Tango und Jitterbug, den aus Amerika importierten Jazztanz; die Tanzfläche ist meist stark frequentiert, und hier wird eng geschwoft. Das „Mittelalter" ist unter sich, die „Suchenden" aus der Mittelklasse, Herren, denen die „Königin" zu teuer, ein Wirtshaus zu billig ist für ihre häufig wechselnden Damen. Ein klinisch sauberer Laden, dezent abgedunkelt und deshalb gut geeignet zum „Aufreißen", denn Mädchen kommen auch ohne Begleitung, zu zweit oder zu dritt.

Ein paar Häuser daneben, Richtung Sterngasse, der „Fliegende Holländer", ein klassischer „Ami-Schuppen". Noch vor ein paar Jahren gediegenes Speiselokal, bringen heute GIs die Kohlen. Ein Glas Cola für 1 DM (sonst höchstens 25 bis 30 Pfennig) macht den Amis nix aus, der Dollar wiegt 4,20 DM. Die Mädchen sind zahlreich, willig und in der Mehrzahl billig, die Musik ist heiß bis wild, live natürlich, und die Stimmung original amerikanisch. Die Boys sind eine Art geschlossene Gesellschaft, deutsche Gäste Fehlanzeige, ab und an setzt es Prügel, aber die MP schaut alle Stunde vorbei.

Hinten an der Theke paßt die gast- und schankfreudige Wirtsfamilie Morgeneier auf, daß der Laden läuft und sauber bleibt. Mutter Morgeneier dicht an der Kasse, die Schwiegertochter mit dem Ausschank bis 4 Uhr morgens auf Trab, Sohn Erich, der vom Boxen träumt und am liebsten mit Mittelgewichtler Stretz aus Erlangen fachsimpelt, irgendwo dazwischen, und Namensgeber Hohenbrink, von Geburt Holländer, stets auf dem Sprung, mit dem „Ochsenfüßli" einzugreifen. Gemeint ist ein Ochsenziemer, den Meister Hohenbrink für Notfälle bereithält. Seine kehlige Stimme hat Hohenbrink nur zum Teil vom Genever, daran ist eher sein Dialekt schuld.

Gegenüber eine Art „Wechselstube" für die Amis, die „Luitpoldstuben", der zweite US-Stützpunkt in der Luitpoldstraße. Vom „Flying Dutchman" wechseln die uniformierten GIs pausenlos auf die andere Seite der Straße, immer auf der Suche nach einem frischen Drink und einem nicht mehr ganz so frischen Girl. Eine halbe Stunde „Fliegender Holländer", eine halbe Stunde „Luitpoldstuben", das treibt den Promillestand der jungen Soldaten rasch auf Zapfenstreich-Niveau.

Deutsche Frolleins und amerikanische GIs: Heiße Nächte im „Holländer"

Gleich neben dem „Holländer", nur einige Meter entfernt, und doch eine Welt weit weg, die „Tiroler Stuben", Speiselokal der gehobenen Klasse, ebenso gepflegt wie alpenländisch auf Hochglanz poliert, Polizeistunde 3 Uhr. Besitzer Max Stölzle, in Vorkriegszeiten mehr auf entschleierte Schönheiten in seinem Nachtclub „Eden" spezialisiert, hat mit Austria zwar wenig am Tirolerhut, aber seine Namenswahl bestimmt nicht bereut. Nürnbergs halbgeschniegelte Essensgänger, die es vornehm-folkloristisch lieben, scheuen die etwas wild gewordene Luitpoldstraße nicht, um ein Stockwerk hoch ins Tirolerische zu klettern. Zithermusik unterstützt das Urlaubs-Ambiente, die Herren

1952

Egidienplatz (oben): Vom Wiederaufbau noch wenig zu sehen. Links die Fassade des Tucher-Palais, im Hintergrund die Ruine des Pellerhauses. Nur Egidienkirche und Nebengebäude können sich wieder sehenlassen. Plärrer (links): Der Ludwigs-Bahnhof ist verschwunden, das Hochhaus rankt sich langsam in die Höhe, der „ewige“ Umbau hat begonnen

Karolinenstraße: Auf der einen Seite schon wieder fast „friedensmäßige“ Häuserfronten, gegenüber zwar wohlgefüllte, aber noch arg provisorische Obststände zwischen den Ruinen

Ober Wiggerl Krauß und sein Kompagnon Stoph sehen eh aus wie die Oberförster aus dem Silberwald. Seine zahlreichen Falten im verschmitzten Gesicht hat Max Stölzle sich kaum aus Kummer darüber zugezogen, daß Ehefrau Mary ihn verlassen und in der Breiten Gasse eine eigene Kneipe aufgemacht hat. Eine hübsche Nachfolgerin, gewiß mehr als ein Jahrzehnt jünger als die Mary und ganz sicher pralle zwei Jahrzehnte unterm Stölzle angesiedelt, hat längst das Tiroler Dirndl der Chefin übergestreift.

Zwei Ecken entfernt, in der Klaragasse, erhebt das „Rigoletto" den Anspruch, zu den drei ersten Bars der Stadt zu gehören; neben der „Königin" gibt es da noch die „Carlton-Bar" in der Eilgutstraße. Das „Rigoletto", klein, aber fein und teuer, gehört dem Kino-Mogul Lottes, der in der Königstraße das „Regina" betreibt.

Schräg gegenüber, friedlich nebeneinander, zwei Lokalitäten, wie sie gar nicht verschiedener sein können: Der „Rauchfang" und die „Wacht am Rhein". Ersteres ein Nobelschuppen für Leute, die nicht auf Mark und Pfennig schauen, wenn sie zu Messer und Gabel greifen; zweites eine Art Wohnzimmer für Kellner, Barfrauen, Tänzerinnen, Musiker, Journalisten und ähnliche Nachteulen. Hans Fruth heißt der gewichtige Inhaber der „Wacht am Rhein", von Stammkunden liebevoll „Wächtla" genannt; Georg Forster jener vom „Rauchfang", von Neidhammeln als „Geldfang" bezeichnet. Wenn dem Forster schon mal die Finger wund werden vom Geldzählen, kommt er auf ein Glas Erlanger Reifbräu für 60 Pfennig (Nachtpreis!) in die „Wacht", vielleicht auch, weil er dort nicht auf jedes Stäubchen am dunklen Jackett zu achten braucht.

Die „Wacht" ist ebenso klein wie gemütlich. Sechs Tische, in der Mitte ein Kachelofen, gegenüber die Theke, in der Wand ein Handseil-Aufzug zur Küche im ersten Stock, wo Mutter Fruth hält, was die Speisekarte verspricht. Linsen mit Bockwurst für 1,60 DM, Schweinelendchen mit Nudeln für 3,20 DM, das allerteuerste Gericht.

Wilde Nächte in der „Wacht"

Geöffnet wird zunächst um 18 Uhr, dann ein paar Stunden später, die Polizeistunde verschiebt sich von 3 auf 4, dann auf 5 Uhr. Aber rein kommt da nicht jeder, vor dem Eintritt steht die Gesichts-Kontrolle. Erst mal läutest du, denn die Tür ist verschlossen. Dann öffnet sich ein Fensterchen in der Eingangstür, das runde, freundliche Gesicht des Wirts erscheint. Er lächelt und sperrt die Tür auf, ist's ein wohlgelittener Stammgast. Er schaut grimmig, schüttelt den Kopf, und die Tür bleibt zu, wenn ein Fremder Einlaß begehrt. Schließlich muß der Fruth Rücksicht nehmen auf seine wichtigsten Kunden, die Herren Kellner, die erst um 11 oder 12 Uhr nachts ihre „Schmiesla" ablegen, um den Rest der Nacht im „Wächtla" zu beschließen. Sie wollen unter ihresgleichen bleiben. Deshalb beginnt der Laden auch erst nach Mitternacht zu brummen. Die Biere werden zahlreicher und immer rascher in den Hals gegossen, die Stimmen lauter, das 18-, 20-, Kontra- und Re-Gebrülle der Skatfreunde aus der Ecke vorn links hört schon keiner mehr, und wenn die Stimmung gegen Morgen schäumt, kommt's für den Wirt knüppeldick: der Hammers Herbert und ich, sein Freund, besteigen den Kachelofen, um dort droben weiter zu zechen. Den Fruths Hans ärgert das maßlos, weil der Ofen fürs Bergsteigen nicht gebaut worden ist und von solchen Touren schon bedenkliche Senkungen aufweist. Als seine Warnungen nicht fruchten, drückt er uns die gesalzene Rechnung über eine Ofenreparatur in die Hand.

Hat die Polizeistunde auch den letzten Zecher aus dem Lokal geschwemmt, die Ofen-Bergsteigerrunde aber hartnäckig den Stehplatz an der Theke behauptet, versucht's der Wirt erst mit dem verzweifelten Aufschrei: „Allerhöchste Polizeistund!", wobei er mit dem mächtigen Schlüsselbund scheppert. Fruchtet auch dieser letzte Entleerungsversuch nicht, kapituliert der Fruths Hans. Er wirft den Saufköpfen Schlüssel, Zettel und Bleistift hin und bemerkt mit schwacher Stimme, gastronomisch total frustriert: „Saaft weiter, bis ihr umfallt. Schreibt a jed's Bier aaf und sperrt dann zou!"

Es kann aber auch anders laufen. Ist der Fruths Hans selbst in Hochstimmung, lädt er in den „Roten Salon" im ersten Stock. Das ist das Wohnzimmer der Fruths, und die Frau Wirtin sieht derartige Ausschweifungen gar nicht gern. Bei solchen Gelegenheiten, wo die Gäste mit „Laafer Mouß" (Sekt mit Bier) bewirtet werden, sitze ich gar nicht selten mit uniformierten Herren vom 8. oder 9. Polizeirevier einträchtig beisammen, die ihre nächtliche Streife kurz oder auch etwas länger unterbrechen, weil es ihnen draußen zu kalt oder zu langweilig ist. Zufrieden unterm Tisch schlummert „Etzel“, fünfjähriger Polizei- und Schäferhund, allgemein als „Verbrecherschreck“ bekannt, wovon in der „Wacht“ keiner was merkt. Auch „Etzel“ liegt lieber im warmen Wirtshaus als auf kalter Straße herumzutappen.

Polizeibeamte von der Funkstreife allerdings, die mit den Gepflogenheiten ihrer Kollegen in der „Wacht“ nicht vertraut sind, können arge Spielverderber sein. Dem Helmut Lange vom Bayerischen Rundfunk nehmen sie eine flapsige Bemerkung sehr übel. Er kommt aus der „Wacht“, den Hut über die Ohren ins schmächtige Gesicht gezogen, sieht den Streifenwagen, öffnet das Hosentürl und kündigt trotz meiner dringenden Bitte, das Maul zu halten, den Beamten barsch an: „Ich schwemm'euch weg!“ Die Folge ist eine Anzeige wegen Beamtenbeleidigung, ein Strafbefehl über 80 DM kommt wenig später nach. Weil der Helmut aber nie bezahlt und seine Untermiet-Bude ständig wechselt, wird er steckbrieflich ausgeschrieben.

Ein Jahr danach holen eilfertige Polizisten in Stuttgart den säumigen Helmut aus dem Bunkerhotel unterm Rathausplatz. Wieder bin ich Zeuge, kann es aber wieder nicht verhindern. Der Helmut hat versehentlich seinen richtigen Namen ins Anmeldeformular geschrieben. Frei kommt er erst wieder, als ich am nächsten Morgen Freunde alarmiere, die zufällig in Stuttgart wohnen und 80 DM hinterlegen. Die Freunde heißen Ilse Werner und Kapellmeister Josef Nießen, ihr Mann. Mein finanzieller Bestand hätte es beim besten Willen nicht vertragen, 80 Mark abzuzweigen. Dann wäre mir kaum noch das Benzingeld für die dringend gebotene Weiterfahrt übriggeblieben.

Wem die Polizeistunde in der „Wacht“ zu früh schlägt, der kennt seinen weiteren Weg genau. Erstes Ziel ist der Imbißstand der Jutta Triest im Hauptbahnhof, kurz vor der Bahnsteigsperre „Abfahrt“. Dort bewundert ein halbfertiger Penner die Großzügigkeit eines Nachbarn, der seiner Begleiterin für 30 Pfennig eine Fischsemmel kauft, mit der folgerichtigen Feststellung: „Der kaaft der a Sardinerweckla für 30 Pfennig – der liebt döi!“ Logisch bei der Investition!

Der „Letzte Tropfen“

Mit einigen kurzen Stehbieren aus der Flasche verkürzt der Kenner die Zeit, bis die Fanny ihren „Letzten Tropfen“ in der Pillenreuther Straße aufsperrt, ein Lokal wie ein Ladengeschäft, hineingepfercht in einen häßlichen erdgeschoßhohen Notbau, ein echter „Lumpensammler“. Die Sitten sind rauh, und die Fanny ist nicht zimperlich, wenn die Gäste renitent werden. Sie haut zu, daß mancher Streithammel den letzten Tropfen für gekommen glaubt. Fanny weiß, wo Männer empfindlich sind.

Später verbessert sich die Fanny in die Ottostraße; sie übernimmt den „Südgarten“, gleich neben Meißenbachs „Weinstube Wunder“. Wegen der unmittelbaren Nähe der Frauentormauer gehören dort die Damen des einschlägigen Gewerbes zu Fannys spendablen Gästen, wie auch in der „Böhmischen Haube“, nur einen Katzensprung entfernt. Der Fanny sind diese Damen nicht fremd.

Um im Milieu zu bleiben: Deftig wie in der Ottostraße geht's im „Bayrisch Zell“ am Josephsplatz zu, wo mit Vorliebe Fernfahrer verkehren, in der „Stadt Ulm“ und in der „Roten Mühle“, beide in der Schlotfegergasse, hinterm Polizeipräsidium. Die „Rote Mühle“ eine windschiefe Baracke, mittendrin ein uralter Eisenofen. Dort erlebe ich eine Uralt-Nutte, zahnlos und total zerknittert, offensichtlich beim 38er Reichsparteitag zum letzten Mal im Einsatz gewesen, die traurig ihre Pfennige zusammenkratzt. Bei 76 ist Feierabend, mehr hat sie nicht mehr, aber das reicht für eine Halbe mit Bedienung. Die zweite Halbe gebe ich aus.

Das 52er Jahr hat nicht nur die gastronomische Vergnügungsszene Nürnbergs in einem Umfang komplettiert, der noch für die folgenden Jahre ausreichen soll. Im September dieses Jahres wird auch in meinem Leben etwas „komplett“, das bis zum Ende meiner Tage „komplett“ bleiben wird.

Wieder spielt die Gastronomie in der Klaragasse eine tragende Rolle: Die „Wacht am Rhein“, sozusagen mein nächtliches Wohnzimmer nach Redaktionsschluß, und die Schicki-Bar „Rigoletto“ schräg gegenüber. Die 30 Meter zwischen beiden Etablissements sollen über meinen weiteren Lebensweg entscheiden.

Es fängt ganz harmlos an, und nichts hat mich gewarnt. Mein Freund Herbert Hammer macht nach der fünften Halben im „Wächtla“ den ungewöhnlichen Vorschlag, das Lokal zu wechseln: „Geh'n mer mal g'schwind nüber in den Riegelotto!“

Er meint das „Rigoletto“.

Ich schau den Herbert ungläubig an, denn die teure Bar gegenüber ist absolut nicht unsere Kragenweite,

Breite Gasse, beim Weißen Turm: Gleich neben der Baulücke das Tanz-Café „Wiener Grinzing“ im ersten Stock, fest in der Hand farbiger US-Soldaten

Königstraße mit Blick zur Ecke Luitpoldstraße: Rechts der „Regina-Film-Palast“, daneben das Café „Königshof“, gegenüber das Restaurant „Drei Mohren“, auf der anderen Straßenseite das Café „Corso“ im ersten Stock

sie entspricht nicht unseren Preisvorstellungen.

Aber Herbert schiebt sofort die Begründung nach: „Da spielt der Bertl heut'nacht. Der hilft da aus." Bertl, sonst Mitglied des Hammer-Trios.

Im „Linde" wird wieder eisgelaufen. HGN spielt gegen Münchner Eislaufverein, und in den Pausen gibt's Kunstlauf

„Meinetwegen", sage ich, denn warum soll ich mir den Bertl und seinen Baß nicht anhören? Mit Bier haben wir uns ja in der „Wacht" schon versorgt, und für eine kurze Weile werden wir es im „Rigoletto" auch trocken aushalten. Ich hab'ja keine Ahnung, was ich mir im „Rigoletto" außer einem Bartrio sonst noch anhören muß ...

Dort nicken wir dem Bertl zu, denn zum Händeschütteln hat der Mann am Baß keine Flosse frei, begrüßen Oberkellner und Bardamen, die nach Dienstschluß gewöhnlich auch im „Wächtla" verkehren – und dann trifft es mich wie ein Keulenschlag im Nacken! Ein Ruf quer über die Tanzfläche: „Sind Sie Sidu?"

Ich drehe mich um und sehe ein außergewöhnlich hübsches Mädchen mit langen blonden Haaren (auf die ich sowieso stehe). Sie sitzt mit drei oder vier Typen in der Ecke. Die Blonde schaut mich an und fragt noch einmal: „Sind Sie Sidu?"

Nun muß der unbedarfte Mensch wissen, daß Sidu das Pseudonym eines Sportjournalisten namens Sigesmund Durst ist. So weit, so gut. Aber was will die Dame von Sigesmund Durst und warum verwechselt sie mich mit ihm? Selbst eine entfernte Ähnlichkeit ist nicht vorhanden. Ich will das Rätsel lösen, gehe an den Tisch der Blonden und lasse mich aufklären, wobei ich ehrlich zugeben muß, daß ich mich weit mehr der jungen Dame zuwende als dem Sinn ihrer Frage. Irgendwo in mir hat's nämlich sofort gewaltig gefunkt.

Ich erfahre: Das neugierige Mädchen heißt Traute Clausnitzer, ist die bekannte Rollschuhläuferin vom 1. FCN, und die Begleiter bzw. -innen kommen auch aus der Rollschuhbranche. Sie haben tags zuvor ein Schaulaufen in Schwabach absolviert, über das besagter „Sidu" im „8 Uhr-Blatt" despektierlich und lästerlich berichtet hat. Einen der Begleitertypen kenne ich weit entfernt, und er kennt mich. Die Tatsache, daß ich – wie Sidu – auch „von der Presse" bin, hat er der Blonden gesteckt, als ich in der Bar erscheine. Ihr Ärger über Sidus Bericht überträgt sich offensichtlich auf die gesamte Nürnberger Presse, und deshalb kriege ich mein Fett ab.

Aber ich bin gar nicht traurig darüber, setze mich zu ihr an den Tisch – und spüre rasch, daß es mich echt erwischt hat. Ich vergesse mein sechstes Bier in der „Wacht", mein Freund Herbert überläßt mich meinem Schicksal, weil er gleich sieht, was hier läuft.

So also kommt man zu einer Ehefrau! Rein zufällig und preiswert, ohne Investition, denn ich brauch' nicht mal einen auszugeben. Das besorgt der Herr am Tisch, der mich vorher schon gekannt hat. Es ist schon merkwürdig: Bloß weil der Bertl ausnahmsweise im „Rigoletto" Baß spielt, der Herbert den Bertl hören und ich den Herbert nicht allein lassen will (sonst wäre ich nie im Leben in diese Nepp-Bar gegangen!), und weil der Sidu einen bösen Artikel über das Schaulaufen der deutschen Rollschuh-Elite verbrochen hat, deshalb packt einen eingefleischten Junggesellen das Eheschicksal. Lauter Zufälle, die sich zu einer glücklichen Fügung verknoten. Der Bertl, der Herbert und der Sidu sind schuld daran, daß ich ein knappes Vierteljahr später mit Traute Clausnitzer verlobt und zwei Jahre danach verheiratet bin.

Traute auf dem Treppchen

Übrigens wird die blonde Rollschuhdame kurz nach unserer ersten Begegnung, im Oktober 52, bei der Rollkunstlaufweltmeisterschaft in Dortmund drittbeste Weltdame, ein großartiger Sieg, den sie für sich, für den 1. FCN und damit für Nürnberg heimholt. Der Vizepräsident des deutschen Rollsport-Verbandes, Adolf Walker aus Stuttgart, und Rundfunk-Reporter Heinz Mägerlein sind sich einig: „Trautes Kür war die beste des Abends." 5.000 begeisterte Zuschauer toben minutenlang. Als die Traute im Blitzlicht-Gewitter auf dem Treppchen steht, kann sie sich – wenn überhaupt – nur darüber ärgern, daß sie die Pflichtläufe nicht genauso bombig durchgestanden hat wie die Kür. Dann wäre es leicht der erste Platz geworden. Ein anderer vom Club, der Freimut Stein, wird in Dortmund Weltmeister im Rollkunstlauf. Im Eiskunstlauf kommt er zu deutschen Meisterehren.

Ein Meisterstück auf dem Auto-

Traute Clausnitzer vom Club rollt auf den dritten Platz bei der Rollkunstlauf-Weltmeisterschaft. Zu Hause großer Empfang mit Weltmeister Freimut Stein (Mitte, links Ehefrau Regine) am Hauptbahnhof. Oben Herbert Hammer vom „Bamberger Hof", Chef des „Hammer-Trios" und versehentlich auch Ehestifter

Freimut Stein vom 1. FCN auf dem Weg zur Weltmeisterschaft im Rollkunstlauf

mobilmarkt nennt Ford seine neueste Kreation, den Taunus 12 M. Die 12 steht für 1200 ccm, das M ist der Anfangsbuchstabe für „Meisterstück". Das Auto hat mit seinem Vorgänger, dem Buckel-Taunus, äußerlich rein gar nichts mehr gemein. Der Buckel ist weg, die modische Pontonform amerikanischen Vorbildern entlehnt. Der Motor leistet 38 PS. Das Meisterstück aus Köln gibt's, je nach Ausstattung, für runde 6.500 DM; die Heizung kostet Aufpreis. Weil mich wieder mal der Hafer sticht und die Raten für den alten Taunus nach zwei Jahren abbezahlt sind, tausche ich den Buckligen gegen einen 12 M ein. Ein modernes, neues Auto habe ich jetzt, aber auch neue Schulden.

Borgward bereichert Deutschlands Autopool zuerst mit dem Hansa 2400, dem ersten deutschen Auto mit serienmäßigem Automatikgetriebe, das sich allerdings als sehr anfällig erweist; danach mit dem Lloyd LP 300, dem Leukoplast-Bomber für 3.334 DM, der bei 70 km/h Spitze 5 Liter Sprit verbraucht, eine Holzkarosse und Kunstleder-Bezüge hat, für 98 DM einen Austauschmotor und für 24 DM eine Heizung anbietet. Und NSU-Fiat bringt das 16,5 PS starke Mäuschen „Topolino".

Billiger, aber weit weniger seriös geht's bei den immer zahlreicher werdenden Gebrauchtwagenhändlern zu, die sich mehr und mehr auf Ruinengrundstücken im ganzen Stadtgebiet niederlassen. Das ist neu im Nürnberger Automobilhandel.

Ein Novum ganz anderer Art: Nürnberg hat zum ersten Mal seit dem Krieg wieder ein Faschingsprinzenpaar: Ludwig I. und Ruth I. von Pegnesien, bürgerlich Ludwig Probst, Likörfabrikant („Päiterlastropfen") aus der Beckschlagergasse, und Ruth Wilbert aus der Kaulbachstraße, bildhübsche Tochter eines Buchdruckers, die 1949 den Schönheits-Titel „Miß Nürnberg" getragen hat. Das Paar wird im „Neuen Theater" auf den Thron gehoben, Ruth im duftigen weißen Abendkleid, ein „Krönla" auf dem kurzgeschnittenen Bubikopf, denn kurzer Haarschnitt ist „in"; Ludwig, das Zepter in der Hand, unter dem ausgeprägten Gesichtswinkel eine kräftige „Schnorrn" (Schnurrbart).

Hofmarschall ist der stadtbekannte „Walfisch"-Wirt Hans Brand aus der Jakobstraße, der hartnäckig behauptet, daß Besoffene viel mehr vom Leben haben, weil sie alles doppelt sehen. Als Ankurbler der Faschingsgaudi sind Hans Bernhard und Alois Fröhler von der „Trichter-Karnevalsgesellschaft", Hans Bromig von der „Alten Großen 04" und Karl-Heinz Schubert von der „Buchnesia" stadtbekannt. Zum Faschingszug „Närnberger Gwerch" kommen 200.000 Menschen. Ein Wort noch zu Alois Fröhler: Hut ab vor diesem Mann! Als er später erblindet, wird er zu keiner Stunde seinen Lebensmut, seine Energie und seinen Humor verlieren.

Für einen schlechten Faschingsscherz könnte man die Unwissenheit des BR-Rundfunkrats aus München halten, der in Nürnberg/Fürth Nachhilfe-Unterricht in Sachen Fernsehen nimmt. Durch Berichte in den „Nürnberger Nachrichten" aus dem Tiefschlaf geweckt, informie-

Lloyd LP 300 von Borgward, genannt Leukoplast-Bomber

ren sich 20 Mitglieder dieses hochwohllöblichen Rats bei Grundig über den wahren Fortschritt der Fernsehentwicklung, von dem die Herren aus Altbayern offensichtlich keine Ahnung haben. Baß erstaunt sehen sich die „Experten" über den Werk-Fernsehsender „im drahtlosen Verfahren" zwei Filme an: „Eine Nacht in Venedig" und „Die lustigen Weiber von Windsor". Diese Vorführung wird zur „Geburtsstunde des bayerischen Fernsehens", dessen Finanzgremien trotzdem nur sehr zögernd investieren.

Das „echte" Kino, bisher unbestritten Unterhaltungs-King, kriegt die ersten Schrammen ab. Zwar haben Nürnbergs Film-Nabobs ihre jahrelang geübte Bauwut noch immer nicht überwunden, müssen aber ernsthaft über Preiserhöhungen

Die amerikanische Ponton-Form setzt sich durch: Links der Hansa 1800 von Borgward, unten der brandneue 12 M von Ford mit 38 PS

Fasching in Nürnberg, eine Stadt spielt verrückt (ganz rechts, an der Ecke der König- und Luitpoldstraße). Oben das erste Prinzenpaar nach dem Krieg, Ruth I. (Wilbert) und Ludwig I. (Probst). Vorn Franz Bromig von der AK 04, rechts mit „Marschallstab" Hofmarschall Hans Brand, Wirt vom „Walfisch"

Alois Fröhler von der „Trichter-Karnevalsgesellschaft", einer der Initiatoren des Nürnberger Faschings

Filme, Filme, Filme...
„Grün ist die Heide" (Sonja Ziemann, Rudolf Prack), „Das Haus in Montevideo" (von Kurt Götz), „Nachts auf den Straßen" (Hildegard Knef, Hans Albers), „Endstation Sehnsucht" (Vivien Leigh), „Försterchristl" (Hannerl Matz), „Das kann jedem passieren" (Heinz Rühmann), „Fanfaren der Liebe" (Dieter Borsche, Inge Egger), „Wenn das Herz spricht" (Maria Schell), „Rommel, der Wüstenfuchs" (James Mason), „Wenn die Abendglocken läuten" (Willy Birgel, Maria Holst, Paul Hörbiger), „Sie tanzte nur einen Sommer" (Ulla Jakobsen), „Casablanca" (Ingrid Bergman, Humphrey Bogart).

nachdenken. Das mittlerweile auf 15.000 Sessel angeschwollene Platzangebot wird nämlich gerade noch zu 28 Prozent besetzt. Was den Fritz Lottes, dem schon „Regina", „Schauburg" (Grolandstraße) und „Museums-Lichtspiele" gehören, aber nicht davon abhält, in der Luitpoldstraße nochmals einen riesigen Lichtspielkasten aufzumachen, den es vor dem Krieg auch schon gegeben hat: das LuLi mit 1.000 Plätzen. Zu allem Überfluß steuert der „Phoebus-Palast" am Königstor mit einem neuen „Großen Haus" weitere 1.100 Besucherplätze bei. Bezeichnend: Das LuLi führt sich mit „Saison in Salzburg" ein, das „Phoebus" mit dem „Weißen Rößl" – Konjunktur der Heimatschnulze.

Aber auch solche Hits können das schleichende Siechtum des Kinos nicht mehr aufhalten, als am ersten Weihnachtsfeiertag 1952, in Nürnberg freilich nicht wahrzunehmen, für eine Stunde und 58 Minuten ein kleines Studio in Hamburg Deutschlands erste Fernsehsendung ausstrahlt – nur ein paar Weihnachtsgrüße und -lieder aus aller Welt. Am 26. Dezember folgt die zweite Sendung von 20 bis 22 Uhr, und die erste Tagesschau.

Erste Fernsehtruhe von Grundig

Nur 4.000 Familien in Norddeutschland und Berlin können zusehen, und es gibt erst 1.150 Geräte. Der schlaue Grundig freilich hat drunten in der Fürther Kurgartenstraße schon eine Werkshalle für die TV-Geräteproduktion hingestellt, eine Fernsehtruhe für sechs Kanäle mit 22 mal 29,4-cm-Schirm entwickelt (Preis ca. 1.800 DM) und die schon 1951 gefertigten 94 Geräte „auf Halde" liegen.

Auch das Kaufhaus Weißer Turm reagiert prompt, und dies ist einmalig in Deutschland. Zwei Tage nach der ersten Ausstrahlung in Hamburg und Berlin präsentiert das KWT dem höchst interessierten Nürnberger Publikum elf Tage lang eine komplette Fernseh-Einrichtung in Betrieb. Eine Kamera, die 800 Meter weit „sieht", überträgt 25 Bilder pro Sekunde. Die Nürnberger stehen Schlange vor dem technischen Wunderwerk, das sogar den Löwen „Mau" aus dem Tiergarten auf den Bildschirm zaubert.

Nur halb so interessant finden Nürnbergs Damen die Mode 52, die – wie so ziemlich alles in diesen Tagen – aus Amerika kommt: Bleistiftenge Kleider mit eingezwängt enger Taille und überdimensional weite Röcke. Im Herbst entscheidet sich das Diktat für den Empire-Stil, die Taille rutscht nach oben, die Mäntel werden weit, mit Pelz besetzt, die Schultern abfallend; die Kleider möglichst aus Seide, die Rocklänge 22 cm vom Boden. Den Herren werden schlafanzugähnliche Straßenklamotten und übertrieben weite Mäntel verordnet. Und was dieses neumodische Zeug erst kostet, nur weil's irgendeinem „Schöpfer" in den Sinn gekommen ist! Nein, nein, brave Nürnberger halten sich an das Althergebrachte: an die Dirndl-Bluse für 3,90 DM, den Badeanzug für 10,50 DM beim Pretscher in der Karolinenstraße oder an die Trachtenhose für 26 DM beim Lederwaren -Böhme in der Wilhelm-Spaeth-Straße.

Bleiben wir bei den Preisen des Jahres 52. Die Kaufkraft der D-Mark ist gegenüber Januar 1951 um 3,57 Prozent gestiegen. Radios und Textilien sind billiger geworden, weil in immer größeren Mengen produziert wird, Damenstrümpfe mit 1,95 DM ausgezeichnet, original englische mit verstärkter Ferse und Spitze kosten 3,95 DM und hundertprozentige Perlonware 4,90 DM.

Dagegen haben die Nahrungsmittel-Preise zugelegt, mit Ausnahme der Fette. Die Händler klagen über schleppenden Absatz und sinkende Verdienstspannen.

Die Reisewelle hat – anders als im Vorjahr – nun auch finanziell schwächere Kreise erreicht. Für den Bereich „Erholung und Bildung" gibt eine Familie mit etwa 300 DM Monatseinkommen 4,2 Prozent aus; im Sommer 1951 sind es gerade mal 2,6 Prozent gewesen. 54,5 Prozent freilich opfert der Mensch des Jahres 52 noch immer für Essen und Trinken, obwohl er längst satt ist, und elf Prozent für Kleidung. Zum Sparen haben die meisten Nürnberger noch immer keine Lust. 70,5 Prozent aller von der „Gesellschaft für Konsumforschung" befragten Haushaltungen haben bis Mitte des Jahres so gut wie keinen Pfennig auf die hohe Kante gelegt.

Eine einfache Waschmaschine samt Wringer schlägt mit 490 DM

Luitpoldstraße, gleich neben dem Restaurant „Drei Mohren“: Das LuLi, neues Filmtheater für 1.000 Besucher. Als einer der ersten Filme läuft das Veit-Harlan-Lichtspiel „Das unsterbliche Herz“, die vor dem Krieg in Nürnberg gedrehte Lebensgeschichte des Taschenuhr-Erfinders Peter Henlein

Was eine Frau im Frühling träumt: Luftiges Sommerkleid, Modell 1952. Sehr bunt geblümt, eng um den schlanken Leib gewickelt

So macht Photo Porst Reklame für seine Film-Kamera – mit der Club-Rollschuhmeisterin Traute Clausnitzer

zu Buche, zu tilgen in 24 Monatsraten. Das Ratenkaufen greift weiter um sich. Für einen Kammgarn-Anzug, der bei Büttner in der Karolinenstraße 195 DM kostet, legt der Käufer ein Drittel auf den Tisch, den Rest in „bequemen" Monatsraten. Für einen 100-Liter-Kühlschrank bezahlt man 790 DM, Anzahlung 260 DM, monatliche Rate 24,95 DM, für eine 6x6-Kamera 98 DM, Anzahlung 28 DM, Monatsrate 10 DM.

Ähnlich verfährt, wer seine Wohnung im Stil der neuen Zeit einrichten will. Das Mehrzweck-Möbel ist auch weiterhin gefragt, und der Nierentisch hat jetzt voll eingeschlagen. Einen Wohn-Kleiderschrank aus Eiche mit Nußbaum-Maserung verkauft der Möbel-Otto für 495 DM, eine Polstermöbel-Garnitur für 630 DM. Oder das Allerschärfste überhaupt, aber leider nur für wenige erschwinglich: Die große Hausbar mit eingebautem Radio, Plattenspieler, Tonbandgerät, Kühlschrank und Bibliothek bzw. Geschirrschrank. Nur trinken muß man selbst. Ein Traum, denn wer so was im Wohnzimmer zwischen bunt gemusterten Tapeten stehen hat, der muß entweder im Lotto gewonnen oder eine reiche Tante beerbt haben.

In Zeitungsanzeigen werden angeboten: „Tausche Zwei-Zimmerwohnung (je 24 qm), Küche, Kammer, Bad, Dampfheizung, Telefonanschluß, 67 DM Miete, in bester Lage Münchens gegen gleichwertige Wohnung in Nürnberg." – „Zwei Zimmer, Wohnküche, Bad, beste Lage, Neubau, 45 DM Monatsmiete." – „Große, sonnige 3-Zimmer-Wohnung in Eibach, Küche, Bad, Parterre, 65 DM Miete."

Die Friseure kündigen an, daß sie ihre Bedienungspreise nicht mehr halten können, die sich seit 25 Jahren kaum verändert hätten. Vor dem Krieg, 1938, kostete Rasieren 25 bis 30 Pfennig, heute 40 oder 50 Pfennig; Herren-Haarschneiden 80 Pfennig, heute gerade mal 1 DM oder 1,20 DM; Waschen und Wasserwellen 2,30 DM, heute 2,80 DM. Ein Friseur, sogenannte „1. Kraft", verdient 1,20 DM in der Stunde, eine „2. Kraft" nur 1,01 DM, Friseure und Friseusen im ersten Jahr nach der Lehre 91 Pfennig. Das sind 43,65 DM Wochenlohn, und davon könne niemand leben.

Hausfrauen bewundern einen kleinen Kasten aus rostfreiem Stahl, der in einer Minute ein Rumpsteak tellerfertig auswirft. Das Geheimnis besteht aus infraroten Strahlen, die 400 Grad Hitze erzeugen. Leider wird dieser erste „Infra-Grill" für die meisten ein Wunschtraum bleiben, denn der Messeschlager kostet 300 Mark.

Schlager, die aus dem Radio kommen, haben Titel wie „Ham se nich, ham se nich ne Frau für mich?", „Ich hab' mich so an dich gewöhnt", beide gesungen von Bully Buhlan; „Ich hab' so Heimweh nach dem Kurfürstendamm", „Im Hafen von Adano" (das es gar nicht gibt), „Die Caprifischer" oder „Auf Wiedersehen".

Zum Schlager aller Schönen wird bei der Wahl zur „Miß Franken" im Carlton-Hotel die 21jährige Renate Hoy, Mannequin aus München, gebürtig aus der Pfalz. Eine glatte Niederlage für Nürnbergs Schönheiten also, aber damit die nicht zu kurz kommen, darf auch die zweitplazierte Dame, Gerdi Wüst, zur Wahl der schönsten Frau Deutschlands nach Baden-Baden mitreisen; Gerdi ist Nürnbergerin. Tatsächlich wird Frankens Schönste aus der Pfalz, Renate Hoy, dort wenig später „Miß Germany".

Zum Kassenschlager wird Zurths Catcher-Truppe, die sich wiedermal – zum Eintrittspreis von 1 bis 4 DM – im Holzmüllerbau gründlich austobt.

Nürnbergs sport- und showbegeisterte Gemeinde kennt die Herren Matadoren längst: IK, namen- und staatenlos, der Würger mit den spitzen Fingern, die mit Vorliebe nach der Halsschlagader seines Gegners tasten; Vavra, ein Tscheche, dessen Vokabular sich auf Schnauben und Fauchen einer verrosteten Lokomotive beschränkt; Saturski

Stolze Gewinner von 5.000 DM bei der Presse-Lotterie: Die ganze Familie freut sich über das neue Radio und die piekfeinen Möbel

Handkuß für Frankens Schönste: Filmschauspieler Rudolf Fernau gratuliert Renate Hoy, spätere „Miß Germany". Rechts „Rieke" Bernhard, Ehefrau von Trichter-Präsident Hans Bernhard, und Nürnbergs Top-Mannequin

junior aus Berlin, der aussieht wie Jung-Siegfried; Martiné-Indochina, der Schwierigkeiten hat, seine angebliche Heimat auf der Landkarte zu finden, weil er aus Berlin kommt; Beni Trinkgeld aus München, der jeden Mitstreiter mit Märzen-Bierruhe im Schwitzkasten verdursten läßt; Zigolinoff, bärtiger Waldschrat aus Bulgarien, bekannt für seine ausdauernden Versuche, die Ringseile zu zerreißen; Kurt Hornfischer, der Lokal-Heros vom SC 04 aus der Rollnerstraße, der noch klassisch ringt; dazu Nunes aus der Schweiz, Kusch aus Hamburg, Ehrl aus München und Müller von Bamberg.

Die allabendliche Show auf dem altersschwachen Podium reißt die Nürnberger aus ihren Biergarten-Stühlen. Es wird getrampelt, gepfiffen und aufgeheult, wenn die schweißnassen Kolosse sich gegenseitig das Licht ausknipsen, klatschend vor die Birne schlagen, aufeinanderprallen und mit der Wucht eines übergewichtigen Nilpferds auf die Matte knallen.

Leute, die so was ernst nehmen, entwickeln einen geradezu alttestamentarischen Haß auf IK, den kalten Killer mit der Todeszange. Show oder ernstgemeinter Sport – den IK mögen sie alle nicht, weil niemand seinen Würgegriff, der dem Gegner für einen Augenblick den Bluthahn zum Hirn abdreht, für fair hält. Als der Ehrl aus München den IK schon soweit hat, daß ihm fast die Birne platzt, der aber doch noch mit seinem Schlagader-Zwickel die Schlacht gewinnt, da reicht's der gereizten Volksseele. Sogenannte Damen stürzen in den Ring, prügeln mit Regenschirmen auf den Staatenlosen ein; Herren, die vergessen, daß sie welche sind, wollen dem IK gemeinsam klarmachen, wer das Volk ist und daß auch ein Rüpel wie der IK die Stimme des zahlenden Publikums nicht in den Wind schlagen kann. Der Tumult reißt fast den Zeltmast ein, aber als ich ein paar Stunden später mit den catchenden Herren in Moll's „Buntem Trichter" einträchtig beisammen sitze, kommt keiner auf die Idee, sich am Gegner von vorhin zu vergreifen. Jetzt greifen sie zum Glas. Die Show ist aus.

Als Medien-Schlager erweist sich ein achtjähriges Mädchen aus Berlin, die „kleine Cornelia", die – auf Einladung der „Nürnberger Nachrichten" – mit den Schöneberger Sängerknaben durch Franken tingelt und den Wannsee berühmt macht. Keiner glaubt im Ernst, daß aus dieser piepsenden achtjährigen Göre mal die ernsthafte Schauspielerin Cornelia Froboess werden soll, so medienbewußt die Kleine auch auftritt. Ihr „managender" Vati erfährt, daß eine junge Nürnbergerin namens Gisela im Publikum plötzlich von einer Nierenentzündung überfallen wird, bevor sie auch nur einen Ton von der Badehose mitkriegt, die man eingepackt zum Wannsee mitnehmen soll.

Wundersame Heilung

Der clevere Vati verordnet seiner kleinen Conny nach der Vorstellung einen werbewirksamen Besuch am Krankenlager des konzertverhinderten Kindes, wo sie die Wannsee-Melodie nochmals höchst privat trällert – und die beglückte Gisela ihre Schmerzen vergißt. Steht am nächsten Tag natürlich in der Zeitung, denn Vati Froboess trägt die Kunde von der wundersamen Heilung flugs zur Redaktion.

Was interessiert den Nürnberger 1952 noch?

- Daß er mit dem 44jährigen Sparkassendirektor Otto Bärnreuther einen neuen Oberbürgermeister bekommt, die „Schusterkugel" Loßmann weiterhin Bürgermeister bleibt, bei der Stadtratswahl die SPD 24 der 50 Sitze erhält, die CSU neun, die FDP sieben, die KPD und der parteilose Block je drei, die Nürnberger Bürgerschaft zwei, der BHE (Bund der Heimatvertriebenen und Entrechteten) sowie die „Wählergruppe Flieger-, Kriegs- und Wehrdienstgeschädigte" je einen Sitz.
- Daß zur ersten Sommer-Olympiade nach dem Krieg, an der Deutsche wieder teilnehmen, sechs Nürnberger fahren dürfen: die 46er-Turnerinnen Elisabeth Ostermeyer und Irma Walther-Dumbsky (sie werden Fünfte im Mannschaftskampf), die Club-Leichtathleten Anneliese Seeonbuchner (Vierte im 80-m-Hürdenlauf, eine Disziplin, in der sie schon 1950 deutsche Meisterin wurde) und Karl Friedrich Haas, Deutschlands bester 400-Meter-Läufer (Vierter über 400 m, Bronze in der 400-m-Staffel), der Schwimmer Philipp Dotzer und der Boxer Karl Kistner, die beide nicht bis in die Endkämpfe vordringen. Dafür erturnt sich der Fürther Alfred Schwarzmann eine Silberne.
- Daß unser Club, wie ein Jahr zuvor, bei den Gruppenspielen um die „Deutsche" wieder um ein Haar scheitert: 2:5 und 3:1 gegen Saarbrücken, 2:2 und 4:2 gegen Schalke, 2:4 und 4:0 gegen den HSV. Es reicht nicht.
- Daß, rechtzeitig zur Wintersaison, das Linde-Stadion an der Äußeren Bayreuther Straße endlich wie-

Zurths Catcher toben sich im Holzmüllerbau aus, daß der Staub auf der altersschwachen Matte wirbelt. Nur wer genau hinschaut, kann herausfinden, wem welche Gliedmaßen gehören

Nürnbergs neuer Oberbürgermeister, der 44jährige Sparkassendirektor Otto Bärnreuther. Links daneben Stadtkämmerer Dr. Zitzmann

der von jedermann benutzt werden kann.

• Daß es zum ersten Mal nach dem Krieg wieder ein Schiff mit dem Namen „Nürnberg" gibt, und diesmal eines ohne Kanonen. Es ist ein Fischdampfer der Firma „Nordsee" mit 620 Bruttoregistertonnen, 53,5 m Länge und 12,6 Knoten (etwa 22 km/h) Geschwindigkeit. Am 11. November kommt Oberbürgermeister Bärnreuther nach Bremerhaven zum Stapellauf. Für uns Journalisten die beste Gelegenheit, den neuen OB auf seine Trinkfestigkeit zu prüfen. Das Ergebnis befriedigt beide Teile, die Prüfung wird mit Bravour bestanden, nur die Wirkung der ungewohnt harten Nordsee-Schnäpse etwas unterschätzt.

• Daß ab 17. November die Tageszeitungen – wie der Name schon sagt – wieder täglich erscheinen und nicht bloß viermal in der Woche; der Abonnent bezahlt 14,2 Pfennig für das Einzelexemplar. Seit 24. Juni gibt es übrigens die Bildzeitung, ein Boulevard-Blatt völlig neuen Zuschnitts, das sich nur in seiner Anfangszeit hauptsächlich mit Bildern zufriedengibt.

• Daß am 1. Dezember in der Rangierbahnhof-Siedlung, in der Schnorrstraße 14, zwei Menschen durch den Leichtsinn dreier junger Burschen tragisch ums Leben kommen. Die drei, schon reichlich angesoffen, wollen abends auf dem Heimweg ihre Zigaretten an der Gaslaterne anzünden, die an eben jenem Haus Schnorrstraße 14 befestigt ist. Als sie kein Glück haben, rütteln sie wie die Berserker an dem Gasrohr, das von der Laterne in die Erde führt. Dadurch wird etwa 40 cm unter dem Erdboden an der Hauptleitung eine Stelle undicht – das Gas kann entweichen. Langsam strömt es durch den Erdboden und dringt in die Parterrewohnung ein. Dort schlafen die 89jährige Aloysia Schäffer und ihre 56 Jahre alte Tochter Josefa. Sie atmen das Gas ein und sind fünf Stunden später tot.

Dieser Unglücksfall hat Folgen. Weil kurz vorher, auch in der Schnorrstraße, schon einmal ausgeströmtes Gas aus einer schadhaften Leitung sieben Personen lebensgefährlich vergiftet hat, wird die gesamte Umgebung umgegraben. Aber nicht nur dort müssen alte Gasleitungen überprüft werden, man befürchtet, daß durch Bombeneinschläge im Krieg auch anderswo unter der Erde Schäden verborgen sind, die das Leben ungezählter Menschen bedrohen.

Das Leben meiner Freunde hat sich weiter verbessert, besonders Gehalt und Lohn sind gestiegen. In der Gehaltstüte von Abteilungsleiter Eberhard stecken jetzt 449 DM, eine erkleckliche Aufbesserung, die dem oberen Gehaltsniveau im Baugewerbe entspricht. Bärbel, die Sachbearbeiterin, bekommt 232 DM. Der Gerch, nach Weiterbildungskursen zum Werkmeister bei Schuckert aufgerückt, kriegt 1,65 DM Spitzenlohn, was die Ratenzahlung für den VW wesentlich erleichtert. Betty ist mit 224 DM für ihren Buchhaltungs-Job zufrieden. Der erwünschte Nachwuchs kündigt sich endlich an. Höchste Zeit mit 27 Jahren, meint die Betty...

Seifenkisten-Rennen auf dem Zeppelinfeld, alljährliche Attraktion für Nürnbergs Jugend

1952

Zum letzten Mal an der Fürther Straße: Das Nürnberger Herbst-Volksfest vor dem Umzug zur Kongreßhalle.

Wenig später baut hier die „Quelle“ ihr großes Versandhaus

Die Fans stehen Spalier, als Club-Torwart Edi Schaffer heiratet

1 9 5 3

Der Krieg ist gerade mal acht Jahre vorbei, doch das Interesse am Soldaten-Spiel scheint nicht erloschen: Parade amerikanischer Infanterie in den Straßen Nürnbergs zum Tag der US-Army. Jugendliche funktionieren die Ruine des ehemaligen Hotels „Württemberger Hof" am Frauentorgraben zur Zuschauer-Tribüne um. Am nahen Königstor (oben) drängen sich die Zeitungsstände neben der Straßenbahnhaltestelle

Noch sind sie in der Minderheit, aber „Halbstarke“ werden vereinzelt schon zum Bürgerschreck: Jugendliche, die prügeln und die geheiligte Ordnung der 50er Jahre gefährden

Es lebe das Leben, denn es gibt viel nachzuholen: Auf der Straße begrüßen die Menschen das neue Jahr und die nächstbeste Dame (hier vor „Moll's Buntem Trichter“ in der Pfannenschmiedsgasse), die Preise in den Restaurants sind zivil, was die Speisekarte vom „Reichshof“ beweist, und die Hoffnung auf einen neuen Mercedes 180 könnte sich vielleicht auch schon bald erfüllen

Tausend Parties und eine Bombe

Betty steht mit ihrer Meinung vom Kinderkriegen nicht allein da. Anders als manche ihrer Freundinnen ist sie unter der Haube. Viele träumen noch davon, denn in den 50er Jahren ist die Heirat höchstes Ideal der Mädchen. Der Frauenüberschuß nach dem Krieg (117 Frauen auf 100 Männer) macht sich immer noch bemerkbar und die Männer begehrt. Die eheliche Zweierbeziehung ist unverändert die einzig anerkannte Form des Zusammenlebens. Die jungen, aber nicht gerade schwachen Damen lassen sich gern von starker Hand durchs Leben führen. Der Mann der 50er Jahre ist zwar dem Knobelbecher aus Kriegszeiten entwachsen, er hat sich halbwegs zum Kavalier gemausert, an den man sich beruhigt anlehnen kann, aber zu Hause bleibt es dabei: Wer die Hosen anhat, spricht auch das letzte Wort. Sagt der Mann „Amen", dann kommt kein Vers mehr nach. Er kommandiert zwar nicht, aber die Hierarchie in der Familie hält er hoch. Sonst würde die Welt nicht mehr stimmen. In den Zeitschriften und Illustrierten steht's, die Werbung predigt diese Ordnung und landauf, landab sieht man auch nichts anderes. Zu einer guten Ehe gehören Kinder, artig, wohlerzogen, brav, angepaßt und hilfsbereit. Die Kinder der 50er Jahre zweifeln nicht an dem, was ihre Eltern sagen oder tun und schon gar nicht daran, was die geschaffen haben. Halbstarke, die Stühle zerschlagen, und halbkriminelle Moped-Typen mit Nietenhosen mucken zwar auf und bekleckern die Polizeistatistik, sind aber in der Minderheit und werden selbst von ihren Altersgenossen abgelehnt.

Es muß alles mit „rechten Dingen" zugehen, gesittet und „normal". Und jetzt, 1953, wo es wieder friedensmäßig abläuft, werden solche Sitten als gelobte Tradition gepflegt.

„Gepflegt" – das ist ein Wort der Stunde. Die Nürnberger nehmen sich's zu Herzen. Sie sind anspruchsvoller geworden, wenn sie Messer, Gabel und Glas in die Hand nehmen, sagt eine Umfrage unter den Köchen der Stadt. Sie essen mit den Augen und nicht mehr so viel wie in den letzten Jahren, als es zum guten Ton gehört hat, den Teller randvoll zu füllen. Qualität geht vor Quantität, so man sich's leisten kann. Die Freßwelle ist vorbei, der Fleischverbrauch sinkt von 51 Kilo pro Kopf und Jahr auf 40 Kilo. Lieber weniger, aber besser. Beliebt sind jetzt Steaks vom Grill, Ochsenzunge in Madeirasoße, Seezunge in Weißweinsud, ja sogar Hummer, Gänseleberpastete und Tafelkrebs (falls man in der Wohnküche sowas kennt) oder der neumodische amerikanische Snack- und Cocktail-Kram mit Garnelen und Krabben. Italienische Restaurants machen auf, auch jugoslawische, die Küche von Adria und Mittelmeer kommt uns näher. Franzosen schicken ihre Spezialitäten über die Grenzen. Teure Schokolade ist mehr gefragt, der Durchschnitts-Nascher verputzt im Jahr 2,60 Kilo Schoko; vor zwei Jahren waren's knapp über 2 Kilo. Die Zunge schnalzt, die Kehle wird verwöhnt. Zum Jahreswechsel 52/53 entwickeln die Nürnberger eine Gier nach Sekt in bisher unbekannten Größenordnungen. Noch nie ist in Nürnberg soviel „Rülpswasser" getrunken worden. Rot-, Wermut- und Südweine sind ebenfalls Renner, nicht nur weil die Preise bis zu 20 Prozent absaufen. Schnaps dagegen wird weniger gekippt.

Die Erfahrung, daß Preise schrumpfen können, macht der Verbraucher auch auf anderem Gebiet: Der VW-Käfer, Standard-Ausführung, bisher 500.000mal vom Band gerollt, kostet statt 4.600 DM plötzlich 4.150 DM, das Export-Modell nicht mehr 5.400 DM, sondern 5.150 DM, das Cabriolet statt 6.950 DM jetzt 6.750 DM, die Billigausgabe Taunus Standard von Ford steht mit 5.875 DM und nicht mehr mit 6.185 DM in der Preisliste. Einen Mercedes 170 gibt es für 8.300 DM, den 180er für 9.950 DM, einen Caravan von Opel für 6.550 DM, einen Goggo-Roller für 1.445 DM und das 200er Triumph-Motorrad „Cornet" für 1.660 DM.

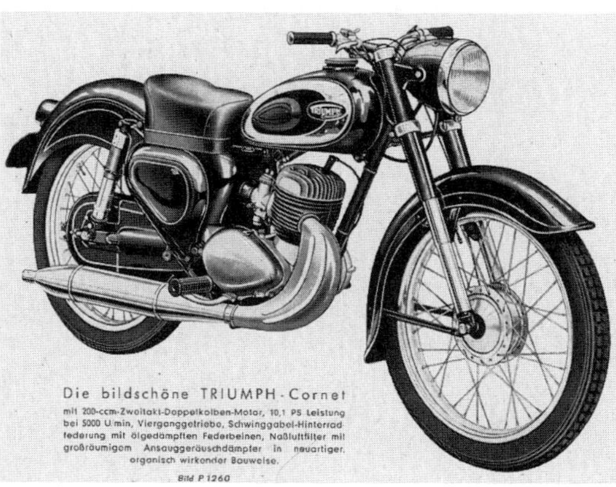

Wer sich eine „Cornet" von Triumph kauft (10,1 PS), darf sicher sein, daß die Maschine länger läuft als die Monatsraten

Die Grundregel der Marktwirtschaft bewahrheitet sich wieder: Masse macht Kasse, je mehr produziert wird, desto billiger die Ware. Zwar ist das Automobil noch längst kein Volksgefährt, und nur zwei von tausend Menschen können sich 1953 solch ein Ding leisten, aber der Pkw-Bestand im Bundesgebiet rollt langsam und unaufhaltsam auf eine Million zu. Zwei Millionen fahren noch per Motorrad, Moped und Roller.

Sinkende Preise sind Balsam für die Brieftasche, denn das Geld bleibt knapp. Das spüren Gastwirte im Fasching 53. Die Zechen werden kleiner, die Narren haben schon gegessen, wenn sie zum Ball erscheinen, sie fangen an, das Bier zu zählen, und den Eintritt (zwischen 4 und 6 Mark) bezahlen sie nur mit verkniffener Miene. Die Mark wird eher zum Verwöhnen vermarktet. Wenn schon, dann soll sich's lohnen.

Die Bowle im Wohnzimmer

Das Vergnügen verlagert sich ins Wohnzimmer, daran ändern auch ein paar attraktive neue Lokale nichts: Am Rathenauplatz eröffnet das erste Dachgartencafé der Stadt, das „Vier Jahreszeiten". Ein Schnellaufzug bringt die Gäste 22 Meter hoch in den 5. Stock auf eine 42 Meter lange Terrasse. Im Keller des Hotels „Kaiserhof" in der Königstraße entsteht das „Pfälzer Weinfaß", der Mautkeller in der Königstraße wird – vergrößert – wieder aufgemacht, und das „Apollo"-Theater an der Pfannenschmiedsgasse bekommt ein neues Dach, weil Nürnbergs Vergnügungs-Optimisten die Hoffnung nicht aufgeben, daß ihr Pläsier-Tempel eine Zukunft hat.

Gebechert aber wird immer öfter in den sauer ersparten, engen häuslichen Wänden, die man gern und stolz vorzeigt, wenn auch die Schulden aus jeder Gardinennaht schauen. Party heißt das Zauberwort, was früher mit Einladung umschrieben wurde. Die Party-Zeit bricht aus, und sie gehört für den etablierten 50er-Jahre-Menschen zum „besseren Leben", das er damit für ein paar Stunden zur puren Lustbarkeit erhebt.

Gutes Benehmen wird vorausgesetzt, alles bleibt „im Rahmen", aber man darf sich trotzdem lässig und zwanglos geben. Wie die Amis, die diese Art zu feiern erfunden haben. Niemand stört sich daran, daß der Partyboy die Hände in der Hosentasche versteckt oder eine preiswerte schrill-bunte Krawatte trägt, wenn er „in-the-mood" ist. Die Bowle kommt zu hohen Ehren, sie ist Lebensstil, angesetzt mit Pfirsich, Erdbeeren oder Ananas. Cocktails werden gemixt nach importierten Rezepten, sie haben so exotische Namen wie „White Lady", „Ohio-Cocktail" oder „True Manhattan". Daneben bevorzugen die Damen Cola („Toter Friseur" genannt) oder Likör, die Herren Cognac, Bier sowieso. Erfahrene Partygänger halten das Glas linkshändig, damit die rechte Hand frei bleibt für den dezenten Griff zum Appetithappen am kalten Bufett. Dort schnappt man sich Pumpernickel-Stückchen, italienischen Salat, russische Eier, Cocktailwürstchen, Käse und Oliven mit dem Zahnstocher und eine Unmenge Salzhaltiges: Kartoffelchips, Käsecracker, Erdnüsse und winzige Salzletten.

Man tanzt, so der Platz reicht, Boogie-Woogie, vielleicht auch Jitterbug, ältere Semester Tango und Foxtrott. Musik liefert der amerikanische Soldatensender AFN oder die neue Mini-Schallplatte mit 45 Umdrehungen, von deren Rillen Catarina Valentes „Ganz Paris träumt von der Liebe" und Willy Schneiders „Schütt die Sorgen in ein Gläschen Wein" sich in die Ohren schmeicheln oder der Mecki-Boogie von Michael Jary hämmert. Mecki, das ist ein vermenschlichter Igel, populäre Werbe-Figur der Zeitschrift HÖRZU. Sein widerborstig-knapper Haarschnitt wird zur Modefrisur einer Generation junger Männer. Folgerichtig heißt diese Stoppel-Haartracht „Mecki-Schnitt".

Sonst noch im Kino

„Zwölf Uhr mittags" (Grace Kelly, Gary Cooper), „Rote Rosen, rote Lippen, roter Wein" (Gardy Granass, Lil Dagover, Peter Moosbacher), „Auf der grünen Wiese" (Hannelore Bollmann, Lucie Englisch, Walter Müller), „Der Klosterjäger", „Wem die Stunde schlägt" (Ingrid Bergman, Gary Cooper).

Die Kino-Fans äffen ihren Idolen nach. Kesse Mädchen möchten aussehen wie Marilyn Monroe („Blondinen bevorzugt"), die Romantischen wie Audrey Hepburn („Ein Herz und eine Krone"), die Biederen wie Ruth Leuwerik („Die große Versuchung"), Maria Schell („Der träumende Mund"), Hannerl Matz („Ich tanze mit dir in den Himmel hinein") oder Sonja Ziemann („Am Brunnen vor dem Tore"). Die Jungens, jetzt Boys genannt, wollen James Dean sein oder Marlon Brando. Die jungen Wilden „von drüben" und die Westernhelden aus dem Hill-Billy-Land werden zum Vorbild. Wünsche, Sehnsüchte nach der „großen Welt" – denn die liegt weit weg.

Die bittere Wirklichkeit aber wohnt, wie gehabt, noch immer gleich um die Ecke, auch an der Schwelle der fetten Jahre noch. Zum Beispiel das Schicksal vieler evakuierter Nürnberger oder Heimatvertriebener aus dem Osten.

Das Gesellschaftsleben wird immer anspruchsvoller: Im Hotel „Deutscher Hof“ tanzen die Gäste des Vereins „Pegnesia“ zum Rosenball, im Saal hängen 30.000 Rosen – kein billiges Vergnügen. Auch das Café „Vier Jahreszeiten“ hoch über dem Rathenauplatz, erstes Terrassencafé Nürnbergs (oben links), zeigt sich mit Schlinggewächsen und Tragsäulen voll figürlichem Schmuck („die den Raum auflockern“) ganz im Stil der 50er Jahre

Die populärste Werbefigur ihrer Zeit: Der „Mecki“. Schlager tragen seinen Namen, junge Männer seinen Haarschnitt

Nehmen wir die Familie des Bauarbeiters Koch, und sie ist leider kein Einzelfall: Anfang 1945, kurz vor Kriegsende, ausgebombt, Vater an der Front, Mutter mit vier Kindern nach Unterfranken evakuiert, vagabundiert von einem Kellerloch zum nächsten, ein Kind stirbt, 46 kommt Vater Koch heim, findet Arbeit in Nürnberg, aber keine Wohnung, pendelt ständig hin und her, läßt sich 47 beim Wohnungsamt „vordringlich" registrieren, wird arbeitslos. Verzweiflungsakt: Die Kochs packen ihre sieben Sachen, ziehen „schwarz" nach Nürnberg, kriechen erst im Färbertorbunker, dann in einer Baracke an der Herrnhüttenstraße unter, einem ehemaligen Bierausschank. Dort hausen sie noch immer, inzwischen mit fünf Kindern. Eine Wand aus Pappe teilt die windige Bude in zwei Räume. Im „Schlafzimmer" für sieben Menschen schimmeln die Wände, es regnet in die Betten; das Heizkissen einzustecken, ist lebensgefährlich; selbst der alte Kanonenofen friert, der Wind bläst durch alle Ritzen, Frau Koch ist chronisch erkältet, die 13jährige Tochter hat Rheumatismus. 34,50 DM kostet die Miete, 50 DM gehen für Kohlen und Holz drauf. Was Vater Koch, inzwischen wieder in Arbeit, und sein 17jähriger Sohn verdienen, der als Flachdrucker lernt, reicht mit Ach und Krach. In der Dringlichkeitsliste sind die Kochs seit 1947 um etliche Stellen nach oben gerückt, mehr nicht, und der Krieg ist seit acht Jahren zu Ende.

Daß, unweit von den Kochs, im Flüchtlings-Lager Schafhof, ein Ehepaar von 141,50 DM Rente sogar noch etwas spart, ist unglaublich, aber wahr.

Oder sehen wir uns das Leid zweier Mütter an. Frau Hubert aus Nürnberg und Frau Kohl aus Rückersdorf haben ihre Männer im Krieg verloren, ihre Kinder im Chaos des Rückzugs aus Jugoslawien im Winter 1944/45. Mutter Kohl, die selbst in Rußland gefangen war, sucht jahrelang nach Sohn Hans und Tochter Susanne, Mutter Hubert nach ihrem Buben Hans. Sie schreiben selbst an Marschall Tito, den Diktator Jugoslawiens, denn sie haben erfahren, daß ihre Kinder in Lagern oder Kinderheimen festgehalten werden. Schließlich der Erfolg: Ende März 1953 kommen die drei, zusammen mit 147 anderen Kindern, auf dem Nürnberger Hauptbahnhof an.

Was ist Schokolade?

Von Schluchzen geschüttelt, nehmen die Mütter ihre Kinder nach mehr als acht Jahren in die Arme, und die Kinder schauen ihre Mütter ungläubig an, fremde Frauen, die eine fremde Sprache sprechen. Der zehnjährige Hans Hubert hält verständnislos den silbernen Osterhasen in der Hand, den seine Mutter ihm mitgebracht hat. Er weiß nichts damit anzufangen. Aus was sie den Hasen wohl gemacht haben? Aus Schokolade, aha, und was ist das? Die Kinder kommen aus einer anderen Zeit, und nun müssen sie über Nacht mit einer Welt fertig werden, die sie nicht verstehen.

Familien-Schicksale 1953 mitten in Nürnberg, wo es – nur ein paar Häuser weiter – immer mehr Menschen immer besser geht. Sie fahren mit jedem Tag mehr Autos, so daß die Parkplätze bald nicht mehr ausreichen. 29.061 Kraftfahrzeuge gibt es mittlerweile in der Stadt. Die erste Parkgarage Nürnbergs ist in der Hinteren Sterngasse geplant, Platz für 170 Autos auf drei Stockwerken. Daß die Geschwindigkeitsbegrenzung, auch innerhalb geschlossener Ortschaften, am 23. Januar aufgehoben wird, bereitet niemand Kopfzerbrechen. Die Polizei vertraut auf die Vernunft der Kraftfahrer. Ob sie recht behält? Jedenfalls wird die neu eingeführte „Grüne Welle" zum Erfolg, und die Stadt ist sehr stolz darauf, weil sie diese epochemachende Verkehrsregelung als eine der ersten Städte im Bundesgebiet eingeführt hat. Verkehrsampeln am Ring werden synchron geschaltet und auf eine bestimmte Geschwindigkeit eingestellt. Sie zeigen immer dann Grün, wenn die motorisierte Welle heranschwappt.

Urlaubsreisen auf eigenen zwei oder vier Rädern werden jetzt häufiger geplant, und die fernen Ferienziele rücken näher. Taormina auf Sizilien, Alassio an der Riviera, die Adria, Florenz, Rom, Neapel, Dalmatien, die Mittelmeerküste Spaniens werden angepeilt, bleiben oft aber auch nur „Traumziele".

Andere träumen vom Fernsehen, das – via Frankfurt – nun doch bald auch nach Nürnberg und, mit Hilfe von Grundigs neuem Tischgerät, ins Wohnzimmer kommen soll. Der Grundig-Apparat ist mit 998 DM der erste unter 1.000 Mark, ein Fernseher von Metz für 790 DM folgt. Aber was nützt das – sehen können die Nürnberger noch nichts. Nur auf dem Moritzberg klappt es, dort kommt das Programm des Hessischen Rundfunks vom Feldberg im Taunus „rein".

Der Traum einer Hausfrau von der komplett eingerichteten automatischen Küche mit Geschirrspül-,

1953

Noch reichlich „geduckt“ schauen die Häuser am Marientor aus, der Verkehr regelt sich von selbst. Ampeln gibt's hier noch nicht, und die Polizisten vom nahen 9er Revier kommen auch nur vorbei, wenn sie gerade nichts Besseres zu tun haben

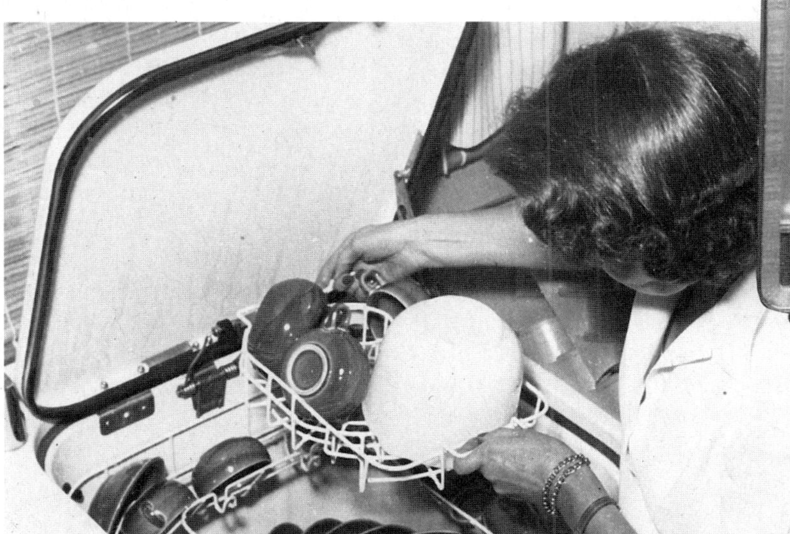

Zu Hause tauchen die ersten Fernseher unter 1.000 DM auf, und sehr vereinzelt sogar schon Geschirrspüler

Die „Bella" von Zündapp, einer der beliebtesten Roller

Wasch- und Trockenmaschine, Kühlschrank und Mixapparat für 3.000 DM wird wohl ein Traum bleiben. Das gibt es zwar schon, aber wer kann es sich leisten? Dafür muß eine Familie fünf Jahre lang monatlich 50 DM abstottern, legt man 5–6 Prozent Zinsen beim Ratenkauf zugrunde. Im Schnitt ist jeder Haushalt monatlich mit 13,06 DM Abzahlungs-Verpflichtungen belastet, zum größten Teil (35 Prozent) für Möbel und Einrichtung und fürs Auto.

Der Traum einer modebewußten Dame vom 53er Modellkleid in der neuen „Etui"- oder in der „Tulpenform" mit abfallenden Schultern, betonter Brust und dem nach hinten verlagerten Ausschnitt, den Rock nur eine Handbreit unterm Knie, letzte Schreie aus Paris und Rom, läßt sich schon eher erfüllen. Die Mäntel werden schmäler, die Badeanzüge wieder einteilig.

Schneewittchen-Sarg

Der Traum vom eigenen Auto wird stärker, je schwächer, kleiner und billiger diese Dinger ausfallen. Jetzt hat Messerschmitt, einst durch Jagd- und Kampfflugzeuge berühmt geworden, sich auf die Straße gewagt. Herausgekommen ist bei diesem Versuch ein seltsames Gebilde, von dem niemand so recht weiß, was es eigentlich ist: Ein Auto, ein Motorrad mit Dach oder was? Es sieht aus wie Schneewittchens Sarg, nennt sich Messerschmitt-Kabinenroller, Modell KR 175, hat drei Räder (zwei vorn, eines hinten), elf PS im 173-ccm-Zweitakt-Einzylinder-Motor von Fichtel und Sachs, fährt 78 km/h Spitze und verzichtet auf den Rückwärtsgang. Wer sich in den 220 Kilo schweren Straßenbeleidiger aus Blech und Plexiglas hineinzwängt, der muß schlank sein wie ein Hungerkünstler und Mut haben wie ein Testpilot. Zwei (am besten möglichst kurz geratene) Menschen mit schmalen Hintern sitzen hintereinander, der Fahrer hat statt eines Lenkrads einen Motorrad-Drehgasgriff in der zittrigen Hand und auch eine Menge zu tun, ehe er den Apparat in Bewegung kriegt. Er muß akrobatisch talentiert und technisch beschlagen sein: Erst die Plexiglas-Kuppel zur Seite klappen, dann den Benzinhahn öffnen, Zündschlüssel drehen, mehrmals an einem Zughebel zupfen, damit der Vergaser Sprit bekommt aus dem 11,5-Liter-Tank; Choke am kärglichen Armaturenbrett ziehen, links am Motorradlenker Gas aufdrehen, mit dem Fuß den Starter am Motor vor dem Hinterrad drücken und gleichzeitig vorn am Drehgasgriff das Gas regulieren, sonst stirbt der Gaskocher-Motor wieder ab. Keine leichte Übung! Doch bei aller Bescheidenheit: Im sogenannten Armaturenbrett steckt ein Weltfunk-Mittelwellenradio. Ob man davon einen Ton hört, wenn der Motor knattert, daß die Ohren wegfliegen, das ist dem avantgardistischen Fahrer ganz egal. Hauptsache, das Ding fährt.

Tatsächlich werden 20.000 solcher Bandscheiben-Quäler zum Preis von 2.470 DM verkauft, womit der KR 175 zum erfolgreichsten Kleinstwagen wird, gefolgt von dem schon zitierten „Kleinschnittger", dem offenen Zweisitzer mit 125-ccm-Motor, und dem „Fuldamobil".

Wer noch immer ohne Dach über dem Kopf und auf zwei Rädern auf den Straßen rollen muß oder will, bekommt von Nürnbergs Motorradfabriken auch kleine Wünsche erfüllt, die dem Trend folgen. Das Fahrrad ist so gut wie out, weil das Treten zuviel Mühe macht, das Motorrad vornehmlich jüngeren Leuten noch zu teuer, also erfindet man erst den Roller („Bella" von Zündapp mit sieben PS) und dann das Gerät dazwischen: Mofa (Motorfahrrad) und Moped. Triumph und Hercules, zum Beispiel, bieten so einen Knirps (bei Triumph heißt er tatsächlich so) mit 1,3 PS, einem Liter Verbrauch auf hundert Kilometer, 35 bis 40 km/h schnell, für 700 bis 900 DM an; mit 6 Mark ist die Haftpflicht für das ganze Jahr bezahlt.

Soviel kostet es ja fast schon, hört man sich einen „Bunten Abend" in der nagelneuen Messehalle an der Deumentenstraße an. Sie wird mit einem Konzert der Sängerin Erna Sack vor 2.000 Zuhörern eröffnet, wofür – pro Nase – zwischen 1,50 DM und 4,50 DM Eintritt zu bezahlen sind. Das ist auch der Preis, wenn prominente „Leuchtende Sterne" im Scheinwerferlicht stehen, wie Rudi Schurike, Helmut Zacharias, Renate Holm, Lieselotte Malkowski, Peter Frankenfeld und Fred Rauch.

So sieht die Mode 1953 aus, von Nürnbergs Damen sehr fachkundig betrachtet

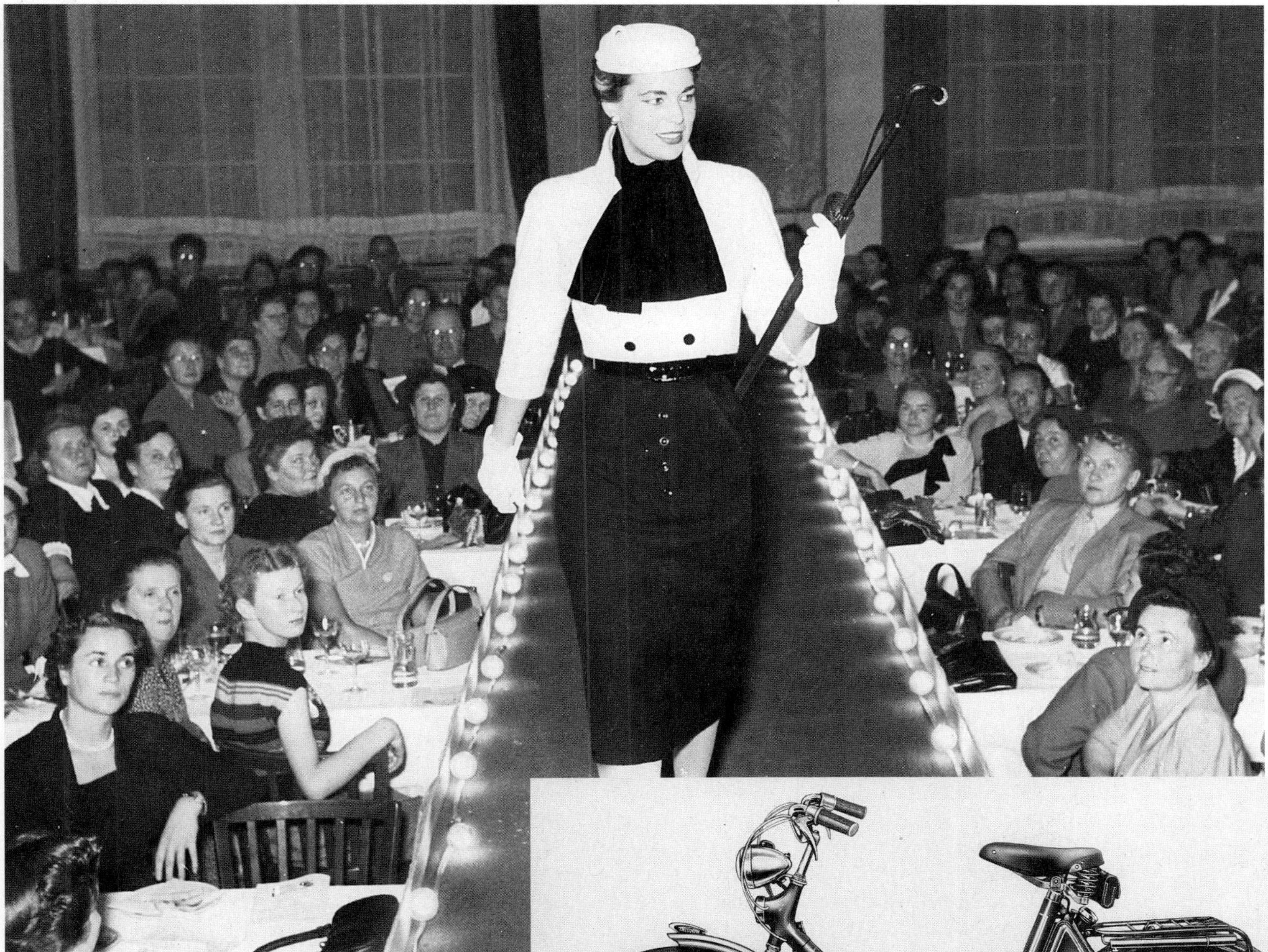

Wer trockenen Hauptes vorwärtskommen will, sperrt sich in einen Kabinenroller ein. Der von Fend (links) sieht dem Schneewittchen-Sarg von Messerschmitt zum Verwechseln ähnlich. Billiger geht's mit 1,3 PS auf Triumphs „Knirps"

Ein Stadt-Prominenter gerät unversehens ins Rampenlicht des Lokalgeschehens: Polizeipräsident Leo Stahl bricht mit seiner Partei, der SPD, und tritt nach 34 Jahren aus. Er will sich nicht vom SPD-Stadtrat in seinen Polizei-Kram reinreden lassen und schon gar nicht nach anderer Leute Pfeife tanzen. Die Querelen werden durch eine Erklärung des Oberbürgermeisters im Stadtrat beendet, nachdem sich beide Seiten einen Schritt entgegengekommen sind.

Noch ein Statement gibt der OB in diesen Tagen ab: Der Aufbau der Altstadt koste weitere 200 Millionen Mark, sagt er, und das erschreckt die Bürger, die sich soviel Geld gar nicht vorstellen können.

Unverdiente USA-Reise

Weniger ums Geld, mehr um die verlorene Ehre geht's im Zabo: Am Ende der Saison 52/53 steht der Club, von 16 Vereinen, an 8. Stelle der Oberliga Süd, hat 29: 31 Punkte, elf Spiele gewonnen, zwölf verloren, siebenmal unentschieden gespielt und im letzten Match bei den 60ern in München mit 2:5 ganz fürchterlich eins auf die Mütze gekriegt. Die Scharte wetzt Anneliese Seonbuchner aus, sie wird mit 5,89 m deutsche Meisterin im Weitsprung. Daß die Fußballer im Mai zu einer USA-Reise aufbrechen dürfen, halten die Fans für unverdienten Lohn. Sollen die doch erst mal das „Männleinlaufen" lernen.

Das gleichnamige Original ist zum ersten Mal seit Kriegsende wieder auf der Frauenkirche am Hauptmarkt zu sehen, und auch in der Pfannenschmiedsgasse ersteht ein Nürnberger „Denkmal" aus den Trümmern, das alte Zeughaus, die sogenannte Apollo-Wache. Das 9. Polizeirevier, bisher am Marientor stationiert, soll dort einziehen.

Zwischen Kaufhof und Mohren-Apotheke schließt sich die letzte häßliche Baulücke der Königstraße. In der Rosenau verschwindet endlich der mißratene Holzmüllerbau, weil der Besitzer pleite gegangen ist und – außer der Vollstreckungsstelle des Finanzamts Nürnberg-West – sich niemand interessiert für das baufällige Scheusal. Das Volksfest wird zum ersten Mal neben der Kongreßhalle abgehalten. Die Stadt wird schöner, bloß an einigen Stellen nicht. Dort nämlich, wo mehr und mehr halbfertige Häuser die Gegend verschandeln. Ihre Bauherren haben mehrstöckig geplant und auf die Mithilfe zahlungskräftiger Geschäftsleute „mit Bürobedarf" gesetzt. Irrtum. Es gibt eh schon genügend Büroräume, was offensichtlich kein Mensch bemerkt hat, und die wagemutigen Baupioniere sind die Deppen. Das Geld geht ihnen aus, der Bau wird gestoppt, die stiefmütterlich behandelten Gebäude stehen wie abgebrochene Zahnstummel am Straßenrand. Eine ganz neue Entwicklung in den 50ern, die niemand erwartet hat. Sie beweist, daß weder Bäume noch Geschäfte in den Himmel wachsen.

Zwei Ereignisse beschäftigen die Nürnberger im Herbst 53: Die zweite Bundestagswahl am 6. September und – wieder einmal – ein schlimmer Bombenfund, der die halbe Altstadt bedroht.

Das Wahlergebnis geht den Sozis in Nürnberg an den Nerv. Zwar hat die SPD mit 38,6 Prozent wieder die Mehrheit erreicht, aber die Schwarzen von der CSU sind von einstigen 15,2 Prozent (1949) auf 31,7 Prozent bedrohlich nah herangekommen. An dritter Stelle landet die FDP mit 10,2 Prozent, dann folgt der Rechtsausleger DRP (Deutsche Reichspartei) mit 4,6 vor der KPD mit 4,4 Prozent. Die Wahlbeteiligung ist mit 86 Prozent recht hoch, das Interesse der Jugend jedoch lahmt, besonders die 25- bis 30jährigen machen sich rar an den Wahlurnen. Im Bundesgebiet freilich bleibt die Adenauer-Regierung auf ihren Stühlen: CDU/CSU erhalten 45,2 Prozent, die SPD bekommt 28,2, die FDP 9,5 Prozent. Bleibt also alles beim alten in der Politik, und auch in Nürnberg wird sich nichts ändern.

Zwei Wochen später hält die Stadt den Atem an. Die Sebalder Seite ist in Gefahr. Am Dienstag, 22. September, wird am Burgberg, in einem Hof des Grundherrengäßchens, eine riesige 40-Zentner-Luftmine gefunden. Ein Bauarbeiter hat sie schon ein paar Tage zuvor entdeckt, ein bißchen mit der Schaufel drangeschlagen, weil er „das Ding" für einen alten Kessel hielt und als Altmaterial verkaufen wollte. Nicht auszudenken, was da um ein Haar passiert wäre...

Halb Nürnberg lebt vier Tage wie im Krieg. Im Umkreis von 300 m werden 168 Wohnungen geräumt

Der Besitzer ist pleite, niemand will die häßliche Arena in der Rosenau haben, der Holzmüllerbau wird abgerissen

1953

Schmuck wie die Ludwigstraße (rechts am Hefnersplatz) soll bald die ganze Lorenzer Altstadt aussehen. Jahrmarktstände, Baulücken und Häuserprovisorien wie in der Pfannenschmiedsgasse sind nicht mehr zeitgemäß

Schock für die geplagten Bewohner auf der Sebalder Seite: Im Grundherrengäßchen am Burgberg wird eine 40-Zentner-Luftmine gefunden und von den Sprengmeistern Frodermann (ganz rechts) und Hesse (Mitte) begutachtet. Im Kreis zwei der drei Zünder

und 544 Personen aus der Schildgasse, der Burgstraße und Umgebung ausquartiert, 180 Möbelpacker bringen Hab und Gut der verängstigten Menschen mit 50 Transportern in Sicherheit. Betroffen sind ausgerechnet ehemals ausgebombte Nürnberger, die jahrelang evakuiert waren und erst vor einigen Monaten hier endlich wieder eine Wohnung gefunden haben. Ihre Möbel sind nagelneu, gerade mal die ersten Raten abgestottert. Sieben Familien weigern sich hartnäckig, aber vergeblich, die Häuser zu verlassen. Menschen, die schon einmal alles verloren haben, müssen wieder zittern. Bis das 40-Zentner-Monster entschärft ist, suchen sie Unterschlupf bei Verwandten, Bekannten oder in der Turnhalle des Reutersbrunner Schulhauses.

Keine halbe Stunde, nachdem der Bombenfund gemeldet wird, dringe ich vor zu diesem Teufelsding. Befreundete Polizisten und die Sprengmeister Frodermann und Hesse helfen mir durch die Absperrungen. Die beiden erklären mir die Tücke des Objekts. Eigentlich sieht das mächtige Ding ganz harmlos aus, wie eine umgestülpte Badewanne. Schaue ich mir jedoch die drei Zünder am Kopfende an, wird es mir schon etwas mulmig. Sie seien sehr empfindlich, meinen die Sprengstoff-Experten ganz locker, zwei davon verhältnismäßig leicht zu entfernen, nur der unterste werde Schwierigkeiten machen. Er habe sich etwas verklemmt, liege schief in der Buchse und müsse wahrscheinlich herausgefräst werden. Na, viel Vergnügen, denke ich und bin froh, als ich dem Bannkreis der Bombe entwichen bin.

Am Freitag, 25. September, um neun Uhr morgens heulen in der Innenstadt die Sirenen, zum ersten Mal seit Kriegsende. Frodermann und Hesse fangen an, die Bombe zu entschärfen. Zwei einsame Männer vor einer möglicherweise tödlichen Aufgabe. Bis zu 300 m weit ist die Gegend menschenleer, bis auf 1.000 m Entfernung sitzen Tausende in den Kellern und bangen. Betriebe, Schulen, Geschäfte, Behörden bleiben geschlossen. Der Verkehr wird umgeleitet. Die Straßen sind leergefegt, Nürnbergs Zentrum ist eine Geisterstadt.

In der Einsatzzentrale im Keller der Kaiserstallung sitzt Ingenieur Hermann Müller, technischer Leiter der Hubertus-Sprenggesellschaft, für die Frodermann und Hesse arbeiten. Neben sich ein Feldtelefon. Am anderen Ende die beiden Sprengmeister bei der Bombe.

Der Zünder klemmt

9.20 Uhr. Hesse meldet: „Wir haben den ersten Zünder raus. Er hat einen spitzen Schlagbolzen. War etwas gefährlich, aber es ging."

9.59 Uhr. Wieder Hesse: „Nummer zwei ist geschafft. Leider haben wir ihn ohne Mundlochbuchse herausnehmen müssen. Es ging nicht anders. Jetzt wird es aber etwas länger dauern. Wir gehen an den dritten ran. Er klemmt, wir können ihn nicht drehen, müssen fräsen."

Müller: „Viel Glück!"

Die Zeit schleicht, die Sekunden dehnen sich. Alle im Keller der Kaiserstallung wissen, was jeden Augenblick passieren kann: die Explosion, der Tod der beiden tapferen Sprengmeister. Aber niemand spricht es aus.

Währenddessen arbeiten Frodermann und Hesse mit einer Fräsmaschine an der Bombe. Es geht nur langsam, der dritte Zünder sitzt verdammt ungünstig. Haben die Sprengmeister mir nicht gesagt, daß die Zünder, und besonders dieser letzte, sehr empfindlich sind?

11.25 Uhr. Hesse: „Wir haben die oberen Teile des dritten Zünders abgefräst. Der Bolzen steckt schon ein Stück im Detonator. Aber es geht alles planmäßig. Ich denke, daß wir noch eine halbe Stunde brauchen."

Müller: „Ist sonst alles in Ordnung?"

Hesse: „Ja, nur Durst haben wir. Ein Bier wäre gut. Geht aber jetzt leider nicht, besser nachher." Hesse und Frodermann lachen, vor sich den kritischen Zünder, unter sich die riesige Bombe. Noch ist sie scharf.

11.39 Uhr. Hesse: „Wir haben es geschafft. Der dritte Zünder ist raus."

Müller: „Die heilige Barbara hat uns beschützt. Möge sie das immer tun."

Der OB und sein Bürgermeister Loßmann gehen hinüber zu den Sprengmeistern, reichen ihnen eine Flasche Bier. Frodermann und Hesse wischen sich die öligen Hände ab, trinken mit dem OB aus der Flasche. „Jetzt können die Leute wieder einziehen", sagt Frodermann. Mehr nicht. Als habe er mit seinem Kameraden eben mal eine lästige Fliege verjagt – und nicht die Altstadt vor einer Katastrophe bewahrt. Über einen Funkwagen der Polizei meldet sich Frodermanns Frau. Leise sagt sie: „Gott sei Dank!" Wir spüren, wie sie Angst und Sorge verbergen will.

Ein Kranwagen hievt den 40-Zentner-Brocken auf einen Lastwagen, der zum Truppenübungsplatz Grafenwöhr fährt, Hesse im Führer-

Vierzig Zentner Explosivstoff schweben in der Luft. Die Zünder sind raus, die Bombe entschärft. Jetzt wird sie abtransportiert

haus. Dort wird die Bombe gesprengt. Tausende Nürnberger säumen die Straßen und applaudieren.

Um 13.10 Uhr, nur eine halbe Stunde nach der „Entwarnung", karren die Möbelwagen den Hausrat zurück zum Burgberg – erwartet von überglücklichen Menschen, die dankbar sind, nicht zum zweiten Mal alles verloren zu haben.

Aus einem Bergwerk im Ural kehren Ende 53 die Kriegsgefangenen Ernst Kastner und Martin Born zurück. Sie berichten dankbar, wie sehr ihnen die Pakete mit Dauerwurst, Büchsen und Konserven geholfen haben, die von der Stadt Nürnberg regelmäßig nach Rußland geschickt wurden. „Das Bild von Nürnberg, das obenauf lag, haben wir aufgehoben wie einen Schatz. Die Stadt hat uns nicht vergessen." Wieder zu Hause, sind jedoch viele Heimkehrer enttäuscht. Auf einer Protestversammlung in den Humboldtsälen kommt es zu Tumulten, weil die Bundesregierung die Entschädigungszahlungen verschleppt.

Das Jahr 1953, in dessen Verlauf die Stadt 398.701 Einwohner bekommt, verabschiedet sich nicht unfreundlich. Die Kaufkraft der D-Mark ist um nahezu fünf Prozent gestiegen, das Preisniveau um 1,45 Prozent gesunken.

Verdient wird auch wieder besser, die Löhne liegen um 3,5 bis 4 Prozent höher, der Arbeiter bekommt im Durchschnitt 1,63 DM in der Stunde. Mein Freund Gerch hat es, dank seiner Qualifikation, beim Schuckert bereits auf 1,72 DM gebracht. Abteilungsleiter Eberhard ist auf 475 DM im Monat geklettert, seine Frau auf 251 DM.

Ganz unten: Dank der Stadt an zwei mutige Männer: Oberbürgermeister Bärnreuther gratuliert den Sprengmeistern Frodermann (links) und Hesse (Mitte). Später darf der Autor der Frau des Sprengmeisters Frodermann, die um das Leben ihres Mannes bangen mußte, als Anerkennung eine Geldspende der „Nürnberger Nachrichten" überreichen (unten)

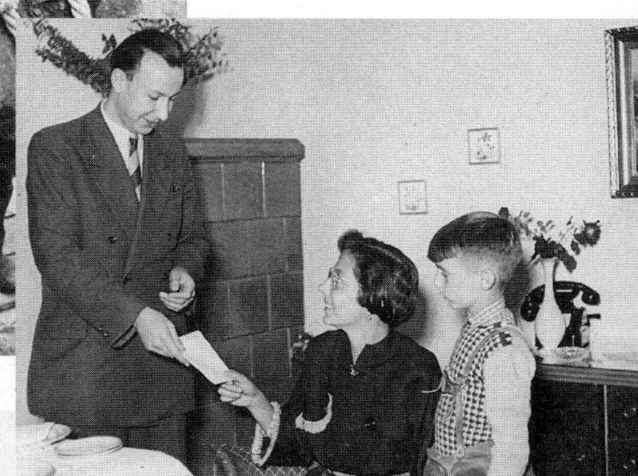

Vollendete Gastlichkeit der 50er Jahre: Konzert-Café „Bijou" am Spittlertorgraben, an der Ecke zur Prateranlage. Gediegen, kultiviert, der Stehgeiger wie aus dem Album der Vorkriegsjahre. Ein Bild voll Harmonie

1954

Auch 1954 ist die Begeisterung für den Fasching noch lange nicht geschwunden. Am Faschingsdienstag drängen sich die Menschen in der Karolinenstraße, die Tram wird umgeleitet

Auto oder was? Die BMW-Isetta mit der abenteuerlichen Tür nach vorn. Aus- und Einsteigen erfordern akrobatisches Geschick

Protest der Metallarbeiter auf dem Hans-Sachs-Platz. 20.000 wollen ihre Streikforderung durchsetzen, der noch immer öde Platz kann solche Menschenmengen bequem aufnehmen. Andere feiern im feinen Zwirn auf der Straße, als das neue Jahr anbricht. Raketen zischen durch die Königstraße. Im Hintergrund das Cabaret „Bamberger Hof“

Tod im Löwenkäfig

Gesellschaft für Konsumforschung stellt uneinheitliche Entwicklung fest

Preise fallen - und Preise steigen an

Allgemeine Genugtuung, daß Schokolade und Kaffe weniger kosten - aber teurere Nahrungsmittel

TIEFENBACH, 13. Nov. — Im verflossenen Monat war die Preisentwicklung bei den gängigsten Konsumgütern nicht einheitlich, stellt die Gesellschaft für Konsumforschung in ihrem jüngsten Monatsbericht fest.

Ueberwiegend zeigte sich allerdings ein leichter Ueberhang der Preiszuschläge. Wichtige Nahrungsmittel und einige Textilwaren wurden im Durchschnitt etwas teurer. Besonders hat dabei die Preisgestaltung bei Fleischwaren, Butter, Milch und Eiern den Verbraucher getroffen.

Dagegen wirkte es beruhigend, daß Winterkartoffeln in wenigstens ungefähr gleicher Preislage wie im Vorjahr auf den Markt kamen, obwohl man hier bereits erheblich hohe Zuschläge infolge von Mißernten befürchtet hatte. Besondere Freude hat aber die jüngste Verbilligung bei Bohnenkaffee und Tafelschokolade schon im Hinblick auf den bevorstehenden Weihnachtsverbrauch ausgelöst.

In Uebereinstimmung mit dem Vorherrschen der Preisaufschläge ist das tatsächliche Einkommen, das in D-Mark zur Verfügung steht, etwas gesunken; denn die Preisgestaltung bleibt ja stets die wichtigste Ursache bei allen Veränderungen dieser Art. Sie ist allerdings nicht die einzige, wie in dem Monatsbericht nochmals betont wird. Hinzu treten Unterschiede in den eingekauften Mengen, Qualitäten und Einkaufsgewohnheiten.

Die repräsentative Haushaltsrechnung für die unteren Einkommensschichten zeigt einen erneuten Anstieg der Ausgaben bei Ernährung und bei Bekleidung. Wie im Vormonat, so hat auch diesmal die Vorsorge für den Winter zu einer solchen Entwicklung geführt. So sind die entsprechenden Ausgaben für Nahrungsmittel vorwiegend durch die Beschaffung von Einkellerungskartoffeln, von Obst und Gemüse um etwas mehr als 2 v. H. gestiegen. Bei der Gruppe Bekleidung ergibt sich ein noch höherer Zuwachs durch den Kauf von Winterkleidung.

Auf der anderen Seite gingen die Anteile für Genußmittel und besonders für Verkehrsausgaben infolge des Abklingens der Reisesaison weiter zurück.

Zeitungsberichte spiegeln das Auf und Ab der Preise wider. Doch die Kaufkraft bleibt konstant

Die Gewohnheiten ändern sich und wir uns mit ihnen. Wir werden „feiner", wieder ein bißchen mehr, die Portionen kleiner, wieder ein Scheibchen weniger. Wir schielen auf Diäthäppchen, über die wir uns gestern noch krumm gelacht haben. Im Schrank hängen auch schon recht passable Kleider. Unsere Wünsche haben jetzt neue Ziele, der Appetit verlagert sich. Wir wollen genießen, das ist erlaubt und möglich, denn die Wirtschaft gibt grünes Licht, das Konjunktur-Barometer zeigt nach oben. Die Schlöte rauchen wie die Zigarre von Ludwig Erhard, dem Wirtschaftsminister, Vater des Aufschwungs und außerdem Fürther. Das Brutto-Einkommen klettert um 9 Prozent. Die Umsätze steigen, der Einzelhandel legt um 7 Prozent zu, die mittelfränkische Industrie um glatte 15,4 Prozent. Die Kaufkraft bleibt konstant, trotz leichter Einbußen im ersten Halbjahr. Die Preise sind stabil, und daran ändern auch ein paar Schwankungen nach oben oder unten nichts: Fleisch und Butter (von 74 auf 82 Pfennig pro Viertelpfund) werden etwas teurer, Textilien mal rauf, mal runter. Insgesamt liegen die Preise um 10 Prozent unter dem Stand von 1950. Grundig stellt 600.000 Radios und Fernsehgeräte her, exportiert schon in die USA und beschäftigt 8.500 Menschen, der Photo Porst hat seinen tausendsten Mitarbeiter eingestellt.

Die Nürnberger tragen wieder Geld aufs Konto, es wird erstmals möglich, Reserven auf die hohe Kante zu legen. Bei der Stadtsparkasse steigen die Spareinlagen in diesem Jahr von 60 auf 92,4 Millionen DM, in den ersten neun Monaten werden 15.900 neue Sparkonten eingerichtet, mehr denn je. Wer sein Erspartes länger als ein Jahr festlegt, bekommt 4 Prozent Zinsen. Die „Bank Deutscher Länder" nennt diese Entwicklung „eine Periode starker Entfaltung" und sieht „anhaltend verstärkte wirtschaftliche Ausweitung bei fortdauernder finanzieller Stabilität".

Etwa 55 Prozent aller Arbeitnehmer verdienen jetzt mehr als 400 DM im Monat. Nach Berechnungen der Gewerkschaft braucht eine Familie mit zwei Kindern mindestens 358,31 DM, um über die Runden zu kommen. Die Miete wird mit 45 DM angesetzt, Essen und Trinken mit 180 DM, Licht und Gas mit 12 DM, Brennstoff mit 15 DM, Kleidung und Schuhe mit 22 DM, der Rest für sonstiges.

Das Wachstum kann auch ein Metallarbeiter-Streik im August, der größte seit Kriegsende, nicht irritieren, obgleich mehr als 30.000 Nürnberger Metaller die Werkbank links liegenlassen und 20.000 bei strömendem Regen auf dem Hans-Sachs-Platz protestieren. Sie fordern 12 Pfennig mehr Stundenlohn, und das kommt einer Steigerung bis zu 17 Prozent gleich. Am Ende, nach dreieinhalb Wochen, kriegen sie 4,34 Prozent Zuschlag. Mein Freund, der Gerch, kassiert jetzt 1,82 DM in der Stunde inklusive Zuschlag. Das braucht er jetzt auch, denn Betty hat einen Buben bekommen.

Unerwünschte Begleitmusik kommt aus der DDR, allgemein noch immer als Ostzone apostrophiert. Drei Busse mit 90 Männern und Frauen einer sogenannten „Kulturgruppe" aus Sörnewitz bei Meißen, allesamt demonstrativ in Arbeitskluft gehüllt, und vier rot angestrichene Personenwagen mit Damen des „Demokratischen Frauenbundes Deutschlands" aus Leipzig kreuzen in der Stadt auf. Aber die Nürnberger Metaller wünschen keine kommunistische Agitation, die dem Streik nur schaden würde. Die Sörnewitzer, meist lautstarke Musiker und Sänger, werden von Funkstreifenwagen in den Hof des Polizeipräsidiums gelotst, wo sie ein Repertoire an Volksmusik und Liedern abspulen, ohne von den Metallarbeitern gehört zu werden, denen diese Weisen zugedacht waren. Die Polizei versorgt die Sachsen mit Kaffee und Milch. Die Nürnberger KPD bezahlt die Zeche, obgleich der „Reiseleiter" 1.000 Westmark in der Tasche hat. Für eine Brotzeit aus der Polizeikantine, die den Sörnewitzern offensichtlich besser schmeckt als ihre mitgebrachten harten „Bemmen", müssen sie selbst „blechen". Das Angebot, sich Nürnbergs Sehenswürdigkeiten anzuschauen, lehnen die mitteldeutschen „Musikanten" ab. Sie harren im Hof des Polizeipräsidiums aus, weil ihr „Reiseleiter" es so befiehlt. Die Damen aus

Noch Jahre nach dem Krieg gleicht die Kaiserstraße einem Trümmerfeld. Aber schon bald wird sie aus ihrem Dornröschenschlaf erwachen

Tischchen mit schrägen Beinen, Cocktail-Sessel, viel Teakholz, geschwungene Vasen und der 43er Fernseher mit verzerrtem Bild – so sieht das moderne Wohnzimmer 1954 aus (oben und Mitte). Tante Annas Ordnungssinn knetet das Sofakissen, setzt einen Plüschhund obendrauf und hängt das Gebirge vom letzten Urlaub stolz an die Wand

Leipzig wollen den Streikenden kumpelhaft Briefumschläge mit 50 Mark West in die Hand drücken. Vergeblich. Die Nürnberger Metaller schlagen den Leipzigerinnen vor, das Geld lieber den politischen Gefangenen in der Ostzone zu spendieren. Schließlich werden die „Gäste" als „unerwünschte Agitatoren" zur Grenze zurückgeschickt. Die DDR-Regierung protestiert beim Bundesinnenministerium. „Gültige Bestimmungen" seien durch solche „widerrechtlichen Übergriffe" gröblich verletzt worden, was den Interzonen-Reiseverkehr ernsthaft behindern könne. Daß die freundliche Bewirtung in „brutale Verhöre" verwandelt wird, überrascht in Nürnberg niemand. Der DDR-Versuch, einen Streik in Nürnberg für ihre Zwecke auszuschlachten, geht gründlich daneben.

Unsere Wünsche sind meilenweit entfernt von politischen Ambitionen. Wir drängen nach „gehobenen Gütern" wie die Markt-Strategen sich ausdrücken. Drei Dinge sind es, nach denen uns jetzt der Sinn steht: Eine bessere Wohnung oder ein Eigenheim, eine moderne Einrichtung, ein schöneres Auto (oder überhaupt erst mal eines) und eine Traumreise, möglichst ans blaue Meer unter Palmen. Die Zeit ist reif dafür.

Freilich: Alles hat seinen Preis. Bau- und Baustoffpreise haben um 2,5 bis 5 Prozent zugelegt, und deshalb bewegen sich auch die Mietpreise nach oben, vorläufig aber nur für Neubauten. In der Bayreuther Straße wird eine – frei finanzierte – moderne Drei-Zimmer-Wohnung mit Küche, Bad, zwei Balkonen, Etagenheizung und Kammer, 94 qm groß, für 158 DM Miete und 4.000 DM Baukostenzuschuß angeboten, das ist ein Quadratmeterpreis von 1,68 DM; in der Bauvereinstraße eine – mietpreisgebundene – Drei-Zimmer-Wohnung für 80 DM Miete und 4.500 DM Darlehen; in der Wodanstraße eine Zwei-Zimmer-Wohnung für 86 DM und 3.600 DM Darlehen, ein möbliertes Zimmer („an soliden gutsituierten Herrn") in Leonhard für 30 DM, mit Bad- und Telefonbenutzung in Maxfeld für 70 DM; eine Zwei-Zimmer-Eigentums-Wohnung in der Südstadt, ca. 50 qm groß, für 16.500 DM zum Kauf. Etwa 20 bis 25 Prozent des Verdienstes gehen für die Miete drauf.

40.000 neue Wohnungen

Über 40.000 Wohnungen wurden seit Kriegsende in Nürnberg gebaut, und die Aussichten sind nicht schlecht, daß dies trotz erhöhter Preise so weitergeht, denn allein 1954 kommen 6.669 neue Wohnungen dazu – die höchste Zahl seit Kriegsende. Kluge Köpfe nutzen jede Möglichkeit, an einen staatlichen Zuschuß zu kommen. Es gibt sogenannte LAG-Mittel, das heißt „Lastenausgleich", und davon profitieren alle, die im Krieg ausgebombt oder aus ihrer Heimat vertrieben wurden. Für jede Neubauwohnung gibt es zinsfrei 3.000 bis 4.000 DM, rückzahlbar in 50 Jahren. 6.000 DM Zuschuß lassen sich vom sozialen Wohnungsbau abzwacken, ebenfalls zinslos, und mit der Rückzahlung können sich noch Kinder und Enkel Zeit lassen. Und schließlich sind da die Banken, die Hypothekengeschäfte gern finanzieren.

Darauf hat Nürnbergs größter Mieterdarlehens-Schwindler der Nachkriegszeit, Hans F., 40, allerdings vergeblich gebaut. Von 122 gutgläubigen Ausgebombten und Flüchtlingen, die dringend ein bleibendes Dach über dem Kopf suchen, kassiert er 199.158 DM, ohne eine einzige Wohnung zu bauen. In der Schweinauer Straße 67 und 69 vergibt er jede der dort geplanten Wohnungen gleich fünfmal – gegen Baudarlehen. F., von Beruf Bauingenieur und in kaufmännischen Dingen blutiger Anfänger, verweigern die Banken ihre gütige Mithilfe, denn ohne Sicherheiten geht nix. So holt er sich das Geld von Leuten, die glauben, sein Baugeschäft und die vielen geplanten Wohnungen seien Sicherheit genug. Leider ein Irrtum, die 199.158 DM versanden, und niemand weiß wohin, F. auch nicht. Das Gericht quittiert Betrug und Vergeßlichkeit mit fünf Jahren Zuchthaus.

Zum ersten Mal seit 1945 wird das Wohnungs-Angebot spürbar größer und der Kreis jener, die jeden Preis für eine Wohnung bezahlen, immer kleiner. Verlorene Baukostenzuschüsse, bislang unumgänglich, kommen langsam aus der Mode. Das zahlen nur noch Dumme. Wenn es schon ein Beitrag zur Mietwohnung sein muß, dann will der Herr Normalverbraucher sein Geld zu Recht wieder haben: Darlehen statt Zuschuß.

Schließlich soll ja was übrigbleiben für die Einrichtung, denn da fehlt's noch an allen Ecken und Enden. Wo es jetzt doch so schöne Möbelstücke für Wohn- und Schlafzimmer gibt, Kühlschränke, Waschautomaten, Mixer und Toaster für die Küche. Tausend Sachen, die das Leben leichter machen – jahrelang schmerzlich vermißt. Nierentisch auf schrägen Beinen, Cocktail-Sessel mit Schaumstoffpolster,

1954

Die „Stenorette“ von Grundig, ausgerüstet mit einem Tonband. Sie beherrscht den Markt der Diktiergeräte

Familie Neureich schwelgt in protzigem „Gelsenkirchener Barock“. Möbel wie Denkmäler, Kolosse voller Schnörkel, mächtige Sessel, wuchtige Schreibtische. Dazu ein Musikschrank wie ein Eckhaus, Radio, Plattenspieler und Tonbandgerät inklusive

Außen ein Schmuckstück, innen voller Tücken und Kinderkrankheiten: Borgwards „Isabella", Modell 54

Schlaf- und Vorzeige-Couch in einem Stück zum Hochklappen, Anbau- und Resopal-Möbel, Schauvitrinen und Buffets, Raumteiler aus Bambus, drei- und mehrarmige Tütenlampen, Beistelltischchen, Teewagen, Blumenhocker, Teppich und Vorhang in neumodischer Picasso-Manier, Knabberschälchen, Brezelhalter und die vom letzten Italien-Urlaub mitgebrachte Chiantiflasche schlagen voll durch; Eiche, Birke, Nußbaum und Teak schmücken die Zimmer.

Das klassische Design einer neuen Wohnkultur wird jetzt so richtig sichtbar, weil man es sich leisten kann; es erobert das Land und hält es bis zum Ende der 50er Jahre fest in seinem Kunstgriff. Ausdruck eines Zeit- und Lebensgefühls: Viel Schräge, viel Diagonales, viel ei- und palettenförmige Schwünge, viel Keilform. Und alles „zweckgerecht".

Was kostet sowas? Schlafzimmer von 368 DM bis 2.800 DM, Wohnzimmer von 390 DM bis 2.400 DM, Doppelbett-Couch von 298 DM bis 780 DM, Couchtisch in Nierenform schon ab 59 DM, Kühlschrank von 298 DM bis 770 DM. Aber wer bezahlt denn bar? Die Händler signalisieren Verständnis für viele Arten von Teilzahlung.

Tausend neue Kunststoff-Erfindungen, die sich heuschreckenartig ausbreiten, erleichtern Neuanschaffungen, weil sie billiger sind. Sehen wir uns den Durchschnittshaushalt an, wie er diese neuartigen Kunstgebilde nutzt: Der Übervorhang ist aus Acella, der Haushaltseimer aus Hostalen, die Waschschüssel aus Stratoplast, die Vase aus Spritzguß, der Eierbecher aus Trolitul, die Kaffeetasse aus Hochdruck-Polyäthylen, die Butterdose aus Rosal, die Tischdecke aus widerstandsfähigem Plastik. Die Anbauküche hat einen Hornitex-Belag, die Sitzbank Schaumstoffplatten, der Stuhl einen abwaschbaren Plastikbezug, der Blumenständer eine farbige Plastikumrandung und der Phonokoffer einen abwaschbaren Kunstlederbezug. Der Hausherr trägt einen strapazierfähigen Diolen-Straßenanzug und ein bügelfreies Perlon-Oberhemd, die Dame des Hauses eine Trevira-Kostümkombination und Strümpfe aus Cupresa, der Sohn einen Kunstledermantel aus Tex und das Töchterlein Sandalen aus Plastik-Kunstleder mit Porogummi-Laufsohle.

Geliebter Kunststoff

Wir tauchen voll ein ins Plastikzeitalter mit vielen klangvollen Phantasienamen, froh darüber, daß es so was gibt. Kunststoff: Sieht aus wie echt, kostet weniger und ist praktischer. Daß die Vorhänge stinken, wenn die Sonne draufscheint, der Hintern feucht wird, wenn man zu lange auf dem Sessel sitzt, das Oberhemd sich anfühlt wie eine Fischhaut, der Eierbecher in Herdnähe schmilzt und der Tex-Mantel sich in eine atmungsfeindliche Panzerweste verwandelt, das stört uns überhaupt nicht. Wie man das Zeug wieder los wird, weiß niemand.

Familie Neureich freilich bleibt stotterhafter Zahlungsbrauch und Plastik-Behelf fremd. Sie protzt und klotzt, verstellt die Wände ihrer „Komfort-Wohnung" mit garantiert echten Monumentalbrocken, bombastischen Einrichtungskolossen voller Schnörkel, aber erster Qualität, „Gelsenkirchener Barock" genannt. Dazu muß es, klangecht und tonrein, eine sündteure Luxus-Großmusik-Konzerttruhe mit Zehnfach-Plattenspieler sein. Übers Geld spricht man nicht. Man hat's, und man zeigt, daß man's hat. Die Spezies der Neureichs ist auf dem Vormarsch, zwar vereinzelt erst und langsam noch, aber sie kündigt an, in die Gesellschaft einzudringen. Die Geschäfte gehen gut.

Das hat auch die Automobil-Industrie spitzgekriegt. Sie peilt jetzt den Wohlstandsfahrer an. In der Mittelklasse präsentiert Borgward mit seiner „Isabella" eine Schönheit, 7.200 DM ab Werk, 60 PS-Motor und 130 Spitze.

Obgleich kein Wohlstandsfahrer, finde ich Gefallen an dieser Schönheit, gebe meinen 12 M dran und stürze mich in „Isabellas" Polster. Entweder mag die Dame mich nicht oder ich habe eine Montags-Schlampe erwischt, mit der kinderkackebraun angestrichenen „Isabella" verbindet mich jedenfalls nicht die zärtlichste Liebe. Das Verhältnis wird eher zu einem halsbrecherischen Abenteuer, denn meine „Isabella" ist eine Kurtisane. Sie hat einen Klopfgeist verschluckt, der sich bei strammer Fahrt nachhaltig bemerkbar macht. Genau unter dem Fahrersitz fängt irgend etwas heftig zu klopfen an, hart metallisch, pocht ständig gegen meinen Hintern, daß ich Angst bekomme, die Kardan-

Der Traum vom Porsche: Links das legendäre 356-Speedster-Cabrio, rechts der 550er Rennwagen, Sieger der 54er Mille-Miglia

welle könnte Eigenleben entwickeln und zum Torpedo werden. Werkstattbesuche enden ergebnislos, Mechaniker bleiben ratlos zurück. Es klopft weiter, ich finde mich damit ab, höre einfach nicht mehr hin, und nenne den lästigen Hammer unterm Hintern „Hohmanns deutsche Eiche“. Diesen Namen habe ich auf dem Nürnberger Volksfest aufgeschnappt. In einer windschiefen Bude trat ein furchterregender Boxer auf, der sich „Hohmanns deutsche Eiche“ nannte. Seine Brachialschläge gegen den Trainingssack hörten sich an wie das Klopfen im Unterleib meiner „Isabella“.

Daß just in diesem Jahr ein Traumauto zur Welt kommt, das zum Kult, zur Legende werden soll, berührt unsereins weniger: Der Porsche 356er Speedster. Nicht mal Neid kommt auf, denn dieser Herzensbrecher auf vier Rädern kostet 12.200 DM, ist eng wie eine Heringsbüchse, in die man sich nur mit zusammengefalteten Beinen und gebrochenem Rückgrat hineinzwängen kann, karg ausgestattet wie eine Klosterzelle ohne Heizung, hat ein Dach wie ein Notzelt, das schon bei 80 km/h abzuheben droht, eine lachhaft gebogene, spindeldürre Gangschaltung und so gut wie keine Rundumsicht. Aus dem lächerlichen 55-PS-Vierzylinder-Heckmotor kitzeln die Porsches bei Vollgas brüllende 155 km/h raus. Eine Heckschleuder, ein Auto für Selbstmörder, aber ein Auto, in das alle Welt verliebt ist. Seine Faszination wird zum Inbegriff der 50er Jahre.

Auto-Neuheiten

Von BMW Modell 502, erster deutscher 2,6-Liter-Achtzylinder nach dem Krieg, 100 PS, 165 km/h, 16.450 DM; als Sechszylinder 12.500 DM. Von Mercedes neuer 220er, auch Sechszylinder, auch 12.500 DM. Von DKW Sonderklasse Limousine (5.885 DM), von Lloyd verbesserter Plastikbomber LP 400 (3.450 DM).

Die Urlaubsreise auf eigenen vier Rädern ist keine Seltenheit mehr, der Traum von Palmen und Meer kann eigenhändig angesteuert werden. Die meisten Omnibus- und Bahnreisen grasen noch immer überschaubare Entfernungen ab, Bayerischer Wald, Oberbayern, Österreich, Norditalien, Holland. Aber sogenannte Luxusreisen riskieren mehr, sie wählen immer öfter fernere Ziele: Nizza (13 Tage 360 DM), Sizilien (21 Tage 640 DM), Spanien und Portugal (24 Tage 860 DM), Griechenland und Türkei (24 Tage 920 DM). Kombinierte Bahn- und Schiffsreisen werden häufiger, nach Rhodos über Venedig, Korfu und Athen 16 Tage lang für 648 DM. Oder rund um Italien bis nach Malta in 14 Tagen für 598 DM. Oder über Spanien und Nordafrika, 19 Tage für 995 DM. Noch sind Flugreisen selten. Wer sich in die Luft traut und dabei zwischendurch auf Bahn und Dampfer umsteigen möchte, bezahlt für 13 Tage Genf – Barcelona – Palma – Genua ganze 568 DM.

Das Vergnügen im heimischen Nürnberg bleibt preiswert und der allgemeinen Gemütslage angepaßt. Der abendliche Veranstaltungs-Spaß, meist in der Messehalle an der Deumentenstraße, hat Namen wie „Humor und Rhythmus“, „Schlagercocktail“, „Schlager- und Humorparade“, „Leuchtende Sterne“. Den Ton gibt der Rundfunk an, was er sendet, wird populär, und wen er singen läßt, der wird berühmt: Evelyn Künneke, Will Höhne, Iska Geri, Vico Torriani, Bally Prell („Die Schönheitskönigin von Schneizlreuth“), Illo Schieder („Sailors Boogie“), Renée Franke, der Wiener Sängerknabe Peter Alexander („Der Funkstar mit neuen Schlagererfolgen“). Yehudi Menuhin spielt glockenrein Brahms und Tschaikowsky auf der Violine. Im Lessingtheater begeistert Heinz Erhardt seine Nürnberger Freunde, die zwischen Plätzen von 2,50 DM bis 5,50 DM wählen können.

Neue Zweiradler und Kleinstmobile

Motorroller Vespa, 4,5 PS, 1.525 DM; „Venus“, 3 PS, 60 km/h; Heinkel-„Tourist“, 9,2 PS. Verlegenheits-Mobile, weder Motorrad noch Auto: „Hoffmann-Kabine 250“, „Isetta“, dreisitzig, 2.550 DM, 250-ccm-Motor, eine Tür, die nach vorn aufgeht („...wodurch eine Behinderung des Überholverkehrs vermieden wird!“), „Goggo-Vierrad-Roller“ mit Sommerdach, 14 PS, 2.900 DM, 85 km/h, und schon bald als „Goggomobil“ bekannt – erster Motorroller, der sich mit zwei Zusatzrädern Auto nennt.

175 ccm und 9,2 PS: Motorroller „Tourist“ von Heinkel

Danach geht der gepflegte Gast ins erste „Original-China-Restaurant“ an der Himpfelshofstraße, wenn er Hunger hat, oder ins Konzert-Café „Bijou“ am Spittlertorgraben, wenn er die „gediegene Unterhaltungsmusik“ einer Kapelle

Schicker geht's kaum noch: Der neue Mercedes 190 SL, Cabrio für zwei

Der perfekte Chef-Wagen: Mercedes 220, eben frisch gestylt

Auch ein Herrschafts-Auto, aber etwas preiswerter: Opel Kapitän für 9.500 DM

genießen will, die von einem Wasservorhang umgeben ist. Ein Page öffnet die Tür, und wer eintritt, sieht sich in einer riesigen Kristallspiegelwand wieder – alles für höchste Ansprüche, wie die Direktion des neuen Cafés betont, das im Oktober eröffnet wird. Es ist so vornehm, daß Tanzen nur stören und ein Stilbruch sein könnte.

Solch gepflegte Hallen eignen sich wohl eher für dezent-elegante Modeschauen. Weil doch der Christian Dior und andere „Schöpfer" aus Paris eben die Mode revolutioniert und den Damen die Brust genommen haben. Sie erklären flachbrüstige, edeldünne Bohnenstangen ohne die geringsten Markierungen von Weiblichkeit zum letzten Schrei und lassen allenfalls die Hüfte etwas hervortreten. H-Linie nennt man sowas, Schlankheit rundherum. Menschen mit Sinn für Formen setzen H gleich mit Hunger und halber Portion. Wie soll so eine spindeldürre „Habergaß" der neuen Modelinie Charme und Reiz verleihen? Wozu der weite Ausschnitt und das lockende Dekolleté im futteralengen Kleid, wenn nichts drinsteckt? Aber auch das Hemdblusenkleid wird wieder modern, ebenso das Kostüm „knapp französisch tailliert", und Tweed avanciert zum Lieblingsgewebe. Den Kopf verschönt die neue „Dandy"-Haartracht, die von Mutters Windstoß-Frisur nicht weit entfernt ist. Der elegante Herr wird wieder mal in den Einreiher gesteckt, dessen Schultern „sacht abfallen". Wer auf den Zentimeter achtet, sollte obachtgeben, daß die „mäßig weite Hose" am Aufschlag einen Umfang von 48 cm nicht überschreitet. Die Nürnberger tun's nicht, und die Nürnbergerinnen zeigen weiter ihren Busen.

Das Kino schwimmt noch immer auf derselben Welle, die Schnulze obenauf. Es gefällt, was Liebe heißt und leicht verdaulich ist, was sich Gaudi nennt oder zu Herzen geht und Tränen rührt, was nach intakter Heimat schmeckt, leicht angestaubte Romantik hervorkramt oder Sehnsüchte weckt. Alles weiter nach dem Motto: Es darf gelacht, es muß aber auch geweint werden. Kritische Bilder schieben sich wohl dazwischen, aber nur vereinzelt. Auch die Gesichter verändern sich wenig, die altvertrauten weichen nur zögernd. Oder doch: Ein ganz junges Mädchen erscheint, das sich Romy Schneider schreibt und vorläufig noch unter den warmen Fittichen ihrer Mutter Magda gut aufgehoben ist.

Die emsige deutsche Filmindustrie, zumeist auf dem Niveau von 1950 oder vielleicht 52 stehengeblieben, was bei genauem Hinsehen bedeutet, daß sie noch immer dort verharrt, wo sie bei Kriegsende aufgehört hat, diese Amüsierfabriken von vorgestern, beherrschen weiter den Markt und schnulzen die Kinos voll. Das Kino-Programm im Wohnzimmer läßt immer noch auf sich warten. Fernsehen in Nürnberg gibt es zwar schon, aber äußerst schemenhaft, und das macht augenkrank.

Deshalb trauen sich vorläufig nur 577 Nürnberger ein paar Stunden in der Woche mit blinzelnden Augen vor die Flimmerkiste. TV-Geräte gibt's wohl in jedem besseren Radiogeschäft noch immer von 790 Mark an aufwärts zu kaufen, aber von einer Bildqualität, wenn auch recht eingeschränkt, kann man erst ab November sprechen. Am Samstag, 6. November, beginnt der Bayerische Rundfunk vom Wendelstein aus ein eigenes Programm auszustrahlen, das der sogenannte „Versuchsumsetzer" auf dem Moritzberg gen Nürnberg weitergibt. Bei einigermaßen gutem Willen läßt sich damit die Fernsehgebühr von 5 DM im Monat rechtfertigen. Fraglich bleibt, ob es sich lohnt, 300 DM für eine Spezialantenne auszugeben. Die braucht man unbedingt, damit das Gezerre auf dem Bild-

Neu im Kino

„Konsul Strotthoff", „Wenn du noch eine Mutter hast", „Kaiserwalzer", „Das sündige Dorf", „Wenn am Sonntagabend die Dorfmusik spielt", „Die schöne Müllerin", „Schloß Hubertus", „Sonne über der Adria", „Schützenliesel", „Der Engel mit dem Flammenschwert", „Rosen-Resli", „Mädchenjahre einer Königin", „Gitarren der Liebe", „Heideschulmeister Uwe Karsten", „08/15" (Roman von Kirst, Drehbuch Ernst von Salomon), „Quo Vadis", „Das Gewand", „Vom Winde verweht" (Clark Gable), „Verdammt in alle Ewigkeit" (Montgomery Clift), „Ein Amerikaner in Paris" (Leslie Caron), „Wie angelt man sich einen Millionär" (Marilyn Monroe), „Die Caine war ihr Schicksal" (Humphrey Bogart).

Mode 1954: Baumwollkleid schwarzweiß gestreift mit rosé Blümchen und breitem Ausschnitt (links), dunkelgrünes Abendkleid mit weich drapierter Brustpartie (Mitte) und ein jugendliches Tweed-Ensemble in Blau-Weiß. Die Dame von Welt kommt zum Vorschein

schirm sich zu einem Bild zusammenfügt.

Besser soll dies erst im Frühjahr 56 werden, wenn der 206 m hohe Sendemast auf dem Dillberg bei Neumarkt steht. Eigentlich sollte dieses Ding auf dem Moritzberg verankert werden, und dann hätte man in Nürnberg schon viel früher vernünftig fernsehen können. Aber der zukünftige Flughafen in Kraftshof (geplante Fertigstellung im Frühjahr 55) macht einen Strich durchs Programm. Die Flugsicherungs-Fachleute lehnen einen Fernsehsender auf dem Moritzberg ab, der liege viel zu nahe beim Flughafen und stehe den Flugzeugen im Weg. So ein Riesen-Apparat muß in gebührender Entfernung aufgebaut werden, eben auf dem Dillberg, um den Luftverkehr nicht zu gefährden.

Der Verkehr auf der Straße wird von Diskussionen um die generelle Aufhebung der Geschwindigkeitsbegrenzung bestimmt, die ja auch im Stadtgebiet gilt. Die anfängliche Euphorie hat sich gelegt, jetzt sind die Meinungen eher geteilt, ob diese Entscheidung richtig ist oder nicht. Zwar gibt es immer mehr schwere Verkehrsunfälle, und bis Ende des Jahres werden 117 Tote gezählt (eine schreckliche Rekordzahl), aber Experten führen dies darauf zurück, daß die Zahl der Kraftfahrzeuge in Nürnberg seit 1951 um 50 Prozent zugenommen hat. Es mag einer Konzession gleichkommen, wenn der Stadtrat auf drei gefährlichen Ausfallstraßen die Geschwindigkeit auf 50 km/std beschränkt. Nürnbergs Stadtväter wollen die immer dringlicher werdenden Verkehrsprobleme auf ihre Weise lösen. Sie lehnen es ab, die aus den USA importierten Parkuhren einzuführen, und sie schwören hartnäckig weiter auf die „Grüne Welle", die allein den Verkehrsfluß garantiere; der Bau von Fußgänger-Tunnels (etwa für 300.000 DM am Bahnhofsplatz) sei nur sinnlos verbuddeltes Geld.

Die Nürnberger bewegt ein Abriß. Nachdem im Juni schon das Café „Königshof" in der Königstraße dichtgemacht hat, schließt am 1. Juli das „Apollo". Hier wie dort von wehmütigen Erinnerungen begleitet, hier wie dort geht wieder ein Stück Alt-Nürnberg verloren. 1915 von dem Hotelier Franz Dorn gegründet, fast drei Jahrzehnte lang ein gesellschaftlicher Mittelpunkt der Stadt, im Krieg bis auf die Grundmauern niedergebrannt, 1950 wiedereröffnet, wird der „Königshof" jetzt kaltherzig ausgeschlachtet. Stühle, Vorhänge, Schränke, Kaffeegeschirr werden meistbietend versteigert. Ein Kaufhaus wird den Platz einnehmen.

950.000 DM fürs „Apollo"

Noch älter ist das „Apollo" in der Pfannenschmiedsgasse, auch dieser Traditionsbau soll einem Kaufhaus weichen; Hertie will hier einziehen, Kaufpreis 950.000 DM. 1898 hat der Allerweltshexer und Hotelkönig Zettelmaier das „Apollo" mit dem Hotel „Wittelsbacher Hof" bauen lassen, jener Zettelmaier, der einst Nürnbergs Gastronomie souverän beherrscht hat und als armer Mann gestorben ist. Er machte aus dem „Apollo" ein Varieté-Theater von internationalem Zuschnitt, über dessen Bühne ganze Generationen weltbekannter Künstler gingen. 2.400 Plätze hatte das Theater, und auch seine Feste und Bälle waren Höhepunkte im Leben der Stadt. Am 2. Januar 1945 im Bombenhagel zerstört, am 1. Januar 1947 als Varieté wiedereröffnet und 1949 zum Filmtheater umfunktioniert, hat nun das letzte Stündlein dieser Nürnberger Institution geschlagen.

Aber so ohne weiteres geben die Verteidiger der Amüsierburg nicht auf. Eine Abordnung der Internationalen Artistenloge legt im Hof des Theaters einen Lorbeerkranz nieder, auf dessen Schleife steht: „Wir wünschen Deine Wiederkehr. Deine Nürnberger und internationalen Artisten". Das wollen andere auch, und nun beginnt ein hartnäckiges Gerangel um die Zukunft des „Apollo-Theaters". Einfallsreiche Pläne werden geschmiedet, in den Kaufhaus-Komplex ein neues „Apollo" einzubauen, einen großen Theater-, Konzert- und Varieté-Saal. Hertie scheint einverstanden, will dafür aber im Gegenzug das angrenzende Zeughaus einkassieren. Doch da spielt die Stadt nicht mit, kann sie auch nicht, denn das historische Zeughaus ist ja mittlerweile wieder aufgebaut und das 9. Polizeirevier eingezogen.

Zur Eröffnung der Polizeistation zeigt mir Wachleiter Platzer stolz die neuen Diensträume, wobei er besonders eindringlich auf den gewaltigen Kühlschrank gleich rechts hinter dem Eingang verweist und auf dessen Besichtigung drängt.

„Soll i dir wos zeig'n? Da wärst glotz'n!" Der dicke Platzer, ein kerniger Polizist vom alten Schlag, zwinkert mit den Augen, und ich kann mir denken, was jetzt kommt: Das Frostmöbel ist bis auf den letzten Zentimeter vollgestopft mit Bierflaschen, Einstandsgabe einer Brauerei. Ich weiß auch, was dieser Hinweis zu bedeuten hat:

Die Tullnau an der Ostendstraße, jahrzehntelang beliebtes Ausflugslokal, atmet den Hauch längst vergangener Pracht.

Gras wuchert auf den Treppen, die geschwungenen Mauern bröckeln, das Aus ist programmiert

Clubtrainer Bimbo Binder, einst österreichischer Nationalspieler. Mit ihm landet der 1. FCN auf dem 7. Platz der Oberliga Süd

„Kannst ruhig an ausgeb'n, kräigst an Sonderpreis."

Logisch, daß ich keinen Einwand wage. Ein Polizeireporter läßt seine Kumpel von der Ordnungszunft nicht verdursten.

Wie es mit dem „Apollo" weitergehen soll, weiß im Augenblick niemand.

Dafür wird nach 15 Jahren Pause an der einstigen Großbaustelle des sogenannten „Deutschen Stadions" wieder gewerkelt und der zukünftige „Volkspark" vorbereitet; es verschwinden 26 Baracken des Valka-Lagers; der Tullnau an der Ostendstraße, jahrzehntelang beliebtes Ausflugslokal, wird das Lebenslicht ausgeblasen; die Museumsbrücke verschwindet, um acht Monate später zehn Meter breiter wieder dazustehen. Diesen Umbau hat die Hochwasser-Regulierung der Pegnitz notwendig gemacht.

Einen „Schnackler" tut's im Mai: Nürnbergs Einwohnerzahl überspringt die 400.000er Marke; am Ende des Jahres sind es 406.911.

Weltmeister Morlock kommt

Die Landtagswahl am 28. November, die dritte nach dem Krieg, beschert der Nürnberger SPD wieder eine Mehrheit von 43,4 Prozent, der CSU 26, der FDP 14,1, der KPD 5,9, der Bayernpartei 4,3 und dem BHE 3,8 Prozent. In Bayern gewinnt zwar die CSU, erhält 38 Prozent und 83 Sitze, rutscht aber in die Opposition, weil SPD, FDP, Bayernpartei und BHE sich zu einer sehr gemischten Koalition vereinigen.

Ganz Nürnberg bringt der Maxl Morlock auf die Beine, als er am 7. Juli nach gewonnener Fußball-Weltmeisterschaft in seine Heimatstadt zurückkehrt. Schließlich hat der Maxl beim Endspiel gegen die Ungarn in Bern nach einem 0:2-Rückstand das eminent wichtige Anschlußtor geschossen und damit den Grundstock zum 3:2-Sieg gelegt. Der Maxl trägt sich ins Goldene Buch der Stadt ein und bekommt, wie sein Kumpel Karl Mai von der Spielvereinigung Fürth, einen 100-Liter-„Frigor"-Kühlschrank von einem Mäzen geschenkt. Soviel und nicht mehr gibt's in den 50er Jahren für eine Weltmeisterschaft.

Maxls Club allerdings hat in dieser Saison mit der Deutschen Meisterschaft wieder nichts zu tun, und am Ende steht der 1. FCN auf Platz sieben der Oberliga Süd, von 15 Spielen werden nur sechs gewonnen. Bimbo Binder trainiert die Elf seit April. Was die Fußballer nicht schaffen, gelingt den Club-Hockey-Damen: Sie holen im Mai die Deutsche Hockey-Meisterschaft mit 2:1 gegen Brandenburg Berlin. Und Maria Sturm gewinnt mit 1,59 m die deutsche Hallenmeisterschaft im Hochsprung, Karl Friedrich Haas, ihr späterer Mann, wird mit 47,7 Sekunden deutscher 400-Meter-Meister, wie in den Jahren zuvor.

Der OB hat recht, wenn er am Ende des Jahres sagt, 1954 sei erfolgreich gewesen für die Stadt. Die positiven Ereignisse überwiegen, uns allen geht es wieder ein Stück besser als vor einem Jahr. Der Krieg und seine Entbehrungen verblassen, der Weg zum Wohlstand wird immer kürzer, die fetten Jahre rücken greifbar nahe. Und doch ist es ein aufregendes Jahr. Es geschehen Dinge, die Nürnbergs Bevölkerung erschrecken:

Samstag, 18. Februar. Im „Volksgarten" am Dutzendteich feiern 380 Frauen und Männer einer Chorvereinigung ihren Faschingsball. Eine kleine Kapelle spielt, Luftschlangen fliegen, der Saal ist bunt geschmückt. Anneliese Schenk, 30 Jahre alt, macht zum ersten Mal seit zwei Jahren wieder mit. Vor kurzem hat sie geheiratet, zum zweiten Mal, denn ihr erster Mann ist vor ein paar Jahren gestorben. Auf ihre beiden kleinen Kinder passen die Nachbarn auf. Anneliese Schenk hat sich gefreut auf den Ball. Sie wird zum Tanz aufgefordert. Das Parkett ist überfüllt von fröhlichen Menschen, ihr Partner führt Frau Schenk ein bißchen abseits, in die Nähe eines Fensters, das zum Garten hinausführt. Dort ist mehr Platz. Der Pianist schaut auf die Uhr.

22.03 Uhr. Eine Detonation drückt die Wand unter dem Fenster ein. Mauerschutt, Glasscherben und messerscharfe Granatsplitter fliegen durch die Luft, übersäen den Saal. Menschen stürzen schreiend zu Boden, reißen sich die Hände vors Gesicht, rennen zur Tür. Überall ist Blut. Anneliese Schenk wird von mehreren Granatsplittern getroffen. Sie ist sofort tot. Auch die 62jährige Rentnerin Margarethe Hipel, die mit dem Rücken zur Wand sitzt, hat keine Chance. Sie wird vom Stuhl gerissen und stirbt wenig später. Elf Menschen im Saal werden verletzt, fünf davon schwer. Am schlimmsten hat es den kriegsbeschädigten Theo Zitzmann erwischt. Noch behindert durch eine schwere Verwundung,

18. Februar – ein Bild des Schreckens: Der verwüstete Saal der Gaststätte „Volksgarten“ am Dutzendteich nach der Explosion.

Eines der Opfer wird abtransportiert. Grausames Ende eines fröhlichen Faschings-Abends. Die Suche nach dem Täter beginnt

trifft ihn jetzt ein Splitter in die Hüfte.

Draußen im Garten, dort, wo jetzt ein riesiges Loch in der Wand zum Saal klafft und der Fensterrahmen herausgesprengt wurde, liegt die Leiche des 19jährigen Schlossers Hans Raab aus der Äußeren Bucher Straße 10. In seiner Hand ein geöffnetes Feuerzeug, daneben Reste einer Zündschnur.

Für die Polizei ist alles klar: Hans Raab hat den Sprengkörper gezündet, eine 7,5-cm-Panzerabwehr-Granate. Er hat sie auf die Fensterbank gelegt, einen 26 cm langen Docht in den offensichtlich beschädigten Aufschlagzünder eingeführt und mit seinem Feuerzeug angebrannt. Dann war er zu unvorsichtig oder das Ding ist zu früh explodiert oder er wollte mal nachsehen, ob die Zündschnur auch richtig brennt – wie auch immer, das Geschoß hat ihn, Hans Raab, den Täter, zerfetzt. Sonst würde er doch nicht neben dem „Tatort“ liegen, das geöffnete Feuerzeug in der Hand – oder? Alles klar, noch Fragen?

Fragen gibt's zuhauf. Warum ausgerechnet der fröhliche Hans, der von Sprengstoff keine Ahnung hatte? Warum sollte gerade er die lustige Runde in die Luft sprengen wollen, zu der er selbst gehörte? Warum sollte er Menschen töten, die seine Freunde waren, seine eigenen Eltern womöglich, die im Saal saßen? Minuten, bevor er in den Garten hinausging, scherzte er mit seiner Mutter und „drohte“ ihr, daß er nachher gleich mit ihr tanzen werde. Wie soll er die 32 cm lange und mehr als 12 Kilo schwere Granate zum Dutzendteich gebracht haben? Er ist mit der Straßenbahn gekommen, sein Vater mit ihm, und dem hätte dies doch auffallen müssen. Oder seinem Freund Hermann Jung.

Die Polizei weiß auf alles eine Antwort. Hans Raab war immer zu Scherzen aufgelegt, fröhlich, gutmütig und naiv. So naiv, daß er nicht im Traum an die Folgen dieser Explosion dachte. Er glaubte an einen „knalligen Faschingsscherz“. Ist doch klar! Oder?

Noch nicht. Hans Raab war Schlosser, konnte mit Metall umgehen, wußte um dessen Wirkung, wenn es in tausend Stücke zerrissen wird.

Die Polizei und Staatsanwalt Hans Sachs ficht das nicht an. Wer tot neben der detonierten Granate liegt, ist schuld. Der hat's getan. Basta. Oder haben Sie das offene Feuerzeug vergessen?

Frage: Könnte er dies nicht aus einem ganz anderen Grund in der Hand gehabt haben, vielleicht, weil er sich eine Zigarette anzünden wollte?

Antwort: Dummes Zeug, ausgeschlossen! Warum sollte er im Garten rauchen?

Der Freund ein Komplice?

Ein bißchen nachdenklich werden die Ermittler schon, doch nicht etwa, weil sie an der Schuld des Hans Raab zweifeln würden. Nein, bloß das nicht. Aber vielleicht hat er einen Komplicen gehabt, seinen Freund Hermann Jung aus der Fichtestraße, zum Beispiel? War der nicht kurz vor der Explosion auch für eine Weile aus dem Saal gegangen und wieder an die Theke zurückgekehrt, als das Geschoß detonierte, um den „Erfolg“ der Tat mit eigenen Augen zu sehen?

Wieder eine Frage: Wäre es so gewesen, dann hätte der Junge sich selbst in Lebensgefahr gebracht – ist das nicht widersinnig?

Statt zu antworten, nimmt die Polizei Hermann Jung auf Anordnung der Staatsanwaltschaft fest. Der weiß gar nicht, was man von ihm will. Er hat keine Ahnung, warum sein Freund Hans Raab sowas getan haben soll. Er verstehe es ja auch nicht, zu ihm habe der Hans nie darüber gesprochen. Konfetti und Luftschlangen und eine Kindertrompete habe Hans zum Ball mitgebracht, aber doch keine Granate. Er wolle eine „Mordsstimmung“ in den Laden bringen, habe er nachmittags fröhlich angekündigt.

Wie, was: „Mordsstimmung“? Da haben wir's, sagen die Ermittler, Hans Raab hat etwas „ganz Besonderes“ vorgehabt, und das bestimmt nicht allein. Allein konnte er das Geschoß gar nicht präpariert und allein auch nicht zum Dutzendteich transportiert haben. Da muß sein bester Freund Hermann beteiligt gewesen sein. Das gibt es gar nicht, daß er ihn nicht eingeweiht hat.

Hermann Jung bleibt dabei: „Ich weiß von nichts, ich habe mit der Sache nichts zu tun.“

Man läßt ihn wieder frei. Das bedeute jedoch nicht, daß der Tatverdacht ausgeräumt sei, es geschehe nur, weil keine Fluchtgefahr bestehe, betont Staatsanwalt Hans Sachs mit nachdenklicher Miene und schließt die Akten nur zur Hälfte.

Sieben Wochen später, im April. In Zerzabelshof fliegt eine Baracke in die Luft. Die Polizei findet einen Toten: Horst Sch. Er hat mit einer Granate hantiert, die offensichtlich in seiner Hand explodierte. Der Unfall verwundert niemand, denn Sch. galt als geistig verwirrt. 1945 hatte ihm eine Handgranate eine Gehirn-

5. Mai, „Aki-Filmtheater“ im Hauptbahnhof, Reihe 22: Hier ist die Höllenmaschine in der Aktentasche eines 18jährigen Schülers explodiert. Polizeipräsident Stahl (links mit Stock) diskutiert mit einem Staatsanwalt

verletzung beigebracht. Seitdem benahm er sich höchst seltsam, und seine Vorliebe für Sprengstoff hat er nie verloren.

Die polizeiliche Nachforschungs-Maschine setzt sich in Bewegung. Sie durchforscht den Umgang des Sch. mit Granaten, Geschossen und Sprengstoff, ermittelt seine möglichen „Lieferanten", und siehe da: Er hatte 7,5-cm-Panzerabwehr-Granaten bearbeitet, und er war am 18. Februar abends beim „Volksgarten" am Dutzendteich mit so einem Ding gesehen worden. Kriminaltechnisch peinlich genau untersucht, stellt sich heraus, daß die Höllenmaschine vom Dutzendteich aus seiner Hand stammte und von ihm gezündet wurde.

Also doch: Wenn auch etwas spät, bekommen die Skeptiker vom 18. Februar recht. Die simple Aufklärung war zu simpel. Der arme Hans Raab hat draußen im Garten der Wirtschaft vermutlich doch nur eine Zigarette rauchen wollen; tragisch, daß er es neben der gezündeten Granate tat. Das geöffnete Feuerzeug läßt keinen anderen Schluß zu. Vielleicht wollte er nicht, daß seine Eltern ihn rauchen sahen oder Bekannte am Tisch mochten es nicht... oder... oder. Fragen kann man den Jungen leider nicht mehr. Und die Verdächtigung gegen seinen Freund Hermann war ebenso haltlos. Eines aber steht fest: Hans Raab ist ein spätes Opfer des Krieges geworden, in den 50er Jahren existieren noch viele solcher schrecklichen „Erinnerungen" wie die Granate vom Dutzendteich.

Mittwoch, 5. Mai, „Aki"-Filmtheater im Hauptbahnhof. Wieder explodiert eine Bombe, genau um 22.05 Uhr. Der 18jährige Schüler Karl S. in Reihe 22 hat sie in seiner Aktentasche mitgebracht und gezündet, als der Kulturfilm „Eine Nacht in Venedig" läuft: Eine selbstgebastelte kleine Höllenmaschine aus Schwarzpulver, Nägeln und Drähten, mit einer Taschenlampenbatterie verbunden. Karl wird bewußtlos und mit schweren Verbrennungen ins Krankenhaus eingeliefert; mehrere Kinobesucher werden verletzt.

Das sei ein Versehen gewesen, sagt der Junge aus der Fichtestraße 41 zuerst, er habe das Ding nur so mit sich herumgetragen. Doch schon bald gibt er zu: „Ich wollte mich in die Luft sprengen!" Ein spektakulärer Selbstmordversuch also – aber warum? Die Antwort gibt ein Brief, den Karl auf dem Weg zum „Aki" eingeworfen hat und der am nächsten Morgen das Lehrer-Kollegium des Melanchthon-Gymnasiums erreicht, wo Karl die 9. Klasse besucht. Er habe keine Lust mehr zu lernen, zum Abitur schon gar nicht, schreibt er, er wolle nicht mehr leben, am liebsten hätte er fünf seiner Lehrer mit in den Tod genommen.

Drei Selbstmordversuche

Karl wird als Einzelgänger beschrieben, schwermütig und depressiv, der sich mit unverdaulicher Literatur vollstopft. Schon dreimal hat er versucht, sich das Leben zu nehmen, mit Zyankali, mit Leuchtgas, mit Äther. Jetzt sollte es gelingen, und er wollte möglichst viele Menschen mitreißen, denn er haßte die Gesellschaft. Er nannte sich Terrorist und schrieb eine konfuse Abhandlung mit dem Titel „Die letzten Tage eines Terroristen". Damit meinte er seinen Abschied vom Leben, vor dem er noch „irgend etwas zerstören oder anzünden" oder einen Menschen töten wollte. In Wahrheit wurde der Junge von einer quälenden, ausweglosen Angst verfolgt, und vor seinem Selbstmordversuch im „Aki", der „erlösenden Tat", wie er selbst es nannte, hat er 25 Zigaretten geraucht, zwölf Tassen Bohnenkaffee und zwölf Gläser Cognac getrunken.

Freitag, 16. Juli: Wieder hat ein junger Mensch beschlossen, sich das Leben zu nehmen, und diesmal gelingt es – auf eine grausam bizarre Art. Im Tiergarten springt an diesem regnerischen Nachmittag der 21jährige Elektrotechniker Joseph Hajek aus Schwadermühle bei Cadolzburg in das Freigehege des Löwenkäfigs und läßt sich, ohne einen Schmerzensschrei, von den Löwen „Cäsar", „Romeo", „Pascha" und „Golba" zerreißen; „Cäsar" beißt dem unglücklichen Jungen die Kehle durch. Unfaßbar, was Joseph Hajek zu diesem Todesdrang, zu einem so furchtbaren Entschluß getrieben hat: Sein Ehrgeiz ließ es nicht zu, in der Berufsoberschule nicht mehr der Primus zu sein. Joseph, begabt, strebsam und intelligent, war zwar noch immer ein hervorragender Schüler, aber seit kurzem „nur" mehr der zweitbeste. Das hat er nicht verkraftet. Ohnehin ein ruhiger, zurückhaltender Typ, ist er noch verschlossener geworden. Aber niemals gibt er die Absicht zu erkennen, aus dem Leben scheiden zu wollen. Noch wenige Stunden vor seinem schrecklichen Tod sagt er beim Mittagessen zu seinen Eltern ganz ruhig: „Ich fahre jetzt mit dem Fahrrad nach Nürnberg in den Tiergarten." Kein Wort, nichts verrät, was er plant, und

24. Mai: Bei einem Kleinwagen-Rennen im Reichelsdorfer Keller rast ein Wagen in die Zuschauer. Ein junger Mann wird getötet. Ein zweites Auto überschlägt sich und begräbt den Fahrer. Er wird schwer verletzt

doch hat er sich zu diesem schrecklichen Tod längst entschlossen.

Das beweist sein seltsames Verhalten zwei Tage vorher im Privatzoo „Wildgarten“ in Altenberg bei Fürth. Wortlos steht er vor dem Löwenkäfig, stundenlang. Leonhard Niebling, dem der Zoo gehört, kennt den jungen Mann. Er kommt oft in den Zoo, und jedesmal verharrt er auffallend lang bei den Löwen, starrt die Tiere an, scheint sie zu studieren. An diesem Mittwoch streckt er einen Arm weit in den Käfig, als wolle er, daß die Tiere ihn hineinziehen. Niebig beobachtet dies zum Glück und reißt den jungen Hajek zurück. Der bleibt ruhig, fragt, wie man denn in den Käfig hineinkomme und wer einen Menschen schneller fresse, Löwen oder Bären. Niebig wird der junge Mann unheimlich, er wirft ihn hinaus. Zwei Tage später weiß er, daß der merkwürdige Tierfreund es ernst meinte. Auch erst nachträglich finden sich in Hajeks Zimmer verworrene Niederschriften, religiöse Kalendersprüche und ein Gedicht an seine Mutter. Darin klingt die Todessehnsucht an – Ausdruck einer seelischen Not, die er beenden wollte wie die Christen im alten Rom, den Löwen zum Fraß vorgeworfen.

Unerwähnt bleibt das Schicksal eines anderen jungen Menschen, der sich nicht unterkriegen läßt. Niemand verschwendet eine Schlagzeile für die Geschichte des 17jährigen Rudolf Becker, den eine Polizeistreife nachts im Wartesaal des Hauptbahnhofs aufgreift, hungrig, abgerissen und ohne einen Pfennig Geld. Rudolf ist ein Kind des Krieges, für das erst jetzt, 1954, Leid und Elend der Vertreibung enden.

Im Januar 1945 wird er in den Wirren der Flucht aus Schlesien von seinen Eltern getrennt. Irgendwo in Thüringen wird er überfahren und an beiden Beinen schwer verletzt. Ein Fremder bringt ihn ins nächste Krankenhaus, der Treck reißt seine Eltern mit. Rudolf bleibt gehbehindert, aber er gibt nicht auf. Bei einem Bauern in Thüringen findet er Arbeit. Von seinen Eltern keine Spur. Er tut alles, sie zu finden – vergeblich. Sie suchen verzweifelt nach ihrem Kind – Rudolf erfährt nichts davon. Erst jetzt hat er Glück. In einem „Heimatbrief“ der Schlesischen Landsmannschaft, den Rudolf zufällig in die Hand bekommt, liest er: „Wer kann Angaben machen über meinen, auf der Flucht aus Schlesien verlorenen Sohn Rudolf Becker. Gustav Becker, Hiltpoltstein bei Gräfenberg, Oberfranken.“

Rudolf verliert keine Zeit. Mit seinem letzten Geld, Ostzonen-Groschen, die bei uns nicht viel wert sind, zieht er los, per Anhalter. In Nürnberg geht ihm das Geld aus und er weiß nicht, wie er nach Hiltpoltstein kommen soll. Die Polizei kennt den Weg. Die Bahnhofsmission gibt dem Jungen zu essen und bezahlt die Fahrkarte, ein Polizeibeamter fährt ihn zum Nordostbahnhof und übergibt ihn dem Zugführer. Am Bahnhof Gräfenberg fallen sich Eltern und Sohn in die Arme.

Ein Schicksal der 50er Jahre.

16. Juli 54: Der schreckliche Tod des 21jährigen Elektrotechnikers Joseph Hajek im Löwengehege des Tiergartens

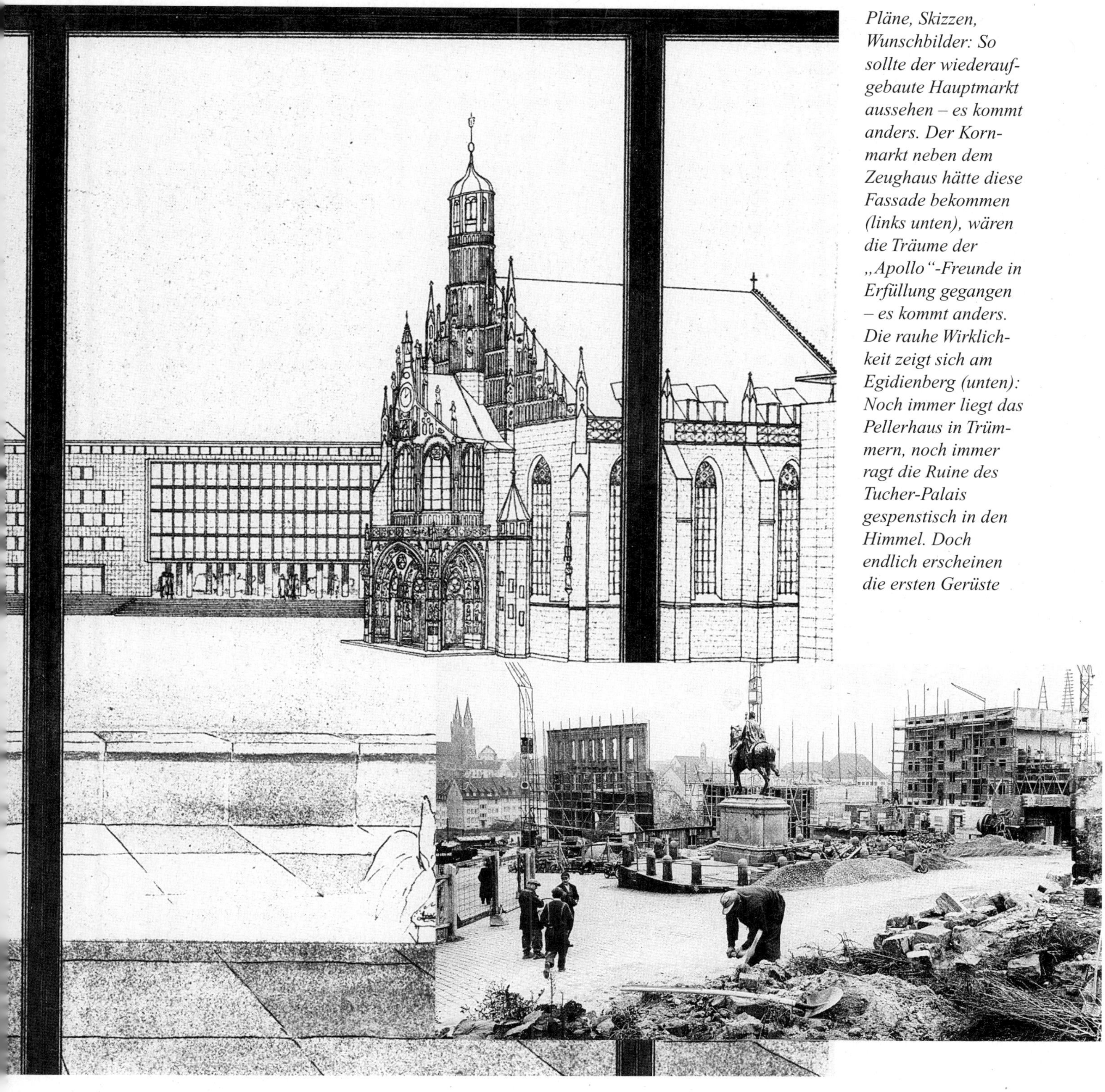

Pläne, Skizzen, Wunschbilder: So sollte der wiederaufgebaute Hauptmarkt aussehen – es kommt anders. Der Kornmarkt neben dem Zeughaus hätte diese Fassade bekommen (links unten), wären die Träume der „Apollo"-Freunde in Erfüllung gegangen – es kommt anders. Die rauhe Wirklichkeit zeigt sich am Egidienberg (unten): Noch immer liegt das Pellerhaus in Trümmern, noch immer ragt die Ruine des Tucher-Palais gespenstisch in den Himmel. Doch endlich erscheinen die ersten Gerüste

Die Ladenhäuser neben Lorenzkirche und Tugendbrunnen werden abgerissen . . .

. . . nachdem sie sich jahrelang als bequeme Einkaufsstätten bewährt haben. Auch die vielfrequentierte Bar des Italieners Antonio stand hier

1955

Der Welt näher gerückt

Es ergeht ergebenst EINLADUNG zu unserer

Großen Trichter-Sitzung

am Mittwoch, den 12. Januar 1955 in den Humboldtsälen, Humboldtstr. 116
Haltestelle: Karl-Bröger-Straße der Linien 4 und 8

- Leitung der Sitzung: Elferratspräsident Hans Bernhard
- Mitwirkung der bekannten Büttenredner
- Rundfunkkapelle Hans Blum
- Einzug des Nürnberger Prinzenpaares

Beginn der Sitzung 20.11 Uhr, anschließend Tanz
Eintritt einschließlich Steuer und Notgroschen DM 3.–

Mit vorzügl. Hochachtung und närrischem Trichtergruß
AHAA!

Alois Fröhler
1. Vorsitzender

Besorgen Sie sich bitte bis spätestens 5. Januar 1955 die Eintrittskarten durch beiliegende Antwortkarte. Es würde uns Freude machen, Sie bei der Sitzung begrüßen zu dürfen.

Die Trichter-Karnevalsgesellschaft lädt zur großen Sitzung in die Humboldtsäle ein. Nürnbergs Narren kommen gern und zahlreich

Halbzeit. Die erste Hälfte dieses Aufbau-Jahrzehnts liegt hinter uns, und wir sind zufrieden. Die Jahre werden „fetter". Niemand hätte vor zehn Jahren einen Groschen darauf gewettet, daß diese zertrümmerte Stadt sich so rasch erholen würde. Ausgeglüht, verzweifelt, vor einer Mauer scheinbarer Ausweglosigkeit damals – heute eine pulsierende Stadt, ein Land, das in den Kreis der führenden Industrienationen aufgestiegen ist.

Optimismus ist unvermindert angesagt, die stürmische Aufwärtsentwicklung hält an; von Monat zu Monat gibt es weniger Arbeitslose, im gesamten Arbeitsamtsbezirk Nürnberg, der Stadt und Land umfaßt, sind es nur noch etwas mehr als 6.000, darunter knapp 2.000 Männer, die Zahl der offenen Stellen steigt, Bauarbeiter werden Mangelware, Lehrlinge rar, der lang vermißte Begriff Vollbeschäftigung gehört zum Alltags-Vokabular, im Dezember kommen die ersten Gastarbeiter aus Italien; die D-Mark bleibt stabil, die Kaufkraft klettert, die Industrie expandiert. Die Preise halten sich auf einem erträglichen Niveau: Textilien billig wie nie, Lebensmittel etwas teurer, Bauen kostspieliger. Das treibt die Lebenshaltungskosten zwar in die Höhe, aber sprunghaft angestiegene Löhne und Gehälter schaffen den Ausgleich. Der Industriearbeiter hat jetzt, nach mehreren Tariferhöhungen, einen durchschnittlichen Stundenlohn zwischen 1,76 DM und 1,94 DM, das sind zwischen 87,64 DM und 96,97 DM in der Woche; die Gehälter haben ein Mittel von 501 DM erreicht. Der Durchschnittsverdiener bezahlt 19 DM Lohnsteuer im Monat.

Bundeswirtschaftsminister Erhard, der Mann, der das Wort „Maßhalten" erfunden hat, entwickelt ein „5-Punkte-Programm" zur Preissenkung und mahnt Unternehmer und Arbeiter zu Besonnenheit und Disziplin: „Jetzt gilt es, angesichts der Vollbeschäftigung unserer Wirtschaft, mit Rücksicht auf das Ganze der Verlockung zu übertriebenen Lohnforderungen und Preiserhöhungen zu widerstehen. Das Ziel ist und bleibt: Wachsender Wohlstand für alle!"

Erhard erinnert aber auch an die Millionen von Rentnern, Kriegsopfern, Witwen und Waisen, deren Einkommen „nicht ohne weiteres zu erhöhen sind". Damit berührt er eine schwärende Wunde im Heilungsprozeß der Nation: Die noch immer ausstehende Sozialreform, die den Alten, Erwerbsunfähigen und Bedürftigen ein erträgliches Leben sichern soll. Das ist bitter nötig, denn die meisten Sozialrenten bewegen sich zwischen kärglichen 65 und 85 DM. Dabei soll der Fürsorge-Mindestrichtsatz für ein Ehepaar 94,80 DM nicht unterschreiten, eine Mietbeihilfe kommt dazu. Traurig in einer Zeit, die nur Erfolg kennt und nach Wohlstand strebt, die Kühlschrank und Fernseher, Auto und Pelzmantel, Eigenheim und Urlaub auf dem Wunschzettel ganz oben vermerkt hat und uns nur verschämt in die Barackenlager Schafhof und Witschelstraße schielen läßt, wo noch immer mehr als 2.500 Obdachlose, Flüchtlinge und Fürsorgeempfänger kümmerlich hausen, in einer „Heimat der Heimatlosigkeit".

Sehen wir uns Nürnberg an, wie es sich wandelt in diesem Jahr. Die Einwohnerzahl springt von 407.930 im Januar auf 416.000 gegen Ende des Jahres, darunter 66.000 Vertriebene und Ausländer. 24.000 Evakuierte wohnen noch immer draußen auf dem Land und drängen zurück in die Heimatstadt. In der Altstadt schließen sich die Lücken, Straße um Straße, Gasse um Gasse. Die „Steppe" lebt, die „Wohnoasen" zwischen aufgehäuften Trümmern und wucherndem Gras werden täglich mehr. Jahrelange Planung zahlt sich aus: Der Hauptmarkt bekommt sein neues Gesicht, die „Nord-Süd-Straße" von der Museumsbrücke zum Fünferplatz ihre endgültige Linie; im November wird das neue Rathaus eingeweiht, die letzten Ämter können das Bieling-Schulhaus verlassen. Der Egidienberg, eine der „Kernzellen des alten Nürnberg", entsteht neu. Die Sebalduskirche kriegt ihre Türme zurück, die Lorenzkirche den letzten Schliff, wobei im Nordturm drei Blindgänger aus dem Krieg entdeckt werden, Artilleriegranaten, die nicht explodierten und 50 cm tief im Mauerwerk stecken.

Endlich: Der Flughafen in Kraftshof ist fertig, die ersten Maschinen starten, Nürnberg ist der Welt ein Stück nähergerückt

Die Straßenbahn wird moderner: Die Schaffnerin kriegt einen Sitzplatz im neuen Großraumwagen, der Fahrgast bezahlt an der Kasse. Die Zeit der alten Triebwagen geht zu Ende, vorsintflutliche Tempo-Regler und Bremsen (unten) verschwinden

Ein Trauertag für alle „Apollo“-Freunde: Die Ruine an der Pfannenschmiedsgasse wird gesprengt, Platz fürs Kaufhaus Hertie

Die Gestaltung der neuen Geschäftsstraße von der Mauthalle über den Kornmarkt bis zur Elisabethkirche ist beschlossene Sache. Die ersten „Einschnitte“ an der Ecke Pfannenschmiedsgasse/Kornmarkt werden bald zu sehen sein. Dies bedeutet leider nun doch das endgültige „Aus“ fürs „Apollo“. Seine treuen Anhänger zerdrücken eine Träne. Sie können ihre letzten Hoffnungen begraben, die Ruine wird erst „ausgeschlachtet“ und am 5. Oktober gesprengt, das Kaufhaus Hertie tritt an seinen Platz. Der Lorenzer Platz wird von seinen unansehnlichen Ladenhäusern befreit, rund um den Tugendbrunnen stehen bald reputierliche Neubauten. Aus den häßlichen Schutthaufen im Kreuzgassenviertel beim Westtor, einst ein Kleinod mittelalterlicher Fachwerkkunst, wird wieder ein Wohnviertel; für Grundstücksabtretungen bezahlt die Stadt 208.000 DM. Das Künstlerhaus am Königstor geht, nach zehnjähriger „Zweckentfremdung“ durch die Amis, am 15. September in den Besitz der Stadt zurück. Städtische Kunstschätze sollen darin untergebracht werden.

Noch heißt das Künstlerhaus am Königstor „Americana Club“, aber am 15. September geben die Amis das Gebäude der Stadt zurück

Auch vor der Stadtmauer steigt das Aufbaufieber – freilich zu Lasten der Kleingärtner. Sie müssen 6.000 ihrer 10.000 geliebten „Gärtla“ für Wohnbauten räumen. An der Bayreuther-/Deumentenstraße wächst für drei Millionen die Messehalle Nr. 2 aus dem Boden, nochmals 8.000 qm für die Spielwarenmesse. Mit dem „Agrippina“-Neubau wird der Rathenauplatz „komplett“. 16 Hochhäuser außerhalb der Stadtmauer sollen das Stadtbild weltstädtisch aufmöbeln. Im Valka-Lager werden wieder etliche Baracken abgerissen, und die Hoffnung steigt, daß dieses „Verwahr-Sammelbecken“ endlich verschwindet. Allabendlich warnt der Prager Rundfunk seine Landsleute: „Geht nicht in den Westen – ihr landet doch nur im Valka!“ In der Dunantstraße bekommen 400 Kinder ein neues Schulhaus, für 922.000 DM der erste Volksschul-Neubau nach dem Krieg. Die Pläne, den Torso der Kongreßhalle am Dutzendteich in ein Sportstadion für 90.000 Zuschauer zu verwandeln, werden ernsthaft diskutiert. Fast eine Million Mark hat die Stadt seit der Währungsreform 1948 in den unfertigen Koloß „hineingebaut“ – ohne sichtbaren Erfolg. Das Stadion soll 12 bis 13 Millionen kosten, in NS-Zeiten waren bereits 82 Millionen in dem Pseudo-Kolosseum verschwunden.

Das „Kuratorium für den Aufbau der Stadt Nürnberg“, 1948 gegründet, beendet seine Tätigkeit. Seine Aufgaben sind „im wesentlichen“ erfüllt, heißt es, die „große städtebauliche Konzeption für den Wiederaufbau“ sei abgeschlossen. Die Zeit ist reif, „großräumig“ zu denken. Dazu gibt der neue Flughafen in Kraftshof Anlaß, der am 6. April nach exakt einem Jahr Bauzeit eröffnet wird, der erste deutsche Zivilflugplatz-Neubau seit 1937 – eine stolze Visitenkarte Nürnbergs. Neunzehnhundert Meter lang ist die Startbahn, auf der um 11.20 Uhr bei strahlendem Sonnenschein die für 2,8 Millionen DM gebraucht gekaufte zweimotorige „Convair 340“, Kennzeichen D-ACAD, der neugegründeten „Deutschen Lufthansa“ mit Bundesverkehrsminister Dr. Hans Christoph Seebohm landet. Damit ist Nürnberg wieder an den internationalen Luftverkehr angeschlossen, die Welt rückt näher. 33 Verkehrsflugzeuge landen und starten jede Woche in Kraftshof. Daß die Eröffnung des Flugplatzes mit dem Start der „Lufthansa“ zusammenfällt, die am 1. April 1955 wieder am Himmel erscheint und den Passagierverkehr aufnimmt, ist sicher mehr ein Zufall. Zumal da zunächst nur ausländische Linien Nürnberg anfliegen, KLM, Sabena, Air France, PAA.

Auch auf der Straße wird Nürnberg moderner. Im September tauchen die ersten Großraum-Straßenbahnwagen nach dem Krieg auf. Fast 30 m lang sind diese Züge, 200

Personen passen rein, und auch sonst ist alles moderner geworden: Einstieg hinten, wo der Schaffner sitzt und kassiert, statt – wie bisher – durch den Wagen hin und her latschen zu müssen; Ausstieg in der Mitte und vorn. Dreizehn weitere Züge folgen bis Ende des Jahres, vierzig werden für die Linien 1, 8 und 11 gebraucht, und jeder kostet 280.000 DM.

Noch mehr Beweise für Nürnbergs wachsende Aufgeschlossenheit und Bedeutung? Bitte sehr: 100 Schnellzüge verbinden die Stadt täglich mit der Welt. 500.000 Menschen strömen zum „Sudetendeutschen Tag" an Pfingsten in die Stadt, 107.000 zum Treffen der Zeugen Jehovas (Motto: „Weltbesiegung nahe – durch Gottes Königreich") und 50.000 zur Predigt des Evangelisten Billy Graham im Stadion. 30.500 Nürnberger haben ein Telefon, fast 10.000 mehr als 1950, und sie führen in jedem Monat mehr als eine Viertelmillion Ferngespräche. Die Bundesbahn verweist darauf, daß Nürnberg den größten Sammelgutverkehr der Bundesrepublik aufzuweisen hat. Der Photo Porst führt als einer der ersten Betriebe Westdeutschlands zunächst die 45- und dann die 40-Stunden-Woche bei vollem Lohnausgleich ein. Grundig bringt den ersten Telefonbeantworter auf den Markt, und das Modegeschäft Gebhardt und Kuhn in der Karolinenstraße beweist Stil: Die Kunden werden im Lift nicht mehr allein gelassen, sondern von einem Boy von Stockwerk zu Stockwerk begleitet. Er wird per Zeitungsanzeige gesucht: „Nett und intelligent... mit guten Umgangsformen... nicht unter 16 Jahren. Nach 2–3jähriger Dienstzeit bieten wir bei Eignung Übernahme ins Angestelltenverhältnis als Verkäufer oder Dekorateur mit verkürzter Volontärzeit." Die Süddeutsche Apparatefabrik in Gibitzenhof gibt ihren Beschäftigten die Chance, sich in Höflichkeit zu versuchen. An einem „Kurs zur Übung moderner Gesellschaftsformen", einmal in der Woche für 1 1/2 Stunden, und das sechs Wochen lang, kann jeder teilnehmen, der sich besonders gepflegte Manieren aneignen möchte. Als erste erzieht der „Fachlehrer für Gesellschaftserziehung" Carl Krasemann 40 Lehrlinge, die sich hinterher vor lauter Galanterie gegenseitig die Türen aufreißen. Noblesse oblige der 50er Jahre.

Schließlich zwei Zeugnisse für die Großzügigkeit der Nürnberger: Der Faschingszug kommt zum ersten Mal ohne Reklame aus und wird von 150.000 Zuschauern vielleicht gerade deshalb besonders bejubelt. Die 410 Metzger der Stadt senken freiwillig ihre Fleischpreise, weil sie es satt haben, sich dauernd anmeckern zu lassen; statt für 2,50 DM verkaufen sie ein Pfund tiefgekühltes Frischfleisch vom irischen Rind für 1,48–1,75 DM. Fairplay der 50er Jahre.

Größte TV-Bildröhre 53 cm

Sehen wir uns andere Preisentwicklungen an: Neckermann bietet sein Fernseh-Tischgerät „Weltblick II" mit 36-cm-Bildröhre schon für 495 DM an, das „zweitbilligste" kommt von Philips, heißt „Krefeld", ist mit einer 43er Röhre ausgerüstet und kostet 598 DM. Im Durchschnitt bewegen sich die Preise für TV-Geräte aber immer noch zwischen 700 und 1.200 DM; die größte Bildröhre mißt 53 cm.

Damit die Post schneller wird: Motorroller en gros für die Briefzusteller

Was nützt dies alles: Noch immer hat der Empfang in Nürnberg sich nicht wesentlich gebessert.

Radiogeräte sind nicht billiger geworden, eher umgekehrt: Von 73 DM für den Koffersuper und 109 DM für den Kleinempfänger bis zu 598 DM für die „Kammermusik-Schatulle", für die neuen TV-Radio-Kombischränke (Metz) von 1.220 DM bis 4.090 DM („Königin von Saba"). Elektrorasierer kommen für 55 DM (Philips) oder 98 DM (Conex) über den Tisch, eine Olympia SM 2-Schreibmaschine für 398,50 DM. Wer billig essen möchte, hält sich an den Erfrischungsraum im Kaufhaus Weißer Turm: 1,45 DM für Blut- und Leberwurst, 2,10 DM für die ganze Schlachtplatte, dazu 50 Pfennig für den Schoppen Pfälzer. Wer's dick hat, der leistet sich zwei Hummer und bezahlt dafür 27 DM, oder eine Terrine Straßburger Gänseleberpastete (19,75 DM), oder eine Auster (1,30 DM). Glücksspiel- und Musikautomaten schlucken pro „Darbietung" 20 Pfennig.

Industrie und Handel registrieren mit Befriedigung, daß moderne Küchen- und Haushaltgeräte sehr gefragt sind und das Geschäft mit Photoapparaten einen neuen Höchststand erreicht, am besten

Die neue Grill-Bar im „Bamberger Hof“ an der Königstraße, viel bestaunt und gut besucht. Ein Glanzstück moderner gastronomischer Architektur der 50er Jahre

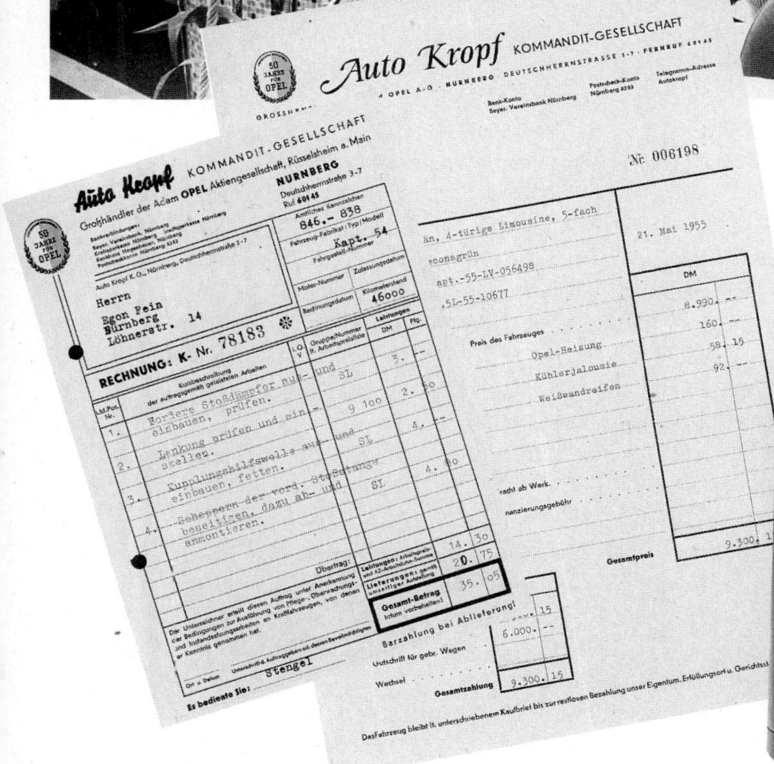
Auto Kropf KOMMANDIT-GESELLSCHAFT
Nr. 006198
21. Mai 1955
Preis des Fahrzeuges
Opel-Heizung
Kühlerjalousie
Weißwandreifen
Gesamtpreis
Barzahlung bei Ablieferung!
Gesamtzahlung 9.300.15
Das Fahrzeug bleibt lt. unterschriebenem Kaufbrief bis zur restlosen Bezahlung unser Eigentum. Erfüllungsort u. Gerichtsst.

Auto Kropf KOMMANDIT-GESELLSCHAFT
Großhändler der Adam OPEL Aktiengesellschaft, Rüsselsheim a. Main
NÜRNBERG
Herrn
Egon Fein
Nürnberg
Löhnerstr. 14
RECHNUNG: K.-Nr. 78183
Es bediente Sie: Stengel

Preise, von denen man später nur noch träumen kann (links): 9.300 DM für einen Sechszylinder Opel-Kapitän – alles inklusive.

Das erste 3 D-Klangradio (unten) kostet 298 DM

Beliebtestes Reisegefährt der 50er Jahre, wenn's zum eigenen Auto noch nicht reicht: Der moderne, stromlinien-geformte Autobus

„geht“ die Box, durchschnittlich kostet ein Apparat 47 DM. Dagegen jammert die Textilwirtschaft über Absatzrückgang. Daran ist eher die Tatsache schuld, daß wir fürs erste mit Kleidern und Anzügen eingedeckt sind, weniger der verrückte Dior aus Paris.

Der hat den Damen in diesem Jahr den nächsten Blödsinn auf den Leib geschneidert: Nach der H- die sogenannte A-Linie. Jetzt sollen die Damen aussehen wie „schlanke Pyramiden“: Schmale Form mit hoher Büste, noch zierlicher, noch zerbrechlicher, noch flacher, Busen nach wie vor Fehlanzeige, die Taille wird „überspielt“, sie rutscht mal nach oben, mal nach unten, die Röcke beginnen weit, schwingen in Hüfthöhe wie Glocken aus (Beginn des Petticoats) und enden unterhalb des Knies. Auf dem Kopf ein Hütchen wie eine Muschel – die Spitze der Pyramide.

In Nürnberg habe ich kaum eine solchermaßen zerbrechlich gestylte Frau entdeckt. Nur die „ausgestellten“ Röcke setzen sich durch.

Die große Liebe zu kleinen Dingen wird immer ausgeprägter, die „Vervollkommnung der Kleidung durch stilgerechtes und liebenswürdiges Zubehör“. Nur logisch in einem Zeitabschnitt, der sich nach Befriedigung der „groben Wünsche“ den kleinen Feinheiten zuwendet. Das gilt ebenso für die Kosmetik, deren profitmaximierte Produzenten sich massiv bei uns breitmachen. Da Freizeit, Urlaub und Reisen mehr und mehr den Alltag unterbrechen, brauchen Strand und Garten selbstredend ihre eigene Mode. Sogar der Badeanzug (Lastex ab 6,95 DM) muß stilvoll zu Wasser gebracht werden. Die Preise sind ohnehin der Textilschlager 55, moderat bis untertrieben, damit überhaupt was „läuft“. Der Pelz darf nicht mehr bloßes Wunschdenken bleiben, er gehört – wenn auch teurer geworden (Persianer ab 925 DM, Waschbär 890 DM, Fuchs 395 DM) – in den Kleiderschrank der „gehobenen Durchschnittsfrau“, denn der Herr Gemahl verdient jetzt ja mehr. Den steckt der Modemacher diesmal in helle Hemden, enge Hosen, kurze Sakkos, Anzüge mit schmalen Schultern, schmale Krawatten und spitze, italienische Schuhe. Die Zauberformel des Jahres heißt Kunstfaser: Perlon, Dralon, Diolen.

Den Zauber des Urlaubs erleben in diesem Jahr mehr Menschen denn je. 1955 wird ein Rekord-Reisesommer, 20 Prozent mehr Nürnberger als im Vorjahr machen sich auf die Socken, sie bleiben länger und lassen mehr DM zurück. Organisierte Gesellschaftsreisen mit Bahn und Bus überwiegen, aber schon reisen 25 Prozent im eigenen Auto.

100 Stunden mehr Freizeit

Ganz gescheite Eierköpfe haben ausgerechnet, daß der motorisierte Mensch im Jahr 100 Stunden mehr Freizeit hat, das sind 12 1/2 Tage, weil für ihn die Wege kürzer werden. Wir können uns nicht beschweren: Die Industrie verkürzt uns diesen Weg zum vierrädrigen Himmel, sie produziert 35 Prozent mehr Autos als im Vorjahr, der Kraftverkehr hat sich in den vergangenen vier Jahren verdoppelt, auf tausend Einwohner kommen schon 33 Pkws, in Nürnberg rollen fast 44.000 Fahrzeuge. Die weitaus meisten Kraftfahrzeuge werden auf Stottern gekauft, 52 Prozent aller Kredite an Arbeiter vergeben. Die Zweirad-Hersteller beklagen bitter, daß der Motorrad-Verkauf gegenüber dem Vorjahr um 38 Prozent dramatisch zurückgegangen sei und nur das Moped- und Motorroller-Geschäft Anlaß zur Freude gebe.

Wer fahren will, läßt sich auch durch steigende Treibstoffpreise nicht einschüchtern. Nach einer vorübergehenden Senkung im Januar auf 63 Pfennig für einen Liter Benzin werden die Preise mit Einführung des neuen Verkehrsfinanzgesetzes zum 1. Mai auf 65 Pfennig angehoben; ein Liter Diesel kostet jetzt 47 Pfennig.

Peinlich für jeden Zecher die entlarvende Neuheit „Alcotest“, das Blasen ins Röhrchen mitten auf der Straße, zwecks Promille-Feststellung eine Prozedur, die auch noch 70 Pfennig kostet. Und womöglich den Führerschein. Sowas hat's „früher“ nicht gegeben, klagt der Mann am Steuer und trinkt eine Halbe weniger.

Nur „a Zehnerla“ für 30 Minuten oder zwanzig Pfennig für eine Stunde muß ab August der Autofahrer in die Parkuhr stecken, wenn er seinen Wagen am Hauptbahnhof, in der Karolinen-, König-, Luitpold- und Ludwigstraße, am Hallplatz und im

Die Mode will es 1955 oben flach und unten weit. Die Röcke sollen schwingen, Hütchen werden modern (links). Unten die Linie für den Winter: Ein Abendkleid fürs Theater aus webgemustertem Wollsatin

Bauhof abstellen will. Nun also doch: Entgegen schwerster Bedenken und einer brüsken Ablehnung solcher „amerikanischen Raubritter-Methoden" noch im vergangenen Jahr, stellt auch Nürnberg jetzt die stählernen Groschengräber auf und verhängt anderswo in der Innenstadt striktes Parkverbot. Wie rasch sich doch die Meinung ändert, wenn's ums Geld geht...

Auch die ersten neuen Nummernschilder mit einem N vorn dran werden angekündigt, aber es soll noch Jahre dauern, bis die letzten AB-Schilder (Amerikanische Zone Bayern) von den Autos und Motorrädern verschwinden.

Ein Galletropfen kullert am 1. Oktober in den Wohlstandsbecher: Das neue Bundesmietgesetz macht jetzt auch die Altbaumieten um 10 bis 15 Prozent teurer; Altbauten sind alle Wohnungen, die vor der Währungsreform am 20. Juni 1948 „bezugsfertig" waren. Inklusive aller Nebenkosten kann dies eine Steigerung um fast 20 Prozent bedeuten. In Nürnberg sind etwa 70.000 Wohnungen betroffen, 63 Prozent des gesamten Wohnraums. Die Obergrenze für den Quadratmeter Altbau darf jedoch 1,10 DM nicht überschreiten. Heißt es „offiziell", aber das bleibt eine Illusion.

Neubauten werden teurer

Bei Gerichten und Behörden hagelt es so viele Beschwerden, Einsprüche und Ablehnungen, daß der volle Preishammer wohl erst in zwei Jahren durchschlagen wird. Die Vermietungs-Inserate jedenfalls zeigen zunächst kaum irgendwelche Preisveränderungen, es fällt aber auf, daß im letzten Vierteljahr 1955 fast nur Neubauwohnungen angeboten werden. Die Rechtsunsicherheit läßt viele Alt-Hausbesitzer zögern. Bei Neubauten gibt es keine Korrekturen, und der Quadratmeter darf ruhig höher angesetzt werden. Beispiel: Drei Zimmer in Schweinau, 1,55 DM pro Quadratmeter, zwei Zimmer in Johannis 1,50 DM, zwei Zimmer in Gibitzenhof 1,70 DM, zwei bis drei Zimmer in Wöhrd ebenfalls 1,70 DM, zwei Zimmer am Luitpoldhain 1,80 DM und dreieinhalb Zimmer in Erlenstegen gar 2,50 DM pro qm.

Wie anspruchslos der Anwärter auf ein Eigenheim kalkuliert, zeigt ein Angebot der Bausparkasse Mainz: Das schlüsselfertige Häuschen hat zwar vier Zimmer, aber sie fallen mit insgesamt 65 qm sehr bescheiden aus. 1955 ist man damit zufrieden.

Weder bescheiden noch zufrieden, eher maßlos: Nürnbergs Kinobesitzer oder solche, die's erst werden wollen. Das Fernsehen morgen im Wohnzimmer, die Kapazität der vorhandenen Theater schon jetzt überstrapaziert, Steuern und Abgaben im Nacken – nichts kann sie aufhalten, sie bauen munter weiter, als sei die Uhr 1950 stehengeblieben. Zum Ende des Jahres ziehen wieder drei Filmtheater den Vorhang hoch: In der Luitpoldstraße das „City", mit 480 Plätzen ein „intimes" Theater; an der Fürther Straße das „Rio" für 800 Besucher und am Josephsplatz das „Delphi" mit 1.150 Parkettstühlen. Damit sind wir bei 20.000 Kinositzen in Nürnberg angelangt. Wer soll sich da draufsetzen? Mehr noch: Am Luitpoldhain buddeln Bagger das nächste Kino-Groschengrab, das „Adlon", ein 700-Platz-Projekt; vier weitere Theater sollen folgen, darunter am Rennweg das „Tivoli". Verkehrte Welt: Je weniger Leute ins Kino gehen, desto mehr Plätze gibt's. Das verstehe, wer will.

Das Kfz-Angebot

Ford-Taunus 15 M, 55 PS (6.375 DM). DKW 3=6 „der Große", 38 PS (5.455 DM). VW-Karmann-Ghia-Coupé, 1,2 Liter, 30 PS (7.500 DM). Mercedes 190 SL, 105 PS (16.500 DM). Kleinwagen Maico-Champion, Zweizylinder-Heinkel-Motor, jetzt für vier Personen (3.600 DM). Dornier-Delta (Türen an der Front- und Heckseite nach oben zu öffnen), „Spatz" von Nürnbergs Victoria-Werken (leicht brennbare Kunststoff-Karosse für zwei Personen), 10,2 PS (3350 DM). Opel-Rekord, Preissenkung auf 5.990 DM. BMW-507 Touring-Sport, 3,2 Liter, 150 PS, 220 Spitze (26.500 DM). Motorroller NSU-„Lambretta", 1.670 DM. Triumph-„Contessa", 4-Gang-Getriebe, 10,4 PS, 97 km/std. DKW-„Hobby" (vollautomatisches Getriebe, 450 DM Anzahlung, 10 DM Wochenraten). Mopeds NSU-Quickly, 495 DM, Heinkel-Perle, Triumph-Fips.

Auch die neuen Leinwandproduktionen können die Leute nicht mehr in Scharen ins Kino locken, das gelingt nur noch selten. Der deutsche Film hat zwar, nach ersten Versuchen im letzten Jahr, sich da und dort zu neuen Qualitäten aufgeschwungen, aber noch immer steht der Brunnen vor dem Tore, läutet der Pfarrer von Kirchfeld die Glocken, säubert der Förster den Silberwald, wohnt Heidis Glück in den Bergen. Doch jetzt werden auch Probleme und literarische Vorlagen in Zelluloid verwandelt; jetzt wird vor allem der Krieg mit Hurra ausgeschlachtet, die jüngste Vergangenheit abgespult. Es wird geballert, spioniert, Zunder gegeben und ins Gras gebissen. Das „wahre Geschehen" wird enthüllt, eine Götterdämmerung be-

So was wird wohl für die meisten ewig ein Wunschtraum bleiben: Mercedes 220 Cabrio für vier Personen mit 155 Spitze. Der Preis: Weit über 20.000 DM – unglaublich. Das Kennzeichen jetzt: A für „Amerikanische Zone“, W für Württemberg

Das paßt schon eher zum Geldbeutel des Normalbürgers: Kleinwagen Maico-Champion mit Zweizylinder-Heinkel-Motor für 3.600 DM. FW heißt: Französische Zone – Württemberg

Für Leute, die sich etwas mehr leisten können als einen „gewöhnlichen“ Volkswagen, aber trotzdem nicht gar zu hoch hinaus wollen: Ein veredelter VW von Karmann

Mehr Filme
„Des Teufels General“ (Curd Jürgens), „Canaris“ (O. E. Hasse), „Verrat an Deutschland“, „Der Fall Dr. Sorge“ (Christina Söderbaum, Veit Harlan als Regisseur), „Der letzte Akt“ (Hitler-Film), „So war der deutsche Landser“, „Haun'se ab mit Heldentaten“ (Hilde Krahl), „Es geschah am 20. Juli“ (Bernhard Wicki), „Der 20. Juli“ (Wolfgang Preiss), „Unternehmen Edelweiß“ (Sepp Rist), „Der Hauptmann und sein Held“ (Fita Benkhoff), „Unternehmen Schlafsack“ (Karlheinz Böhm), „Der Frontgockel“ (Peter Pasetti), „Heldentum nach Ladenschluß“ (Oliver Hassencamp), „Don Camillo und Pepone“ (Fernandel), „Über den Dächern von Nizza“ (Grace Kelly, Cary Grant), „Jenseits von Eden“ (James Dean), „Faust im Nacken“ (Marlon Brando), „Fenster zum Hof“ (von Hitchcock), „Das verflixte 7. Jahr“ (Marilyn Monroe), „Saat der Gewalt“ (Glenn Ford), „Daddy Langbein“ (Fred Astair), „Angst“ (Ingrid Bergman), „Die Gladiatoren“, „Sinuhe, der Ägypter“, „Das Tal der Könige“, „Die Fahrten des Odysseus“, „Die Ritter der Tafelrunde“, „Attila, die Geißel Gottes“, „Die 3 Musketiere“.

lichtet, das Lied vom guten Kameraden angestimmt, „zwei frohe Stunden der guten Unterhaltung“ (in Stahlhelm und Gasmaske) werden versprochen und „die Lachmuskeln zum Bersten gereizt“, als sei der Krieg eine einzige Gaudi gewesen. So oder so: Die Kriegswelle schwappt ins Kino.

Das riesige Angebot an Titeln kann es nur sein, das kurzsichtige Kinobesitzer zu immer neuen Palästen verleitet. Nur wenige erkennen, daß dies ein letztes großes Aufbäumen des Kinofilms ist, bevor das Fernsehen die Leute ans Wohnzimmer fesselt, wo sie sich dieselben Streifen – etwas später und auf Bildschirmgröße zurechtgestutzt – bei Bier und Erdnüssen in Hausschlappen reinziehen können. Auch den Peter Frankenfeld, noch leibhaftig in der Messehalle mit seinem Publikumsspiel „Machen Sie mit“ zu bewundern, wird man bald nur noch auf Mattscheibe sehen.

Weil wir gerade von der Messehalle sprechen: Diese Arena wird immer mehr zur Bühne berühmter Künstler. Was Rang und Namen hat, ist dort zu sehen und zu hören. Nur eine kleine Auswahl jener, die sich in diesem Jahr zur Schau stellen: Gitta Lind, Maria von Schmedes („I hab' rote Haar“), Gerhard Wendland, Ilse Werner, Alice Babs, 3 Travellers, Wolfgang Sauer („Du hast ja Tränen in den Augen“), Friedel Hensch und die Cypris („Egon“, „Tangomax“, „Kinder, ist das Leben schön“), Rita Paul, Helmut M. Backhaus. Und fast überall dabei, als Plauderer, Parodist und Conférencier, Heinz Wedorn, der in Nürnberg immer Heimspiel hat.

Geht so ein Spaß mal in die Hose, kann der Künstler sich die Gage in die Haare schmieren. Solches widerfährt Lilian Harvey, Sari Barabas und Peter Kreuder. Als „Leuchtende Weihnachtssterne“ treten sie an beiden Weihnachtsfeiertagen in der Messehalle auf, hinterher wird's zappenduster. Vom verdienten Lohn keine Spur, entweder gibt's gar nichts oder der Scheck ist nicht gedeckt. „War halt ein schlechtes Geschäft“, entschuldigt sich Veranstalter Peter Scheffer, „und Frau Harvey hat ja auch gar nicht gefragt nach ihrer Gage“.

In der Luitpoldstraße lebt wieder ein Stück Nürnberger Tradition auf: Am 1. Dezember eröffnet das Tanz-Cabaret „Wintergarten“, in gedämpftes Olivgrün getaucht, mit einer raffinierten Drehbühne und eigenem Orchesterraum für eine Schaukapelle ausgestattet. Das „Gärtla“ ist zurückgekehrt, damit die „Königinbar“ nicht so allein dasteht und das Etablissement sich mit Recht wieder „Gärtla“ nennen kann. Nun hat Nürnberg, nach dem lautlosen Abgesang des „Confetti“, mit dem „Bamberger Hof“ in der König- und dem „Tabu“ in der Luitpoldstraße das dritte Kabarett. Dort, im „Tabu“, fegt ein tiefschwarz gefärbter Irrwisch über die Bühne, eine Dame, die Nabelschau betreibt, vorgibt, Souliman zu heißen und König Faruks (der von Ägypten) Lieblings-Bauchtänzerin zu sein. Tatsächlich heißt die Eingefärbte Fräulein Schneeweiß und kommt aus Berlin, was nach dem dritten Glas eleganten Markensekts unüberhörbar ist. Doch was die Dame mit Busen, Bauch und Po anstellen kann, ist sehr beachtlich.

„Gepflegtes“ Cabaret

Zurück zum „Wintergarten“. Am 1. Oktober 1910 hat der Wiener Theaterdirektor Oskar Speyer diese „gepflegte Unterhaltungsstätte“ gegründet, in der Kellner nur mit weißen Handschuhen servieren durften. 1927 kam die „Königin-Bar“ dazu, im August 1943 fiel der ganze Laden, samt dem LuLi, in Schutt und Asche. 1949 machte die bereits zitierte „Königin-Bar“ wieder auf. Oskars Witwe Liesel und Fritz Speyer, die neue Geschäftsführung, wollen an der Tradition nicht rütteln: „Gepflegt“ von vorn bis hinten – das internationale Cabaret-Programm, die Atmosphäre, die Gäste, denen die hochmoderne Drehbühne zum Tanz freisteht.

Dezent und gepflegt, auch auf hochmoderner Drehbühne: Internationales Cabaret-Programm im „Wintergarten“ (links). Nabelschau im „Tabu“: Eine hektisch zuckende Dame, die sich Souliman nennt, König Faruks Lieblings-Bauchtänzerin vom Nil sein will, aber als Fräulein Schneeweiß aus Berlin identifiziert wird

Zur guten Tradition gehört es für jeden ordentlichen Nürnberger, mindestens einmal im Monat „a Kärpfla“ zu essen, solange dieser Monat ein „R“ im Namen hat. Einschlägige Lokale gibt's genug: den „Rackl“ in der Ludwigstraße 35, den „Luftsprung“ am Bergauer Platz 10, den „Goldenen Pfau“ in der Lorenzerstraße, die Fischküche Heller in der Oberen Wörthstraße. Die noch sehr exklusive Hähnchen-Welle löst der fröhliche Rheinländer Max Lemmens mit seinen „Guten Stuben“ am Hefnersplatz aus. Den gemütlichen Giegerlas-Friedhof im 1. Stock links (das Halbe für 3,50 DM, ein Ganzes 6,90 DM) füllt neben Hähnchenduft der Charme von Lemmens attraktiver Ehefrau Antonie aus Jugoslawien. Irisch ist sein Setter, der – sehr zu seinem Unwillen – von Herrchen gern als Vorführhund benutzt wird. Das gutmütige Tier mag alles leiden, nur nicht die Drohung „Öhrkes und Schwänzkes abschneiden“, die Freund Lemmens in niederrheinischem Dialekt morgens um 2 Uhr ausstößt, was er natürlich nicht ernst meint. Der Setter legt daraufhin die Ohren an, zieht den Schwanz ein, knurrt bedrohlich und schielt ängstlich zum Grill, auf dem die Hähnchen rotieren. Warum wohl?

Schoppen Wein für 65 Pfennig

Weil exotisches Dinieren offensichtlich ankommt, lüftet in der Brunnengasse 43 das zweite China-Restaurant der Stadt, das „Shanghai-Hotel-Restaurant“, seine Seidenvorhänge. Bodenständige Herren dagegen zieht's in gemütliche Gemäuer wie die Weinstuben „Steichele“ in der Jakobstraße (vorzügliche „Mußbacher Eselshaut“), „Boxbeutel“ in der Lammsgasse, „Mausloch“ in der Adlerstraße, „Jakobsklause“ am Jakobsplatz, „Eule“ in der Vorderen Sterngasse, „Nassauer Keller“ an der Lorenzkirche oder in die „Harfe“ in der Mostgasse. Das „Heilig-Geist-Spital“ (Pächter: Hans Brater) offeriert über 100 Sorten „erstklassige Franken-, Mosel-, Pfalz- und Rheinweine“, den Schoppen ab 65 Pfennig.

Zum guten Ton gehört es, beim Schoppen auch eine zu rauchen, denn ein Herr mit Zigarette zwischen den Fingern gilt mehr. Diese Attitüde führt 1955 zu einem erheblichen Anstieg des Zigarettenverbrauchs; es wird um 12,3 Prozent mehr geraucht als vor dem Krieg.

Im Zabo qualmt es unterm Tribünendach. Der schöne alte Sportpark wird zu klein, obgleich der Club seit 1949 mehr als 900.000 DM investiert hat. Ganz nah, am Valznerweiher, sollen in den kommenden Jahren auf einem 120.000 qm großen Areal neue Sportplätze entstehen. Bei den Herren Balltretern vom „1. Fußclub“ qualmt's noch mehr, wenn auch das Feuer fehlt. Sie verpassen wieder mal um Längen einen vorderen Tabellenplatz, um bei der „Deutschen“ dabei zu sein. Sie landen – unter 16 Vereinen – auf dem schlappen 10. Rang der Oberliga Süd und haben selbst gegen solche Luschen wie Schweinfurt und Augsburg zu Hause verloren. Am Mittwoch, 16. Februar, gibt's das erste „Nachtspiel“ unter 70 Tiefstrahlern im Zabo, Gegner ist Spartak Prag; die Tschechen gewinnen 2:0. Neue Gesichter beleben die Mannschaft: Kraft, Vetter, Bundschuh, Müller (aus Roth), Glomb und Schmidt (aus Rednitzhembach). Den Weg in die Zukunft weist der 1. Vorsitzende Franz im November: „Wir werden die Mannschaft verjüngen, das Durchschnittsalter wird bei 24 Jahren liegen, Spieler-Einkäufe kommen nicht in Frage. Wir bauen auf unseren Nachwuchs.“

Zigaretten, die wir rauchen

„Mokri“, „Zuban“, „Salem Nr. 6“, „Overstolz“, „Eckstein“, „Roxy“, „Lux“, „Gelbe Sorte“, „Senoussi“, „Stella“, „Fama“, „Nil“, „Laurens“, „Ravenklau“, „Astor“, „Ernte 23“, „HB“, „Dames“ (mit Doppelfilter), „Passion“ (mit Weichfilter). Normale Zigarette zwischen 8 und 10 Pfennig, teure 12 Pfennig.

Ein anderes sportliches Spektakel, die „Sensation aller Weltstädte“, kann nur besonders ausgefallene Liebhaber hinter dem Ofen hervorlocken: In der Jahn-Turnhalle am Hummelsteiner Weg wuchten sich im Oktober drei Tage lang zentnerschwere Muskel-Tanten aus aller Herren Länder gegenseitig massiv auf die Matte. Wer diese „Internationalen Damen-Freistil-Ringkämpfe“ sehen will, bezahlt zwischen 2 und 5 Mark Eintritt und kann hautnah miterleben, wie schwitzende Schmerzensmütter sich an den Haaren ziehen, in den Po beißen und ohne Rücksicht auf Verluste Bauch und Brust in den Kampf werfen.

Eine friedliche Dame haust mutterseelenallein auf dem Wasserturm hinterm Weinstadel, 30 Meter über dem Pegnitzspiegel, und ist nur durch ein Seil mit der Welt verbunden. Maria H., 74 Jahre alt, kommt aus der Sandstraße. Dort hat sie nach dem Krieg in der Ruine des elterlichen Hauses gelebt, bis auch die letzte Wand einstürzte. Von da an konnte die Erde sie nicht mehr festhalten, 1949 zog sie in ein winziges Zimmerchen auf dem Wasserturm,

1955

Ludwigstraße 35, gegenüber der Elisabeth-Kirche, im Hintergrund der Weiße Turm: Fischküche Rackl, Lieblings-Einkehr Nürnberger Karpfen- und Mainfischlas-Freunde

In Nürnberg kennt sie jeder: Schaffer, Baumann, Vetter vom Club, Schade aus Fürth. Diesmal gewinnen die Cluberer 3:0

Karolinenstraße, gleich beim Hefnersplatz: „Lemmens Stuben“ im ersten Stock, Nürnbergs erste reputable Giegerlas-Station (links), noch ein exklusives Vergnügen

das sie sich für 250 DM herrichtet – und will nicht mehr runter. Mit dem Seil zieht sie hoch, was sie zum Leben braucht. Händler aus der Altstadt füllen täglich ihren Korb, jeden Morgen legt der Milchmann Milch, Brötchen und die Tageszeitung rein, und Frau Maria bezahlt ebenfalls per Seilzug und Korb. Sie hat sich mit ihren drei Katzen vor der Welt verschlossen. Nur einmal im Monat kommt sie auf die Erde zurück, um ihre 85 DM Rente abzuholen. Niemand nimmt Anstoß an dieser ungewöhnlichen Idylle.

„Tote" kehren zurück

Im Oktober bewegt die Heimkehr von 33 Kriegsgefangenen aus Rußland nach mehr als zehn Jahren Lager die ganze Stadt – „Tote" kommen zurück, als die Republik sich anschickt, wieder eine Armee aufzubauen, die Bundeswehr. Tausende empfangen die 32 Männer (80 Jahre der älteste) und eine Frau am Hauptbahnhof mit Tränen und Blumen. Unter ihnen Brunhild, 27, und Leonhard, 31. Sie haben in Sibirien voneinander gehört, beide zu Zwangsarbeit verurteilt. Ihre Baracken lagen nur wenige Kilometer auseinander, und trotz strengen Verbots konnten sie Briefe austauschen und von Lager zu Lager schmuggeln. Zu Weihnachten drehte Brunhild ihrem Brieffreund eigenhändig zwei Zigarren aus Tabakkrümeln, steckte einen Tannenzweig daran und brachte es irgendwie fertig, dies Geschenk in Leonhards Lager „einzuschleusen". Erst auf dem Rücktransport sahen sie sich zum ersten Mal – und nun werden sie in Nürnberg heiraten.

Ihre neue Heimat Nürnberg genießt den Ruf einer sicheren und ruhigen Stadt. In der bayerischen Kriminalstatistik rangieren wir ziemlich weit abgeschlagen, erst auf Platz 13, und die Anzahl der Delikte geht weiter zurück. Nur Kraftfahrzeuge werden mehr gestohlen als in früheren Jahren, 1954 waren es 75, im ersten Halbjahr 55 schon 163. Und Betrügereien reißen ein. Was nicht verwundert, denn bessere Zeiten eröffnen Gaunern neue Möglichkeiten, vorneweg auf dem Wohnungs- und dem Heiratsmarkt. Dort, wo Menschen sich begreifliche Träume erfüllen möchten, finden Ganoven eine gemähte Wiese.

Über 28.000 DM zaubert Caroline S. aus der Tasche von Leuten, die sich eine neue Wohnung erträumen. Hier baut sie – angeblich – ein Zweifamilienhaus, dort gleich zwei, lauter leere Versprechungen. Ohne nach Sicherheiten zu fragen, ohne Rückzahlungsvereinbarungen, bringen ihr die Menschen „Baukostenzuschüsse" ins Haus, sauer erspartes Geld, mal 1.500 DM, mal 4.000 DM. Niemand forscht nach, niemand verlangt Pläne, so stark ist der Wunsch nach eigenen vier Wänden. Ein Kriegsbeschädigter verliert mit 2.500 DM seinen ganzen Sparstrumpf, ehe ihm die Augen aufgehen. Die Luftschlösser bringen Frau S. dreieinhalb Jahre Knast.

Ein Mann, der solchen falschen Zauberern auf die Finger zu schauen pflegte, verläßt uns Anfang Juni für immer: Polizeipräsident Leo Stahl erliegt im Städtischen Krankenhaus den Folgen einer Lungenentzündung. Er ist gerade 60 Jahre alt geworden, ein Polizist von altem Schrot und Korn, seit 1919 „Schutzmann" in Nürnberg, ein kompetenter und stets fairer Mann. Im Dezember stirbt auch, völlig überraschend, Generalmusikdirektor Alfons Dressel von den Städtischen Bühnen, deren stolzes Opernhaus gerade das 50jährige Jubiläum feiert.

Nürnbergs neuer Flughafen gerät im August in die Schlagzeilen: Am hellen Nachmittag stürzt ein viersitziges Sportflugzeug vom Typ „Proctor" der Firma „Airang" aus geringer Höhe, nur 300 Meter vom Flughafengebäude entfernt, vor den Augen hunderter Zuschauer ab. Der Schweizer Pilot, zwei Nürnberger und ein Zirndorfer kommen ums Leben. Fritz Rang, eigentlich Autovermieter, hat mit seinem Start in die Luft kein Glück.

Im Jahres-Abschlußbericht 1955 der Bank Deutscher Länder steht der stolze Satz: „In der gewerblichen Wirtschaft sind Produktion, Beschäftigung, Nachfrage und Absatz konjunkturell gesehen weiter gewachsen. Der private Verbrauch an Genußmitteln hat den Vorjahresstand um 11 bis 12 Prozent übertroffen. Die Ausgaben für Verkehr

Kleine Geschenke im Stil der 50er Jahre: Vasen mit Malereien der Künstlerin Bele Bachem

Die Trümmer des viersitzigen Sportflugzeugs, abgestürzt neben dem Flughafen. Alle vier Insassen müssen sterben. Ein Schweizer Pilot wollte drei deutsche Kollegen auf der Maschine einweisen

und Fahrzeugbeschaffung haben infolge steigender Käufe durch private Haushalte überdurchschnittlich zugenommen."

Na also! Besonderes Augenmerk richte man auf die Bezeichnung „Genußmittel". Früher kannte man nur „Nahrungsmittel", und das ist ein feiner Unterschied. Heißt das nicht, daß wir's nun besser haben?

Pfingsten 1956: Sudetendeutscher Tag in Nürnberg, Kundgebung auf dem Hauptmarkt, der Festzug windet sich durch die Neue Gasse, am Hans-Sachs-Platz und Obstmarkt vorbei. Mehr und mehr schließen sich die Lücken in der Sebalder Altstadt, doch noch immer klaffen die Wunden, die der Krieg geschlagen hat

Nützlich bei Regen und Sonne: Die Isetta von BMW. Ob fürs Auto, für Waschmittel oder fürs Kino – die Werbung kurbelt den Konsum jetzt verstärkt an, und auf der Leinwand wird weiter „geschnulzt"

Träumer, Spinner und die rauhe Wirklichkeit: In Eibach (unten) karrt ein „Kinobus" Operettenfreunde zum Träumen ins Kino, weil's bald mehr Filmtheater als Besucher gibt; auf der Erlanger Bergkirchweih leistet „UNO-General" Josef Greil mit salopper Feldmütze (ganz unten) intensive Aufklärungsarbeit; in der Karolinenstraße protestieren 1300 Studenten gegen die blutige Niederschlagung des Ungarn-Aufstands durch die Sowjets

1956

Die Schraube dreht sich

Ein vertrauter Besucher ist uns abhanden gekommen: Der UNO-General. Wir vermissen ihn wie einen Gast, der zum Haus gehört. Jahrelang ist er unversehens in der Redaktion aufgetaucht und hat uns erklärt, wie die Welt aussieht. Oder wie sie aussehen sollte, wenn er, der UNO-General, etwas zu sagen hätte. Und er hat viel zu sagen, meint er, man höre nur nicht auf ihn. Seinen bürgerlichen Namen Josef Greil kennt kaum einer.

Der UNO-General kommt aus Erlangen. Dort lebt er schon lange in einer Anstalt, die ihm bereitwillig die Tore öffnet, weil er ein „harmloser Fall" ist. Er darf gehen, wann und wohin er will, abends muß er wieder zurück sein. Aber der UNO-General geht nicht einfach fort, um die Zeit totzuschlagen. Er erfüllt eine Mission.

General auf dem Fahrrad

Zunächst mal kleidet er sich ein. Er trägt eine Uniform, die er mit viel Phantasie und Bedacht ausgewählt hat: Eine imponierende Mischung aus Tropenkleidung, amerikanischem Army-Look und Pfadfinder-Anzug, khakifarben das ganze Gewand, streng militärisch. Nicht genau identifizierbare Schulterstücke dokumentieren seinen Generalsrang; die Mütze voll Kordeln, Streifen und unerklärlichen Zeichen tut ein übriges. Um den Leib, an einem wehrhaften Gürtel, baumelt seine Kartentasche, vollgestopft mit Landkarten aller aktuellen Krisengebiete dieser unruhigen Welt. Das Dienstgefährt des UNO-Generals ist wenig repräsentativ: Ein einfaches Herrenfahrrad älterer Bauart, aufgewertet durch einen überlangen Stander, wie ihn nur hohe Regierungsbeamte und ausgewählte Generalstabsoffiziere zur Schau tragen. Am oberen Ende flattert ein dreieckiger Wimpel, der die Weltkugel zeigt und die Aufschrift: „Der UNO-General".

Besucht er uns in der Redaktion, dreht der UNO-General erst ein paar Runden um den Marienplatz, Ehrenrunden, damit wir aufmerksam werden. Entdeckt er genügend neugierige Köpfe im 2. Stock des Verlagsgebäudes Marienplatz 5, wo die Redaktion der „Nürnberger Nachrichten" sitzt, fährt er vor, steigt betont langsam vom Fahrrad und salutiert. Er steht stramm wie ein Rekrut, legt die rechte Hand zum Gruß an das hocherhobene Haupt wie nach 20 Dienstjahren, reckt das Kinn und blickt würdevoll zum 2. Stock hinauf. Jetzt ist uns klar, daß wir der Ehre des hohen Besuchs nicht mehr entgehen können.

In der Redaktion entbietet der UNO-General noch mehrmals seinen perfekt einstudierten Gruß, schüttelt hoheitsvoll alle Hände, ob sie sich ihm darbieten oder nicht, und entfaltet auf dem nächstbesten Schreibtisch die erste Landkarte. Manchmal gehen dabei ein paar Manuskripte verloren, aber das stört den General nicht. Ohne auf Fragen zu warten, beginnt er, die „große Lage" zu erörtern. Er klärt uns über den Zustand dieser schnöden Welt auf, legt den Daumen fest auf das aktuelle Krisengebiet und weiht uns ein in die geheimen Pläne der United Nations. Er kennt jedes Problem auswendig, und er hat die Lösungen auf den Punkt parat. Zwischenfragen beantwortet er sofort und sehr erschöpfend, auch die dümmsten. Wir hören andächtig zu, nicken beflissen, lassen Ironie erst gar nicht aufkommen. Wir wissen ja, daß der UNO-General es gut meint, daß er beseelt ist von der Vision, die Welt auf seine Weise durch „militärische Fernsteuerung ohne Blutvergießen" zu verbessern. Vermutlich der einzige militante Pazifist der Welt, der keiner Fliege etwas antut.

Ist die Mission beendet, was wegen der Breitwand-Demonstration des Generals oft das Erscheinen unserer Zeitung gefährdet, faltet der UNO-General die Weltkarten, verstaut sie in seiner Plastiktasche, verpflichtet uns zu strengstem Stillschweigen, salutiert und marschiert ab. Doch ehe er den Weg zurück nach Erlangen sucht, dreht der UNO-General nochmals eine Runde um den Marienplatz und legt wiederholt die Hand zum Gruß an die Generalsmütze. Das ist sein Abschied, eine letzte Ehrenbezeigung, und der Wimpel weht im steifen Wind der Weltkrisen, Globus und Aufschrift „Der UNO-General" für jedermann deutlich sichtbar.

Besonders in den Wirren des Ungarn-Aufstands und des Suez-

Samstags-Einkauf einer Hausfrau

Zwei Pfund Zucker 1,36 DM, 200 g Kakao 1,65 DM, Suppe 50 Pfennig, geräuchertes Bündle 2,20 DM, 100 g Kaffee 1,70 DM, 250 g Kaffee-Ersatz 60 Pfennig, Stück Leberwurst 1,10 DM, Pfund Zwiebeln 50 Pfennig, Dose Gemüse 78 Pfennig, drei Zitronen 55 Pfennig, 250 g Nudeln 50 Pfennig, Pfund Margarine 72 Pfennig, zwei Bratwürste 1 DM, Flasche Rotwein 1,28 DM, vier Bananen 70 Pfennig, zwei Pfund Äpfel 1 DM, zwei Pfund Orangen 1,10 DM, Dose Milch 29 Pfennig, fünf Eier 1,14 DM, Schachtel Käse 50 Pfennig, Dose Öl 75 Pfennig, zwei Suppenwürfel 8 Pfennig. Ein Zwanziger ist hin.

Kriegs Ende Oktober/Anfang November könnten wir den UNO-General dringend brauchen. Während die ersten Ungarn-Flüchtlinge in Nürnberg eintreffen, Lastwagen mit Spenden gen Ungarn rollen, am 6. November von 12 bis 12.03 Uhr zum Gedenken an Aufstand und Krieg in der ganzen Stadt der Verkehr stillsteht, die Arbeit ruht und die Flaggen auf Halbmast gesenkt werden, in den Kirchen gebetet wird, auf dem Hauptmarkt und dem Hans-Sachs-Platz zehntausende Nürnberger gegen Krieg und Gewalt protestieren, bleiben wir ratlos zurück. Woher sollen wir wissen, wie die UNO reagieren wird, wo uns doch der General nicht mehr besucht? Gibt es Krieg oder nicht? Nur der UNO-General könnte dies beantworten. Aber er kommt nicht mehr.

Wenig später erfahren wir den Grund: Der UNO-General wendet sich höheren Aufgaben zu, er macht die weltumfassende Aufklärung einem größeren Publikum zugänglich. Der General hat ein Moped erworben, besucht fränkische Dörfer und hält Vorträge in Wirtshaussälen. Die Bauern staunen mit offenen Mündern, was „der General von der UNO" zu berichten weiß.

Die „echten" Kameraden des UNO-Generals, Untergebene nach seinem Verständnis, formieren sich unterdessen zu einer neuen Armee. Sie heißt Bundeswehr und nicht mehr Wehrmacht, weil das Parlament, mit Ausnahme der FDP, diese Bezeichnung für zutreffend hält. Seit den Pariser Verträgen vom Mai 55 wartet die Nato gierig auf unsere neuen Soldaten, und nach Theodor Blank wird Franz Josef Strauß ihr erster (Nach)kriegsherr. Bis dahin ist er Atomminister gewesen.

In den nicht mehr ganz neuen Zimmern des ehemaligen Luftwaffengebäudes in Großreuth residiert ab März das erste Nürnberger Rekrutierungsbüro. Stabsarzt Dr. Cantzler untersucht sofort nach Eröffnung des Lokals drei Freiwillige, nach sieben Monaten sind es schon 5.000, und der erste Standortkommandant Major Dr. Hermann Burkhardt ist studierter Mediziner (nicht Psychiater); er macht in der Schweinauer Kaserne Quartier. In der Stadt tauchen zum ersten Mal Bundeswehr-Uniformen auf, überall neugierig begafft, aber nirgendwo angefeindet. Nürnbergs Gewerkschaftsjugend, die Jungsozialisten, die „Falken" und die „Internationale der Kriegsdienstgegner" gehen mit 150 Mann und 70 Plakaten auf die Straße und protestieren gegen den Wehrdienst, jedoch mit wenig Erfolg. Die Musterungen des Jahrgangs 37 werden erst am 2. Januar 57 beginnen.

Ein Rollmops in der Woche

Der üppig gedeckte Tisch der Bundeswehr erklärt den steten Zustrom zu den Soldaten gewiß nicht, obgleich zur Wochenration eines Uniformierten 610 g Fleisch, sechs Eier, zwölf Brötchen, 3 kg Komißbrot, 3 l Milch, 650 g Butter und Margarine, 700 g Wurst, 4,5 kg Kartoffeln, ein Rollmops und eine saure Gurke gehören. Mangel an anderen Arbeitsplätzen oder Unzufriedenheit mit dem Lohn können auch nicht die Ursache sein. Es verwundert nur, daß die meisten Freiwilligen aus Nürnberg Facharbeiter sind, häufig aus der Metallindustrie.

An Arbeit fehlt es dort genausowenig wie anderswo, und die Löhne klettern sprunghaft bis Mitte des Jahres, in der Industrie um fast vier Prozent, so daß der Facharbeiter dort im Durchschnitt jetzt 2,10 DM Stundenlohn hat, in anderen Branchen zwischen 1,87 und 1,93 DM. Leider streben die Preise auch nach oben; im Einzelhandel bei „täglichen Bedarfsgütern" um etwa 3,5 Prozent zu 1954. Die Konjunktur blüht, die Industrie ist ausgelastet bis zum letzten Schraubstock, beim Handel klingeln die Kassen lauter, die Umsätze steigen bis zu 10 Prozent, Arbeitslose werden zur Seltenheit, Facharbeiter umworben, immer mehr Gastarbeiter, im Bundesgebiet jetzt schon fast 90.000, hauptsächlich aus Italien, Österreich und Holland, müssen aushelfen. Die Arbeitszeit wird in den meisten Branchen von 48 auf 45 Stunden gekürzt, was – indirekt – zu einer zusätzlichen Lohnerhöhung führt.

Während die Lohn- und Preisschraube sich zu drehen beginnt, wird die Steuerschraube gedrosselt, der Freibetrag fürs zweite Kind von 720 DM auf 1.440 DM verdoppelt, die Werbungskostenpauschale von 312 DM auf 562 DM heraufgesetzt, jeglicher Zuschlag für Sonderschichten von Steuern befreit, wenn das Einkommen 9.000 DM nicht übersteigt; davon ist fast jeder Arbeitnehmer betroffen, wenn er sonntags, feiertags oder nachts arbeitet.

Zum Ratespiel wird die ewig wiederkehrende Frage: Wer war zuerst da, das Ei oder die Henne – die Lohn- oder die Preissteigerung? Wer hat zuerst an der Schraube gedreht? Die Gelehrten streiten sich, Lobbyisten beziehen Stellung, aber schlüssig kann diese Frage niemand beantworten. Schon grassiert das häßliche Wort von der „übersteiger-

Nicht überall stößt die neue Bundeswehr auf ungeteilte Begeisterung. Gewerkschaftsjugend, „Falken" und „Internationale der Kriegsdienstgegner" demonstrieren in den Straßen der Stadt

Mäntel von 7 bis 29 Mark – Passanten bleiben stehen, so ein Angebot kommt so schnell nicht wieder

Wer verdient wieviel?
Verkäuferin im Wäschegeschäft, 30 Jahre: 380 bis 400 DM, „Weihnachtsgrati" volles Monatsgehalt. Post-Telefonistin, sechs Dienstjahre: 290 DM plus 48 DM Wohnungsgeld, Weihnachten 30 DM „Grati". Briefträger, 42 Jahre, verheiratet, ein Kind: 420,81 DM. Fliesenleger (im Akkord): ca. 1.150 DM. Bauarbeiter: 450 DM bei 200 Monatsstunden. Friseur: 390 bis 450 DM. Mechaniker für Buchungsmaschinen (neuer Berufszweig): 700 DM und mehr bei 200 Monatsstunden. Schneider: 304 bis 356 DM. Qualifizierter Dreher (im Akkord): 500 DM und mehr. Werkmeister: 562 DM plus Leistungszulagen, 10 DM Haushaltungsgeld, 8 DM für jedes Kind. Hilfsarbeiter: 280 DM. Diplom-Ingenieur, 30 Jahre: 617 bis 813 DM. Justiz-Oberinspektor, 53, verheiratet: 801,42 DM. Justizwachtmeister, 42, zwei Kinder: 458,34 DM. Amtsgerichtsrat, 35, drei Kinder: 906,59 DM. Bundesbahn-Schrankenwärter, 50, ein Kind: 398 DM. Postschaffner, 29: 321 bis 406 DM. Städtischer Polizeiwachtmeister: Anfangsgehalt 354,25 DM, Endgehalt als Hauptkommissar 427,67 DM. Kommissar bei der Kripo, ein Kind: 518,09 DM in der „Endstufe". Oberlehrer: 633,59 bis 853,17 DM. Arzt im Krankenhaus: 713 DM Anfangsgehalt. Berufsmäßiger Stadtrat von 1.822,25 bis 2.377,67 DM plus 275 DM Aufwandsentschädigung. OB: 2.972,09 DM Gehalt plus 350 DM Aufwandsentschädigung. Müllmann: 340 DM. Straßenbahnschaffner: 400 DM inkl. aller Zulagen. Hauptbuchhalter: 450 bis 600 DM plus Zulagen (etwa 75 DM), 13. Monatsgehalt. Chefsekretärin, 27: 496 DM. Stenotypistin: 397 DM. Brauereifahrer, 60 Wochenstunden: 100 DM, 18 l Bier wöchentlich. Monatlicher Fürsorge-Richtsatz der Stadt: ca. 68 DM für Einzelpersonen, 108 DM für Ehepaare, für jedes Kind 34 bis 42 DM. Davon müssen 6.000 Menschen leben. Durchschnittsrente: 85 bis 165 DM.

ten Lebensführung", und Wohlstandsvater Erhard aus Fürth haut wieder mächtig auf den Putz: „Pflückt nicht unreife Früchte vom Baum der Volkswirtschaft. Seid nicht erfüllt von Neid und Mißgunst, daß ein anderer vielleicht noch mehr errungen hat. Jeder soll sich schämen, der höhere Preise und Löhne verlangt, als es die Volkswirtschaft gestattet. Wir müssen Widerstand leisten gegen die Tendenz des Immer-mehr-Gewinnens, gegen Unzufriedenheit und Begehrlichkeit."

Steigt das gute Leben uns wirklich zu Kopf, verspielen wir den sauer verdienten Wohlstand? Schwarzmalerei oder berechtigte Sorge?

Tatsache ist, daß der Markt sich weiter wandelt hin zu mehr Qualität. Der private Verbrauch nimmt um 12 Prozent zu, das Sozialprodukt aber nur um 10 Prozent. Besonders Möbel, Radios, Fernseher und Fahrzeuge werden in immer größerer Zahl gekauft, das Weihnachtsgeschäft ist das beste seit 1913 (!), die Ausgaben für Urlaubsreisen liegen um 20 Prozent höher. Tatsache ist, daß die Haushaltseinkommen in den letzten drei Jahren um 22 Prozent gestiegen sind, 67 Prozent der Bevölkerung „nach Güte" kaufen und nur noch 14 Prozent nach günstigen Preisangeboten schielen.

Zwei Test-Beispiele aus Nürnberger Textilgeschäften: Kunstseidene Herrenhemden für 4 DM bleiben liegen; sie werden in Zellophan verpackt, mit 8 DM ausgezeichnet – und verkauft. Ein Ballen Bettendamast wird in der Mitte auseinandergeschnitten, die eine Hälfte kostet pro Meter 2,95 DM und verstaubt, die andere 4,85 DM – und wird verkauft. Tatsache ist weiter, daß ein Vier-Personen-Haushalt im Monat 499 DM für seine „Lebenshaltung" ausgibt, das sind 214 DM mehr als 1950.

Tatsache ist schließlich, daß die Teilzahlungsgeschäfte (meist bis zu 14 Monaten Laufzeit) ausufern, jede sechste Mark fließt in einen Ratenkauf; das gepumpte Geld wird hauptsächlich für Autos und Motorräder, für Möbel, Elektrogeräte und Textilien ausgegeben.

Tatsache ist aber auch, daß die D-Mark nach wie vor gesund und eine der „festesten Währungen der Welt" bleibt. Sagt die „Bank Deutscher Länder", die bald „Deutsche Bundesbank" heißen wird. Die Herren an der Geldzählmaschine sollten es eigentlich wissen. Und es ist unbestritten, daß das Leben insgesamt nur um 1,9 Prozent teurer wird; rechnet man die Lohnerhöhungen ein, gar nur um 0,5 Prozent.

Nürnbergs Bäcker kriegen Ärger mit der Staatsanwaltschaft, weil 480 von ihnen gleichzeitig ihre Preise erhöht haben: Die Semmel von 6 auf 7 Pfennig, das helle Mischbrot von 75 auf 80 Pfennig, das dunkle von 70 auf 75 Pfennig und das Kilo Weißbrot um 10 Pfennig. Das riecht nach Absprache, und sowas ist nicht erlaubt, sagt die Justiz.

Die Wirte legen sich mit der Stadt an. Endlich, nach Jahren feuchten Kampfes, wird die Getränkesteuer am 1. September von 15 auf 10 Prozent gesenkt. Die städtischen Steuerschnüffler, neugierig und mißtrauisch von Beruf, süffeln sich durch mehr als 40 Lokale und behaupten am Ende der naßforschen Erkundungsreise, die Wirte hätten die Vergünstigung nicht an ihre Gäste weitergegeben. Die Getränke seien sogar teurer geworden. Das

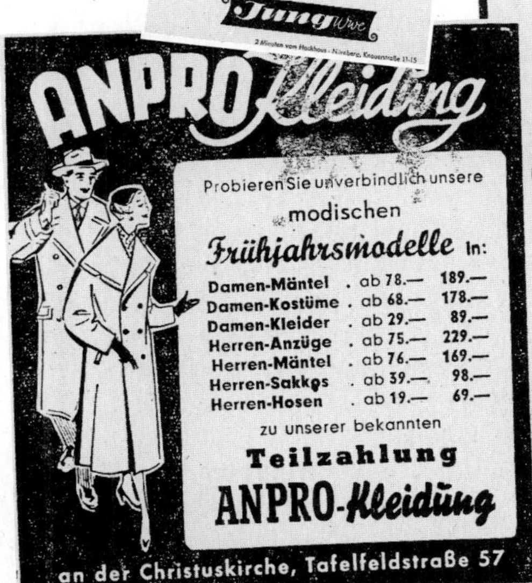

Die Preise halten sich in Grenzen, Textilien und Schuhe sind günstig, die Motorisierung nimmt immer breiteren Raum ein. Die Zeitungsanzeige ist das wirksamste Werbemittel

treibt die Herren Gastronomen wütend hinterm Zapfhahn hervor. Sie nennen Beispiele aus der Innenstadt: Aus 70 Pfennig für eine Tasse Kaffee sind 67 geworden, aus 1,25 DM für einen Likör 1,20, aus 1 DM für einen Schnaps 96 Pfennig, aus 1,25 DM für einen Cognac 1,20 und aus 9,05 DM für eine Flasche Hausmarke Sekt 8,70 DM. Wenn der Wein in diesem Jahr teurer geworden ist, können wir nichts dafür, sagen die Wirtsleut.

Die Stadtverwaltung hat sich zu einem großzügigen Wirtschaftsplan aufgerafft, der für 600.000 Einwohner ausgelegt ist. Nürnbergs Architekten vermissen zwar die „zündende Idee", kritisieren die hohen Grundstückspreise in der Altstadt und sprechen von „verpaßten Gelegenheiten" – aber am guten Willen der Stadtväter kommt niemand vorbei. Auf der Sebalder Seite wird die gesamte Obere Schmiedgasse unterhalb der Burg, einstmals die erste Wohnsiedlung der Stadt, wieder erstehen. Gerade rechtzeitig zur Spielwarenmesse ist das neue, das zweite Messehaus fertig. Im Städtischen Krankenhaus gibt es 240 Betten mehr. Das alte Rathaus wird wieder aufgebaut. Die Post hat 800 neue Telefonanschlüsse geschaltet. Vom Rathenauplatz bis zum Marientor bekommt der Ring durch fünf neue Großbauten (Versicherungen, was sonst?) den erhofften „Großstadt-Charakter". In der Rosenau wird eine neue Freilichtbühne eröffnet. Nach zehn Jahren verschwindet das stinkende Chlor aus dem Trinkwasser. Niemand braucht mehr Angst zu haben vor einem Hochwasser der „Pängatz", denn der wichtigste Abschnitt des wasserverschlingenden Stollens zwischen Heilig-Geist-Spital und Fleischbrücke ist abgeschlossen. Mit der verbreiterten Nopitschstraße wird der erste Teil eines großzügigen Umgehungsprojekts eingeweiht. 6.730 neue Wohnungen sind bezugsfertig, 5.982 im Bau, und die Stadt hat mit 427.292 Einwohnern den Vorkriegsstand übertroffen. Am Richard-Wagner-Platz geben die Amis ihr Filmtheater endlich frei; es wird zum Schauspielhaus umgebaut. Am Kornmarkt etabliert sich das neue Kaufhaus Hertie (Sensation: Ein japanisches Tagesfeuerwerk), an der Fürther Straße der Riesenbau der „Quelle" und an der Ecke Luitpoldstraße/Vordere Sterngasse wieder eines dieser neuen Selbstbedienungs-Geschäfte.

80 Pfennig für die Tram

Viel Protest jedoch erhebt sich gegen die anstehenden Tariferhöhungen der Städtischen Werke, die jeder Nürnberger Familie im Monat 12 bis 15 DM Mehrkosten einbringen. Ein Kubikmeter Gas steigt von 26 auf 30 Pfennig, das Wasser wird um 20 Pfennig teurer und für die Straßenbahn werden neue Teilstreckentarife bis zu 80 Pfennig ausgehandelt, die ab 1. März 57 gültig sein sollen; der „einfache" Fahrschein kostet dann 40 statt wie bisher 30 Pfennig. Wer in den Tiergarten will, muß in Zukunft 1 DM statt 60 Pfennig berappen.

Viel Stirnrunzeln gibt's bei den Sozis nach den Kommunalwahlen im März: Die CSU springt von 16,9 Prozent bei den letzten Gemeindewahlen 1952 auf 26 Prozent und bekommt 14 Sitze. Die „Regierungspartei" SPD beherrscht freilich mit 46,5 Prozent und 25 Sitzen das Parlament, wie gewohnt. 10,8 Prozent und 6 Sitze fallen auf die FDP, 5,2 Prozent und zwei Sitze auf die KPD, die allerdings im August verboten wird und von der Bildfläche verschwindet. Das Parteibüro in der Glockenhofstraße 38, die Räume der KP-Zeitung „Bayerisches Volksecho" in der Karolinenstraße 42 und der „Vereinigung der Verfolgten des Naziregimes" in der Humboldtstraße 158 werden von der Polizei geschlossen und versiegelt. Je einen Sitz haben im Stadtrat, der im Oktober 700jähriges Bestehen feiert, die Bayernpartei, der „Christliche Volksdienst" und der „Gesamtdeutsche Block/BHE". Mit 70 Prozent ist die Wahlbeteiligung recht mäßig und die Jugend auch diesmal wieder nur wenig interessiert. Der 74jährige Julius Loßmann, der vom Bundespräsident das „Großkreuz des Verdienstordens der Bundesrepublik" erhält, bleibt Bürgermeister. Der städtische Haushalt liegt mit 170 Millionen um 16,4 Millionen höher als im Vorjahr, das Gesamtvermögen der Stadt beträgt 464 Millionen, die Schulden bescheiden sich mit 131 Millionen.

Heiß brodelt die Diskussion um die Frage, wie man mit den immer zahlreicher werdenden Autos in der Stadt fertigwerden soll. Vor zwei Jahren noch mit den Parkuhren auf Kriegsfuß, seit Einführung der ersten hundert im vergangenen Jahr aber höchst zufrieden, weil sie schon 30.788 DM in die Kassen gebracht haben, stellt die Stadt jetzt nochmals hundert solcher Groschengräber in der Lorenzer-Innenstadt auf. So ist das halt: Einmal den Taler geschmeckt, läßt man ihn nicht mehr aus den Fängen. Oder: Was schert mich mein Geschwätz von gestern?

Richtfeste und Eröffnungen gehören zum Alltag: Links das neue, erweiterte Messegelände an der Bayreuther/Deumentenstraße, unten das fertige Zeughaus und der Rohbau des Kaufhauses Hertie an der Ecke Pfannenschmiedsgasse/Kornmarkt

Verkehrshindernis Straßenbahn. Einer von vielen neuralgischen Punkten: Lorenzkirche/ Königstraße, an der Einbiegung zum Lorenzer Platz

Wie die Zukunft der Straßenbahn aussehen soll, weiß noch kein Mensch. Daß sie in der engen Innenstadt zum Verkehrshindernis wird und daß die 309 Haltestellen im Stadtgebiet sich häufig als hinderlich erweisen, ist den Experten wohl klar, aber Lösungen haben sie noch keine. Sicher ist nur, daß auch die Weichen für die Straßenbahn bald anders gestellt und Nürnbergs kritische „Verkehrsgelenke" in den nächsten Jahren für 25 Millionen Mark operiert werden müssen. Bloß: Wer bezahlt's? In erster Linie ist – wieder mal – an den unseligen Plärrer, den Frauentorgraben, über den täglich 30.000 Fahrzeuge Richtung Plärrer rollen, und an den Bahnhofsplatz gedacht. Dort sollen nun doch zwei Fußgänger-Tunnels gebuddelt werden – was dieselben Experten, die das noch vor einem Jahr für glatten Blödsinn gehalten haben, jetzt vehement befürworten.

Einen Verlust beklagt die Stadt im April: Sprengmeister Erich Frodermann, mehr als einmal „Held von Nürnberg" genannt und jedem Kind in der Stadt bekannt, nimmt Abschied. Er hat ein Angebot des Landes Nordrhein-Westfalen akzeptiert und zieht nach Hagen. Der Stadtrat bedauert dies, denn der Mann hat in Nürnberg Unglaubliches geleistet. Bürgermeister Loßmann drückt dem Erich Frodermann zum Abschied dankbar die Hand, und der wortkarge Sprengmeister, der nie Aufhebens gemacht hat um sein lebensgefährliches Handwerk, tritt bescheiden ab.

Antreten zum Rapport müssen amerikanische Soldaten, die wieder mal sehr nachhaltig den Frieden der Stadt stören. Ein US-Soldat ermordet den 17jährigen Fürther Georg Müller, beim Flachweiher versucht ein Farbiger aus der Südkaserne eine 19jährige Säuglingsschwester zu vergewaltigen, in der Königstraße schlagen Uniformierte aus Übersee einen Arzt zusammen, im Märzfeld fallen sie über ein Liebespaar her, am Dutzendteich prügeln sie grundlos einen jungen Mann nieder, in der Anlage am Jean-Paul-Platz will sich ein Soldat an einer 26jährigen Frau vergehen, im Luitpoldhain wird einer 20jährigen die Handtasche geraubt, in Schweinau eine Frau mit einem Messer bedroht, im Hauptbahnhof randalieren die Cowboys jede Nacht. Und so weiter.

Die amerikanischen Truppenkommandeure reagieren prompt. Im US-Offiziersclub in Fürth kommt es zu einer deutsch-amerikanischen Sicherheits-Konferenz, in der Südkaserne gibt es Ausgangssperre für die ganze Garnison, die US-Militärpolizei wird verstärkt, die Soldaten dürfen den Hauptbahnhof und die Kaschemme „Western Music Place" nebenan nicht mehr betreten. Selbst der US-Botschafter in Bonn entschuldigt sich für seine Rowdies.

Gegen das „Off Limits" für den berüchtigten Western-Salon laufen Nürnbergs Gastronomen Sturm. Dort habe man die wilden Gesellen unter Kontrolle, jetzt werden sie ausschwärmen und andere Kneipen der Stadt heimsuchen. Der US-Provost Marshal, ein Oberstleutnant John P. Powhida, spricht ein salomonisches Urteil: Gut, die Herren Soldaten dürfen wieder in den „Western Music Place", aber Besoffene kriegen keinen Alkohol, Kredit grundsätzlich nicht mehr, Schnaps nur noch glasweise, nix mehr ganze Flaschen, lockere Damen haben draußen zu bleiben, und wenn schon Mädchen sein müssen, dann dürfen sie nicht zum Trinken animieren und schon gar nicht von Tisch zu Tisch

Gespaltenes Verhältnis zwischen Besatzern und Besetzten. Qualmt der Schornstein aus dem „Grand-Hotel", weil dort die Amis heizen wie auf einem Mississippi-Dampfer, wird dies zum Ärgernis der ganzen Innenstadt (oben links). Funktioniert die US-Army die Große Straße und das Märzfeld zum Flugplatz um, beschweren sich die Nachbarn über den Lärm. Doch kaum laden die Übersee-Soldaten zur deutsch-amerikanischen Freundschaftswoche vor Kanonenrohren ein, verbrüdern sich die Nürnberger mit den GIs

Reformiert das Nürnberger Sicherheitssystem: Erich Heß, neuer Polizeipräsident, gebürtiger Thüringer

oder von Schoß zu Schoß wechseln. Darüber soll ein weiblicher „Empfangschef" wachen. Kenner können darüber nur lächeln und auf häufiges Erscheinen der MP hoffen.

Nürnbergs Halbstarke haben sich entweder ein Beispiel an den Amis genommen, den Titel des Films „Die Halbstarken" (mit Karin Baal und Horst Buchholz) falsch verstanden oder sich von Elvis Presley und Bill Haley anheizen lassen. „Rock around the clock" heißt der Schlager der Stunde, und wer nicht aufhören kann, der rockt auf der Straße weiter. Im Foyer des „Regina" in der Königstraße gehen Fensterscheiben zu Bruch, als Jugendliche mit schrillen Pfiffen Autogramme der „halbstarken" Kinodarsteller verlangen. „Regina"-Chef Fritz Lottes meint, daß es bei Hans Albers „so was" nicht gegeben habe.

Prügelei in Eibach

Sind diese „Halbstarken" nur die Ausnahme oder kündigt sich ein Straßenterror jugendlicher Rüpel an? Das glaubt die Polizei nicht, sie hat es zunächst nur mit einigen wenigen Banden zu tun, die rauben, einbrechen und randalieren. Aber auch das genügt, um das Schreckgespenst einer „wachsenden Jugendkriminalität" wieder mal an die Wand zu malen.

Im Norden der Stadt fliegt eine Horde von 17 Burschen zwischen 14 und 19 auf, die 40 Einbrüche und Diebstähle auf ihrem Konto angesammelt haben, und in Gostenhof eine Rasselbande Kinder zwischen 10 und 16 mit 22 ebensolchen Missetaten.

In Eibach gehen 30 „Halbstarke" mit Biergläsern, Flaschen und Stuhlbeinen auf die Polizei los, nachdem sie in einem Café eine Schlägerei angefangen haben. Die Jungen haben Mopeds, und damit düsen sie flugs von einem Tatort zum nächsten. Auch das ist neu, motorisiert hat man die Burschen bislang noch kaum erlebt.

Doch als die Polizisten recht handfest dazwischengehen, wiederholen sich solche Zwischenfälle nicht allzu häufig. „Halbstarke" also doch nur die Ausnahme? Scheint so, zumindest jetzt noch.

Nürnbergs Polizei macht ohnehin von sich reden, besonders seit sie einen neuen Chef hat, den 51jährigen Erich Heß, seit 1954 Polizeidirektor, vordem Oberstaatsanwalt in Hof und seit April Nachfolger von Leo Stahl. Der gebürtige Thüringer will den gesamten Polizeiapparat der Stadt umkrempeln und neu organisieren. Schon bald werden aus 26 Revieren drei Großraumreviere mit 167 Beamten, die „alte" Fußstreife wird durch neue Funkwagen ersetzt, wozu 24 neue Autos nötig sind, und es kann „weiträumiger" und häufiger patrouilliert werden.

Zwei Frauenmörder gehen der Kripo ins Garn. Der erste kurz nach der Tat, weil er sich dümmer und dreister anstellt, als die Polizei es erlaubt. Beim zweiten dauert es etwas länger, genau 16 Monate.

Fall 1: 30. März. Am hellen Tag, morgens zwischen 7.30 Uhr und 9 Uhr, wird die 50jährige Prostituierte Margarete Beuel in ihrem Zimmer an der Frauentormauer erschlagen, ihre Schränke und Koffer sind durchwühlt, vom Täter keine Spur, nur eine vage Beschreibung: 20–25 Jahre alt, 160–168 cm groß, dichtes blondes Haar, Pickel im Gesicht.

Eine Woche später, Schottengasse 10, nur einen Steinwurf entfernt von der Frauentormauer. Der Hauswirt hört Lärm aus dem Zimmer einer Dirne. Er klopft, bricht die Tür auf und kann gerade noch einen Mord verhindern. Der Fremde, der die Frau würgt, ist 20 – 25 Jahre alt, 160–168 cm groß, hat dichtes blondes Haar und Pickel im Gesicht. Er heißt Max G. und ist 22. Der Hausmeister hält ihn fest und übergibt ihn der Polizei.

Beim Verhör gibt er zu, was niemand für möglich hält: Er ist der Mörder der Beuel. Motiv: Er hat Geld gebraucht. Weil er bei der Beuel aber nur 12 Mark gefunden und die natürlich längst ausgegeben hat, ist er zurückgekehrt. Einfach mal ein Haus weiter. Wieder will er einen Menschen umbringen, wieder wegen ein paar Mark, die er versaufen möchte.

Fall 2: Das Haus Schottengasse 10 macht den Kriminalern Kopfschmerzen. Hier haben sie noch eine Rechnung offen, denn in eben dieser windschiefen Hütte ist ein Jahr zuvor, in der Nacht zum 5. März 1955, schon einmal ein Mord geschehen. Die 50jährige Friedericke Jertz wurde erwürgt. Den Mörder aber suchen sie noch immer. Max G.? Nein, das wäre zu einfach. Der ist es nicht gewesen, das stellt sich schon nach den ersten Ermittlungen heraus. Der Mörder vom letzten März könnte von Beruf Schneider

Kaum zu glauben, daß es hier noch vor wenigen Jahren nur Ruinen und Trümmer gegeben hat: Die Karolinenstraße hat sich fein herausgeputzt, und die Lorenzkirche sieht aus wie frisch gewaschen

Wird die Jugend wilder, oder sind es nur die Tänze? Der Boogie-Woogie sorgt für Wirbel und die jungen Herren werden lässiger. Salopp sein gehört schon fast zum guten Ton

gewesen sein. Denn am Abend vor dem Mord war ein kleiner, schmächtiger, blonder Mann mit der Jertz in einer Wirtschaft beim Plärrer gesessen, hatte drei Bockbier getrunken und am Spielautomaten ein paar Groschen gewonnen.

Ein Gast fragt den Fremden: „Sind Sie der Automatenschreck?“ – „Nein, ich hab' einen anderen Beruf, raten Sie mal!“ – „Sie haben gepflegte Hände, Sie könnten Friseur sein.“ – „Nein, ich bin Schneider.“

Dieser Schneider geht später mit der Jertz weg, am nächsten Morgen findet man sie tot auf. War der Schneider der Mörder?

Die Kripo geht der Spur nach. Monatelang vernimmt sie 300 Schneidermeister, Gesellen und Lehrlinge, fragt, wer einen kleinen, schmächtigen, blonden Schneider kennt. Niemand kennt ihn.

Aber jetzt, im Mai 56, 16 Monate nach der Tat, haben die Kriminaler Glück. Ein Schneidermeister aus Fürth meldet sich. Ja, bei ihm hat so ein junger Mann gearbeitet, auf ihn trifft die Beschreibung zu, Ernst M. heißt er. Aber der hat im November letzten Jahres plötzlich gekündigt. Er wolle nach Kaiserslautern, zu einer Arbeitskompanie der Amis, habe er ihm erklärt. „Ich hab' mich schon gewundert, was der dort will“, sagt der Schneider aus Fürth, „der Junge war fleißig und geschickt.“ Der Hinweis ist goldrichtig, die Spur stimmt, der Mann wird in Kaiserslautern gefunden, nach langem Leugnen gibt er den Mord zu und erzählt, was vor 16 Monaten geschehen ist:

Er hat sich über seine Braut geärgert, die ihn am Abend des 4. März 1955 versetzte. Sie wollte ihn nach Eibach begleiten, wo er ein Kostüm abliefern mußte; aber sie kam nicht. Auf dem Rückweg trank er sich in einer Wirtschaft in Schweinau mit ein paar Halben in eine Art „Weltuntergangsstimmung“. Sowas passiere ihm immer dann, wenn „mal alles schiefgehe“, sagt er. In einer ähnlichen Situation habe er sich schon mal das Gift E 605 besorgt, um Schluß zu machen.

Am Plärrer wartete er vergeblich auf „seine“ Straßenbahn. Er wurde ungeduldig und schlenderte in die Innenstadt, landete an der Frauentormauer, besuchte eine Prostituierte und kehrte danach in einer Wirtschaft ein, wo er die Jertz traf, wie Zeugen dies beschrieben haben.

„Ich war nicht mehr klar im Kopf, als die Jertz mich in ihre Wohnung mitnahm.“ Sie wollte 20 Mark haben, aber Ernst hatte keine Lust. „Haben Sie nix zu trinken?“ fragte er. Die Jertz schüttelte den Kopf und zeigte ihm zwei leere Flaschen. Das machte den jungen Mann wütend.

Mit einem Kabel erwürgt

„Was dann geschehen ist, weiß ich nicht mehr. Ich muß wohl mit einer dieser Flaschen zugeschlagen haben, denn ich hatte plötzlich einen abgebrochenen Flaschenhals in der Hand. Die Jertz brach zusammen, und ich bin so erschrocken, daß ich sie aufs Sofa legte und ihr den Mund zuhielt, weil sie schreien wollte. Dann bekam ich irgendwie ein Kabel in die Hand. Damit habe ich ihr den Hals zugezogen, bis sie ruhig war. Ich bin zur Tür gegangen, hab' mich nochmal umgedreht. Sie ist mit offenen Augen dagelegen und hat mich angestarrt. Im Türschloß steckte ein Schlüsselbund. Ich habe aufgesperrt und bin davongerannt.“

Erst in der Färberstraße wurde ihm klar, wo er herumirrte, und in der Ludwigstraße zündete er sich eine Zigarette an. Dabei sah er, daß seine Hände blutig waren. In der Rosenau wischte er das Blut mit Schnee ab, den Schlüsselbund warf er weg.

Noch immer will Ernst M. nicht gewußt haben, was er angestellt hatte. Erst am nächsten Morgen dämmerte es ihm. Er hörte einen Zeitungsverkäufer: „Nürnberg sucht einen Mörder!“ Dieser Mörder mußte er sein. Panik überfiel ihn. Acht Monate später flüchtete er nach Kaiserslautern – die Angst ließ ihn nicht mehr los.

„Ich war froh, als die Polizei mich gefunden hat. Erst in der Untersuchungshaft konnte ich wieder richtig schlafen“, sagt er.

Der kleine, schmächtige Schneider, den Staatsanwalt Habersack später bei der Verhandlung vor dem Schwurgericht einen Zwerg nennen wird, hat es nicht leicht gehabt im Leben. Seine beiden Großeltern „leicht erregbare Psychopathen“, die psychiatrisch behandelt werden mußten, sein Vater ein Trinker, der durch Selbstmord endete; Ernst M. eine „abnorme Persönlichkeit“, erblich belastet, durch ungünstige Umwelteinflüsse geschädigt und krankhaft veranlagt.

Gutachter billigten ihm zu, daß er in einem „Affektsturm“ und in „enormer Panikstimmung“ gehandelt habe. Er fürchtete, die Jertz könnte ihm die 100 Mark abnehmen, die er bei dem Kunden in Eibach kassiert hatte. Zudem stand er mit 2 bis 2,5 Promille erheblich unter Alkoholeinfluß.

So kommt es, daß der Staatsanwalt zum Verteidiger wird. „Lassen Sie Gnade vor Recht ergehen“, ruft

Eine Nürnberger Legende wird 60, und drei Fußball-Generationen vom Club feiern gemeinsam (von links): Max Morlock (halbrechter Stürmer der 50er Jahre), Böß (Stürmer in den 20ern), Ex-Clubpräsident Hans Hofmann, der Jubilar Heiner Stuhlfauth (Torwart der 20er), Jugendspieler Dieter Fraunholz (Torwart, später auch bei den Club-Amateuren), Willi Kund (Stürmer in den 30er und 40er Jahren), Club-Trainer Alv Riemke

Hits auf der Leinwand

„Alle Herrlichkeit auf Erden" (Jennifer Jones und William Holden), „Rififi", „An einem Tag wie jeder andere" (Humphrey Bogart), „Vera Cruz" (Gary Cooper, Burt Lancaster), „Der Mann mit dem goldenen Arm" (Frank Sinatra), „20.000 Meilen unter dem Meer" (Kirk Douglas, James Mason), „Ich denke oft an Piroschka" (Liselotte Pulver), „Moderne Zeiten" (Charlie Chaplin), „Der Hauptmann von Köpenick" (Heinz Rühmann), „Schmutziger Lorbeer" (Humphrey Bogart), „Die Mädchen vom Pfarrhof", „Der Glockengießer von Tirol", „Der Jäger vom Roteck", „Du, mein stilles Tal", „Lola Montez" (Martine Carol), „Mayerling", „Lili Marlen", „Bonjour Kathrin" (Catarina Valente), „Bademeister Spargel" (Paul Hörbiger), „Die Hochzeit von Monaco" (Gracia Patricia alias Grace Kelly, Fürst Rainier).

Der Heimatfilm treibt die Kinofans auch in den Atlantik-Palast

er Richtern und Geschworenen zu, „wenn auch nur um der Mutter willen, die diesen unglücklichen Sohn geboren hat." Staatsanwalt Habersack setzt sich dafür ein, Ernst M. nicht wegen Mordes zu verurteilen, sondern nur wegen Totschlags. „Dieser Zwerg hat zwar ein Kapitalverbrechen begangen, aber er ist kein Kapitalverbrecher!"

Der „Zwerg" bekommt fünf Jahre Gefängnis wegen Totschlags. Er weint, als er hinausgeführt wird, seine Mutter ruft ihm mit schluchzender Stimme nach: „Ach, mein armer Bub, das hast du nicht verdient!", und seine Braut will auf ihn warten.

„Hätte er nicht verraten, Schneider zu sein, wären wir vermutlich nie auf Ernst M. gekommen", sagt Kommissar Steger von der Kripo.

Zurück zu den „Halbstarken": Horst Buchholz' gleichnamiger Film ist nicht der einzige Kino-Erfolg des Jahres. Eine Umfrage ergibt, daß 32 Prozent aller Kinogänger immer noch am liebsten Heimatfilme sehen möchten. In Nürnberg an der Spitze der Beliebtheit: „Schwarzwaldmelodie" und „Die Fischerin vom Bodensee". Verständlich, wenn unter den 139 Streifen der deutschen Filmindustrie in diesem Jahr 40 sich mit dem Thema Heimat befassen. Und mit Romy Schneiders „Sissi", selbstredend, die jetzt in einem zweiten Teil als „Die junge Kaiserin" auftritt. Gleich dahinter rangieren „Liane, das Mädchen aus dem Urwald" mit Marion Michael und Hardy Krüger und „Die Trapp-Familie" mit Ruth Leuwerik.

Doch das Fernsehen sagt dem Kino offen den Kampf an, klaut den Filmtheatern sogar das „Heimrecht" und zieht selbst dort ein: In den „Museums-Lichtspielen" im 1. Stock des Verkehrsmuseums (daher der Name) ist im Juni das Endspiel um die deutsche Fußballmeisterschaft als „Fernsehgroßbild-Übertragung" zu bestaunen und ab Oktober allabendlich um 8 Uhr die Fernseh-Tagesschau.

Das augenschmerzende Geflimmer in Nürnbergs Wohnzimmern ist Anfang April zu Ende. Wer sich einen Fernseher kauft, hat jetzt auch was davon. Er kann das Programm einwandfrei empfangen, der Sender Dillberg ist endlich fertig geworden. Er strahlt täglich ab 16.30 oder 17 Uhr, sonntags schon ab 12 Uhr nach Nürnberg aus, Schluß ist um 23 Uhr. Als Beispiel ein Samstags-Programm: 16.30 Uhr Jugendstunde, 17 Uhr Fernsehzoo, 17.15 Uhr Wer-was-wann?, 19 Uhr Münchner Abendschau, 20 Uhr (nach der Tagesschau) Mitteldeutsches Tagebuch, 20.50 Uhr Zirkusübertragung, 22.30 Uhr Gondelkorso auf dem Canale Grande. Ende. Reichlich mager, reichlich fad. Noch fehlt der Kinofilm, aber das neue Medium fasziniert trotzdem.

Die TV-Geräte sind etwas teurer geworden, und die 43er-Bildröhre wird zum Standardgerät. Die 36er und 53er bleiben noch weit in der Minderzahl.

Teurer wird's auch anderswo. Die Mietpreis-Erhöhungen vom letzten Herbst schlagen langsam, aber sicher auf dem Markt durch. Die Lage verschärft sich, weil das Bauen nochmals teurer und die Baukonjunktur künstlich gebremst wird, um die Stabilität von Wirtschaft und Währung nicht zu gefährden. Wohnungsbau – erst herbeigesehnt, jetzt fast verdammt und zum „wirtschaftspolitischen Ärgernis" herabgewürdigt. Schon ist von einem „Bau-Stopp" die Rede. Verkehrte Welt, wo doch Zehntausende auf eine Wohnung warten.

Umgekehrt verhält sich der Fahrzeugmarkt auch in diesem Jahr. Die Preise bleiben stabil oder fallen weiter und ein verspäteter Witzbold verunsichert die Straßen: Die Heinkel Kabine 175. Kann es schon der

Neu im Auto-Salon

Mercedes 190 (75 PS, 9.450 DM), Mercedes 220 S (sechs Zylinder, 100 PS, Spitze 160, 12.500 DM), NSU-Fiat Jagst (vier Zylinder, 19 PS, 103 km/h, 4.460 DM), neuer Opel-„Rekord" mit dem „Kapitäns-Gesicht" (6.100 DM).

1 9 5 6

Triumph-Motorroller „Tessy“ mit seinen geistigen Vätern (von links: Dipl.-Ing. Pobel, Ing. Bader, Dr.-Ing. Noack), ein undefinierbarer Dreirad-Eigenbau für Transportzwecke und der Heinkel-Kabinenroller (unten)

Die „Höchste“ und der „Schnellste“ vor dem Traualtar: Maria Sturm, Deutschlands Hallenbeste im Hochsprung, und Karl-Friedrich Haas, Europas flinkster 400-Meter-Sprinter, heiraten im Oktober

Luftfahrtpionier Messerschmitt nicht lassen, einen Schneewittchensarg auf Räder zu stellen, fühlt sich nun der einstige Hersteller des He 111-Bombers auch dazu animiert. Dieses Ding für 2.800 DM Neupreis hat ebenfalls vorn zwei Räder, hinten eins. Es versteckt irgendwo einen 9,5 PS-Motor und soll 80 Spitze brettern. Doch wer das wagt, muß lebensmüde sein. Gelingt es einem unbekümmerten Menschen tatsächlich, sich in diesen Eimer aus Blech, Stahl und Plexi zu quetschen, braucht er keinen Zündschlüssel. Die Zündung wird durch einen kleinen Plastikhebel am Lenkrad eingeschaltet, und was dann kommt, gefährdet selbst das stärkste Trommelfell. Es kracht und scheppert, es faucht und hämmert, daß auch dem Mutigsten sämtliche Sünden einfallen. Das ist der Motor. Hat man sich an das Inferno gewöhnt und die Ohren nach innen geklappt, kommt als nächstes das große Naserümpfen. Der Karren stinkt gottserbärmlich, als würde die Maschine jeden Augenblick in Flammen aufgehen. Es wird heiß wie in einer Sauna. Fingerakrobatik erfordert die Suche nach den Gängen, sie sind links in der Seitenwand versteckt. Regnet es, was Gott verhüten möge, sammelt sich in kürzester Zeit genügend Wasser zu einem ordentlichen Fußbad auf dem Boden der Kabine. Wer so eine Fahrt unbeschadet übersteht, braucht nichts mehr zu fürchten auf dieser Welt.

Weniger abenteuerlustige Leute belassen es vielleicht doch eher bei einem Moped oder einem Roller. Da ist der Regen eingeplant, aber es kann nicht stinken. Weil der Neckermann alles billiger machen muß, bietet er dem jugendlichen Interessenten ein Moped für nur 399 DM an, die „Necko 100“.

Immer mehr Nürnberger leisten es sich, mit dem Flieger in Urlaub zu reisen, die meisten jedoch bevorzugen noch immer Bahn und Bus oder den eigenen Wagen. In der Urlaubszeit steigt der Fahrkartenverkauf um 50 Prozent, und die Bundesbahn ist so freundlich, die häßliche dritte Holzklasse abzuschaffen. In die Schweiz und nach Belgien kann man jetzt ganz ohne Paß reisen. Viele wollen campen, denn in Nordbayern gibt es bereits 30.000 organisierte Zeltler.

Ab März fliegt die KLM von Nürnberg direkt nach Salzburg, ab 7. Oktober taucht endlich, mit eineinhalbjähriger Verspätung, die Lufthansa auf dem Nürnberger Flugfeld auf und verbindet die Stadt zunächst täglich mit Frankfurt. Der lang erwartete Zubringerdienst an das internationale Netz beschleunigt auch die Luftpost. Ein Brief, eingeworfen um 16 Uhr am Flugplatz, kann theoretisch am nächsten Morgen in New York sein.

Silber für Haas

International glänzt bei der Olympiade im November in Melbourne der Nürnberger Karl Friedrich Haas vom Club; im Endlauf über 400 Meter ist er der schnellste Weiße: zweiter Platz und Silbermedaille mit 46,8 Sekunden. Die Fußballer vom Club machen, wie schon in den Jahren zuvor, ihren unverdrossenen Anhängern, inklusive Bräisala, wieder keine Freude. Der 1. FCN landet zum Abschluß der Saison 55/56, Ende April, auf dem 7. Platz. Besser läßt sich die Sache zu Beginn der nächsten Saison an. Die Mannen vom Zabo werden Herbstmeister.

Am 1. August kommt es zu einem handfesten Tumult im Stadion. Die Nationalelf spielt gegen Nürnberg/Fürth und gewinnt sehr zum Ärger der 60.000 Zuschauer mit 4:1. Daß überhaupt so viele Menschen im Stadion zusammengepfercht werden wie die Sardinen, das ist der Skandal. Tausende sprengen das Marathontor und strömen hinein, ohne Eintrittskarten. Ein Wunder, daß außer einer Prügelei zwischen dem Rundfunkreporter Klose und einem Polizisten nichts weiter passiert. Aber der Ruf nach einem neuen, modernen Fußballstadion wird laut. Das jetzige Stadion von 1928 sei veraltet, die Eingänge zu eng, der Verputz bröckele von der Wand.

Eine neue Turn- und Festhalle bekommen die 46er am 11. November an der Oberen Turnstraße: Der stolzeste Tag in der 110jährigen Geschichte dieses ältesten bayerischen Turnvereins.

Ein trauriger Tag in einem kurzen, nur fünfjährigen Leben ist der Donnerstag, 20. September. Statt wieder mit einem Kabarett, mit geschliffenem Wort, Witz und Satire in die Saison zu starten, bleiben nur geschliffene Gläser, derber Humor und Schwof zurück: Der „Bamberger Hof“ verwandelt sich ganz leise in das laute „Müllers Wein- und Bierdorf“. Rudi Bauder spielt mit viel gutem Willen den „Maître de plaisir“, und zwei Herren, die sich Colibris nennen, mimen schlecht und recht zwei Straßenmusikanten. Ade, du schöne Kabarettzeit! Ade, du edle Kleinkunst! Ade, ihr „Kleinen Fische“, ihr „Schildbürger“, ihr „Kleinen Vier“. Da auch das „Tabu“ in der Luitpoldstraße klammheimlich sein Kabarett-Programm von der Bühne nimmt, sich fortan „Cu-

Sein größter Triumph: Karl-Friedrich Haas vom Club (rechts) gewinnt bei der Olympiade in Melbourne die Silbermedaille im 400-m-Lauf

ba Cubana" nennt und auf heiße Karibik-Erotik abfährt, bleibt nur noch der „Wintergarten". Und draußen am Reichelsdorfer Keller das Café Rennbahn, wenigstens am Mittwoch, Samstag und Sonntag. Wie lange noch?

Wandel im Vergnügungs-Gewerbe: Aus dem schicken Cabaret „Bamberger Hof" wird ein lautes Wein- und Bierdorf, aus dem eleganten „Rigoletto" die „Rio-Tanzbar". Nur der „Wintergarten" gibt nicht auf, und im Süden lockt wie eh und je das Parkcafé Rennbahn am Reichelsdorfer Keller

Daß die elegante „Rigoletto-Bar" jetzt „Rio-Tanzbar" heißt, von der Eleganz nur noch ein Hauch übrig bleibt und sich mit Schönheitstänzen über Wasser hält, daß ihre Gäste von gestern heute in der düsteren „Cherie-Bar" hinterm Polizeipräsidium beim halbseidenen Striptease hocken oder sich in die „Bongo-Bar" in der Breiten Gasse geflüchtet haben, das alles paßt in das Bild der Wandlung.

Wenn beim Max Stölzle in den „Tiroler Stuben" das Pöhlmann-Duo jodelt, so bleibt uns damit wenigstens eine schöne Erinnerung ans alte Nürnberg: „Der schäine Brunna mäissat vulla Wein sei, dou gängast a nei. In der Fräi, do gänga ma nei und aben's naus, und dann saaf'n mir den ganz'n Brunna aus!"

Gagen können nicht mehr bezahlt werden, Löhne nagen an der Rentabilität, die Gäste werden weniger. Es wird hektischer, vieles bleibt an der Oberfläche, den Menschen kommen Muße und Geduld abhanden: Die Muße zum stillen Schmunzeln, die Geduld zum Nachdenken. Es wird lauter um uns, und wo es Lärm gibt, bröckeln Tradition und Moral ab, Vertrautes geht verloren, und auch ein wenig Kultur. Blaskapelle statt Geigenstrich, Presto statt Largo. Ist dies die Folge des intensiven Lebens, das wie eine Sturmflut über uns hereingebrochen ist?

Haben wir Anlaß zur Klage, Grund zu Schuldgefühlen? Aber nein! Sehen wir uns an: Wir sind schick gewandet, die Dame modisch tailliert im schmalem Rock, getaucht in die Modefarben Gelb und Ziegelrot; der Herr im weißen Hemd, Einreiher mit drei Knöpfen und enger Hose. Schauen wir uns um: Die Stadt gedeiht, sie hat jetzt 429.000 Einwohner, die Autos rollen, mehr als 50.000 Kraftfahrzeuge in der Stadt, unsere Wohnung hat Stil, wir fahren an die Adria in Urlaub, heute haben wir den Hunger vergessen, morgen die Trümmer.

Wir wußten bloß nicht, was „fette Jahre" bedeuten. Vor lauter Hektik haben wir über die Konsequenzen nicht nachgedacht. Zu lange haben wir Wohlstand und goldene Zeiten vermißt. Oder nie kennengelernt.

Na also! Oder? A bißla Zeit zum Nachdenken könnte gut tun. Ein Takt Pause. Das Jahr hat in Nürnberg mit dem größten Feuerwerk seit 1945 begonnen, es sucht uns heim im Februar mit der härtesten Kältewelle des Jahrhunderts, bei fast 30 Grad minus wird der Faschingszug abgesagt, der Humor ist eingefroren; im Sommer hat es geregnet wie seit Jahrzehnten nicht mehr. Ein kaltes Jahr.

Eine kalte Zeit?

Das mag niemand glauben. Aber die Frage ist schon erlaubt, ob man – wie im Oktober geschehen – zu einem Jubelfest dreizehn Tiere für eine einzige Wurst schlachten muß, damit die unbedingt 580 m lang wird? Drei Bullen, fünf Kälber und fünf Schweine für 580 m Festtags-Schmaus. Sind das nicht ein paar Meter zuviel?

Der modebewußte Herr trägt Weste, Tweed-Jacke und Cape, alles farblich aufeinander abgestimmt

Sommer-Mode 56 (von links): Schwarz-weiß kariertes Kleid mit Plissee-Volants; elegantes Sommerkleid aus französischem Druckstoff; bleistiftenges, durchgeknöpftes Modell, ärmel- und kragenlos; hauchzarter, wasserabstoßender Nylonmantel mit Kapuze über sommerlichem Streifenkleid. Links der letzte Schrei beim Schuh-Pöhlmann – preiswert im neuen Corso-Stil

Fernseh-Apparat jetzt schon für 598 DM, aber Prestige-Truhen verlangen eine gefüllte Brieftasche

Jahrelang heftig umstritten, von traditionsbewußten Nürnbergern hartnäckig verteidigt: Der Kulturverein am Frauentorgraben. Nur das Restaurant (im rechten Flügel) ist wieder in Betrieb, das Hauptgebäude nach wie vor kriegsgeschädigt

Sonntagsausflug zum „Volksgarten" am Dutzendteich. Viele Fahrräder vor der Tür

Stolz der Hausfrau: Die Stehlampe im Wohnzimmer

Marienplatz (mit Neptun-Brunnen), Marienstraße und Marientorgraben 1957: Die Lücken werden weniger, sind aber noch immer unübersehbar. Auch zwölf Jahre nach Kriegsende erinnern Ruinen noch an die Bombennächte

1957

Störche und Soldaten

Ob die Romy mit dem Horst was hat, will die Gretl wissen. Die Gretl macht sich Sorgen, denn heimlich träumt sie vom Schwarm ihrer schlaflosen Nächte, dem Horst Buchholz. Der und die Romy Schneider – nicht auszudenken!

Die Gretl, 15 Jährchen alt und aus Sündersbühl, schreibt an Ingeborg Kästel, 16 und Handelsschülerin, denn die Kästel ist Leiterin des „Horst-Buchholz-Star-Clubs". Sie beruhigt die erregte Gretl, davon sei ihr nichts bekannt, und sie müsse es schließlich wissen.

Ingeborg hat einen Buchholz-Film gesehen, und weil der Junge so toll war, gleich einen Brief geschrieben an den „Halbstarken", der für sie „voll stark" ist. Sie fragt, ob sie einen Club gründen dürfe in Nürnberg. Ingeborg ist hingerissen, als der Horst tatsächlich antwortet. Warum denn nicht, schreibt er, es gibt zwar schon viele Clubs, aber er hat nichts dagegen, wenn in Nürnberg noch einer dazukommt. „Ich bekomme täglich Briefe mit der Bitte um Autogramme. Dem Postboten mußte meine Mutter ein Extra-Trinkgeld geben für die viele Schlepperei", sagt Ingeborg. Der Horst schickt brav unterschriebene Star-Postkarten („Die gehen weg wie die warmen Semmeln."), und in seinen Briefen läßt er alle teilhaben an seinem Privatleben.

Das macht die Ingeborg und ihre Freundinnen mächtig stolz.

Der Buchholz-Club ist einer von vielen Clubs, die sich jetzt immer häufiger in Nürnbergs Film-Fan-Kreisen auftun. Zumeist sind es Mädchen und Jungen unter 18, die sich ihre Idole von der Leinwand holen, weil sie anderswo keine finden. Ihre schönen fotogenen Antlitze lächeln nicht nur in den „Club-Zentralen" von den verkleisterten Wänden, sie hängen über einsam zerwühlten Jungmädchenbetten und stehen, kunstledergerahmt, auf dem Nachttisch möblierter Zimmerherrn.

Der Club bringt den Star ins Haus, er weiß alles über ihn, er hegt und pflegt ihn mit Hingabe. Rudolf Höfer, 18, kaufmännischer Angestellter und Leiter des Nürnberger „Romy-Schneider-Film-Clubs" beruft sofort eine außerordentliche Club-Versammlung ein, wenn ein Brief von Romy kommt. Dann scharen sich 21 aufgeregte Clubfreunde um den Rudolf und lauschen andächtig, was die liebe Romy Liebes geschrieben hat.

„Ablösung" im Kino

Es fällt auf, daß die jungen Fans sich selbst kaum „Fans" nennen und ihren Club auch nicht „Fan-Club", obgleich es Mode ist, mit englischen Ausdrücken um sich zu werfen. Nein, ihr Club ist ein „Film-Star-Club". Diese „Stars" sind in den meisten Fällen nicht viel älter als ihre Anbeter und „Stars" oft auch nur in deren Herzen. Bezeichnend, daß die jungen Leute sich immer mehr den „neuen", jungen Gesichtern auf der Leinwand zuwenden.

Tatsächlich bahnt sich im Kino eine „Ablösung" an, in den Programmen mischen sich bislang unbekannte Namen unter alte, wohlbekannte. Ein Evergreen aber bleibt der unverwüstliche Heinz Rühmann, in diesem Jahr als „Vater sein dagegen sehr". Zwar halten sich hartnäckig die vertrauten Titel aus der altgedienten deutschen Heimat-Klamotten-Kiste, und wer Sissi noch nicht auswenig kennt, kann jetzt die unvermeidliche Kaiserin in ihren „Schicksalsjahren" erleben, und somit Romy zum dritten Mal als gekröntes Köpfchen (mit Karlheinz Böhm).

Und doch sehen die deutschen Filmfritzen sich gezwungen, die schwächlicher gewordene Nachfrage nach heimischer Zelluloidware mit neuen Tönen aufzupeppen. Zahlen geben zu denken: Das Filmangebot ist in den vergangenen drei Jahren um 30 Prozent gestiegen, die Nachfrage, abzulesen an der Kinokasse, aber nur um 12 bis 14 Prozent. Dagegen muß schleunigst etwas getan werden, und deshalb stürzen die Herren Produzenten sich auf alles, was Notenköpfe hat. Der Musikfilm trällert heran. Das ist die Rettung, das will der deutsche Mensch. Er hängt an seinem Gesangverein, und wenn auch im Kino gesungen wird, geht er bestimmt rein. Die große Hoffnung besteht aus Melodie und Rhythmus. Mit einer Prise deftigem Humor, falls möglich, und nach dem Motto: Gelobt sei, was weich macht.

Die Kinos in Nürnberg hallen wider von Gesang, Gefiedel und Gelächter. „Der schönste Tag meines Lebens", zur Eröffnung des Admiral-Palastes an der Königstraße gefeiert, wird noch schöner, weil die Wiener Sängerknaben ihn inbrünstig besingen. Einschließlich „Ave Maria", dem „Heideröslein" und „Brüderlein fein" lassen sie nichts aus, was die Gemüter rührt. Dazu mittags um halb eins rund um die Lorenzkirche ein Tagesfeuerwerk – die letzte Masche der „Neu-Eröffner" aller Branchen. Sogenannte Promoter lassen sich immer neue Gags einfallen.

So muß Anfang Oktober der gute Andreas Meißenbach herhalten und

Musik- und andere Filme

„Haie und kleine Fische", „Der Fuchs von Paris", „Blaue Jungs", „Spion für Deutschland", „Der Stern von Afrika" (die Story des Jagdfliegers Hans-Joachim Marseille). Musikfilme wie „Der Graf von Luxemburg" (Renate Holm), „Die große Chance" (Freddy, Renée Franke, „4 Sunnies"), „Unter Palmen am blauen Meer" (Teddy Reno), „Bel Ami" (Johannes Heesters), „Der Bauerndoktor von Bayerischzell" (Gitta Lind, kleine Terz), „Dort in der Wachau" (Ernie Bieler, Cornel-trio), „Ein Mann, der nicht immer schön sein muß" (Peter Alexander), „Zwei Herzen voller Seligkeit" (Susi Nicoletti), „Saison in Salzburg" (Topsy Küppers), „Der Fremdenführer von Lissabon" (Vico Torriani), „Sag es mit Musik" (Bibi Johns), „Der schräge Otto" (Gerhard Wendland, Fritz Schulz-Reichel), „Das alte Försterhaus" (Jimmy Makulis, Robert Fackler, die Comedians), „Christel von der Post" (Willi Hagara), „Rock, Rock, Rock" (Connie Francis). Dann: „La Strada" (Giulietta Masina, Anthony Quinn), „Die zwölf Geschworenen" (Henry Fonda), „El Hakim" (O. W. Fischer), „Die Züricher Verlobung" (Liselotte Pulver), „Bekenntnisse des Hochstaplers Felix Krull" (Horst Buchholz, Ingrid Andree), „Die oberen Zehntausend" (Bing Crosby, Frank Sinatra, Louis Armstrong), „Der Untertan" (Werner Peters), „Krieg und Frieden" (Mel Ferrer), „Rose Bernd" (Maria Schell), „Der Glöckner von Notre Dame" (Gina Lollobrigida), „Stresemann" (Ernst Schröder), „Moby Dick" (Gregory Peck), „Der Kurier des Zaren" (Curd Jürgens), „Picknick" (Kim Novak, William Holden).

„seine über die Grenzen Deutschlands hinaus bekannten Jongleur-Künste mit dem gefüllten Römerglas" wieder mal vorführen. Am Sonntag, 6. Oktober, vormittags um 11 Uhr rennt er behende durch die Luitpoldstraße, der Schoppen Iphöfer schwankt bedenklich auf seinen wallenden Locken, aber er fällt nicht, nur ein paar Tropfen netzen die Beethoven-Mähne. Hinter dem „Wunder-Wirt" schlängelt sich eine ganze „Raß" Kellner mit Geschirr und Tablett im Slalom durch die sonntäglich kühle Altstadtruhe. Die wundersame Geschicklichkeits-Veranstaltung soll das gastronomische Lichtspiel „Ober zahlen" im LuLi „pushen", wie sowas jetzt heißt, damit die „Herren Ober" Hans Moser und Paul Hörbiger drinnen im warmen Kino mehr Gäste bekommen.

Vielleicht gelingt dies auch, denn noch bietet das Fernsehen derartigen Firlefanz nicht. Zwar hocken in Nürnberg schon 8.832 Familien vor der Glotze, und jeden Monat werden es 200 bis 300 mehr, aber das Programm reißt niemand vom Stuhl.

Der Kasten flimmert noch immer nur von 17 bis 22 Uhr oder vielleicht ein paar Minuten drüber, nur am Sonntag gibt's ein spärliches Nachmittagsprogramm, eingeläutet vom Internationalen Frühschoppen des Werner Höfer mit sechs Journalisten aus fünf Ländern. Doch wer auf einen knalligen Spielfilm wartet, der wartet vergeblich. Hin und wieder reicht's gerade mal zu einem verstaubten Uralt-Schinken aus Kriegs- und Vorkriegszeit: „Glückskinder" mit Lilian Harvey und Willy Fritsch, „Der Göttergatte" mit Aldo Fabrizi, „Die Zaubergeige" mit Gisela Uhlen und Aribert Wäscher oder „Das kleine Hofkonzert" mit Elfie Mayerhofer und Erich Ponto. Natürlich können solche Steinzeitklamotten gegen das Kino noch nicht anstinken, und das ist sein Glück.

Aber es gibt da ein paar Unterhaltungssendungen, deretwegen man lieber zu Hause bleibt. Zum Beispiel die Familie Schölermann, Deutschlands erste Fernsehfamilie, oder der Hans-Joachim Kulenkampff mit seinem Quiz „Zwei auf einem Pferd", oder der Peter Frankenfeld in seiner karierten Jacke, allenfalls noch Fernsehkoch Clemens Wilmenrod mit seinem Konterfei auf der Schürze und Otto Höpfner, der zum Äppelwoi im Blauen Bock lädt.

Schon wieder ein neuer Kino-Palast: „Admiral" an der Lorenzkirche

Der erste tragbare Fernseher, 15 Kilo schwer, 36 cm Bildröhre, kommt auf den Markt, Quelle verblüfft mit dem „Universum Primus" für 490 DM, und auch das gute alte Dampfradio profitiert vom technischen Fortschritt. Es klingt besser in allen Tonlagen, es sieht eleganter aus und man kann es jetzt nicht nur mit einem Zehnfach-Plattenwechsler bestücken, sondern auch mit dem neumodischen Tonbandgerät für zwei Stunden Laufzeit. Weil so ein Apparat ob seiner Fülle aber leicht aus den Fugen gerät, steckt man das Ganze in eine Truhe. Dieses Möbelstück schmückt die Wohnung, es ist technisch hochbegabt und klingt melodisch. Deshalb wird es auch immer beliebter. Schon für 498 DM gibt's so ein Tonmöbel. Doch wer nicht nur hören, sondern auch noch sehen will, einen Fernseher eingebaut haben möchte, der muß minde-

Oft kopiert, nie erreicht: „Wunder"-Wirt Andreas Meißenbach jongliert das volle Weinglas durch die Luitpoldstraße

Der erste tragbare Fernseher, 15 Kilo schwer, 36 cm Bildröhre, ein Stereo-Konzertschrank für 798 DM (ganz unten), beides von Grundig, und die Musikbox in der Eck-Kneipe (darüber) – die Schlager des Jahres

Zwei, die ganz Nürnberg kennt: Motorsportclub-Vorsitzender und Auto-Kropf-Chef Willy Freiberger (zweiter von rechts) mit Motorrad-Weltmeister Hermann Böhm (zweiter von links) bei Bürgermeister Loßmann (r.)

stens 1.295 DM anlegen; soll's barock sein, bis zu 4.000 Mark und mehr.

Ortskundige Kneipengänger, Kino und Fernsehen weniger zugetan, haben auf ihrer Pirsch unseren alten Freund Heinz Moll wieder entdeckt. Nach dem Abriß des ehrwürdigen „Apollo" in der Pfannenschmiedsgasse seines „Bunten Trichters" im Keller beraubt, ist er für eine Weile auf Tauchstation und dann auf Tournee über die Dörfer gegangen. Ganz Franken kennt inzwischen seine wimmernde Geige, kennt seinen beschwörenden Bariton; aber jetzt ist er ins Weichbild der Stadt zurückgekehrt. Der unverwüstliche Heinz hat das gutgemeinte Angebot von Opel-Kropf-Chef Willy Freiberger aufgegriffen und dessen Privat-Palais als Wirt übernommen, das Peller-Schlößchen in Fischbach, knapp 5 km vom Stadtrand entfernt. Der einfallsreiche Moll mischt das alte Gemäuer mit scharfem Paprika auf. Er serviert Zigeunerwein im Kerzenschein, und der Duft von ungarischem Gulasch zieht durchs historische Gewölbe. Er gönnt seinen Gästen den Spaß, selbst Cabaret zu spielen und sich gründlich zu blamieren. Er bittet sie in schwingende Hollywood-Schaukeln und läßt ihnen bei neckischen Tanzspielen keine ruhige Minute. Umtriebig wie er ist, singt er, spielt er, plaudert er wie in besten Trichter-Zeiten.

Seine größte Nummer aber zieht er ab, wenn am Montag Ruhetag einkehrt. Dann baut er im Schloßpark rings um die Hollywood-Schaukeln sein eigenes, höchst privates Hollywood auf. An einer langen Tafel versammelt er alle fünf Ehefrauen, mit denen er im Lauf seines Lebens das Bett geteilt hat, dazu sämtliche Kinder, die daraus entstanden sind. Ein Bild seltener Harmonie, da wird nicht gegifftelt und gestichelt, keine Augen ausgekratzt und kein Giftbecher gerührt. Ehefrau Nr. 1 tauscht Erfahrungen mit Ehefrau Nr. 5, was dieser sehr hilfreich sein kann, und Ehefrau Nr. 2 verwickelt die Ehefrauen 3 und 4 in sehr vordergründige Aufklärungsgespräche. Ein jeder profitiert von jedem. Routinierte Reife und Weisheit stehen argloser Unschuld bei. Auch die ungezählten Halbbrüder und -schwestern reißen sich die Sonntagskleidchen nicht vom Leib. Sie gehen sehr familienbewußt miteinander um. Das ist kein Schmierentheater, das ist pure Lebenskunst und Familien-Politik à la Heinz Moll, der seine Güte gleichmäßig verteilt und mit feuchten Augen zur Geige greift, wenn die Erinnerung ihn übermannt.

Erinnerungen an alte Caféhaus-Zeiten werden im Herren-Café „Bristol" am Hefnersplatz wach, wo endlich mal wieder Billard gespielt wird. Oder im „Bijou". Der neue Besitzer Erich Becker, der in Essen und Dortmund ähnliche Lokale unterhält, hat die Perle am Splittertorgraben entrümpelt und renoviert und, trotz der Würde des Hauses, jetzt auch den Tanz erlaubt. Charlie Schiele spielt dort mit seinen Mannen. Sein langjähriger Bassist allerdings ist ihm verlorengegangen, der Fred Bertelmann hat sich endgültig zur Einmann-Nummer hochgesungen, ist Schlagersänger geworden und jetzt eher in der Messehalle zu hören. Als Gesellschaftstanz versteht sich, wozu im „Bijou" intoniert wird, kein wildes Gehopse, kein dröhnender Rock sind dort erwünscht. Neubesitzer Becker will mit sanften Tönen „auflockern", ohne abzugleiten.

Bei Mary im „Bacchus"

Verständlich solche Vorsichtsmaßnahmen, wenn man zusehen muß, wie „alte" Vergnügungsstätten wirklich abgleiten. Da tut es gut, am Dutzendteich dem Adi Rauch mit seiner Kapelle zuzuhören, dem Ludwig Gaul, dem Ferdl Werner oder dem Hans Blum; im „Münchner Hofbräuhaus" an der Königstraße (Pächter: Der 57er Faschingsprinz Willy Kröll) der leisen Schrammelmusik; im Café Hauptmarkt der Hauskapelle; im Grand- und Carlton-Hotel den dunkel gewandeten Herren Musikern, wenn sie zum Tanztee swingen. Oder bei der Mary im „Bacchus-Stüberl" in der Breiten Gasse 21 oder im „Luga-Stüberl" in der Gabelsberger Straße 49 beim Gaukler „einen zischen".

Wird's lauter, beim Bockbierfest oder bei ähnlich rustikal-deftigen Veranstaltungen, dann taucht bestimmt der Herbert Hisel mit seiner Nürnberger Schand-Schleppern auf. Faschingsgänger kennen ihn längst. Seine Mundart-Büttenreden

Nürnberg tanzt in die neue Ballsaison. Motto: Fliegende Frackschöße – Rauschende Bälle

Nürnberger Dialekt in Reinkultur: Herbert Hisel. Hier als Komiker der Löwinger-Bühne

treffen den Nürnberger genau dort, wo er gern lacht, weil er sich dann selbst erkennt. Ähnlich wie der 1949 verstorbene „Strebala“ weiß der Herbert um den Humorbedarf seiner fränkischen Landsleute. Er läßt die Zunge exakt an der richtigen Stelle vorschnellen oder zurückfallen, setzt die harten und weichen „B's“ und „D's“ so ein, daß unser „allerschäinster Dialekt“ sich noch schäiner anhört. Sowas gefällt.

Als der Herbert Hisel in die Bütt steigt, lernen wir uns kennen. Er ist froh, wenn auch über ihn ein paar Zeilen in der Zeitung stehen. Herbert, von Beruf Ingenieur mit fester Anstellung, kann sich nicht so leicht entschließen, diese feste Anstellung einfach sausen zu lassen und die Blödelei zum Lebenszweck zu machen. Ob man davon überhaupt existieren könne, fragt er mich, und ob „die Leit sei G'schmarri“ auf die Dauer ertragen können, ob die Presse ihn nicht in Grund und Boden schreiben wird, wenn er als berufsmäßiger Päiterlasbou mit seinem Knoblauchsland-Dialekt jahraus, jahrein wie ein Halbdepp daherkomme. Ob denn die Fremden ihn überhaupt verstehen. Als könne er seine Zweifel nicht abstreifen, behält er gern seinen dreiviertellangen Arbeitsmantel an, wenn er von der „Ärbert“ kommt und wir schnell eine Halbe trinken. Schließlich hängt er den Mantel doch an den Nagel, riskiert Lohn und Brot, aber die Entscheidung fällt ihm „fei wärkli“ net leicht. Als später seine große Zeit kommt, verstehen ihn selbst die Ostfriesen, und die Presse meint es gut mit ihm.

Viele Jahre danach treffe ich ihn wieder, in Maria Alm im Pinzgau. Dort tritt der Hisel mit den „Kasamandl'n“ auf, zwei Tiroler Quetschkommodenspielern, und er weiß noch immer nicht, ob seine Entscheidung von damals „es G'sündeste“ war. Er übernachtet auf unserer Hütte, weil die „Kasamandl'n“ in seinem Dreibett-Gasthauszimmer so gottserbärmlich schnarchen. Herbert hat seinen Steuerkummer halbwegs überwunden und ist aus Kanada zurückgekehrt. Wir reden und trinken und trinken und reden die halbe Nacht und wecken die alten Tage wieder auf. Herbert freut sich über seine Erfolge, und da kann er herzlich lachen. Derselbe Herbert wird nachdenklich, Tränen kullern, wenn er zusammenzählt, was dieses „Erfolgsleben“ ihm an menschlichen Mißerfolgen eingebracht hat. Von seiner Familie ist ihm nur die Tochter geblieben. Auch seine zweite Frau, die Löwinger Sissi aus der bekannten Wiener Komikerfamilie, ist ihm weggelaufen.

„Däi wor doch mit ihrm Vadder verheirot und net mit mir. Der hout mi suwiesu nie mäing, und an junga Komiker hout der nie houchkumma lassn nem sich.“ So hat der Herbert das Ende seiner zweiten Ehe gesehen, und auch den Anfang vom Ende seiner Karriere.

Satt für 3,50 DM

Zurück zum Jahr 57. Am Sonntag auszugehen, Frau und Mutter das Kniedla-Kochen zu ersparen, ist erschwinglich, orientiert der kluge Mann sich an den richtigen Angeboten. Ein Beispiel: Das „Drei Mohren“ an der Ecke König- und Luitpoldstraße bietet in seinem „Balkon-Restaurant“ zwei Menüs an. Nummer 1 kostet 3,50 DM: Hühnercremesuppe oder „pikantes Vorgericht“, Kalbskotelett „Zigeuner Art“ mit Sahnepüree, Geeistes. Nummer 2 für 7,50 DM: Hausgeräucherter Rheinlachs mit Sahnemeerrettich, Butter und Toast, Kalbsschweifsuppe mit Cognac, Brüsseler Mastpoularde, dazu Salatherzen mit Cocktailsauce und Pommes frites, Geeistes.

A weng teurer serviert der Herr Ober dem Gast im neuen Stadtpark-Restaurant, das im März wieder eröffnet wird.

Gastronomie der einfachen Art betreibt der Brandl-Wirt in seinem Wirtshaus „Zum Marientunnel“ am Ende der Marienstraße. Er ist Wirt und Metzger in einer (stattlichen) Person, und nicht nur darin eine Kapazität. Vom Schafkopfen versteht er mindestens genauso viel wie vom hausgemachten Leberkäs. Wenn der dezibel-starke Schlachtruf „Triumpf“ durchs Lokal donnert (was „Trumpf“ heißen soll), dann weiß jeder, daß der Brandl wieder eine Runde gewonnen hat. Was der an Lärm und Bierdunst gewöhnte Gast jeden Donnerstag frisch aus der Pfanne schmecken kann, ist das Ergebnis einer Berufsroutine, die der Brandl von den Altvorderen übernommen hat und trotz aller Fährnis moderner Zeiten nicht aufgibt.

Jeden Donnerstag in aller Herrgottsfrüh zieht der Brandl mit seinem Leiterwagen quer durch die Stadt von der Marienstraße zum Schlachthof in Schweinau. Dort verarbeitet er Frischgeschlachtetes kunstgerecht zu Wurst und Leberkäs. Nicht zu einem Allerwelts-Leberkäs, wie's ihn überall unter dieser irreführenden Bezeichnung gibt und eigentlich „Schweinskäs“ heißen müßte, denn von einer Leber ist darin weit und breit nichts zu finden. Nein, sowas kommt beim Brandl

Sein Leberkäs ist der beste: Gastwirt Brandl im Garten seiner Wirtschaft „Zum Marientunnel" an der Marienstraße

nicht in die Pfanne. Er nimmt echte Leber und knetet das Produkt nach Rezepten aus Großvaters Schlachtküche zu einem original Leberkäs. Der sieht dann mehr grau aus als braun, ist bedeckt von einer herrlichen Kruste und zergeht körnig auf der Zunge. Im Geschmack meilenweit entfernt von dem ordinären 08/15-Leberkäs. Um diese Prozedur jede Woche am Donnerstag fristund pflichtgerecht abzuwickeln, läßt der Brandl sich nicht von Autos und nicht von der Straßenbahn stören. Er zieht seinen Leiterwagen nach getaner Arbeit brav zurück von Schweinau zum Marientunnel, diesmal beladen bis obenhin mit original fränkischer Metzgerei. Das sind mindestens 40 Minuten hin und 40 Minuten zurück, und der Brandl denkt nicht im Traum daran, sich deshalb ein Fahrzeug zu kaufen.

Für eine Weile, ein paar Jahre ist es jetzt schon her, da war es mir vergönnt, dem Brandl aus nächster Nähe auf die Finger zu schauen. In meiner vorehelichen Zeit wohnte ich als möblierter Herr bei seiner Familie im dritten Stock. Ein Zimmer unterm Dach, um das Freunde mich heute noch beneiden, die Sinn für antike Möbelstücke haben. Das Sofa mit verschnörkeltem Überbau, auf dem schon der Uropa seinen Rausch ausgeschlafen hat. Der Waschtisch mit Schüssel und Kanne, längst vor Einführung der elektrischen Beleuchtung von der Uroma auf dem Trödelmarkt ausgegraben. Tisch und Stühle, von mehreren Generationen hart hergenommen. Ein Ofen samt meterlangem Rohr, der zu König Ludwigs Zeiten schon Kohle geschluckt hat. Von der schmalen Tür bis zum engen Mansardenfenster ein Juwel, von dem der gemütvolle Zimmerherr der 50er Jahre nur träumen kann – wenn auch im Sommer affenheiß und im Winter saukalt.

So bin ich nicht nur der echten Leberkäs-Portion nahegekommen, ich fühlte mich auch durch die fürsorgliche Pflege der Brandl-Mutter geborgen. Ist es im Winter bitterkalt im Mansardenzimmer, kommt sie morgens um halb acht mit dem Kohleneimer einmarschiert und heizt den Veteranenofen an. Da kennt die Brandl-Mutter keine Gnade. Ob das Bett doppelt besetzt ist oder nicht, ob der Zimmerherr sich eben erst aufs Ohr gelegt hat – Mutter Brandl ficht das nicht an.

Acht DM Miete in der Woche

Erst mittags, wenn der verschlafene Zimmerherr die angewärmte Bude verläßt, spitzt sie aus dem Wohnzimmer und sondert Fachkommentare über eventuelle Damenbesuche ab. Etwa so: „Däi vo heit fräi hout mir fei net g'fall'n." Oder: „Däi mit däi blond'n Hoar, däi kannst wieder mietbringa. Däi macht an gout'n Eindruck." Ist die Brandl-Mutter mal nicht daheim und ich schleiche kommentarlos zur Tür hinaus, schellt unten in der Wirtschaft eine Glocke, in Gang gesetzt durch einen simplen Auslöser an der Wohnungstür im dritten Stock. Im Parterre geht die Tür zum Wirtshaus auf, der Brandl-Wirt schaut mich verschmitzt an und stellt logisch-scheinheilig fest: „A su, du bist es!" Natürlich bin ich's, denn sonst ist ja niemand im Haus. Mit der Bemerkung überspielt der Wirt nur seine Neugierde. Er will doch wissen, ob sich im Schlepptau eventuell a Madla hinausschleicht, denn Madla sieht er gern. So wird der Zimmerherr in den 50ern umsorgt, und das für wenig Geld. Ich bezahle jede Woche acht Mark. Da kann man nicht meckern.

Fast das Doppelte, genau 15 Mark, müßte ich anlegen, wollte ich mir den teuersten Platz beim Konzert von Mario Lanza leisten. Halb Nürnberg, soweit an Gesang interessiert, will den Stimmhelden am 9. Februar in der Messehalle endlich einmal hautnah sehen und hören; freilich ist dies auch für ganze drei Mark auf den billigen Plätzen möglich. Für leichtere Unterhaltung zuständig sind Lonny Kellner, Lou van Burg, Rudi Büttner (das Nürnberger Eigengewächs) und Paul Würges (der deutsche Bill Haley) mit seinen wilden Rock 'n' Rollern, die im Februar beim Preis von Nürnberg sich die Glieder verrenken und vereint mit der 22jährigen Friseuse Inge Bohac eine „Miß Rock 'n' Roll" erturnen.

Wahre Fußballkunst, zur vollsten Zufriedenheit von Bräisala und Co., zelebrieren die Cluberer endlich mal wieder. Am Sonntag, 19. Mai, ist die süddeutsche Meisterschaft mit vier Zählern Vorsprung vor dem Zweiten, den Offenbacher Kickers, eingefahren. Knackpunkt dieses Erfolgs ist der 4:2-Sieg über den bis dahin hartnäckigsten Verfolger KSC in dessen heimischem Wildparkstadion. Weil die Karlsruher mit nur zwei Punkten Abstand dem Club im Nacken sitzen, muß ein Sieg her, und dazu braucht es möglichst viele Anhänger am Tatort. Für 14,50 DM (ohne Eintrittskarte) reisen ein paar tausend Unentwegte im knüppelvollen Sonderzug gen Karlsruhe, um mitzuerleben, wie ihr Club den Knüppel aus dem Sack läßt. Die Herren Morlock (gleich zweimal), Schweinberger und Schmid

25. August, am Beginn der neuen Saison. Clubspiel in Offenbach: Kreißel, Wabra und der Offenbacher Kraus (von links). Die Saison 56/57 schließt der 1. FCN als Meister der Oberliga Süd ab. Schon drei Spiele vor Saisonschluß liegt der Club mit vier Punkten vorn (rechts). Zum Schlüsselspiel nach Karlsruhe am 19. Mai fährt ein Sonderzug

SPORT in Zahlen

Oberliga Süd

Karlsruher SC — 1. FC Nürnberg . . .	2:4
SpVgg Fürth — Kickers Offenbach . . .	2:5
VfB Stuttgart — FSV Frankfurt	2:2
BC Augsburg — Bayern München . . .	1:1
VfR Mannheim — Vikt. Aschaffenburg .	3:5
Eintracht Frankfurt — Schwaben Augsb.	3:0
FC Schweinfurt 05 — FC Freiburg . . .	4:1
Jahn Regensburg — Kickers Stuttgart .	1:0

1	(1)	1. FC Nürnberg	27	19	5	3	65:28	43-11
2	(3)	Kickers Offenbach	27	16	7	4	79:34	39-15
3	(2)	Karlsruher SC	27	17	5	5	64:35	39-15
4	(4)	VfB Stuttgart	27	16	4	7	64:38	36-18
5	(5)	Eintr. Frankfurt	27	13	5	9	52:37	31-25
6	(6)	SpVgg Fürth	27	11	4	12	58:51	26-28
7	(8)	Jahn Regensburg	27	11	4	12	42:63	26-28
8	(7)	VfR Mannheim	27	10	4	13	42:51	24-30
9	(10)	Vikt. Aschaffenb.	27	11	2	14	41:51	24-30
10	(9)	FSV Frankfurt	27	8	8	11	35:51	24-30
11	(11)	FC Schweinfurt 05	27	9	5	13	38:53	23-31
12	(13)	BC Augsburg	27	7	7	13	44:59	21-33
13	(12)	Kickers Stuttgart	27	8	4	15	41:45	20-34
14	(14)	Bayern München	27	9	2	16	41:59	20-34
15	(15)	Freiburger FC	27	6	6	15	39:60	18-36
16	(16)	Schwaben Augsb.	27	7	4	16	29:57	18-36

Oberliga Nord

Holder SV — Hamburger SV	2:0
Hannover 96 — FC Göttingen 05 . . .	4:0
VfL Osnabrück — Arm. Hannover . . .	1:0
Eintracht Braunschweig — FC Altona 93	3:3
VfR Neumünster — Conc. Hamburg . .	1:0
FC St. Pauli — VfL Wolfsburg	4:1
Eintracht Nordhorn — Werder Bremen .	0:1

1	(1)	Hamburger SV	28	16	8	4	85:31	40-16
2	(3)	Hannover 96	28	15	6	7	65:30	36-20
3	(2)	Holstein Kiel	28	13	9	6	40:34	35-21
4	(4)	Eintr. Braunschw.	28	11	7	10	60:49	29-27
5	(5)	Werder Bremen	28	18	3	12	62:51	29-27
6	(7)	VfL Osnabrück	28	12	5	11	36:39	29-27
7	(9)	FC St. Pauli	28	11	7	10	37:51	29-27
8	(6)	FC Altona 93	28	9	10	9	48:46	28-28
9	(8)	FC Göttingen 05	28	12	3	13	45:58	27-29
10	(13)	VfR Neumünster	28	10	7	11	38:49	27-29
11	(10)	Bremerhaven 93	28	11	4	13	39:47	26-30
12	(11)	Conc. Hamburg	28	10	5	13	33:36	25-31
13	(12)	Eintr. Nordhorn	28	8	9	11	37:47	25-31
14	(14)	Arm. Hannover	28	9	5	14	36:41	23-23
15	(15)	VfL Wolfsburg	28	8	6	14	45:69	22-34
16	(16)	Holder SV	28	6	6	16	27:40	18-38

Oberliga Südwest

Spfr. Saarbrücken — VfR Kaisersl	[illegible]
FSV Mainz 05 — VfR Frankenthal	[illegible]
Wormatia Worms — Saar 05 Saar	[illegible]
Eintr. Trier — Phönix Ludwigsh	[illegible]
SpVgg Andernach — Bor. Neu	[illegible]
1. FC Saarbrücken — Eintr. K	[illegible]
1. FC Kaiserslautern — Tus N	[illegible]
FK Pirmasens — FV Speyer .	[illegible]

1	(1)	1. FC Kaisersl.	30	25	[illegible]	[illegible]	[illegible]	[illegible]
2	(2)	1. FC Saarbrücken	30	19	[illegible]	[illegible]	[illegible]	[illegible]
3	(3)	VfR Frankenthal	30	16	[illegible]	[illegible]	[illegible]	[illegible]
4	(4)	Phö. Ludwigsh.	30	16	[illegible]	[illegible]	[illegible]	[illegible]
5	(6)	Bor. Neunkirchen	30	13	[illegible]	[illegible]	[illegible]	[illegible]
6	(5)	TuS Neuendorf	30	12	[illegible]	[illegible]	[illegible]	[illegible]
7	(7)	Saar 05 Saarbr.	30	12	[illegible]	[illegible]	[illegible]	[illegible]
8	(9)	FK Pirmasens	30	1[illegible]	[illegible]	[illegible]	[illegible]	[illegible]
9	(8)	Wormatia Worms	30	1[illegible]	[illegible]	[illegible]	[illegible]	[illegible]
10	(11)	FSV Mainz 05	30	1[illegible]	[illegible]	[illegible]	[illegible]	[illegible]
11	(10)	Eintr. Kreuznach	30	1[illegible]	[illegible]	[illegible]	[illegible]	[illegible]
12	(13)	Eintr. Trier	30	[illegible]	[illegible]	[illegible]	[illegible]	[illegible]
13	(12)	VfR Kaisersl.	30	7	11	[illegible]	[illegible]	[illegible]
14	(14)	FV Speyer	30	10	3	17	54:69	[illegible]
15	(15)	SpVgg Andernach	30	7	4	19	42:98	18-42
16	(16)	Spfr. Saarbr.	30	6	4	20	44:107	16-44

Oberliga West

Meidericher SpV — Pr. Dellbrück . . .	1:1
Alem. Aachen — Duisburger SV	3:1
1. FC Köln — FC Schalke 04	4:2
Wuppertaler SV — Bor. M.-Gladbach .	3:2
SV Sodingen — SW Essen	2:0
RW Essen — Westf. Herne	2:1

1	(1)	Bor. Dortmund	27	16	5	6	70:32	37-17
2	(2)	Duisburger SV	27	16	6	6	52:35	36-18
3	(4)	1. FC Köln	27	12	10	5	57:46	34-20
4	(3)	FC Schalke 04	27	14	4	9	71:45	32-22
5	(5)	RW Essen	27	12	7	8	55:46	31-23
6	(6)	Fort. Düsseldorf	27	13	3	11	59:48	29-25
7	(8)	Alem. Aachen	27	11	7	9	57:49	29-25
8	(7)	Meidericher SpV	27	10	8	9	60:41	28-26
9	(10)	Wuppertaler SV	26	12	3	11	40:50	27-25
10	(9)	VfL Bochum	27	8	10	9	50:51	26-28
11	(11)	Pr. Münster	27	11	3	13	46:60	25-29
12	(12)	SV Sodingen	27	7	10	10	37:40	24-30
13	(14)	Pr. Dellbrück	27	9	4	14	43:61	22-32
14	(13)	SW Essen	27	8	5	14	40:58	21-33
15	(15)	Westf. Herne	26	6	8	12	26:35	20-32
16	(16)	Bor. M.-Gladbach	27	3	3	21	35:102	9-45

schießen den lebenswichtigen Sieg heraus, die Karlsruher Termath und Sommerlatt können die Niederlage durch zwei Tore nur noch in Grenzen halten. Die Clubelf wird durch Schaffer, Zeitler, Ucko, Schober, Knoll, Kreißel, Glomb und Müller komplettiert.

Komplett verrückt und reichlich angesoffen schaukeln die benebelten Fans im Sonderzug zurück, als hätten sie selbst den Meisterstreich vollführt. Auf jedem Bahnhof zwischen Karlsruhe und Nürnberg gehen ahnungslose Reisende verschreckt in Deckung, sobald der Triumphzug mit tausendfachem F-C-N-Gebrüll naht, und die Herren Kondukteure mit der roten Mütze heben eiligst die Kelle, damit die lärmende Meute sich möglichst rasch wieder entfernt. Die Gefahr ist groß, daß die Krakeeler den nächsten Kiosk stürmen, weil im Zug das Bier ausgegangen ist.

Vier Mann hoch haben wir uns dem Troß angeschlossen, bewaffnet mit einem Kasten Bier, zwei lauten Kuhglocken und einer sehr lauten Trompete. Beim 2:1 für den Club werden wir auf der Tribüne von den Einheimischen gerade noch geduldet, beim 3:1 fallen die ersten Beschimpfungen, und beim vierten Tor drohen die Anfeindungen handgreiflich auszuarten. Vorsorglich packen wir Kuhglocken und Trompete ein, verzichten auf das unwichtige zweite Tor des KSC und trollen uns zum Bahnhof. Im Sonderzug wissen wir uns sicher und vor Durst gefeit, denn durch kluge Rationierung haben wir von unserem Bierkästla den größten Teil gerettet. Zum Glück können wir diese Gunst vor den trockengelegten Mitstreitern verbergen.

So erleben wir den Grundstein zur Südmeisterschaft, voller Hoffnung, daß es diesmal zur „Deutschen" reicht. Aber da täuschen wir uns gewaltig. In den Endrunden-Kämpfen, die diesmal nur je ein Spiel auf neutralem Platz gegen die drei anderen Gruppenteilnehmer aus den Oberligen kennen, passiert dasselbe Trauerspiel wie in früheren Jahren. Die starken Cluberer in Gruppe I werden lahm und schwach, vergeigen vor 60.000 Zuschauern in Stuttgart mit einem mageren 2:2 gegen Saarbrücken die erste, durch ein 1:2 gegen den Hamburger SV in Köln die zweite und mit einem 2:2 gegen Duisburg in Ludwigshafen die allerletzte Chance.

Neue Gesichter in Zabo

Im Zabo tröstet man sich nur schwach mit der deutschen Meisterschaft der Brunhilde Hendrix im 100-Meter-Lauf in 12 Sekunden. Sonst wird komplett neu durchgestartet. Fünf Spieler nehmen den Hut, Edy Schaffer hat mit 34 nicht mehr die große Lust und läßt sich durch Roland Wabra ersetzen. Neue Gesichter fordert das Volk auch an anderer Stelle, und so tauchen die Herren Albrecht, Rußmann, Rübensaal (ein Lichtenfelser, der bei Kickers Würzburg gekickt hat) und Feilhuber von der Spielvereinigung Weiden auf. Der neue Anlauf gelingt, und am Ende des Jahres stehen die Mannen vom Zabo wieder auf dem ersten Platz der Oberliga Süd.

Ein anderer Traditionsverein verschwindet von der Bildfläche: Der 1. ASC Sandow tritt mit seinen Ringern und Gewichthebern geschlossen dem TSV 1846 bei. Nürnbergs Eishockey wird durch die junge Mannschaft vom ebenso jungen „Club am Marienberg" und vom HGN repräsentiert, der im Dezember sogar den Oberligisten Kaufbeuren mit 5:4 abbürstet. Amesöder, Isemann und Rieß heißen die Helden des Tages.

Die Chancen stehen nirgendwo schlecht, die Stadt gedeiht an allen Ecken und Enden. Der Stadtrat genehmigt fünf Millionen für den Wohnungsbau. In der Holzgartenstraße wird Nürnbergs höchstes Schulhaus, die achtstöckige Berufsschule, für 4,3 Millionen fertiggestellt. Die wiedererstandene Sebalduskirche, das Konservatorium an der Katharinengasse und die Stadtbibliothek am Egidienberg werden eingeweiht. Der alte Rathaussaal und die Egidienkirche haben wieder ein Dach, die Maxfelder Reformationsgedächtniskirche bekommt neue Türme. Im Krankenhaus wird der Grundstein gelegt für das 16-Millionen-Projekt „Ypsilon-Bau" mit der hochmodernen Chirurgie- und Strahlenabteilung. Der Trödelmarkt, genannt „Trempala", bekommt neue Wohnhäuser statt der alten Geflügelhalle; der Schlayerturm am Hallertor schließt eine der letzten Lücken in der Stadtmauer, die Basteien der Burg werden repariert. An der Hirschberger Straße ziehen 450 Flüchtlinge und Evakuierte in die ersten zwei Wohnblocks der zukünftigen Trabantenstadt Langwasser ein. Der 46 ha große ehemalige Militär-Schießplatz an der Trierer Straße wird für 500 neue Häuser freigeräumt. Der angestrebte Zusammenschluß der Universität Erlangen mit der Hochschule für Wirtschafts- und Sozialwissenschaften Nürnberg rückt immer näher. In der Kaiserstraße, wo 1882 die erste elektrische Straßenbe-

Bundeskanzler Adenauer (winkend) beim CSU-Parteitag in der Messehalle. Links vor dem Kanzler Nürnbergs Kripochef Heinrich Helldörfer

Ein Bundeswehr-Offizier klärt junge Zuhörer über die Ziele der neuen Armee auf. Noch scheint Skepsis vorzuherrschen

leuchtung der Stadt entflammte, wird endlich gebaut, das einstige Geschäftsviertel zwölf Jahre nach Kriegsende aus dem Dornröschenschlaf gerissen, in der Lenaustraße entsteht das erste Großraumrevier der Polizei. Die Einnahmen der Stadt steigen von 182 auf 184,5 Millionen und der Etat für 1957 liegt bei 188 Millionen DM. Für den Wiederaufbau der Wölckern-Schule wird nach jahrelangem Ringen endlich grünes Licht signalisiert. Die Stadt gibt jedes Jahr eine Million für Parks und Grünflächen aus. Nürnberg bekommt „in absehbarer Zeit" Erdgas, und die Beschäftigten der Stadtverwaltung brauchen nur noch fünf Tage in der Woche zu arbeiten.

Auf dem Tisch liegt nun das Problem Konzerthalle, seit langem gefordert, jetzt wieder höchst aktuell geworden. Nicht weniger als zehn Standortvorschläge beschäftigen den Stadtrat: Kongreßhalle, Kulturverein am Frauentorgraben, Cramer-Klett-Park, Hauptmarkt, Hans-Sachs-Platz, Hintere Insel Schütt, Ostendstraße (auf dem Gelände der früheren Zeltnerbrauerei), Messegelände an der Bayreuther Straße, Rathenauplatz und Luitpoldhain. Übrig bleiben in der engeren Wahl der Luitpoldhain und der Cramer-Klett-Park. Lauter Vorschläge, aber noch keine Entscheidung, und die Zukunft der Kongreßhalle hängt nach wie vor in der Luft. Kultur mit starkem Publikumsaufkommen findet bis auf weiteres wie bisher in der Messehalle an der Bayreuther Straße statt.

Unbeeindruckt fechten die Anhänger des Kulturvereins weiter für ihren Torso, der nun seit zwölf Jahren nutzlos in der Landschaft steht und nur durch das 1950 wieder auf-

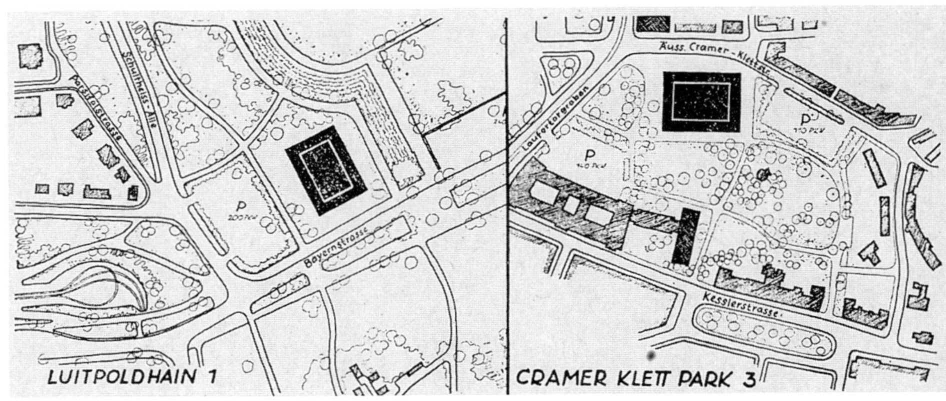

Am Ende einer langen Diskussion bleiben noch zwei Plätze in der engeren Wahl: Soll die neue Konzerthalle in den Luitpoldhain oder in den Cramer-Klett-Park?

gebaute Restaurant an seine frühere Monopolstellung erinnert. „Wo 1904/05 mit 1,1 Millionen Goldmark der 2.000-Mann-Saal für Geselligkeit, Konzerte und Tagungen erbaut wurde, muß auch der neue Kulturverein als Konzertsaal errichtet werden", sagen sie und verweisen auf die unmittelbare Nachbarschaft: Opernhaus, neues Schauspielhaus, Germanisches Museum, Verkehrsmuseum. Gemeinsam mit einem neuen Kulturverein könnte hier, mitten in der Stadt, ein Kulturzentrum entstehen. Aber schon jetzt deutet sich an: Die traditionsbewußten Kulturvereins-Streiter stehen auf verlorenem Posten.

Unklar bleibt auch das endgültige Schicksal des geschrumpften Valka-Lagers, das schon vor zwei Jahren totgesagt wurde. Jetzt firmiert die Hüttenstadt als „Bundessammellager für Ausländer", wird seit dem Ungarn-Aufstand im letzten Jahr für neu angekommene Flüchtlinge auch weiterhin gebraucht und steht den Plänen der Stadt, den Bau von Langwasser voranzutreiben, erheblich im Weg.

Ärger gibt's auf dem Flughafen. Da ist im letzten Herbst endlich die Lufthansa erschienen, und nun macht die Air-France einen bösen Rückzieher: Sie stellt ihre Linie nach Berlin ein. „Das trifft uns an der Lebensader", klagt Flughafen-Prokurist Oberbaurat Lebzelter. Jetzt fliegen nur noch die Lufthansa und die KLM Nürnberg an. Eine herbe Enttäuschung.

Ein bißchen Ärger bekommt Bundeskanzler Adenauer, als er im Juli während der größten Hitze bei fast 40 Grad im Schatten zum CSU-Parteitag nach Nürnberg anreist. Schon auf dem Autobahn-Zubringer begrüßt ihn die Parole „Weg mit dem Atomstaat", mit Ölfarbe über die halbe Fahrbahn geschmiert. Auf den Straßen der Stadt und rund um die Messehalle begegnet er Gruppen von Jugendlichen mit Plakaten „Atom nur für den Frieden".

Dabei darf die eben installierte Bundeswehr gar nicht auf den Atomknopf drücken, diesen Zugriff behalten sich andere vor. Unsere neue mausgraue Armee benimmt sich recht handzahm und läßt keinen Kommißton laut werden. Am 31. Januar treten die ersten 34 Nürnberger vom Jahrgang 37 im Rückgebäude des ehemaligen Generalkommandos an der Adam-Klein-Straße zur

Eine Turnhalle und zwei Torpfeiler, das sind die Reste der einstigen Wölckernschule. Mehr hat der Krieg nicht übriggelassen. Das hält die Herren Bürokraten nicht davon ab, den dringend notwendigen Wiederaufbau jahrelang zu verzögern. Jetzt endlich gibt es grünes Licht für ein neues Gymnasium, das den Namen Martin Behaims tragen wird

Umgestürzte Kleiderschränke, zerbrochene Betten, Trümmer überall, das sind die Folgen eines „Nationalitätenstreits" im Valka-Lager

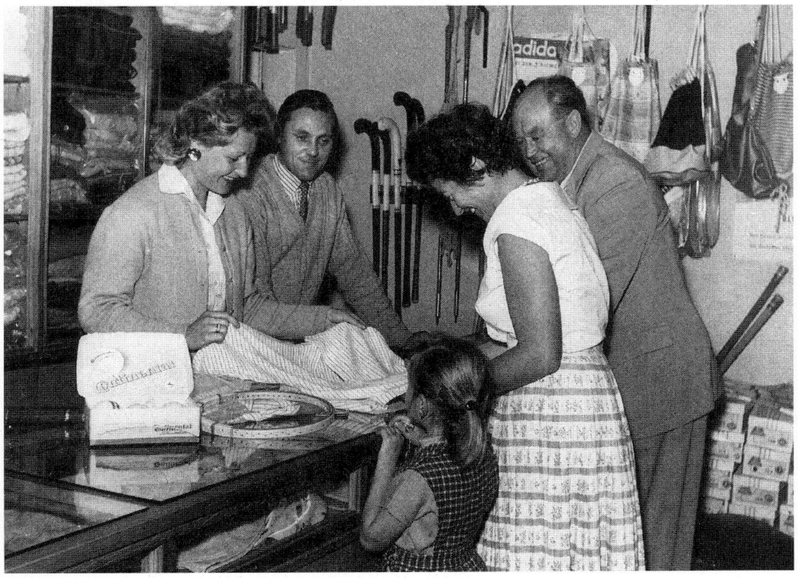

Hockeyschläger, Tennisbälle und freundliche Beratung, das halten Max Morlock und seine Frau Inge in ihrem ersten Geschäft für ihre Kunden bereit

Musterung an, unter ihnen auch der erste Wehrdienstverweigerer. 806 weitere 20jährige Nürnberger werden im Lauf der folgenden Wochen auf Herz und Nieren geprüft, ob sie unter die Soldaten passen. Am 1. März rücken die „37er" ein, und im Juli wird Nürnberg nach zwölf uniformlosen Jahren wieder Garnisonsstadt. Zunächst erscheint ein Oberfeldwebel mit acht Mann in der Schweinauer Infanteriekaserne, im Oktober folgen hundert Mann von der 4. Kompanie des Grenadier-Bataillons 34 aus Wildflecken.

Neues Militär, neuer NATO-Partner – da fragt der besorgte Nürnberger natürlich, wie es um die alten Luftschutzbunker bestellt ist. Zwölf Jahre lang wollte sie niemand sehen, nur die Obdachlosen wissen sie zu schätzen; sie haben jahrelang in diesen Klötzen Unterschlupf gefunden. Jetzt, da man Bilanz ziehen muß, werden 30 alte Luftschutzbunker, darunter acht Tiefbunker, für brauchbar befunden – wenn man sie für 16–18 Millionen DM aufmöbelt. Die massiven Tiefbunker seien sogar „atombombensicher". Der größte unter ihnen, zweistökkig und 25 Meter tief unter dem Albrecht-Dürer-Platz versteckt, mit Notstromaggregat und eigener Wasserversorgung ausgerüstet, ist originellerweise Privatbesitz. Er gehört einer alleinstehenden älteren Dame, weil der Bunker früher mal ein Lager und im Besitz ihrer Familie war. Die gute Frau wittert ihre Chance, das lästige Ding endlich an den Bund verkaufen zu können. Seit mehr als einem Jahrzehnt hat sie ihre seltsame Erbschaft sorgfältig gehütet und gepflegt. Jetzt könnte diese Investition sich auszahlen.

Ungepflegt, unnütz und deshalb endgültig zum Abbruch freigegeben, wird die Ruine des einstigen Generalkommandos an der Fürther Straße kurz vor ihrem Verschwinden zum Auslöser einer wilden Spekulation. Und das kommt so:

Der Möbel-Hess hat das 28.000 qm große Grundstück für 1.387.000 DM und die Ruinen für weitere 240.000 DM vom Staat gekauft, nur 3.000 qm bleiben der Bundeswehr erhalten. Der Hess will für 6 – 8 Millionen ein siebengeschossiges Versandgebäude bauen. Aber ein hartnäckiges Gerücht scheint Kauf und Baupläne in Frage zu stellen. Das kann doch alles nicht stimmen, wird in der Stadt getuschelt, den Hess gibt's doch gar nicht mehr, der hat längst an die Quelle verkauft. Möbelhaus-Chef Hans Hess ist verschnupft. Alles Blödsinn, sagt er, und: „Wir haben keine finanzielle Stützung nötig, wir zahlen nach wie vor alles in bar." Bei dieser Gelegenheit läßt er ein paar aufschlußreiche Zahlen ans Tageslicht schlüpfen: Der Hess-Umsatz ist allein von 1955 auf 56 um 54 Prozent gestiegen, und die Firma werde sich von jetzt acht Filialen auf 28 ausweiten; allein 60 Prozent des Verkaufs entfallen auf Schlafzimmer und Polstermöbel.

Gefahr aus Fernost

Solch frohe Kunde spiegelt die allgemeine Stimmung wider. Mit Fug und Recht können wir 1957 sagen: Wir leben im Wirtschaftswunder-Land oder zumindest in dessen Vorgarten. Aber: Erkennen wir die Gefahr aus Fernost, da just in diesen Tagen die ersten japanischen Kameras auftauchen? Verfeinertes Objektiv, und fast nur halb so teuer wie unsere. Beispiel: Die Contina III von Zeiss Ikon kostet 276 DM, die gleichwertige japanische Kamera 148 DM. Industriemanager lächeln darüber: „Mit ihren optischen Geräten haben die Japaner nur 7,3 Prozent Anteil am Welthandel, wir haben 32,2 Prozent und liegen uneinholbar an der Spitze aller Exporthändler." Leider sehr kurzsichtig gedacht.

Die Preis- und Lohnentwicklungen bleiben davon unberührt. Butter kostet nach wie vor 1,80 DM fürs halbe Pfund, Rindfleisch 2,20 DM, Kotelett 2,60 bis 3 DM. Textilien jedoch ziehen vorübergehend um acht Prozent an, Möbel um fünf und mehr Prozent; die Flasche Bier soll bald nicht mehr 50, sondern 56 Pfennig kosten; B-Eier kosten im Januar 23, im Dezember 26 Pfennig; Schnaps und Likör werden um drei bis fünf Prozent teurer – und trotzdem mehr denn je getrunken. Die Mieten steigen, das Bauen wird immer teurer. Während im Herbst 1953 nur 27 Prozent der Bevölkerung meinten, einen Preisauftrieb zu spüren, sind es im Sommer 1957 schon 79 Prozent.

Trotzdem wird der Zug zur Qualität, zu neuen Produkten immer ausgeprägter, sogenannte „hochwertige Nahrungs- und Genußmittel" steigen weiter im Kurs. Es werden pro Kopf im Jahr fast 1.000 Zigaretten geraucht (am meisten die 8 1/3-Pfennig-Stengel), 1950 waren es knapp über 500; es werden 22 Prozent mehr Bohnenkaffee (eine Tasse vom neumodischen Pulverkaffee für 15 Pfennig), 26 Prozent mehr Sekt und 29 Prozent mehr Wein als vor zwei Jahren getrunken. Wir kaufen 30 Prozent mehr Schallplatten, 45 Prozent mehr Tonbandgeräte,

Letzter Blick auf ein Gebäude, das mehr als ein halbes Jahrhundert die Fürther Straße beherrscht hat:

Das ehemalige Generalkommando. Kurz danach wird es gesprengt

Neu auf dem Markt: Die „gesundheitsschonende" Supra-Filterzigarette für 8 1/3 Pfennig und der Pulverkaffee aus der Dose: „Im Nu in der Tasse zubereitet"

neun Prozent mehr Kleider und 15 Prozent mehr Fahrzeuge als im Jahr zuvor.

Zu Beginn dieses Jahrzehnts muß ein Industriearbeiter für ein Ei 23 Minuten arbeiten, heute nur noch acht, für ein paar Schuhe vor sieben Jahren fast 21, heute 15 Stunden. Er kann sich für seinen Wochenlohn 35 Prozent mehr leisten als 1950. Aber wie lange noch wird dieser Standard sich in solchem Tempo erhöhen, wenn er in das Gewinde der unerbittlichen Lohn-Preis-Schraube gerät? Heute bekommt der Industrie-Facharbeiter 2,12 bis 2,18 DM in der Stunde, der Durchschnitt in den meisten anderen Branchen liegt bei 2,07 DM. Ein kaufmännischer Angestellter kann dieses Jahr schon 742 DM im Monat nach Hause bringen, wenn er zur Spitzengruppe gehört, im Schnitt 520 DM; ein technischer Angestellter bis zu 796 DM, die goldene Mitte bewegt sich bei 628 DM. Meinen Freund Gerch kann ich nicht mehr fragen, was er verdient; er ist samt Betty und Kind zu Siemens nach München gegangen. Und den Eberhard hat's mit seiner Frau nach Düsseldorf verschlagen.

Weniger Arbeitslose

Im August haben wir die wenigsten Arbeitslosen seit Kriegsende, im Nürnberger Arbeitsamtsbereich (Stadt und Land) nur noch knapp 5.000. In Nordbayern werden fast 13.000 offene Stellen angeboten. Nürnbergs 5.000 Putzfrauen bekommen einen Stundenlohn von 1,10, „Bau-Putzfrauen" 2 DM, weil sie als Spezialistinnen gelten.

Arbeiter und Angestellte sind – wie meine Freunde Gerch und Eberhard – flexibler und mobiler geworden. Jeder zweite betrachtet seine Arbeit nicht mehr als „Lebensaufgabe", er paßt sich veränderten Strukturen leichter an als früher und er ist bereit, nicht nur Ort und Arbeitgeber zu wechseln, sondern auch seinen Beruf.

Die Arbeitszeit ist nun endgültig in den meisten Branchen auf 45 Stunden gesunken. Das derzeitige Arbeitstempo sei zu hektisch, wird bedauert, überall treffe man auf müde Menschen, weil viele Arbeiter trotz der 45-Stunden-Woche durch Überstunden immer noch auf 49,5 Stunden kommen. Die Frühinvalidität nimmt gegenüber der Vorkriegszeit um 17 Prozent zu, und nur noch 57 Prozent aller Männer bekommen ihre Rente auch wirklich erst mit Erreichen der Altersgrenze. Verschleiß der Aufbaujahre.

Nach der neuesten Rentenreform liegt der monatliche Beitrag zur Rente jetzt zwischen 56 und 98 DM, 105 DM ist der Höchstsatz. Pflichtversichert ist, wer bis zu 1.250 DM im Monat nach Hause trägt. Die Krankenkassenpflicht endet bei 660 DM Monatseinkommen, abgezogen werden – je nach Kasse – 8,5 bis 11 Prozent vom Lohn.

Die „normale" Rentnerfamilie, Mann und Frau, kommt gemeinsam auf etwa 235 DM. Fast die Hälfte wird fürs Essen ausgegeben, 21 Prozent für die „warme" Wohnung; für ein bißchen Vergnügen bleibt da kaum etwas übrig. Am anderen Ende der Altersskala muß ein Student mit 150 DM und weniger auskommen, nur 16 Prozent haben mehr als 200 DM und 72 Prozent finanzieren ihr Studium selbst. So ist das im Wirtschaftswunderland 1957.

Und wie leben wir sonst in diesem Jahr? Berufshumoristen meinen, wir seien nüchterner geworden. Im Fasching wollen sie dies festgestellt haben. Da komme uns der Humor etwas abhanden, die ewige Jagd nach dem Geld habe uns den Spaß an der Freud genommen. Der Beweis: 80 Prozent erscheinen nicht mehr im komischen Kostüm zum Faschingsball, sondern im Straßenanzug oder höchstens im dunklen Gesellschaftsgewand. So gehe das wahre Volksvergnügen vor die Hunde, die Leute wollen nur noch unterhalten werden. Der Kommerz regiere und nicht mehr der Humor. 1950 und 51 oder 52 sei das noch ganz anders gewesen. So, da haben wir unser Fett.

Der letzte Spielzeug-Schrei: Sputnik-Rakete mit 300 m Reichweite

Zum Entsetzen der Amis rast am Freitag, 4. Oktober, ein sowjetischer Satellit um die Erde, „Sputnik" genannt („Gefährte" auf deutsch), 83,6 Kilo schwer und 58 cm im Durchmesser, der erste künstliche Erdtrabant. Spielwaren-Industrie und Handel reagieren sofort: Auf dem Weihnachtstisch leuchtet der „Sputnik" heller als der Stern von Bethlehem, statt des Esels hockt die Weltraum-Hündin Leika neben der Krippe. Der Düsenjäger mit Triebwerksgeheul für 12,75 DM ersetzt den doofen Schaufelbagger, an die Stelle der einfältigen Puppenklingel treten Tonbandgerät „Bambiphon" und „Walkie-Talkie". Die Technik hat das Kinderzimmer erobert, und – wenn's geht – möglichst aus Plastik. Das Wunder kommt auch nicht mehr aus dem nahen Heiligen Land, sondern aus dem Fernen Osten, aus Japan. Wieder „wundern" sich unsere Wirtschaftsbosse, „wie die Japaner einen solchen Preisdruck ausüben können." Mehr als Kopf-

Alles fürs Kind: „Parkplatz" für Spaziergänger am Luitpoldhain (oben), Spielsachen von Schuco für die motorbegeisterte Jugend. Die Hauptsache, es rollt

Sieht abenteuerlich aus, aber es fährt: Das Fulda-Mobil

schütteln und Achselzucken kommt dabei nicht heraus. Später allerdings mehr...

Bleiben wir lieber auf der Erde. Auch dort staunt die Fachwelt über ein Wunder, doch das bewegt sich auf vier Rädern. Es heißt „Janus" und kommt von Zündapp, seit Jahrzehnten das erste Personenauto aus Nürnberg. Ein wundersames Gefährt, bei dem man nicht weiß, was vorn und hinten ist. Auf beiden Seiten absolut identisch, gleiche Fronttür, gleiche Scheiben, gleiche Sitzbänke, aus Plastik natürlich. Nur daß die einen nach vorn, die anderen nach hinten eingebaut sind. Das heißt: Zwei Personen schauen nach vorn, zwei nach hinten, Rücken an Rücken. Aber nochmal: Wo ist denn nun vorn und wo ist hinten? Wo das Lenkrad ein bißchen verloren in der Luft hängt, da ist vorn. Aha. Darum heißt das Ding ja auch „Janus", nach dem römischen Gott mit den zwei Köpfen so benannt. Dann sind also die zwei Türen, auf beiden Seiten nach vorn (oder nach hinten?) zu öffnen, sowas wie die zwei „Janus"-Köpfe. Aha. Den gutwilligen Passagieren wird leicht heiß unterm Hintern, denn sie sitzen auf dem Motor. Klappt man nämlich die Sitze hoch, kommt der 250-ccm-14-PS-Zweitakter zum Vorschein. Man kann die Sitzbänke aber auch mit zwei Handgriffen in eine durchgehende Liege verwandeln und sich schlafen legen. Kopf so rum oder andersrum, bleibt sich egal, ist ja ein „Janus". Vorn gleich hinten und hinten gleich vorn.

Wer den Apparat fahren sieht, muß sich meschugge vorkommen; man weiß nie so recht, ob er in die richtige Richtung rollt. Wenn er rollt, dann lahm und laut, am Berg bekommt er rasch Asthma. Leute, die das Rückwärtsfahren nicht vertragen, sollte man warnen oder mit einer undurchlässigen Lufthansa-Tüte ausstatten. Schließlich knattert der römisch-göttliche Blechzwerg bis zu 80 km/h, bergab auch 85, und dann muß man schon seinen ganzen Mut zusammennehmen und einen gesunden Magen haben. Kostenpunkt: 3.290 DM.

Ein „Spatz" aus Nürnberg

Sein Konkurrent kommt aus Fulda, heißt auch so: Fulda-Mobil 200, ist aus Kunststoff, hat einen Sachs-Motor eingebaut und kostet 3.100 DM. Ein weiterer Mitbewerber, die BMW-„Isetta", bekommt einen stärkeren Motor und den Namen „600", wird durch eine zusätzliche Seitentür zum Viersitzer erhoben und will mit knapp 4.000 DM bezahlt werden.

Der nächste Zwerg darf sich jetzt auch als „Auto aus Nürnberg" betrachten: der Sportwagen „Victoria 250", aus dem „Spatz" hervorgegangen und von den Victoria-Werken weiterentwickelt. Der offene Sport-Spotzer hat einen 250-ccm-Victoria-Motor mit 14 PS, ein elegantes Klappverdeck, Platz für drei Personen und kostet 3.350 DM.

Den Motor, dem sogenannten Aero-Motorrad entlehnt, prüft Victorias technischer Direktor Bauer bis auf die letzte Dichtung. Er fährt mit dem „Ex-Spatz" von Nürnberg nach Mailand und zurück, das sind 1.406 Kilometer. Dafür braucht er 19 Stunden und 49 Minuten, was einem Stundenschnitt von 70,95 DM Kilometer entspricht. Rechnet man die „Steigungen der Alpenüberquerung" ein und zieht Tankzeit und Zeitverlust an den Grenzen ab, so kommt man auf 72,91 km/h. Stolze Leistung für so ein Liliput-Auto, flink wie ein Spatz.

Oben offen ist nun auch der Messerschmitt-Kabinenroller zu haben, und zwar unter dem snobistisch-elitären Namen „Roadster". Die Begründung, weshalb der Schneewittchensarg auch noch aufgeschnitten wird: „Dieses Fahrzeug soll vor allem bisherige Motorradfahrer ansprechen, die sich auch weiterhin bei günstiger Witterung den Fahrtwind um die Nase wehen lassen wollen, andererseits die Vorteile eines vollkommenen Wetterschutzes genießen möchten."

Aber noch sind genügend Zweiradfahrer unterwegs, die Stadt ist voller Mopeds. Die „Vicky IV Export" von Victoria kostet jetzt 620 DM (zahlbar in zwölf Raten ohne Wechsel), die Kreidler Junior 525 DM, aber die Zweirad-Industrie beginnt zu stöhnen. Victoria plant Sanierungsmaßnahmen, das Motorrad-Geschäft lohnt kaum noch. Zum erstenmal seit dem Krieg gibt es mehr Autos als Motorräder.

Nürnbergs Verkehrs-Experten wird himmelangst, wenn sie sich den Ring, den Bahnhofsplatz und den Plärrer anschauen. In den letzten fünf Jahren hat der Verkehr sich

Autos aus Nürnberg: Oben der „Janus" von Zündapp, eine Tür vorn, eine hinten. Fraglich bleibt, wo vorn und wo hinten ist. Die mutigen Passagiere sitzen Rücken an Rücken. Links der leicht brennbare Kunststoff-„Spatz" von Victoria. Beide kommen mit 14 PS aus

verdoppelt, aber das Straßennetz ist gleichgeblieben. 51.546 Fahrzeuge bereiten dem Straßenkarussell erhebliche Kreislaufstörungen. Da muß etwas geschehen, und zwar bald. Der Ruf nach einer „Unterpflasterbahn" wird immer lauter, das Wort U-Bahn nimmt noch niemand in den Mund. Die „Arbeitsgemeinschaft Nürnberger Vorstadtvereine" schlägt vor, die Straßenbahn von der Fürther Straße zum Frauentorgraben und später unterm Bahnhofsplatz bis zur Blumenstraße im Erdboden verschwinden zu lassen. 50 Millionen würde das kosten, und für „seitliche Einführungen" und „Fußgängersteige" nochmals 10 Millionen. Die reinsten Hellseher, diese Herren aus der Vorstadt...

Antrieb gibt den Mobilisten die erfreuliche Tatsache, daß Benzin wieder billiger geworden ist. Der Liter „Normales" kostet Ende des Jahres 63 Pfennig, bei der „Volkstankstelle" Hermann Böhm in der Moltkestraße bloß 60 Pfennig. Diesel wird für 53 Pfennig verkauft.

Nur noch 50 in der Stadt

Seit 1. September ist die Geschwindigkeit im Stadtgebiet wieder auf 50 km/h begrenzt. Das sei halt doch sicherer, sagt die Polizei jetzt, aber nun schleicht plötzlich jeder durch die Straßen, keiner traut den anderen mehr zu überholen, Schlangen bilden sich, die Straßen sind verstopft. Um diesem Übel abzuhelfen, erlaubt der Stadtrat den Nürnbergern auf der Allersberger Straße einen „Siebziger", auf sieben anderen Ausfallstraßen 60 km/h.

Gestoppt wird auch der deutsche Mann, denn nach dem neuen „Gleichberechtigungsgesetz" wird er in der Ehe von nun an nicht mehr das letzte Wort haben, und bei Meinungsverschiedenheiten müssen sich beide Partner einigen.

Solch eheliche Gewaltenteilung macht sich auch bei der Urlaubsplanung bemerkbar. Der Familien-Bungalow kommt in Mode, das preiswerte Hotelzimmer der Mittelklasse mit der von Mutter beherrschten Kochgelegenheit wird bevorzugt. Der Urlaubsverkehr nimmt gegenüber 1956 um 20 Prozent zu.

Schnelle und bequeme Flugzeuge locken den Nürnberger verstärkt in die Ferne. Die Reisebüro-Chefin Emilie Huthöfer bucht schon in den ersten drei Monaten ein Drittel mehr Flugreisen als im Vorjahr, und fast alle wollen sie nach Mallorca. Deshalb startet im Sommer regelmäßig alle zwei Wochen eine 36sitzige Vickers „Viking" vom Nürnberger Flughafen Richtung Palma di Mallorca. Und auch das ist neu: In dem Ferienbomber, der dem Düsseldorfer Luftreeder Karl Herfurtner gehört, sitzen Chef und Putzfrau klassenlos nebeneinander.

Kostenlos und allein aus eigener Flügelkraft strebt der Wöhrder Jungstorch Nr. 6806 in den Urlaub. Das Langbein von der Pegnitz, der Einfachheit halber Hansl genannt, hat in seinen drei Lebensjahren schon allerhand durchgemacht und seine Betreuer pausenlos genervt. Hansl, 1954 auf einem Schornstein in Wöhrd geboren, bekommt 1955 den Ring mit der Nummer 6806 verpaßt. Ein Jahr lang treibt er sich auf Nürnbergs Froschwaidgründen herum, dann fangen ihn Forstbeamte aus Laufamholz in der Nähe des Bahnhofs ein. Vom vielen Schornsteinsitzen ist Hansl mehr schwarz als weiß. Tiergartendirektor Dr. Seitz quartiert Nr. 6806 im Zoo ein, was dem Wandervogel offensichtlich nicht gefällt. Eines Tages im letzten Sommer ist er spurlos verschwunden.

Jetzt, am 19. Februar, schreibt die Salzburger Landesregierung an die Vogelwarte Radolfzell: „Bei uns sitzt ein Storch mit der Nr. 6806. Wir pflegen ihn und lassen ihn im Frühjahr frei." Hansl war an einem bitterkalten Januartag auf dem Hausdach des Metzgermeisters Johann Paischer gelandet, die dünnen Hax'n erfroren. Die Feuerwehr will ihn zu Boden bringen – vergeblich. Erst dem biederen Metzger gelingt dies, aber auch nur mit einem Stück Rindfleisch. Hansl bezieht Pension im Stall bei Heu und Heizung. Jeden Tag frißt er fast ein Pfund irisches Rindfleisch, die besten Wurstzipfel und damit dem Metzger die Haare vom Kopf. Nur freitags gibt's Fisch – auch für Störche. Dem Paischer wird das zuviel, und obwohl er sich schon an den Langschnabel gewöhnt hat, meldet er der Landesregierung seinen Pensionsgast.

Die Radolfzeller verständigen den Nürnberger Tiergarten, denn der

Der Kfz-Markt wird größer

NSU-Prinz, 600-ccm-Motor, 3.655 DM. VW-Käfer, jetzt ohne Brezenscheibe im Heckfenster. Ford 17 M (wie ein verchromter Barockengel, auf Wunsch mit Weißwandreifen), 1,7-l-Motor, 60 PS, 6.830 DM. Borgward Isabella-Coupé 10.925 DM. Goggomobil TS 250-Coupé 3.722 DM. Leukoplast-Bomber Lloyd, jetzt als „Alexander" mit Kurbel- statt Schiebefenstern, 3.780 DM. Mercedes 300 SL Roadster, 215-Einspritz-PS, 250 km/Std, 32.500 DM. VW 1200 Karmann Ghia Cabriolet, 30 PS, 8.250 DM.

Ein Storch, der Stadt- und Landesgeschichte schreibt: Jungstorch Nummer 6806 verläßt Nürnbergs Froschweidengründe und landet im fernen Salzburg. Mitten im Schnee und mit erfrorenen Storchenbeinen

Immer mehr Autos brauchen immer mehr Tankstellen. Noch sehen sie reichlich unbedarft aus, und der Verkehr scheint sie auch noch nicht zu „überfluten“. Hier handelt es sich um die Tankstelle von Motorrad-Rennfahrer-As Toni Fleischmann an der Äußeren Sulzbacher Straße. Zu seinen Kunden zählen immer mehr Besitzer des neuen NSU-Prinz (links). Der Durst des 600-ccm-Motors allerdings hält sich in Grenzen

Noch stehen die klotzigen Türme des Märzfelds im einstigen Parteitagsgelände

Ring am Storchenbein verrät, wohin der Vogel gehört. Dr. Seitz will ihn wiederhaben. Er ruft in Salzburg an, aber die Österreicher geben Hansl nicht so ohne weiteres her, er muß freigekauft werden. Seine Steckerlesbeine sind inzwischen geheilt.

Der Nürnberger Storch schuldet seinem Salzburger Pflegevater schließlich einiges. Metzgermeister Johann Paischer will für Kost, Logis, Heizung und Pflege umgerechnet 200 DM haben. Nummer 6806 habe jeden Tag für fast vier Mark gefressen, denn irisches Rind ist nicht billig. Und die elektrische Heizung im Stall auch nicht, sie kostet Strom. Da beißt der Storch keinen Wurstzipfel ab: „Erst bezahlen, dann kriegt Ihr Eueren Storch wieder."

Ein langes Feilschen beginnt. Briefe gehen hin und her. Dem Dr. Seitz sind 200 DM zuviel, der Metzger reduziert Hansls Pensionskosten auf 100 DM plus Heizung. Antwort aus Nürnberg: „60 Mark sind genug." Salzburger Reaktion: „Reicht nicht." Da helfen die „Nürnberger Nachrichten" aus, schicken dem Metzger Paischer das Logisgeld und den Fahrpreis für die Reise nach Nürnberg. Dort trifft Nummer 6806 im April ein, wohlverpackt in einem komfortablen Käfig. Und jetzt fliegt Hansl wieder über Nürnberg, meistens entlang der Pengatz. Er weiß die dicksten Frösche dort, denn Storch Nr. 6806 ist ein welterfahrener Storch.

Nicht so gemütlich warm wie Hansl hat es die 84jährige Margarethe Häusler. Mitten in der Stadt lebt sie, in einem Hinterhaus am Feuerweg 12, arm wie eine Kirchenmaus. Über ein Wirtschaftswunder kann sie sich nur wundern, und wo die nächste Wirtschaft ist, weiß sie auch nicht. Dafür hat sie kein Geld. Alles, was sie hat, sind ein paar Habseligkeiten in einem winzigen Mansardenzimmer, kein Strom, kein Gas. Abends hockt sie beim schwachen Schein einer Kerze, und im Winter geht sie schon um sieben ins Bett. Viele Kerzen kann sie sich nicht kaufen. Sie wünscht sich nur noch eines für ihren Lebensabend: Elektrisches Licht, damit sie ihre alten Tage nicht dauernd in der Dämmerung verbringen muß. Die „Nürnberger Nachrichten" berichten über ihr armseliges Leben, an dem das 20. Jahrhundert vorbeigegangen ist.

Nun geschieht wirklich ein Wunder. Das goldene Herz der Nürnberger, durch Wohlstand offensichtlich noch nicht korrumpiert, wird hellwach. Kaum ist der Bericht erschienen, melden sich sechs Elektriker. Sie legen „der Frau mit der Kerze" kostenlos elektrisches Licht in ihr Mansardenzimmer. Wildfremde Leute bringen Lebensmittel, warme Schals, selbstgestrickte Westen und Umhänge, Handschuhe und Kleider, Schuhe und bares Geld in das Hinterhaus am Feuerweg 12. Aus ganz Franken kommen Pakete. Die Margarethe Häusler dankt und weint.

Das sind die vielen Facetten der 50er Jahre: Die einen, vom raschen Erfolg auf den Geschmack gebracht, kriegen den Kragen nicht voll; die anderen geben gern von dem, was sie mühsam erworben.

Was interessiert eine alte Frau wie die Häusler, daß der deutsche Mann des Jahres 57 besonders „modebewußt" geworden ist? Daß selbst im etwas modemuffligen Nürnberg Damen und Herren „durch schicke Kleidung ihr Geltungsbedürfnis aufbügeln wollen"? So zumindest sehen dies sogenannte Verbrauchsforscher. Tatsächlich tauchen jetzt Herren in bunter Weste, elfenbeinfarbenem Sakko und mitternachtsblauer Hose auf. Noch vor ein paar Jahren hätten wir solchen Firlefanz belacht. Aber jetzt soll's im Restaurant für die Dame mindestens ein Twinset mit Lederkappe sein, besser noch ein „aktuelles" Hemdblusenkleid, im Theater ein schickes kombiniertes Modell und zu Hause ein kokettes Cocktail-Schürzchen aus Taft oder Organza, wenn Gäste kommen. Die 7/8-Hose ist beliebt, die Spitzenbluse und der leichte

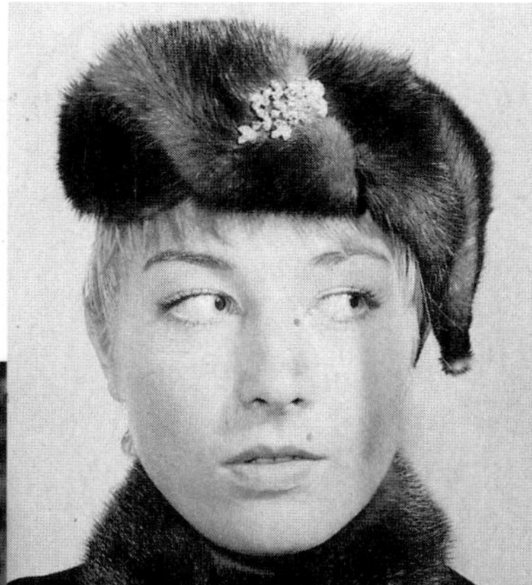

Damen, die der Zeit folgen, fangen damit auf dem Kopf an: Teurer Nerz als Barett (ganz oben), die dreigeteilte Karo-Dame-Frisur, in der Mitte in die Stirn gekämmt, rechts und links im „Sechser" über die Ohren (darunter). Links etwas für die musikalische Frau: Das Mini-Radio in der Handtasche

Wollpullover auch. Die Röcke werden mal wieder kürzer, die Farben heller, die Jacken hüftlang, die Schnitte einfach, die Haare kurz, die Mode insgesamt weich und fließend, die Taille kaum noch eingeengt.

Der Herr braucht ein Hemd mit „Haifischkragen", und die Krawatte ist, bitte sehr, schmal und sportlich mit dünnen Schrägstreifen zu tragen. Damen wie Herren lieben den Dufflecoat, weil er im Auto so praktisch ist, und enge, lange italienische Schuhe, die nach zwei Stunden total unpraktisch und zur Qual werden. Mädchen mit Pferdeschwanz wie Brigitte Bardot kommen ohne Petticoat und Rock 'n' Roller-Slipper kaum noch aus, junge Herren zwängen sich gern in enge Röhren-Jeans.

In die Röhre schauen die Herren der Handwerkskammer von Mittelfranken, denn ihr Präsident, der Schuhmachermeister Hans D., hat sie geleimt. 52.000 DM soll er von der Kammer zu Unrecht bekommen und 7.354 DM als Erlös einer Ausstellung in die eigene Tasche gesteckt haben. Das Gericht rechnet D. vor, daß er aus seinen ungezählten Haupt- und Nebenämtern jeden Monat mindestens 3.200 DM legal bezogen habe, von Sitzungs-, Tage- und Kilometergeldern gar nicht zu reden, und das sollte doch genügen. Im Bayerischen Senat, im Bayerischen Handwerkstag, im Bundestag, bei der Landesversicherungskammer, in x Handwerksgremien und Vereinen – überall hat der Gschaftlhuber D. seine Nase reingesteckt und überall Bezüge und Entschädigungen eingesackelt. Daß ein Mann mit so vielen Ämtern so wenig auf seinen Ruf und noch weniger auf öffentliche Gelder achte, sondern sich davon auch noch eine dicke Scheibe – illegal – abgeschnitten habe, das wurmt die Richter am meisten. Dann wird er auch noch aufmüpfig. Die Frage des Gerichts, weshalb er bei Veranstaltungen am Wohnort Nürnberg Tagegelder verrechnet hat, wo er doch als Präsident der Handwerkskammer aufgetreten sei, beantwortet D. keß: „Wenn bei einer Freisprechungsfeier ein Komiker auftritt, kriegt er hundert Mark. Warum soll ich für mein Referat nicht 15 Mark bekommen?" Das Gericht findet diesen Vergleich nicht komisch und verdonnert den Ex-Präsidenten und verhinderten Komiker zu zwei Jahren Gefängnis und 25.000 DM Geldstrafe. Und noch eins obendrauf: Er habe die Demokratie „herabgewürdigt".

Bande der „Roten Teufel"

Den Gang zum Richter haben 20 Burschen zwischen 15 und 21 noch vor sich. Sie gehören der größten Jugendbande an, die Nürnberg seit Kriegsende gesehen hat. Die „Roten Teufel" haben 50 Mopeds und 20 Autos gestohlen, ungezählte andere aufgebrochen, Automaten und Ladenkassen reihenweise geknackt, Zechen geprellt und arglose Passanten überfallen, bis die Polizei den grausamen Spaß beendet. Sogar das Revier am Luitpoldhain haben die „Roten Teufel" zu stürmen versucht. Auf diesen verwegenen Namen sind sie verfallen, als ihnen ihre ursprüngliche Bezeichnung „Halbstarken-Bande" nicht mehr gefiel. Die rebellischen Gesellen sind zum großen Teil Söhne sogenannter achtbarer Eltern. Roter Pullover und helle Lederbekleidung, das ist die Banden-Kleidung, zwei Mädchen werden zu „Banden-Bräuten" erklärt, und der 17jährige „Chef" genießt den Vorzug, ein aufgemotztes und verchromtes Moped zu fahren. Spitze: 100 km/h. Der normale „Rote Teufel" darf über 80 Sachen nicht hinaus.

Nürnberg verliert in diesem Jahr eine Reihe prominenter Persönlichkeiten, darunter beide Bürgermeister.

Anfang Februar stirbt der langjährige Nürnberger DGB-Vorsitzende Jean Inselsberger mit 75 Jahren an einem Herzinfarkt, kurz danach der stadtbekannte VW-Händler Wilhelm Krauss aus der Regensburger Straße, am 19. März der 80jährige Hans Ziegler, nach dem Krieg Oberbürgermeister der Stadt.

Am Freitag, 29. März, erliegt Bürgermeister Julius Loßmann während einer ärztlichen Untersuchung einem Herzschlag. Nach einem Besuch bei der Industrie- und Handelskammer sucht er seinen Arzt auf; im Sprechzimmer ereilt ihn der Tod. Loßmann, die populäre und beliebte „Schusterkugel", wäre am 27. April 75 Jahre alt geworden. Seit 7. Dezember 1949 ist er Bürgermeister gewesen, ein Jahr lang hat er – zwischen Dr. Ziebill und OB Bärnreuther – die Stadt allein regiert. Tausende kommen zu seiner Beerdigung. Sein Nachfolger wird der Sozialdemokrat Franz Haas, gebürtig aus Kornhöfstadt bei Scheinfeld, seit 1923 in Nürnberg, Verlagsleiter der SPD-Zeitung „Fränkische Tagespost".

Im Mai stirbt in Neumarkt die älteste Nürnbergerin, Kunigunde Meister. Sie ist 101 Jahre alt geworden, im Krieg ausgebombt, aber

Er ist nur 49 Jahre alt geworden: Otto Bärnreuther (links), seit 1952 Oberbürgermeister der Stadt, bei einer Grundsteinlegung mit dem Direktor der städtischen Wohnungsbaugesellschaft, Joseph Haas

Boogie und Rock 'n' Roll sind „in", die Jugend tauscht eifrig die neuesten Schallplatten. „Tausch-Clubs" werden gegründet

auch an ihrem 100. Geburtstag noch voller Hoffnung gewesen, in ihre Heimatstadt zurückzukehren.

Unfaßbar ist die Nachricht vom Tod des Oberbürgermeisters am Samstag, 21. September. Otto Bärnreuther ist gerade 49 Jahre alt. Vormittags noch sitzt er im Rathaus an seinem Schreibtisch, fährt dann mit seiner Frau in die Deutschherrnstraße. Sie wollen einer Bekannten zum Geburtstag gratulieren, der Christl Freiberger, Tochter vom Opel-Kropf und Ehefrau des Motorsportclub-Vorsitzenden Willy Freiberger.

Otto Bärnreuther überreicht einen Strauß roter und weißer Nelken und sagt: „Meinen herzlichen Glückwunsch. Dies sind die Farben der Stadt Nürnberg." Im selben Augenblick bricht er tot zusammen. Herzschlag – das Wort „Nürnberg" noch auf den Lippen, den Namen seiner Geburts- und Heimatstadt, die er geliebt hat.

Otto Bärnreuther, am 27. August 1908 als Sohn eines Eisendrehers geboren, tritt 1928 als Beamtenanwärter in den Dienst der Stadt. 1933 wird er in die gehobene Beamtenlaufbahn übernommen und kurz darauf von den Nazis aus politischen Gründen entlassen. Politisch verfolgt, für eine Weile arbeitslos, baut er sich eine private Existenz auf, wird 1940 zur Wehrmacht eingezogen und 1942 in Rußland verwundet. Nach dem Zusammenbruch 1945 gründet er die SPD in Nürnberg wieder, kehrt zurück auf seinen Posten bei der Stadt und wird 1946 Direktor der Stadtsparkasse, 1949 SPD-Fraktionsvorsitzender im Stadtrat und am 1. Mai 1952 Oberbürgermeister. 1955 verleiht ihm die Hochschule für Wirtschafts- und Sozialwissenschaften die Würde eines Ehrendoktors.

Nürnberg trauert. Die ganze Stadt mochte ihren OB, auch politische Gegner hatten mehr als nur Achtung übrig für ihn. Er galt zu Recht als kompetenter Fachmann, sachlich, kurz und knapp in seinen Reden. Stolz, aus dem Arbeiterstand zu kommen, redete er immer, wie ihm der Schnabel gewachsen war. Er hatte Witz und Humor. Wer ihn näher kannte, der wußte, daß Otto Bärnreuther ein Mensch mit sehr viel Herz war – mit mehr Herz vielleicht, als es sich ein Politiker in den Kämpfen des Alltags erlauben darf.

Im November wird der Sozialdemokrat Dr. Andreas Urschlechter zu seinem Nachfolger gewählt, mit 38 Jahren Deutschlands jüngster Oberbürgermeister. Er bekommt 132.227 Stimmen, sein Gegenkandidat aus dem „Bürgerblock", Dr. Hanns Bencker, 34.604 Stimmen weniger.

Schock für die Sozis

Zwei Monate vorher noch, am 15. September und damit knapp eine Woche vor dem Tod Bärnreuthers, trifft die Nürnberger Sozis ein unerwarteter Schock: Bei der Bundestagswahl verlieren sie zum ersten Mal nach dem Krieg in Nürnberg ihre Mehrheit. 43,3 Prozent (116.461 Bürger) wählen die CSU, 42,1 (110.714 Bürger) die SPD, 8,4 (22.237) die FDP. Im Bundestag werden Nürnberg und Fürth jetzt von zwei CSU-Mannen vertreten: Georg Stiller und Dr. Friedrich Winter. Die beiden bisherigen SPD-Abgeordneten, Käte Strobel und Max Seidel, bleiben abgeschlagen im Feld. Die Strobels Käte jedoch behält ihren Parlamentssitz.

Im Bundesgebiet ist Adenauer der große Sieger, seine CDU/CSU erhält 50,18 Prozent, SPD 31,75, FDP 7,7. In Bayern heimst die CSU 57,2 Prozent ein, die SPD 26,5, die FDP 4,5, GB/BHE 6,7.

Im August/September werden in den Vereinigten Margarine-Werken 20 Arbeiter und Angestellte vom Typhus befallen. Ein 30jähriger Schlosser stirbt. Das Werk wird für zwei Wochen geschlossen, ein Millionenschaden für das Unternehmen.

Im Oktober kämpft die Stadt mit einer schlimmen Grippewelle. 35.000 Fälle werden gemeldet, elf Personen sterben, 290 Schulklassen müssen geschlossen werden, in den Betrieben steigt der Krankenstand auf 20 Prozent, die Straßenbahnlinie 11 zwischen Nürnberg und Fürth wird eingestellt, die Linien 1 und 21 verkehren nur noch stundenweise, weil zu viele Straßenbahner Grippe haben; die AOK bezahlt fast fünf Millionen Mark Krankengeld.

Noch ein paar Rekorde: Mit 239 geklauten Autos wird 1957 das Rekordjahr der Kfz-Diebe. Zwei Nürnberger gewinnen Rekordpreise beim Lotto: Der 60 Jahre alte Hausmeister Anton Feulner vom Sperberschulhaus mit vier Mark Einsatz 400.575 DM, ein 47jähriger Lagerarbeiter 261.000 DM; in der Neujahrsnacht 56/57 war ihm ein großer Spiegel zerbrochen, was eigentlich Unglück bedeutet. Man sieht: Auch auf ein Sprichwort kann man sich nicht verlassen. In der Danziger Straße wird ein Lebensmittelgeschäft mit Rekordmarke eröffnet: Europas kleinster Selbstbedienungsladen (knapp 27 qm groß).

1957 beteiligt sich Grundig „maßgeblich" bei Triumph. „Spar"

Nürnbergs neuer OB, Dr. Andreas Urschlechter, trägt jetzt die Amtskette des Stadtoberhaupts. CSU-Stadtrat Gottfried Meyer gratuliert

führt die erste „Tiefkühlkette" Nürnbergs ein, damit die Hausfrau von nun an zu jeder Stund' jedes beliebige Essen frisch auf den Tisch bringen kann, falls der Eisschrank ein Kühlfach hat. Die „Nürnberger Nachrichten" haben Anfang 57 eine Auflage von 172.020, am Wochenende 211.625 erreicht, die Stadt 434.556 Einwohner, die Bundespost 31.564 Fernsprech-Teilnehmer.

Zum Jahresende zieht Dr. Paul W. Meyer von der Nürnberger Hochschule für Wirtschafts- und Sozialwissenschaften Bilanz: Unterm Strich sind im Jahresdurchschnitt die Löhne um 4,5 Prozent gestiegen, die Preise um vier Prozent; davon Lebensmittel um 2,2, Textilien und Schuhe um fünf und Möbel um 4,8 Prozent.

Meyer bangt um das wirtschaftliche und finanzielle Polster, das uns fehle, um sorglos in die Zukunft blicken zu können, denn am 1. Januar 1958 beginnt mit dem Gemeinsamen Markt das größte Wirtschaftsexperiment dieses Jahrhunderts.

Deshalb stellt er die besorgte Frage, ob den vergangenen sieben fetten Jahren nun die sieben mageren folgen werden. Wir aber trösten uns: Die Bibel muß nicht immer recht haben.

N·EN 919

Alptraum oder Lösung aller Verkehrsprobleme: Die Straßenbahn auf der Museumsbrücke. Wie auf dieser Fotomontage, könnte die Tram nach den Plänen traditionsverwurzelter Stadtplaner von der Lorenzkirche über den Obstmarkt und durch die Tetzelgasse zum Maxtor fahren

Was man aus dem Torso der Kongreßhalle alles machen kann: Überdachte Mehrzweckhalle für 120.000 oder offenes Sportstadion für 90.000 Menschen. Pläne, nichts als Pläne...

Der Weiße Turm und die Straßenbahn. Jetzt umfährt sie ihn, die Haltestelle schmiegt sich an seine linke Seite.

Der Verkehr wird, einbahnig, links und rechts vorbeigeführt. Provisorium oder Dauerlösung?

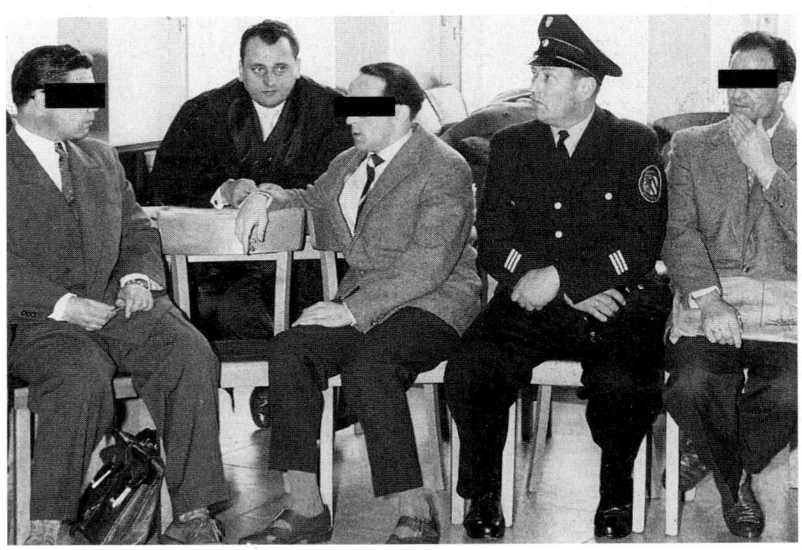

Auf längere Haft-Dauer müssen sich die Angeklagten im Prozeß um das fidele Gefängnis einrichten

1958

Doppelmord und Ausverkauf

Es beginnt am Fürther Hauptbahnhof und es endet mit Nürnbergs größtem Justizskandal der Nachkriegszeit. Aber es soll nur der Auftakt sein zu einem Jahr der Gewalt, das Nürnberg beinahe den Ruf eines „Klein-Chicago" einbringt.

Kriminalbeamte verhaften einen Mann, der in seiner Hosentasche drei Gefängnisschlüssel spazierenträgt. Es ist der entsprungene Sträfling Rudolf R. aus Altenfurt, der im Nürnberger Justizgefängnis schon bitter vermißt wird. Der 48jährige Kaufmann hat seine Zelle auf dem schnellsten und einfachsten Weg verlassen, den es gibt: durch die Tür. Die drei Schlüssel in seiner Hosentasche sind der beste Beweis.

Woher er die habe, wollen die neugierigen Kriminaler wissen.

„Gekauft von einem Aufseher", antwortet Häftling Rudolf ganz cool, als habe er nur eben mal den Schlüsseldienst bemüht.

Den Polizisten verschlägt's die Sprache. Ein Anruf bei den Justizbehörden bringt den Vorstand der Nürnberger Strafanstalten, Oberregierungsrat Karl Stöhr, auf die höchste Palme und Ministerialdirektor Dr. Leopold vom Bayerischen Justizministerium sofort auf den Weg nach Nürnberg. Peinlich, peinlich, so eine Panne. Wo man den Rudolf nach einem mißglückten Ausbruchsversuch doch extra in eine Sicherheitszelle gesperrt hat. Von wegen Sicherheit! Am besten, man schweigt sich erst mal aus, bevor noch mehr zu Bruch geht.

Aber Justitia hat nicht mit Hans Hugo M. gerechnet. Durch ihn kommt der ganze Skandal ans Licht. Der 35jährige, schmächtige Mann geht zur Presse und redet auch sonst wie ein Buch. Er ist mit Rudolf R. befreundet und war selbst mal Häftling hinter Nürnbergs Gefängnismauern; deshalb weiß er, wie fidel es dort zugeht. Er erzählt überall herum, wie das mit den Hausschlüsseln zum Gefängnis gelaufen ist, die der Häftling Rudolf in der Tasche hatte. Der Justiz-Oberwachtmeister Wilhelm H. hat der Ehefrau des Rudolf R. einen Gipsabdruck der Originalschlüssel nach Altenfurt in die Wohnung gebracht. Die ließ ein paar Ersatzschlüssel nachmachen und brachte sie ihrem Mann beim nächsten Besuch in den Knast. So einfach geht das. Daß der Justiz-Oberwachtmeister sich nicht ohne Gegenleistung als Türöffner hergibt, sondern die Waltraud R. ganz gern mag, das sei doch normal.

Intimes aus dem Knast

Aber die Sache mit dem Rudolf ist ja noch gar nichts, sagt der smarte Kaufmann Hans Hugo, da sind ganz andere Sachen passiert.

Er muß es wissen, denn er diente im Knast als Schreiber beim Gefängnisarzt Dr. S. Rudolf übrigens auch. „Ich hatte durch diese Position sehr gute Möglichkeiten, die intimsten Verhältnisse in der Nürnberger Strafanstalt aus erster Hand kennenzulernen", verrät Hans Hugo und breitet diese „intimsten Verhältnisse" auch gleich aus.

Er schreibt im Gefängnis die Krankenstands-Berichte für die Direktion und für das Bayerische Justizministerium, führt die Karteiblätter und spielt den Gefangenen gegenüber auch mal den Arzt, wenn der nicht zur Sprechstunde kommt. Er verordnet den Häftlingen Magen-, Herz- und Nervenmittel, und er hat freien Zugriff zum Opiaten-Schrank.

Mit Geld und Geschenken und mit einem gewissen Entgegenkommen der Häftlingsfrauen kannst du im Knast alles haben, sagt Hans Hugo und schiebt gleich ein paar Beweise nach:

Ein bekannter Nürnberger Kaufmann öffnet sofort nach seiner Einlieferung seine Brieftasche, worauf sich die Türen der geruhsamen Krankenabteilung öffnen. Dort „verbüßt" der spendable Herr seine Strafe, kann tun und lassen, was er will, telefoniert mit seiner Familie, führt seine Geschäfte ungeniert weiter und kehrt als erholter Mann nach Hause zurück. „Strafe" nennt der Hans Hugo sowas nicht, er sagt „Urlaub".

Oder: Wenn die Wärter mit ihren Familien sich im hochmodernen Gefängnisbad säubern, weil sie zu Hause so etwas nicht haben, dann werden sie von den privilegierten Gefängnis-„Hauseln", den Schreibern und Kalfaktoren, reichhaltig mit jeglichem Toilettenkomfort versorgt.

Oder: Der Justizwachtmeister Alfred K. schiebt freundlich lächelnd von Hans Hugos Mutter eine goldene Uhr, einen Mantel, einen Schal und zwei Hemden dafür ein, daß er den Sohnemann im Gefängnis fürsorglich behandelt. Der Verwaltungsangestellte Herbert B. genießt die Liebesgabe von zwei Häftlingsfrauen, mit ihnen in den häuslichen Betten schlafen zu dürfen. Zum Dank versorgt er die gehörnten Ehemänner mit allem, was sie gern haben möchten. Natürlich baut er sich eine Verdienstspanne ein, wenn er für die „Knastis" einkaufen geht. Dafür wiederum bekommt er sogar eine ausgewachsene Boxerhündin und das Buch „Mitgefangen, mitgehangen" geschenkt. Wie sinnig.

Gefängnisarzt Dr. S. hat sich von Hans Hugo vier Langspielplatten und von Rudolfs charmanter Frau eine Wollstola schenken lassen. Ein Nürnberger Kinobesitzer erkauft sich Gunst und Extra-Freiheiten durch Freikarten für seinen Filmpalast. Wenn gefeiert wird, dann nicht zu knapp, und das bezahlen selbstverständlich die Herren Häftlinge. Die drücken dann auch ein Auge zu, wenn der Aufseher hinterher seinen Rausch in ihrer Zelle ausschläft. Dort schlafen öfter mal auch „aushäusige" Damen mit den Häftlingen, wenn die „Knete" für den heimlich erlaubten Einlaß stimmt.

100.000 Adressen geklaut

Der Hauptwachtmeister Georg G. gründet mit dem Häftling Alfred F., einem Kaufmann aus Hannover, im Gefängnis die Firma „Dreieck-GmbH", ein Versandgeschäft. Als Geschäftsgrundlage reißen sie sich 100.000 Kundenadressen unter den Nagel, die ein Großversandhaus zwecks Beklebung von Bestellzetteln regelmäßig in die Gefängnis-Werkstatt liefert. Der Hauptwachtmeister ist zuversichtlich, daß er als Teilhaber im Ruhestand zu einem vermögenden Mann wird, und er macht seine Adoptivtochter offiziell zur Teilhaberin. Die junge Dame brennt auf ein Auto, das aber nur mit Hilfe der „Dreieck-GmbH" erschwinglich wird. Adoptivvater G. kann sie beruhigen: „Mach' schon mal den Führerschein, im nächsten Jahr fahren wir Auto."

Dann die Eskapaden der Aufseherin Käthe. Die liegen zwar schon sieben Jahren zurück, kommen aber erst beim Großreinemachen im fidelen Gefängnis ans Tageslicht. Käthe hat „Unzucht mit einem Abhängigen" betrieben, was man sonst eigentlich nur im umgekehrten Verhältnis kennt. Als Arzthilfe im Gefängnis-Spital muß die damals 39jährige Käthe auch die Mannsbilder unter den Gefangenen bewachen. Erlaubt ist dies laut Verordnung zwar nicht, aber weil es zu wenig männliche Aufseher gibt, drückt die Direktion ein Auge zu, die Käthe den 42jährigen Gefangenen Günther an ihr Herz und auf die Pritsche. Eigentlich soll sie ihn abends in seine Zelle schließen und morgens wieder rauslassen. Aber Käthe schließt Günther in ihr Abendgebet und sich selbst mit in die Liebes-Zelle ein. Diese menschlich verständliche Zuneigung nennt das Gesetz „Unzucht mit Abhängigen", denn „jeder nicht dienstliche Verkehr mit einem Gefangenen" ist nicht erlaubt. Für das fidele Gefängnis von Nürnberg freilich sind solch engstirnige Vorschriften nicht gemacht.

Dem Anstaltsgeistlichen allerdings ist die hier geübte Freizügigkeit fremd. Er zeigt sich höchst ungehalten, als vier Häftlinge ihn aufs Bett schnallen und so lange zappeln lassen, bis sie seinen Tabak „aufgeraucht" haben. Zum Glück hat der Herr Pfarrer nur so viel dabei, daß es für jeden zu einer Zigarette reicht. Der Diener Gottes beschwert sich bei der weltlichen Gerechtigkeit, doch die verpaßt dem Rauchkollegium nur ein paar Tage verschärften Arrest – auf Bewährung.

So also geht's zu im Nürnberger Zellengefängnis, sagt Hans Hugo, und wer das nicht glauben will, der braucht nur seinen Freund Rudolf und dessen Frau Waltraud zu fragen, wie er an die Gefängnis-Schlüssel gekommen ist. Daß auch er, Hans Hugo ganz persönlich, mit der Waltraud längst sehr eng liiert und mit den „intimsten Verhältnissen" in ihrem Schlafzimmer noch vertrauter ist als mit denen der Nürnberger Strafanstalt, das verschweigt er allerdings. Es läßt jedoch die Vermutung zu, daß er der Fürther Kripo das leise Verschwinden seines Spezis Rudolf gesteckt hat, um in Waltrauds Bett nicht gestört zu werden.

Schließlich sitzen vier Nürnberger Gefängnisaufseher, der Anstaltsarzt, die Wärterin Käthe, der Ausbrecher Rudolf und der Hans Hugo mehr oder minder zerknirscht vor ihren Richtern, und alle Welt fragt sich: Wie kann sowas passieren? Ein Blick in die Gehaltsliste der bewachten Wächter erlaubt zumindest eine Erklärung: Ein Beamter im Strafvollzugsdienst bekommt während seiner einjährigen Anwärterzeit 178 bis 240 DM Monatsge-

Musik-Lieblinge 1958

Catarina Valente, Lys Assia, René Carol, Marika Rökk, Elvis Presley, Bibi Johns, Fred Bertelmann, Lale Andersen, Penny Pipers, Hansen-Quartett, Freddy, René Kollo, Rudolf Schock, Peter Alexander, Peter Kraus, Vico Torriani, Conny alias Cornelia Froboess, Angele Durand, Ralph Bendix, Heidi Brühl, Margot Eskens, Mario Lanza, Mario del Monaco, Teddy Reno, Ted Herold, Lolita, Gabriele („Deutschlands jüngster Gesangsliebling"), Bully Buhlan, Maureen Rene, Mona Baptist, die Orchester Kurt Edelhagen, Albert Luczkowsky mit dem Rias-Tanzorchester, das Hazy Osterwald-Sextett, Max Greger, Hugo Strasser, Herbert Lehn, Josef Nießen, Werner Müller, Kurt Graunke, Helmut Zacharias, Barnabas von Gezy.

halt, danach anfangs 300 DM und, wenn er Glück hat, irgendwann mal 400 DM. Wer da einen labilen Charakter hat unter lauter ausgebufften Ganoven, denen der „Zwickel" locker sitzt, der wird halt leicht schwach, sagt der Herr Ministerialdirektor Dr. Leopold aus München. Wie wahr.

Die Gefängnisaufseher brauchen nicht in ihr eigenes Gefängnis einzuziehen, sie verlassen den Gerichtssaal zwar mit Strafen von drei bis zu 16 Monaten, aber die kriegen sie auf Bewährung gestundet. Rudolf wandert zurück in den Knast, weil er noch den größten Teil seiner Strafe absitzen muß. Den Hans Hugo, der sich durch seine hemmungslose Plapperei hineingeritten und selbst der Bestechung bezichtigt hat, will der Richter nur laufen lassen, wenn er 2.000 DM Kaution hinterlegt. Geschickt wie der Hans Hugo nun mal ist, handelt er den Richter auf 1.000 DM herunter.

Während ganz Nürnberg über das fidele Gefängnis an der Fürther Straße lacht, ist in der Zeitung zu lesen, daß niemand sich Sorgen um seine Sicherheit zu machen braucht, die Stadt sei eine der sichersten im Bundesgebiet. Zwar habe es im letzten Jahr um 11,1 Prozent mehr Verbrechen und Vergehen gegeben, aber – keine Angst! – dafür liege die Aufklärungsquote mit 69 Prozent weit über dem Durchschnitt. Polizeipräsident Erich Heß steckt dieses Lob im Stadtrat zufrieden ein und OB Dr. Urschlechter sagt: „Wir können stolz sein auf unsere Polizei. Aber der Bürger selbst muß mithelfen, seine eigene Sicherheit zu erhöhen."

Damit ist der gute Bürger etwas überfordert, denn 1958 wird noch reich an Morden und Tragödien sein. Der Polizeipräsident hat zu früh jubiliert, und dem Bürger wird bald angst und bange um seine Sicherheit.

Am 9. März liegt im Wald bei Moorenbrunn die Leiche der 62jährigen Hausgehilfin Maria Plarre, erstickt mit einem Knebel. Die Frau war seit 20. Dezember 1957 vermißt worden. Täter unbekannt.

Bei einer gerichtsmedizinischen Untersuchung werden im Körper der toten Karola Zechmeyer, 43jährige Wirtin des Lokals „Grinzing in Franken" am Reichelsdorfer Keller, Spuren von Zyankali gefunden. Mord oder Selbstmord? Alle Anzeichen deuten auf ein Verbrechen. Ein Handelsvertreter, befreundet mit der Wirtin, wird festgenommen, aber wieder freigelassen. Und die Polizei sucht weiter nach einem Täter.

Dienstag, 1. April, 9.45 Uhr, Gyulaer Straße 7, 4. Stock, ein altes Haus von 1910: In seiner Wohnung wird der 53jährige Diplom-Ingenieur Gustav Meyer ermordet aufgefunden; brutal erschlagen mit zwei Hämmern und einer Eisenplatte.

Tradition und Moderne in den 50ern: Normaluhr der Gründer- und der neuen Zeit. Keine Frage, wer schöner ist

Der Mord muß am Abend vorher geschehen sein, zwischen 20.15 und 21 Uhr.

Im Wohnzimmer des Junggesellen Meyer brennt noch das Licht einer Stehlampe, die Vorhänge sind zugezogen, das Radio spielt Morgenmusik, als ein Arbeiter den Toten findet. Sein Chef hat ihn zu Meyer geschickt, weil der nicht zur verabredeten Besprechung erschienen war.

In noch nicht mal 24 Stunden wird der erste der drei Täter im Hamburger Hauptbahnhof verhaftet: Richard S., 21, Möbelpolier aus Nürnberg. Gleich nach dem Mord am Montagabend ist er mit dem Nachtschnellzug nach Hamburg gefahren. Seine beiden Komplicen, Helmut P., 19, und Wolfgang K., 22, werden wenig später in Nürnberg festgenommen. Motiv: Raub. Die drei Verbrecher erbeuten 900 DM.

Daß sie so schnell gefaßt werden, ist der Intuition eines Nürnberger Kriminalers zu verdanken. Er bleibt allein zurück in der Wohnung, nachdem alle Spuren gesichert und seine Kollegen abgerückt sind. Er wartet, er weiß selbst nicht worauf, aber er wartet. Er fühlt, daß noch irgendetwas geschehen wird. Er täuscht sich nicht.

Um 7 Uhr abends klingelt es an der Tür. Ein junger Mann steht draußen und fragt nach Gustav Meyer. Er ist offensichtlich ahnungslos, der 21jährige Karl aus Zabo. Der Kripomann quetscht ihn aus, und Karl nennt die Namen von Meyers Bekannten; er kennt sie fast alle – auch Richard S. Auf ihn trifft die Beschreibung der Nachbarn zu, die am Montag den Burschen im Hausgang gesehen haben. Die Fahndung hat Erfolg.

Beim Prozeß vor dem Nürnberger Schwurgericht im September will der Vater des S. sich vom 4. Stock des Gerichtsgebäudes in den Treppenschacht stürzen. Besucher reißen ihn im letzten Augenblick zurück. Vater S. kann es nicht verwinden, daß sein Sohn Richard, eines von fünf Geschwistern, „so aus der Art schlagen konnte“. Er macht sich bittere Vorwürfe, weil er Richard zu Hause hinausgeworfen hat, als der nur noch herumlungerte und nichts mehr arbeiten wollte. „Hätte ich's doch nicht getan“, weint er.

Richard S. bekommt lebenslänglich, seine Kumpanen werden zu 10 und 12 Jahren Zuchthaus verurteilt.

Mord im Hausgang

Freitag, 27. Juni, 20.05 Uhr, Johannisstraße 42, Vorderhaus Parterre: Es läutet an der Wohnungstür der Eheleute Kirschner, die im selben Haus ein Kolonialwarengeschäft betreiben. Lina Kirschner öffnet. Ein junger Mann steht draußen. Helle Windjacke, schwarze Hose, Ringelsocken. Er fragt: „Ist Herr Kirschner zu Hause?“

Georg Kirschner, 65, kommt an die Tür. Der Fremde zieht eine 6,35-mm-Pistole und schießt, ohne ein Wort zu sagen. Georg Kirschner wird zweimal getroffen, in den Oberschenkel und in die Brust. Lina Kirschner wirft sich vor ihren Mann. Der Unbekannte schießt auch auf sie, zweimal in die Brust. Georg Kirschner kann den Burschen mit letzter Kraft auf den Hausflur drängen, seine Frau ruft um Hilfe. Noch einmal drückt der Mörder ab, trifft Kirschner in den Kopf. Bewußtlos sinkt er an der Haustür zu Boden. Nachbarn kommen die Treppen herab. Der Mörder flieht in den regnerischen Abend. Georg Kirschner stirbt zwei Stunden später im nahen Krankenhaus, seine Frau überlebt.

Die Nachbarn schildern der Mordkommission haarklein, wie der Täter ausgesehen hat. Die Beschreibungen fügen sich zu einem Mosaikbild, und die Kripo findet in ihrem „Verbrecheralbum“ das passende Gesicht dazu, den passenden Namen: Kurt N., 21, Bauhilfsarbeiter aus der Hinteren Ledergasse. Sieben Stunden nach der Tat nimmt die Polizei den Mörder in seiner Wohnung fest.

Das Motiv? „Der Kirschner ist mir bei der Johannis-Kärwa vor zwei Jahren saublöd daherkumma, bloß weil ich a weng ausg'lass'n war. Des wollt' ich ihm heimzahl'n“, sagt N. Ein Racheakt also?

Das nimmt die Kripo ihm nicht ab. Sie vermutet eher, daß er die Kirschners überfallen hat, um ihre Ladenkasse auszurauben. Nur die verzweifelte Gegenwehr der alten Leute und das Erscheinen der Nachbarn haben ihn verscheucht. Die Polizei behält recht: Bei späteren Vernehmungen gibt N. zu, daß er auf das Geld der Kirschners aus war.

Dienstag, 22. Juli. Der 36jährige Diplom-Landwirt Matthias Neidenbach aus der Fichtestraße 12 und die 65 Jahre alte Witwe Elisabeth Wiggen vom Kirchenweg 6 a verschwinden spurlos. Noch ahnt niemand, daß sich daraus eines der schlimmsten Verbrechen in der Nachkriegsgeschichte Nürnbergs entwickeln soll.

Eine Verbindung zwischen Neidenbach und Wiggen ist rasch hergestellt: Neidenbach und seine Frau haben bis zum 19. Juli als Untermieter bei der Witwe Wiggen gewohnt, ehe sie in ihr eigenes Haus an

Mordfall Meyer: Kriminalbeamte tragen eine Puppe aus dem Haus an der Gyulaer Straße (oben). Sie soll beim Lokaltermin den Ermordeten darstellen. Die Nachbarn schau'n betroffen zu

Mordfall Kirschner: Beim Kettensteg wird die Pegnitz abgelassen, damit 25 Polizeibeamte die Waffe des Täters finden. Dort will er sie ins Wasser geworfen haben. Die Suche bleibt ergebnislos

der Fichtestraße gezogen sind. Und da gibt es noch ein Bindeglied: Ein unbekannter Mann „mit grauem Hut" hat am Dienstagmorgen erst Neidenbach und, am Nachmittag, die Witwe Wiggen zu Hause abgeholt. Beide sind mit dem Unbekannten weggegangen und nicht zurückgekehrt. Derselbe Unbekannte hat danach vergeblich versucht, mit dem Sparbuch Neidenbachs bei einer Bank 20.000 DM abzuheben. Der Bankbeamte hat ihm das Geld nicht gegeben.

Eine mysteriöse Geschichte, in die auch nicht mehr Licht kommt, als die Polizei das Leben der beiden Verschwundenen aufzuhellen versucht. Neidenbach ist als notorischer Geizkragen und Finanzgenie bekannt. Obgleich er ein Haus mit zehn Mietern und ein gutgepolstertes Konto hat, muß seine Frau für 60 DM Wochenlohn in eine Fabrik arbeiten gehen. Über die Witwe Wiggen gibt es kaum etwas zu berichten: ruhig, bescheiden, lebt zurückgezogen, seit zwölf Jahren Witwe.

Dann wird ruchbar, daß Neidenbach immer hinter irgendwelchen Geschäftchen her war. Drei Wochen vor seinem Verschwinden taucht er bei der Nürnberger Niederlassung einer Mineralölgesellschaft auf und bewirbt sich um eine Tankstelle. 40.000 DM habe er bar auf der Hand. Er wird vorgemerkt, aber schon ein paar Tage später kommt er wieder und macht einen Rückzieher. „Kein Interesse mehr, mein Finanzberater hat mir abgeraten."

Ist dieser „Finanzberater" und der Unbekannte mit dem grauen Hut ein und dieselbe Person?

Nochmals ist die Rede von Unbekannten, diesmal gleich von zwei: Vor etwa vier Wochen, so sagt eine Zeugin, der die Witwe Wiggen dies „unter dem Siegel der Verschwiegenheit" erzählt habe, vor vier Wochen also sind am Kirchenweg 6a zwei Kriminalbeamte erschienen, um den Untermieter Neidenbach zu besuchen. Sie zeigen ihre Dienstausweise, tun aber sehr geheimnisvoll, als die Witwe Wiggen ihnen sagt, daß der Untermieter nicht zu Hause ist. Sie müßten ermitteln gegen ihn und dazu sei eine Wohnungsdurchsuchung nötig. Die Witwe lehnt ab. Sie weigert sich auch, mit den Kriminalern nach Lauf zu fahren, wo man sie zwei Verhafteten „im Fall Neidenbach" gegenüberstellen wolle. „Na ja, dann behalten wir uns die Lösung für später vor", sagen die Kriminaler, bitten sie, strengstes Stillschweigen zu bewahren und gehen.

Kennzeichen: Grauer Hut

Die Witwe Wiggen beschreibt den Wortführer der beiden Kriminaler ihrer Bekannten, „aber ganz im Vertrauen": 40–45 Jahre, 1,70 bis 1,75 m groß, kräftig, untersetzt, breitschultrig, volles, rundes Gesicht. Kennzeichen: Grauer Hut, die Krempe vorn nach unten gebogen.

Diese Beschreibung paßt haargenau auf den „Unbekannten mit grauem Hut", der Neidenbach am 22. Juli abholt und später von dessen Konto 20.000 DM abheben will. Sie paßt auf den Mann, mit dem die Witwe Wiggen am selben Tag weggeht (warum bloß?), und sie deckt sich mit den Angaben von Neidenbachs Frau, wenn sie von einem Unbekannten spricht, mit dem ihr Mann sich öfter getroffen hat.

Wer ist dieser Fremde mit dem grauen Hut? Die Polizei ermittelt nach allen Richtungen, eine Sonderkommission wird gebildet, und als nach mehr als zwei Wochen von den Verschwundenen noch immer keine Spur zu finden ist, glauben selbst Optimisten an das Schlimmste. Ist die Hausgehilfin Maria Plarre nicht auch von einem Unbekannten abgeholt worden, ehe man sie tot im Wald fand?

Die Befürchtung bewahrheitet sich. Am Sonntag, 10. August, findet ein Pilzsammler im Unterholz von Birnthon bei Fischbach die Leiche eines Mannes – knapp drei Kilometer von der Stelle entfernt, wo Maria Plarre lag. Es ist Matthias Neidenbach, geknebelt und durch einen Kopfschuß aus nächster Nähe getötet, Kaliber 7,65 mm.

Die Witwe Wiggen bleibt verschwunden, neun Tage noch. Dann, am 19. August, entdeckt ein Bauer in einem Weiher vor Heuchling den abgetrennten Arm einer toten Frau, kurz darauf die Landpolizei im nahen Wald den Körper. Es ist Elisabeth Wiggen. Auch sie aus nächster Nähe durch einen Kopfschuß hingerichtet. Pistole Kaliber 7,65 mm.

Der Doppelmord elektrisiert die Polizei, er wird zum Tagesgespräch in Nürnberg. Doch von den Mördern keine Spur. Es müssen mindestens zwei gewesen sein, sagt die Kripo. Die Opfer, zehn Kilometer voneinander entfernt, sorgsam versteckt und getarnt, Elisabeth Wiggen erst in einem Weiher versenkt, dann wieder herausgeholt und anderswo im Wald verborgen – dieser Aufwand ist zuviel für einen einzelnen Täter.

Warum haben sie es getan? Wo liegt das Motiv? Wieder interessiert die Kripo sich in erster Linie für den Unbekannten mit dem grauen Hut. Fest steht, daß es um irgendwelche

LG: „Vorsätzlicher Gefangenen-Befreiung und passiver Bestechung dringend verdächtig“

Nürnberger Gefängnis-Affäre zieht weite Kreise

Das bayerische Justizministerium hat die fünf Beschuldigten sofort von ihrem Dienst suspendiert – Schwierige Ermittlungsarbeit unter 700 Gefangenen – Das Rätsel von [redacted] schloß – Ein Gefangener erzählt

Eine grausige Entdeckung an der Schwabacher Autobahn: eingescharrte Frauenleiche im Wald

Mord bei Moorenbrunn – und Reichelsdorf?

Nur zwei Trauringe lassen vorerst auf die Identität der Toten schließen: es ist vermutlich eine ältere Witwe – Wurde Karola Zechmeyer durch Zyankali umgebracht?

Mysteriöse Bluttat im Hause Johannisstraße 42 forderte gestern abend ein Todesopfer

„Amokschütze“ schießt 2 Menschen nieder

Der Kolonialwarenhändler Georg Kirschner und seine Frau wurden um 20.05 von einem Unbekannten überfallen – Der Mann erlag seinen Verletzungen – Die Frau schwerverletzt im Krankenhaus – Der Täter entkam in der Nacht

Der 53jährige Dipl.-Ing. Gustav Meyer Opfer eines gemeinen Anschlags

Mörder schlugen brutal zu

Ein Arbeiter entdeckte den Toten gestern morgen – Unter Hammerschlägen blutüberströmt zusammengebrochen – Telephonsteckdose herausgerissen – Polizei sucht Zeugen

Der Täter konnte in der regnerischen Nacht unerkannt entkommen

Ehepaar in Nürnberg überfallen

Der Mann durch einen Kopfschuß getötet, die Frau schwer in die Brust getroffen – Es drängt sich der Verdacht auf, daß es sich um neue Bluttat der Bonner Mörder handelt

Ein furchtbares Verbrechen erschütterte die Bewohner vom Maxfeld

Mutter ermordete ihren Sohn

Aus Eifersucht schnitt sie dem Schlafenden mit einem Messer die Kehle durch – Der 27jährige Rechtsreferendar Rudolf [redacted] wollte heute heiraten – Täterin

Für heute wurde Großfahndung im Wald bei Birnthon angesetzt

Doppelmord in Nürnberg?

Der seit dem 22. Juli verschwundene Matthias Neidenbach tot aufgefunden – Die ebenso vermißte Elisabeth Wiggen ist, wie die Polizei befürchtet, dem gleichen Verbrecher zum Opfer gefallen

Gestern wurden in einem Teich in der Nähe von Lauf Leichenteile von Elisabeth Wiggen gefunden

Befürchtung bestätigte sich: Doppelmord

Ein Arm, der beim Aufrühren des Teichgrundes zutage kam, konnte einwandfrei als Teil der zweiten vermißten Person im Mordfall Neidenbach identifiziert werden: der Ring mit dem Onyx gehörte zu Frau Wiggens Schmuck – Die Suche geht

Kinderfest an der Sektorengrenze: Kreßmann spielt den Leierkasten

Eine 2. Verhaftung

Der Mittäter gefaßt

„Fall Neidenbach“ vor seinem Abschluß: Richard M[redacted] Komplice von dem Betrüger R[redacted]? – Zwei neue Gewaltverbrechen

Schüsse im Gerichtsgebäude: Benno B[redacted] streckte Frau und Schwiegermutter nieder, richtete sich selbst

Am Ende einer zerrütteten Ehe stand der Tod

Der 26jährige Nürnberger Kistenschreiner brachte viel Leid über eine ehrsame Fürther Familie – Dramatischer Ausgang einer Ehescheidungssache – Beide Frauen liegen in hoffnungslosem Zustande – „Testament“ des Mörders: „Ich bin fertig“

Die Indizienkette hat sich nun geschlossen: Otto R[redacted] ist eindeutig als Täter überführt

Wo steckt der dritte Mann der Mörderbande?

Das erdrückende Beweismaterial im Fall Neidenbach kann noch nicht restlos an die Öffentlichkeit gegeben werden, weil nach Mittätern geforscht wird – M[redacted] ist schwer belastet – R[redacted] schaute am Weiher bei Heuchling zu

Verhafteter Betrüger beging im Streifenwagen der Polizei Selbstmord

Eine Spur in der Doppelmord-Affäre?

Gesuchter Betrüger nahm Zyankali – „Amtmann Betzu war Otto R[redacted] aus Feucht“

Der Selbstmord von Otto R[redacted] stellt die Sonderkommission der Polizei vor zahlreiche schwerwiegende Fragen

Hat der Betrüger die Morde auf dem Gewissen?

Vier Pistolen fand man in R[redacted] Wagen, ein Kleinkalibergewehr in der Wohnung – Blutspuren hinter dem Fahrersitz, Glassplitter in der Wagentasche – Wo war R[redacted] am 22. Juli? – Er wohnte in Feuchter Zweifamilienhaus, wenige Kilometer von den Fundorten der Leichen entfernt

Schon wieder eine Familientragödie: 28jähriger tötete seine Frau

Auf offener Straße erstochen

Heute nacht in der Breiten Gasse: achtzehnmal bohrte Oskar B[redacted] den Hirschfänger in den Leib seiner Frau – Im Krankenhaus gestorben – Täter völlig apathisch

Erste Ermittlungen zu der nächtlichen Bluttat in der Breiten Gasse

„Was habe ich getan!“

Oswald B[redacted]: ein völlig verstörter junger Mann, der seiner Tat selber verständnislos gegenübersteht – Ein seltsamer Lebenslauf: Jurist, Maschinenbauer, Gastwirt – War es Mord oder Totschlag?

Gefängnis-Skandal, Schüsse, Mord und Totschlag: Schlagzeilen aus den „Nürnberger Nachrichten“ 1958. Die Noris, ein Klein-Chicago?

Geschäfte, um viel Geld gegangen sein muß. Vermutlich haben die Mörder dem Neidenbach Geld für eine angebliche Teilhaberschaft mit guter Verzinsung aus der Tasche gelockt. Um eine Autovertretung, eine Tankstelle oder eine Werkstatt in der Gegend von Lauf oder Hersbruck muß es sich gehandelt haben, und um bares Geld zwischen 40.000 und 60.000 Mark. Soviel läßt sich aus Neidenbachs Vorleben herausfiltern. Aber warum die bescheidene Witwe Wiggen? Sie hatte weder Geld noch Interesse an Geschäften.

Die Sonderkommission rotiert. 2.000 Hinweise gehen ein. Ein Geschäftsmann meldet sich, der mit Neidenbach über seine Pläne verhandelt hat. Auch er erzählt von einem Unbekannten mit grauem Hut, von dem Neidenbach sich viel versprochen habe. Eine Tankstelle wollte er ihm besorgen. Er habe ihm sogar den Namen dieses Mannes genannt, aber den hat er wieder vergessen. „Da war was mit einem O und einem U, mehr weiß ich nicht mehr."

Die Polizei veröffentlicht ein Phantombild des großen Unbekannten. Darauf bekommt die Sonderkommission einen Brief mit einem Foto. Kein Name, kein Absender, kein Begleitschreiben. Aber ein Mann im Hintergrund des Bildes sieht aus wie der Unbekannte. Das sagen auch die Bankbeamten, denen die Polizei das Foto zeigt. Ein paar Tage später meldet sich der Briefschreiber. Ihm ist eingefallen, daß er seinen Absender und eine Erklärung für das Foto vergessen hat. Er sagt, daß dieses Bild eine Hochzeit vor der Christuskirche zeige, und der Mann im Hintergrund rechts, das könnte doch der Unbekannte sein. Eine heiße Spur?

Die Hoffnung steigt – und platzt doch schon ein paar Tage später. Der Mann im Hintergrund ist ein harmloser Nürnberger Geschäftsmann aus der Südstadt, der am 29. August zufällig auf das Foto geraten war.

Bei den „Nürnberger Nachrichten" geht kurz vor Mitternacht ein gespenstischer Anruf ein: „Ich bin der Würger von Nürnberg. Alles, was in der Zeitung steht über mich, ist falsch. In einer Woche um dieselbe Zeit rufe ich wieder an." Die Kripo rückt mit Tonband und anderen technischem Hilfsgerät an, um den „Telefon-Würger" festzunageln. Leider vergeblich. Die Mitternachts-Stimme meldet sich nicht mehr. Ein Wichtigmacher, vermutlich ein Trittbrettfahrer.

Drei Pistolen im Auto

Inzwischen ist es Anfang Oktober geworden, und nun überschlagen sich die Ereignisse. Der mysteriöse Kriminalfall, der Nürnberg in Atem hält, nimmt eine überraschende Wendung.

Freitag, 10. Oktober. In der Jagdstraße verhaftet die Polizei den 51jährigen Otto R. aus Feucht, einen vorbestraften Betrüger. Als angeblicher Verwaltungsbeamter wollte er bei einer Druckerei in Johannis Sparkassen-Wertmarken drucken lassen. Trotz seiner Ausweispapiere mißtraut der Drucker dem Fremden und ruft die Kripo.

R. hat seinen lindgrünen VW in der Roritzerstraße abgestellt. Die Polizei untersucht den Wagen und findet drei Pistolen, Kaliber 7,65 mm, mit Schalldämpfern, einen Spaten, einen Rechen und verdächtige Glassplitter. Dunkle Flecken auf dem Polster sehen aus wie eingetrocknete Blutspuren.

Neidenbach und die Witwe Wiggen sind mit 7,65-mm-Geschossen getötet worden, und dies mit größter Wahrscheinlichkeit in einem Auto. Daher die Glassplitter von einer Scheibe, die dabei zu Bruch ging, und die Blutspuren? Um ihre Leichen zu beseitigen, waren Spaten und Rechen notwendig.

Es geht weiter: In R.'s Einfamilienhaus in Feucht finden die Kripobeamten nicht nur einen Lastwagen voll ergaunerter Waren und jede Menge Pistolenmunition. Sie kramen aus seinen Schubladen 40 perfekt gefälschte Blanko-Ausweise hervor, die ihn als Polizeibeamten oder Behördenvertreter legitimieren, sowie Stempel „Bayerische Landpolizei", „Landratsamt Eschenbach", „Markt Feucht" und „Landgericht Weiden". R. ist als Amtmann Beetz, Verwaltungsinspektor Mack, Polizeiinspektor Fink und Polizeiinspektor Max Zech aufgetreten. Haben sich die beiden verdächtigen Männer bei der Witwe Wiggen nicht als Polizeibeamte ausgegeben?

Ein Stein fügt sich an den anderen, die Vernehmung wird den Fall restlich klären. Davon ist Oberinspektor Heinrich Helldörfer mit seinen Experten von der Nürnberger Kripo überzeugt. Aber sie haben eines nicht bedacht: Otto R. will nichts mehr sagen, obwohl er so viel zu sagen hätte. Otto R. ist die Sache zu heiß geworden. Er sieht keinen Ausweg mehr und schluckt im Streifenwagen der Polizei sekundenschnell ein Fläschchen Zyankali. Er stöhnt kurz, bäumt sich auf – und schweigt für immer.

Aber die Indizien sprechen Bände:

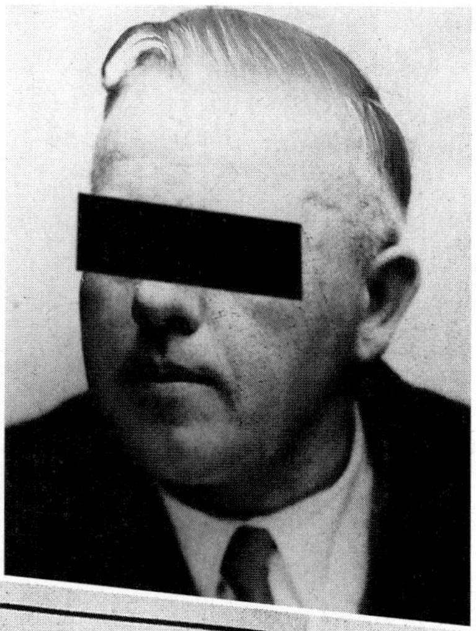

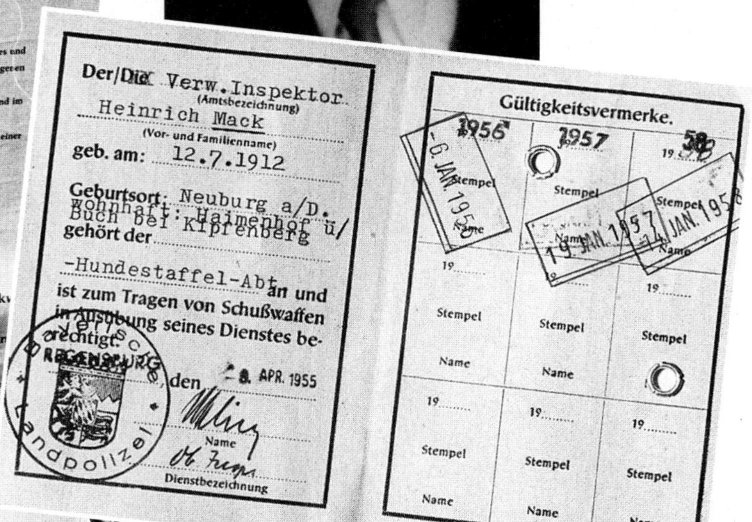

Dieses Fahndungs-Plakat hängt nach Entführung und Doppelmord im Sommer und Herbst an allen Litfaßsäulen: Die Phantomzeichnung ist dem wahren Bild des Täters Otto R. sehr ähnlich. Er entpuppt sich als meisterlicher Fälscher und Betrüger. Seine raffiniert getürkten „Dienstausweise“ durchschaut niemand

Das Phantombild paßt genau zu R. Neidenbachs Frau erkennt auf dem Foto den Mann wieder, der ihren Mann besucht hat.

Im Nachlaß des Otto R. finden sich lose Blätter mit Plänen zur Entführung und Beseitigung von Menschen.

In R.'s Personalien stecken ein „O" und ein „U", wie der Zeuge sich erinnerte, der den Namen von Neidenbachs Geschäftspartner vergessen hat.

Ein anderer Zeuge bestätigt, daß er R. am 19. August in der Nähe des Heuchlinger Weihers gesehen hat, als dort die Leiche der ermordeten Witwe Wiggen entdeckt wurde. Eine unglaubliche Kaltblütigkeit: Der Mörder sieht seelenruhig zu, wie sein Opfer gefunden wird, wendet sich ab und geht zur Tagesordnung über. Bereits vorher war sein lindgrüner VW in dieser Gegend häufig gesehen worden.

Das sollte reichen.

Aber wer ist Otto R.'s Komplice – der zweite Mörder? Auch hierüber gibt seine Hinterlassenschaft Auskunft: In R.'s Brieftasche findet sich das Paßbild eines Mannes. Er heißt Richard M., ist der Polizei als Betrüger und Zeugen als Spezi von R. bekannt. M. wird verhaftet, schweigt zunächst hartnäckig, gibt dann aber – unter der Last der Beweise – Stück für Stück seiner Verbindung zu R. zu. Als er für den Mordtag kein Alibi vorweisen kann und die Kripo ihm R.'s „Entführungsplan" unter die Nase hält, wo die handelnden Personen als „R" und „O" bezeichnet werden, wird M. vollends schweigsam. Mit „R" und „O" sind die Anfangsbuchstaben der Vornamen Richard und Otto gemeint, folgern die Beamten, und M. senkt nur betreten den Kopf.

Für Polizei und Staatsanwaltschaft ist der Fall klar, Otto R. der Mörder, Richard M. sein Gehilfe und Komplize – auch wenn der noch immer schweigt. Im November löst die Sonderkommission sich auf, die Indizien reichen. Vor Gericht wird sich bloß noch Richard M. verantworten können.

Daß die Witwe Wiggen nur deshalb sterben mußte, weil sie das Paar R. und M. als die Besucher ihres früheren Untermieters Neidenbach gekannt hat und damit als seine Mörder hätte identifizieren können, dies macht den Fall besonders tragisch und die Mörder besonders kaltblütig. Ob sie aber von Neidenbach noch Geld bekommen und ob sie auch in den Mord an Maria Plarre verwickelt waren, das allerdings bleibt im dunkeln.

Als halb Nürnberg noch ganz im Bann dieser Affäre steht und der Fall noch rätselhaft ist, geschieht eine andere unfaßbare Tat: Eine Mutter bringt ihren eigenen Sohn um – aus Liebe und Eifersucht.

Goethestraße 27, vierter Stock, die Nacht vom 27. zum 28. Juli, vom Sonntag zum Montag. Irgendwann in dieser Nacht geht die 60jährige Witwe Josefine F. an das Bett ihres schlafenden Sohnes und schneidet ihm die Kehle durch. Der 27 Jahre alte Rechtsreferendar Rudolf F. taumelt noch in den Flur, aber seine Mutter sticht weiter auf ihn ein, bis er tot ist. „Damit mein Kind nicht weiter leiden muß", wird sie später sagen.

Unbegreiflich. Josefine F. liebt ihren Sohn abgöttisch, sie mag auch ihre zukünftige Schwiegertochter, die Rudolf F. am Dienstag, 29. Juli, in der Peterskirche heiraten wollte.

Schlager für Millionen

„Die Beine von Dolores", „Treu will ich dir bleiben", „Spiel noch einmal für mich, Habanero", „Ich laß dich niemals mehr allein", „Nur du, du, du allein", „Eine Nacht am Rio Grande", „Let's have a party", „Lonesome Cowboy", „Loving you", „Mäcki war ein Seemann", „Winke, winke", „Oh, mein Papa", „Wo meine Sonne scheint", „Mit 17 hat man noch Träume", „King Creole", „Lover Doll", „Banana", „Solang die Sterne glüh'n", „Arrivederci Roma", „Sugar Baby", „Die Jägermarie", „Mitternachts-Blues", „I love you, baby", „Hula-Rock", „Der lachende Vagabund", „Cindy, oh Cindy", „Tipitipitipso". Deutschlands Top-Hit mit zwei Millionen verkaufter Platten ist Freddy's „Heimweh".

Sie hat schon 3.400 Mark von ihrem Ersparten für die Möbel des jungen Paares beiseite gelegt. Und doch kommt sie nicht darüber hinweg, daß ihr Sohn heiratet und sie verläßt. Sie will nicht allein sein, sie gönnt ihren Rudolf der anderen Frau nicht. Lieber tötet sie ihn und sich selbst.

Nach dem Mord zieht Josefine F. ein schwarzes Trauerkleid an, verläßt morgens um sieben die Wohnung, fährt mit dem Zug nach Forchheim, schreibt in einer Anlage einen kurzen Brief, um ihren Nachlaß zu regeln, und spendet in einer Kirche 200 Mark. Dann fährt sie zurück, erst nach Unterfürberg, hat aber den Mut nicht, sich vor den Zug zu werfen, schließlich nach Dambach. Bei der Siebenbogenbrücke will sie ihrem Leben ein Ende setzen. Aber wieder bringt sie es nicht fertig. Von einem Platzregen völlig durchnäßt, irrt sie umher. Ein Bahnpolizist nimmt sie mit, ihren toten Sohn hat inzwischen ein Freund gefunden.

Beim Verhör fragt Josefine F., ob sie jetzt wohl ihre Pension verliere, ob ihr Name in der Zeitung stehe und ob sie mit einem Jahr Gefängnis davonkomme. „Ich will ja sühnen", sagt sie und fragt: „Kann ich jetzt gehen?"

So sehr dieser Mord am eigenen Sohn die Tiefenpsychologen beschäftigt, so wenig gibt es eine Erklärung dafür, warum sich 1958 die Kapitalverbrechen in Nürnberg häufen und weshalb so viele Familientragödien passieren.

Am Abend des 15. September ersticht in der Breiten Gasse der 28jährige Oskar B., Ex-Wirt der Gaststätte „Grauer Kater" von der Äußeren Laufer Gasse, seine 37 Jahre alte Ehefrau Katharina. Motiv: Sie habe sein Geschäft ruiniert, sie sei schuld an seinen Schulden.

Am Montag, 29. September, erschießt im Zimmer 321 des Gerichtsgebäudes an der Flaschenhofstraße der 26jährige Kistenschreiner Benno B. aus der Schnieglinger Straße 304 seine drei Jahre jüngere Frau Annemarie, seine 54jährige Schwiegermutter Kunigunde Zellhöfer aus Fürth und dann sich selbst. Die fünfjährige Tochter Lilian, ein bis dahin sonniges Kind, muß mit ansehen, wie ihre Eltern grausam sterben. Jetzt ist sie Waise. Benno und Annemarie B. waren zu einem Scheidungstermin ins Gericht gekommen. Motiv der Tat: Eifersucht. Benno B. wollte seine Frau nicht verlieren.

Am 13. Oktober um 22.40 Uhr wird der 35jährige Arbeiter und Ex-Polizist Wilhelm Bauer aus der Poppenreuther Straße 25 an der Spittlertormauer durch drei Schüsse niedergestreckt. Motiv unbekannt, Täter unbekannt.

Schon 13 Stunden später, am hellen Mittag zwischen halb zwölf und halb eins, wird auf dem „Schulweg" in Altenfurt die 58jährige Hausfrau Martha Jurkschat umgebracht. Jurkschats vermutlicher Mörder, ein Hilfsarbeiter aus Altdorf, leugnet. Vier Tage vor Weihnachten, am 20. Dezember, geschieht das letzte Familiendrama dieses Jahres. In der Schlüsselfelderstraße erschlägt die 34jährige Packerin Maria D. neben ihrer Kommode, die sie mit Tannenzweig und Lametta geschmückt hat, ihren um zwei Jahre jüngeren Ehemann Theodor heimtückisch mit einem Beil. Eine dreiviertel Stunde später stellt sie sich der Polizei, eine zierliche, 1,53 m große Person, der niemand diese Tat zutraut. „Ich hab' ihn gern gehabt, ich wollt' ihn nicht hergeben", flüstert sie und bricht mit einem Weinkrampf zusammen. Sie ist am Ende mit ihren Nerven, sie wird nicht damit fertig, daß ihr Mann sich scheiden lassen wollte. Er war schon zu seiner Mutter in die Kurfürstenstraße gezogen und nun gekommen, seine letzten Sachen abzuholen. „Wenn Theo mich mal verläßt, bring' ich ihn um", hat sie früher schon gedroht. Vier Tage vor dem Heiligen Abend macht sie es wahr.

Zehn Morde und ein Mordversuch im Stadtgebiet, zwei Morde vor der Haustür, in Moorenbrunn und Altenfurt, dazu der rätselhafte Tod der Wirtin Zechmeyer – eine verheerende Verbrechensstatistik für das Jahr 58, die der Polizei ihre ganze schöne Sicherheits-Arithmetik durcheinanderbringt und die Lobesrede des Präsidenten vom Anfang des Jahres nicht mehr so unschuldsrein klingen läßt. Gute Aufklärungsquote ja, unbedenkliche Sicherheit weniger.

Die Nürnberger erleben den Krimi vor der Haustür, sie brauchen ihn nicht mehr im Kino zu suchen. Dort wird derzeit Kriminelles bevorzugt mit Humor garniert, Witz macht Mord lustiger, was man vom stadteigenen Totschlag nicht behaupten kann.

Von Leinwand zu Leinwand betrachtet, hat der deutsche Film sich

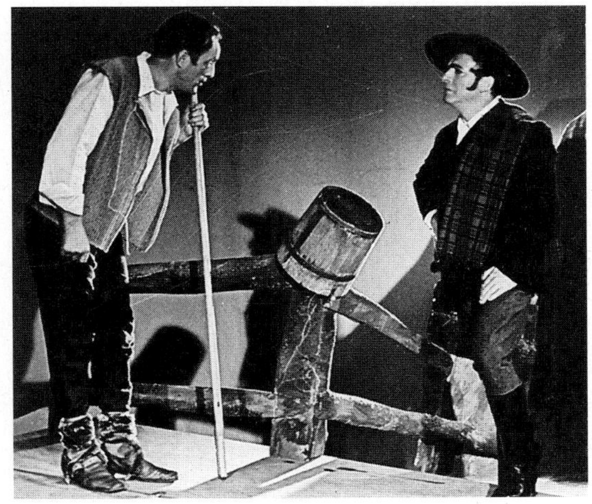

Vorspiel zur Oper „Tiefland" von d'Albert im Stadttheater: Links Alfons Graf, rechts Jonny Born

in diesem Jahr zwar noch lange nicht vom Heimatklischee verabschiedet, aber Wälder, Berge und Kirchenglocken sind seltener geworden, und ein Titel wie „Einmal noch die Heimat sehen" mag wehmütig wie ein Abschied klingen.

Lieber soll's die pure Gaudi sein. Lieber führt man stolz neue Gesichter vor wie Barbara Frey, Ingrid Andree, Erika Remberg, Toni Sailer, Maria Perschy, Corny Collins, Doris Kirchner, Waltraut Haas, Monika Peitsch, Gerlinde Locker, Sabina Sesselmann, Joachim Fuchsberger, Kai Fischer oder Sabine Sinjen. Lieber setzt man auf Unverwüstliches und poliert Namen wie Maria Schell und Curd Jürgens („Schinderhan-

Neuer Film-Kalender

„Hoppla jetzt kommt Eddie" (Eddi Constantine), „Peter Voss, der Millionendieb" (O.W. Fischer), „Das Mädchen Rosemarie" (Nadja Tiller), „Heute blau und morgen blau" (Hans Moser), „Der Page vom Palast-Hotel" (Rudolf Prack), „Das Wirtshaus im Spessart" (Liselotte Pulver), „Ist Mama nicht fabelhaft?" (Luise Ulrich), „Der Mann, der nicht nein sagen konnte" (Heinz Rühmann), „Frauenarzt Dr. Bertram" (Willi Birgel), „Nachtschwester Ingeborg" (Edith Nordberg), „Die Pariserin" und „Das Gänseblümchen entblättert sich" (Brigitte Bardot), „Weib ohne Gewissen" (Diana Dors), „Madeleine" (Eva Bartók), „Italienreise inbegriffen" (Susanne Cramer), „Ein Amerikaner in Salzburg" (Margit Saad), „Ooh... diese Ferien" (Heidi Brühl), „Rendezvous in Rom" (Ingeborg Schöner), „Einer kam durch" (Hardy Krüger), „Duell im Atlantik" (Curd Jürgens, Robert Mitchum), „Die grünen Teufel von Monte Cassino" (Joachim Fuchsberger), „Die jungen Löwen" (Marlon Brando), „U 47 Kapitänleutnant Prien" (Harald Juhnke), „Der Arzt von Stalingrad" (O. E. Hasse), „Zeit zu leben und Zeit zu sterben" (Liselotte Pulver, John Gavin), „Oklahoma" (in Todd-AO/Die neue Leinwand), „Die Brücke am Kwai" (mit dem berühmten Marsch, der in Nürnbergs Schallplattenläden zur absoluten Nummer 1 aufsteigt), „In 80 Tagen um die Welt", „In einem anderen Land", „Die 10 Gebote", „Bonjour Tristesse" (nach Françoise Sagan), „Gigi" (Leslie Caron), „An einem Tag wie jeder andere" (Humphrey Bogart), „Schuld und Sühne" (Jean Gabin, Marina Vlady), „Johanna von Orleans" (Ingrid Bergman), „Die Nächte der Cabiria" (Guilietta Masina), „Der Prinz und die Tänzerin" (Marilyn Monroe), „Sayonara" (Marlon Brando), „Wir Wunderkinder" (Johanna von Koczian, Hansjörg Felmy), „Der Maulkorb" (O. E. Hasse).

nes"), Ruth Leuwerik und Hans Holt („Die Trapp-Familie II. Teil") oder Hans Albers („Das Herz von St. Pauli") wieder auf. Lieber zeigt man dem fernwehkranken Bundesbürger die Länder seiner neuen Feriensehnsucht im Spielfilmformat und, mit gleicher Hingabe, dem vor Jahren heimgekehrten Krieger wieder mal die Stätten seiner Heldentaten.

Am liebsten aber spulen unsere Herren Produzenten, noch mehr als 1957, alles ab, was aus dem Halse singt und laut oder schmachtend klingt. Der Musikfilm hat seinen Höhepunkt noch lange nicht überschritten. Er kann – wie gehabt – den Tod von Opas Kino zwar hinauszögern, die Anzeichen seines langsamen Verbleichens aber nicht mehr vertuschen. Vor zwei Jahren hatten Nürnbergs Filmpaläste 9,2 Millionen Besucher aufzuweisen, jetzt ist die Zahl auf knapp 8,5 Millionen gesunken. Dabei gibt es 43 Kinos im Stadtgebiet, zählt man die Vororte dazu, sind es 48.

Die Nürnberger Fernsehgemeinde ist derweil auf über 14.000 angestiegen, und die abendlichen Einladungen zum „gemeinsamen Glotzen" haben sich eingebürgert. Da kann man doch einen trinken dabei, im Kino nicht. Aber das Programm des einzigen Senders haut noch immer niemand vom Stuhl, es läuft nach wie vor auf Sparflamme, von 17 bis etwa 22 oder höchstens 23 Uhr, sonntags ab 12, nicht anders als 1957 oder 1956.

Das Abendprogramm einer Woche im Januar, zum Beispiel: Sonntags Spielfilm „Berliner Ballade" und eine Valente-Show. Montag: Künstlerporträt von Lilli Palmer, Dokumentation „Das goldene Jahrhundert". Dienstag: TV-Stück „Die Kraft und die Herrlichkeit" von Graham Green. Mittwoch: Die Geschichte unserer Welt – Märchen für Erwachsene nach Motiven aus 1001er Nacht – Neujahr in Tibet. Donnerstag: Artistik – Frage und Antwort aus photografierter Zeitgeschichte. Freitag: Kulturgeschichte der Augengläser – „Jenseits vom Horizont", TV-Stück nach Eugene O'Neill. Samstag: Viel Vergnügen! Spiele und Spielereien von Peter Frankenfeld. Spärlich, spärlich.

Mehr Abwechslung findet der Kneipengänger. Er entdeckt viele neue Treffs, vermisst aber mehr und mehr alte Sumpfstätten, die lieb und weniger teuer waren. In der Gostenhofer Hauptstraße, gleich beim Plärrer, macht eine „Astoria-Tanzbar" auf. Ebenfalls neu eröffnet: Wald-Restaurant „Schützenhaus" in Erlenstegen, früher schlicht „Schießhaus" genannt; „Casino de Paris" im Hörmannsgäßla 8, früher Cafe Börse; „Montmartre" in der Frauengasse 26 („Wäscheschau auf dem Spezial-Laufsteg"); Café „Charlott" in der Schwabenstraße 51 und der „Theater-Grill" im Deutschen Hof; wieder eröffnet wird das Tanz-Café Kerzinger in der Luitpoldstraße 61, jetzt mit Glasparkett. Intimes verspricht die „Uschi-Bar" in der Wilhelminenstraße 14, und das „Chérie" preist neuerdings „erstklassige Entlüftungsanlagen" an.

Gut gelüftet fühlt sich auch, wer im neuen Gesellschaftsraum der „4 Jahreszeiten" am Rathenauplatz, im Gesellschaftshaus Gartenstadt, in den Hubertus-Sälen an der Dianastraße (mit tausend Sitzplätzen eine Veranstaltungs-Hochburg), im Café „Bellini" in der Adlerstraße, im Café Hauptmarkt, im Café Porten,

Der „Kalbsgarten“ in Erlenstegen, für Generationen von Nürnbergern ein beliebtes Gartenrestaurant

im „Palmengarten Maiach“ oder im Stadtpark-Restaurant tanzen will. Anna Ruders „Tucherbräustüberl“ am Kartäusertor, die „Kronfleischküche“ in der Kaiserstraße, der „Albigsgarten“ in der Johannisstraße, das „Humbser Bräustübl“ am Plärrer, die „Schrammelklause“ in Schwaig, das „Krokodil“ in der Weintraubengasse, der „Kalbsgarten“ in Erlenstegen und das Café Schloß Stein, wo man zum Cognac auch den Fernseher anstellt, preisen ihre Gemütlichkeit an.

Ringermatte in der Messehalle

Der „Bamberger Hof“ bemüht sich hin und wieder mal ums liebe alte Kabarett, um nicht ganz im Bierdunst zu ersticken. Im Januar tritt das Nürnberger Studentenkabarett „Die Niewolosen“ vors Publikum, im November kehren für fünf Tage alte Bekannte wieder, „Die kleinen Fische“, das musikalisch-literarische Kabarett aus München.

In der Messehalle kann man Zarah Leander in Reinkultur genießen, Josephine Baker und Peter Kreuder auch. Oder die erste Musikal-Revue „Buona sera signorina“ mit Jimmy Makulis. Sportsfreunde erregen sich über die Catcher vom Gustl Kaiser, die ihre Matte jetzt auch in der Messehalle aufschlagen und regelmäßig wiederkehren.

Der „Wintergarten“ hält das Fähnchen des Tanz-Cabarets unverzagt aufrecht, ebenso das „Park-Café Rennbahn“ am Reichelsdorfer Keller. Dort erfreut der spanische Sänger José de Uribarri mit Vorliebe Damen über 70. Seine Scherzchen bewegen sich etwas unbeholfen auf Vorstadt-Niveau irgendwo zwischen Reichelsdorf und Pamplona. Er zwitschert auf spanisch La Paloma, hüpft wie ein Grashüpfer über die Tanzfläche, um die Taube zu fangen, die es nicht gibt. Er trällert spitzbübisch auf deutsch „Vöglein, Vöglein“, vermutlich, um dem unwissenden Publikum mitzuteilen, daß eine Taube auch ein Vogel ist. Er schmettert spanische Lieder, verspricht oder „versingt“ sich, wie man die Darbietung betrachtet, und streut das deutsche Wort „Sauerkraut“ zwischen seinen spanischen Text, weil es ähnlich klingt und er dieses „Wortspiel“ für umwerfend komisch hält. Man kann ihm verzeihen, denn er ist kein böser Mensch. Er lacht auch dann noch, wenn's zum Weinen ist, weil sein Humor schmerzt.

Für den Transport von Kneipe zu Kneipe sorgt dieses Jahr der neue „Rekord“ von Opel. Noch hält das Alkohol-Blasen sich in Grenzen, und die Verkehrssünder-Kartei wird erst am 1. Januar 59 eingeführt. Wie sein großer Bruder „Kapitän“ mit einem Haifischmaul bestraft, zum Ausgleich durch riesige Panoramascheiben belohnt, ein bißla breiter und ein bißla höher als vorher, 128 km/h schnell und, bei 40 PS, 6.545 Mark teuer, gibt der verchromte „Rekord“ jetzt dem Besitzer das Gefühl, fast ein Ami zu sein. Daß der Fahrer das Geschick eines Hula-Hoop-Swingers braucht, um sich – ohne blaue Flecken am Knie – in die Springfedern der Sitzbank zu schwingen, weil die sogenannte A-Säule vorn an der Tür lebensgefährlich weit herausragt und daß der Rückspiegel nicht oben am Rahmen, sondern über dem Armaturenbrett hängt, damit du möglichst oft ins Leere schaust – an solch Ungemach gewöhnt der 58er-Automobilist sich rasch. Übrigens: Der große Bruder „Kapitän“ mit 80 PS kostet jetzt 10.250 DM.

Ein Sadist (oder Masochist), der seine bösen Triebe am Auto ausläßt, peinigt die fahrende Menschheit mit dem FMR Tg 500, wobei das Tg für Tiger steht – welch ein Größenwahn! Der häßliche Eimer hat zwar vier Räder, aber sonst eine peinliche Ähnlichkeit mit dem Kabinenroller, der seine Zeit längst hinter sich hat. Wer es wagt, aus den 19,5 PS tatsächlich 125 Spitze rauszuholen, wird bei Seitenwind sofort im Graben landen und seine 3.725 Mark bitter bereuen.

Motorroller mit Kickstarter: NSU-Prima III K

Die 53.000 Nürnberger Kfz-Besitzer (jetzt hat schon jeder achte ein Fahrzeug) scheinen ihr Auto sehr zu lieben, denn selbst im Winter, bei Schnee und Eis, melden nur 2.093 ihren fahrbaren Untersatz vorübergehend ab.

Roller-Freunde bekommen in diesem Jahr von NSU einen mächtigen Reise-Roller, den Prima III K; er braucht 2,8 Liter auf 100 Kilometer. Im Gegenzug senkt Vespa den Preis für die 125er auf 1.280 DM.

Um unter diesen Auto- und Zweirad-Karawanen, unter Lastwagen, Omnibussen und Straßenbahn möglichst bald Ordnung zu schaffen, reist OB Dr. Urschlechter an der

Café Rennbahn am Reichelsdorfer Keller, inzwischen Nürnbergs größter und modernster Tanzbetrieb. Das behaupten nicht nur die Wirtsleute Hans und Christine Ring

Viel Chrom, damit der Besitzer sich wie ein Ami fühlt: Der neue Opel „Rekord." Auch das Armaturenbrett mutet amerikanisch an. Warum der Rückspiegel wohl unten hängt?

Autos, neu im Katalog
DKW-Sportausgabe 1000 Sp, 11.950 DM (sieht aus wie Ford-Thunderbird, stinkt aber nach Zweitakt). Glas T 600, Goggo-Nachfolger, 20 PS, 4.330 DM. Hansa 1100 von Borgward. Mercedes 190 als Diesel. In der DDR: Trabant P 50, 18 PS-Duroplast-Bomber, 7.450 Ostmark, stinkt erbärmlich.

Spitze einer Stadtrats-Delegation nach Bonn und überreicht Bundesverkehrsminister Seebohm Nürnbergs Verkehrsdenkschrift. Die große Planung der nächsten Jahre ist darin aufgelistet. Sie soll 280 Millionen DM kosten, mehr als die Hälfte des gesamten restlichen Aufbauprogramms der Stadt, das mit astronomischen 480 Millionen beziffert wird. Die Stadt bittet um „wohlwollende Unterstützung", was im Klartext eine massive Bitte um möglichst hohe staatliche Zuschüsse ist, denn an dieser Planung hänge Wohl und Wehe ganz Mittelfrankens.

Damit die Geschichte sich nicht um weitere 150 Millionen verteuert, verkneift sich der Stadtrat das Thema „Unterpflasterbahn". Obgleich der Ulmer Verkehrsexperte Dr. Feuchtinger sich noch einmal dafür stark gemacht hat, die Straßenbahn in der Innenstadt und am Ring auf 4,5 Kilometer Länge unter die Erde zu verbannen. Schon 1938 hat es solche Pläne gegeben. Die Stadtväter aber wollen ihre Straßenbahn erhalten wie sie ist, zwar nicht mehr das modernste, aber immer noch das „Verkehrsmittel mit der günstigsten Flächenausnutzung pro transportierter Person". Wie unentbehrlich sie tatsächlich ist, zeigt sich beim Warnstreik von 4.000 Gemeindearbeitern im März. 24 Stunden lang stehen alle Straßenbahnräder still – eine Katastrophe für die Stadt!

Deshalb werden weiter neue Großraumzüge gekauft, zuerst fünf, bis März 59 sollen es 25 sein, sauber lindgrün und elfenbein gestrichen. Leider hat niemand bedacht, daß die schönen Schienenkreuzer in mancher Kurve Probleme kriegen. An der Mündung vom Marientunnel in die Bahnhofstraße, zum Beispiel. Begegnen sich dort zwei Großraumwagen, muß der eine im Tunnel warten, bis der andere um die Ecke ist, sonst scheppert's.

Straßenbahn am Hauptmarkt

Die Planung der endgültigen Nord-Süd-Verbindung durch die Altstadt verhilft Stadträten und Bau-Profis unvermindert zu erhöhtem Blutdruck. Die einen wollen unbeirrt ihre geliebte Straßenbahn von der Lorenzkirche über die Museumsbrücke und durch die Tetzelgasse zum Maxtor führen, die anderen halten dies für ausgemachten Blödsinn. Die Tetzelgasse jedenfalls profitiert von diesem Streit: Sie wird viel breiter als ehedem, groß genug für jedes „Verkehrsmittel". Fest steht dagegen, daß das Lieblingskind Straßenbahn zumindest von Ost nach West durch die Sebalder Altstadt rollen wird, vom Rathenauplatz zum Hallertor.

Klar ist auch, wie eine andere Ost-West-Achse bald aussehen wird, die Prachtstraße von der Ludwigstraße zur Mauthalle über den Kornmarkt, an deren einem Ende das Polizeipräsidium längst auf eine würdige Fassade wartet. Die Vorentwürfe sind jetzt fertig. Ganz in der Nähe steht der Weiße Turm verlassen in der Gegend; seine Torbögen hat ein Schaufelbagger platt gemacht. Die City verschafft sich Luft.

In der Lorenzer Straße verschwinden die Hausnummern 26/30, damit der Verkehr nicht erstickt; in der Breiten Gasse, an der Färberstraße und auch anderswo in der Innenstadt weichen flache Notbauten, sogenannte „Ladenhäuser" aus der ersten Nachkriegszeit, ordentlichen Geschäftsgebäuden. Das alte Stadion-Café, selbst als Ruine noch eine imponierende Erscheinung, wird gesprengt. In der Flaschenhofstraße ist ein zentrales Ämtergebäude für sieben Millionen Mark geplant, aber niemand weiß, woher das Geld kommen soll; gewiß nicht aus dem Haushalts-Etat der Stadt, der zum ersten Mal die 200-Millionen-Grenze sprengt.

Für die neue Konzerthalle jedoch wird der Stadtrat sich wohl ein Stück aus den Rippen schneiden müssen. Nach langem Hickhack ist die Entscheidung gefallen: Das 2.000-Personen-Bauwerk für Konzerte, Vorträge, Kongresse, Tagungen, Empfänge, Feste und Bälle kommt, samt Restaurant und Terrasse, in den Luitpoldhain. Der Nürnberger Architekt Harald Löbermann gewinnt den Gestaltungs-Wettbewerb. Eine bittere Pille für die Kulturvereinsrecken, die sich den Traum von der Auferstehung ihres geliebten Kulttempels an alter Stelle jetzt aus dem Kopf schlagen müssen. Unter mitfühlenden Abschiedsworten von Dr. Urschlechter und Stadträten aller Schattierungen wird die Kulturvereinsidee „erster Klasse beerdigt". Nun bekommt Nürnberg die nächste Großbaustelle nicht am Frauentorgraben, sondern an der Peripherie.

Dreimal Goggomobil: Links das kleine und das große (mit Panoramascheibe), unten das Coupé für den sportlichen Fahrer

Enger geht's kaum noch: Straßenbahn, Autos und Radfahrer quälen sich durch den „Flaschenhals" Lorenzer Straße. Ohne Geduld und Wagemut läuft hier gar nichts

Die Innenstadt ist eh voller Baustellen, ganze 900 werden im September gezählt. Folge: Bauarbeiter sind knapp, nur 108 arbeitslos, aber es gibt 1.923 offene Stellen.

Insgesamt ist die Arbeitslosenquote auf 1,7 Prozent gesunken, wieder mal die niedrigste Zahl seit Kriegsende. Die meisten Löhne und Gehälter werden dieses Jahr nur noch moderat angehoben. Der durchschnittliche männliche Angestellte in Industrie und Handel verdient jetzt 635 DM brutto, der Lohn des Facharbeiters ist – im Schnitt – bei 2,23 DM angekommen, in der Spitze auch darüber. Die Wochen-Arbeitszeit beginnt auf 44 Stunden abzusinken. Die Armut fängt an, wenn eine Familie mit zwei Kindern weniger als 400 DM verdient. Mit Schwierigkeiten kämpft die Textil-Industrie. Die Schneider bekommen in der Stunde zwar 12 Pfennig mehr, aber es droht Kurzarbeit, die Lager sind übervoll.

Die Lebenshaltung ist gegenüber 1957 nur um 3,3 Prozent teurer geworden.

Die Renten steigen um 6,1 Prozent gegenüber 1957, die Spareinlagen bei Nürnbergs Banken und Sparkassen wachsen um 21 Prozent an, so daß jedes Sparkonto einen „Durchschnittsstand" von 741 DM aufweist. Kredite werden billiger. Die Steuerreform (seit 1. Januar in Kraft) läßt dem Bürger mehr Geld in der Lohntüte: Hat die Besteuerung bei einem Ehepaar mit zwei Kindern bisher bei 5.987 DM Jahreseinkommen begonnen, fängt sie jetzt erst bei 7.231 DM an; das bedeutet, daß 46 Prozent aller Lohn- und Gehaltsempfänger fast überhaupt keine Steuer mehr bezahlen müssen. Die Wirtschaft bleibt optimistisch, aus stürmischer Entwicklung wird gesundes Wachstum. Saisonale Schatten über der Stahl- und Textilindustrie können das Licht der Hoffnung nicht trüben.

Eine ganz andere, überraschende Entwicklung verdüstert jedoch den frohen Aufbausinn der Nürnberger Stadtväter. So etwas wie ein „Ausverkauf" bahnt sich an. Strukturen verändern sich, die für uns Ewigkeitswert hatten.

Es beginnt damit, daß die Zweirad-Industrie Sand im jahrelang gut geölten Getriebe verspürt. Das allein ist nicht verwunderlich, denn schließlich möchte jeder Auto fahren. Die überstürzten Konsequenzen aber können der Stadt als Industriestandort weh tun.

Hecker und Mars pleite

Zunächst geht Hecker pleite, dann knirscht's bei den Mars-Werken. Eben noch mit dem neuen Kleinmotorrad „Monza II-Super-Sport" groß Werbung gemacht und – trotz schwerer Rückschläge – alle Zweifler mit dem Hinweis auf einen Auftragseingang von einer halben Million beschwichtigt, schlittert man, mir nix, dir nix, in einen Vergleich. „Wir hatten zu wenig Betriebskapital und zu hohe Zinslasten," bedauert Vorstand Baron von Seydlitz. Im Juni kommt der Konkurs. Nach 60 Jahren wird die Produktion eingestellt, 130 Beschäftigte stehen auf der Straße.

Unübersichtlich ist, was bei Victoria geschieht. Schon im letzten Jahr von Zahlungsschwierigkeiten geplagt, übernimmt Alumetall die Mehrheit. Die Motorrad-Produktion wird aufgegeben, Grundig kauft 8.500 qm des Victoria-Fabrikgeländes an der Ludwig-Feuerbach-Straße. Schließlich, im Herbst, übernimmt Victoria von Auto Union in Ingolstadt Fertigung und Verkauf der DKW-Zweiradfahrzeuge. Victoria für Victoria? Ein Sieg, der das Überleben sichert? Oder bloß ein Scheinerfolg? Fachleute sind skeptisch, denn niemand kann sagen, wie lange die Leute noch DKW-Motorräder fahren wollen.

Während Hercules verbissen allein weitermacht und erstaunliches Stehvermögen beweist, rettet Triumph sich aus dem Sumpf, weil Grundig das Werk übernommen und das Produktionsprogramm „bereinigt" hat. Er pfeift auf die Zweiräder, verhökert die letzten 70.000 Motorroller in den USA und setzt auf Büromaschinen. Die Schreibmaschinen „Gabriele", „Matura electric", der Buchungs-Automat „Euconta" und ein sogenannter „Performat-Schreiblocher" schlagen voll ein. Triumph ist gerettet, aber es rollt nicht mehr auf zwei Rädern.

Wie Max Grundig diese Räder in Amerika an den Mann gebracht hat, ist eine bemerkenswerte Geschichte. Bei der Übernahme von Triumph stößt er auf die 70.000 „Contessa"-Motorroller. Er ruft seinen USA-Repräsentanten Leonard Ashbach in Chicago an: „Ich hab eine Fabrik gekauft, da stehen 70.000 Motorroller rum. Die mußt du in Amerika verkaufen."

Der Leonard hält den Grundig für total übergeschnappt: „Du bist komplett crazy. Kein Mensch in den USA kauft Roller."

Grundig, ein Steinbeißer, der nie aufgibt, läßt die 70.000 Nürnberger Zweiräder dennoch nach USA verschiffen, Ashbach organisiert dreißig hübsche Mädchen und eine

Bei Triumph laufen die Motorräder vom Band, in den 50er Jahren nicht viel anders als nach der Währungsreform (oben). Durch die Straßen von Chicago rollt eine „Contessa" aus Nürnberg, vorn eine Schönheit, die aussieht wie Grace Kelly, hinten ein Mann, der Max Grundig heißt. So verkauft er in den USA 70.000 Motorroller von Triumph, die zu Hause unverkäuflich waren

„Contessa"-Parade durch Chicago. Auf dem Rücksitz einer „Contessa" sitzt Max Grundig, vorn eine blonde Schönheit, die aussieht wie Grace Kelly. Die Amis finden das Schauspiel witzig, und nun will jeder so einen Roller haben. In drei Monaten sind 60.000 Stück verkauft.

Die kleine Schreibmaschine, der Max Grundig den Namen „Gabriele" gibt, weil seine Enkelin so heißt, war ein potthäßliches schwarzes Gerät. Grundig verschreibt ihr bunte Farben und ein paar Rundungen – „Gabriele" verkauft sich ein paar hunderttausendmal. Doch die Rettung von „Triumph" kann die Tatsache nicht mehr verwischen, daß Nürnberg seinen Ruf als „Zweirad-Metropole" schuldlos verspielt hat.

„Express" aus der Nachbarstadt Neumarkt stellt im Juli die Zahlungen ein, wird eine kurze Weile von Gläubigern und Aktionären ‚künstlich beatmet' und letztlich von „Victoria" geschluckt. „Victoria" aber kann sich ja nur durch das DKW-Geschäft am Leben erhalten, wie man weiß. Wie lang wird diese Nabelschnur halten?

Der große Hammer kommt mit Zündapp. Erstmal fleißig eingespart und rationalisiert, wird die kaufmännische Leitung nach München verlegt, die Technik bleibt in Nürnberg. Der erste Warnschuß. Aber es wird auch hier beschwichtigt: keine Sorge, in Nürnberg geht's weiter wie bisher!

Wer's glaubt, wird selig. Schon in den ersten Julitagen platzt die Bombe: Bosch aus Stuttgart kauft die Nürnberger Zündapp-Werke, um dort Haushaltsgeräte herzustellen. Was aber wird aus den Motorrädern, aus den Rollern, was aus dem Kleinwagen „Janus"? Gute Frage, ist die Antwort, in München machen Mopeds, Nähmaschinen und Bootsmotoren kräftig plus, aber in Nürnberg, da schreibe man halt rote Zahlen. Der zweite Warnschuß. Daß die Nürnberger eben dabei sind, sich aus dem Verlustloch zu retten, nimmt niemand zur Kenntnis.

Der nächste Streich folgt sogleich: Am 1. Oktober rollen auch die Roller nach München. Aber es wird weiter genebelt: „Keine Sorge, der ‚Janus' bleibt in Nürnberg." Alles Quatsch. Am Ende ist auch der Doppelkopf in München und in Nürnberg die Ära Zündapp zu Ende. Das Renommierwerk gibt's nicht mehr. 1.700 Arbeiter und Angestellte hoffen, bei Bosch bleiben zu können. Aber eine „Zündapp", dieses Traditions-Motorrad, das die Welt bewundert hat, das werden sie nie wieder bauen.

München lockt

Andere Fachkräfte verschwinden ganz aus Nürnberg, wie mein Freund Gerch schon letztes Jahr. Schuckert baut in München ein großes Werk und zieht Ingenieure und Arbeiter nach. Sie kommen hauptsächlich aus dem Nürnberger Maschinen-, Apparate- und Schaltwerk. Schon sind 275 Wohnungen für die neuen Arbeitskräfte aus Nürnberg im Bau, und im nächsten Frühjahr werden im Münchner Werk 1.000 Arbeiter und Angestellte beschäftigt sein.

In solchen Zeiten tut es gut, erfährt man von anderer Seite Mitgefühl: Seit Juni fliegt die „Pan American" jetzt sechsmal wöchentlich von Nürnberg nach Berlin, das erste Flugzeug heißt auch noch „Nürnberg", und der bayerische Staat spendiert 100.000 DM für die nächste, die dritte Messehalle.

Es versüßt auch die Stimmung, wenn Bundeswohnungsbauminister Paul Lücke bei einem Besuch in der Stadt am 16. November die Aufbauleistungen Nürnbergs als richtungsweisend für andere Städte bezeichnet, „die noch lange nicht so weit sind." Die riesige Baustelle am Zollhaus hat er sich angesehen, wo in kürzester Zeit 402 Wohnungen, 68 Einfamilienhäuser und Bayerns größtes Wohnhochhaus entstehen. Auch die ersten Wohnblöcke von Langwasser, wo 172 Familien sich noch ein bißchen verloren vorkommen: „Wo sollen wir einkaufen? Es ist eine Tagesreise, wenn du mal ins Theater oder ausgehen willst."

Insgesamt läßt das Tempo im Wohnungsbau etwas nach, weil die Kosten sich nochmal um drei bis vier Prozent erhöhen und immer mehr bessere, immer mehr größere, dafür aber auch teure Wohnungen verlangt werden. Außerdem sind die preisgebundenen Mieten wieder gestiegen: von 1,10 bis 1,19 DM pro Quadratmeter auf 1,40 bis 1,59 DM.

Ums Geld geht es auch der Witwe des ehemaligen Oberbürgermeisters. Frau Felicie Bärnreuther muß sich allen Ernstes darum streiten, ob sie die Pension einer Bürgermeister- oder nur einer städtischen Beamtenwitwe bekommen soll. Selbstverständlich hat der Stadtrat ihr die OB-Witwen-Pension zugebilligt, aber das Innenministerium legt Beschwerde ein. Begründung: Das Gesetz besage, daß ein Bürgermeister zehn Jahre im Amt gewesen sein muß, Otto Bärnreuther ist aber schon nach fünfeinhalb Jahren gestorben. „Ein unsinniges Gesetz", sagt Ex-Ministerpräsident Dr.

Neue Häuser am Hauptmarkt, aber Böhm's Weizenstüblein" und das „Bratwurst-Röslein" haben ihren Platz behauptet

Hoegner, aber Frau Bärnreuther wird der Gang durch die Instanzen nicht erspart bleiben.

Zwei Männer, die sich verdient gemacht haben um ihre Heimatstadt, werden im Sommer beerdigt: Am 7. Juni der Spielwaren-Fabrikant Heinrich Müller, jedem Kind als „Herr Schuco“ bekannt; einen Monat später der ehemalige Sozial- und Wohlfahrtsreferent Dr. Karl Theodor Marx. Der 66jährige Marx ist bei einem Urlaubsausflug in der Nähe von Bad Hofgastein in den Salzburger Bergen tödlich verunglückt.

In südlichen Stadtrandvierteln ärgern sich die Bürger, daß sie die Urlaubskarte von Tante Marie später bekommen, weil die gewohnte zweite Postzustellung am Nachmittag wegfällt. Noch gibt es sonst überall in der Stadt täglich zweimal Post, aber auch das staatliche Monopol-Unternehmen will jetzt rationalisieren. Dabei verdient die Bundespost allein an den Telefongebühren einen satten Batzen: Im Ortsnetz Nürnberg/Fürth sind derzeit 44.000 Anschlüsse eingetragen.

Aber Monopole scheren sich nur selten um ihre Kunden, sie haben keine Konkurrenz zu fürchten. Dieser Kampf wird privat ausgefochten. Ein Beispiel vom 28. Februar: An der Ecke Allersberger- und Schweiggerstraße eröffnet an diesem Freitag das neue Kaufhaus Schickedanz mit der Quelle-Hand und preist Damenschlüpfer für 75 Pfennig an. Sofort meldet sich ein Alteingesessener zu Wort: „Seit 33 Jahren ist Theile als Textilkaufmann mit dem Süden Nürnbergs eng verbunden. Am bescheidenen Platz Schweiggerstraße 6 wird er durch echte Leistung und besonders gute Bedienung wettmachen, was er an Größe und Aufmachung nicht bieten kann. Eile zu Theile.“

Weder Damenschlüpfer noch Herrenhemden bietet der Auktionator bei einer ungewöhnlichen Versteigerung im Rathaus am Fünferplatz an: einen lupenreinen 5,93-karätigen Brillant mit kunstvollem Rosettschliff, in Weißgold gefaßt. Erstes Gebot: 9.900 DM. Ein Fürther Geschäftsmann holt ihn für 11.300 DM, immer noch a gouts G'schäft. Die Geschichte dieses zehn Millimeter großen Schmuckstücks ist ebenso ungewöhnlich wie seine Versteigerung als „unanbringbarer Überführungsgegenstand“. So wird der Brillant in der Amtssprache genannt, seit ein Unbekannter ihn irgendwann in den ersten Nachkriegsjahren ins städtische Pfandhaus gebracht hat. Der Mann wollte ihn beleihen, aber der mißtrauische Beamte roch Unrat. Er rief die Polizei an, doch als die kam, war der Fremde verschwunden. Er ist es geblieben, auch Interpol konnte ihn nicht finden. Mehr als zehn Jahre ruhten 5,93 Karat im Aktenschrank, jetzt freut sich in Fürth eine Dame darüber.

Große Pläne am Dutzendteich

Das klobige Schmuckstück draußen am Dutzendteich, die Kongreßhalle, läßt sich leider nicht so ohne weiteres versteigern. Das Erbstück des „Dritten Reichs“ hängt der Stadt jetzt seit 13 Jahren wie ein Mühlstein am Hals. Schon vor 15 Jahren, 1943, wurden die Bauarbeiten eingestellt, und seitdem enden alle Diskussionen über seine Zukunft mit Rätselraten und Achselzucken. Aber jetzt, am 23. April, ringt der Stadtrat sich zu großen Entscheidungen durch und beschließt: Der Torso dieses größten Rundbaus der Welt wird zu einer gigantischen Sportarena ausgebaut. Das imposante Riesen-Kolloseum dürfe keinesfalls „als eine Art Pompeji“ stehen bleiben.

Zwei Versionen stehen zur Wahl: Ein offenes Stadion für 90.000 Zuschauer oder eine überdachte Mehrzweckhalle für 120.000 Personen. 16 Millionen Mark soll das offene Stadion kosten, das Doppelte der Dach-Gigant; allein 6,5 Millionen würde die 1.700 Tonnen schwere Stahlkonstruktion der Kuppel, zehn Millionen die Heizung verschlingen. Eine zweite Stadtratssitzung am 7. Mai bringt die Entscheidung für das offene Stadion, ein Dach könne man später immer noch drüberstülpen. Die Bauverwaltung wird beauftragt, die Planung voranzutreiben, denn eines stehe jetzt fest: Die Kongreßhalle wird ausgebaut, komme, was da wolle. Man werde sich doch nicht riesige, lukrative Veranstaltungen entgehenlassen, die dann garantiert in Nürnberg abgehalten werden. So postuliert am 7. Mai 1958.

Nur ein müdes Lächeln hat Club-Experte „Bräisala“ für solche Monumentalpläne übrig. „Weil wir a su a grouß Stadion für den Club net braung“, sagt er. Er betont das Wörtla „den“, und das hat seinen Grund. Zwar wird der Club mit den Herren Wabra, Zeitler, Ucko, Morlock, Schober, Zenger, Schmid, Albrecht, Glomb, Schweinberger und Müller am 13. April mit einem Punkt Rückstand zum KSC Zweiter der Oberliga Süd und darf damit wieder an den Gruppenspielen zur „Deutschen“ teilnehmen, aber was dann kommt, das macht den „Bräisala“ bloß noch

4. Mai in Ludwigshafen: Der Club verliert 1:3 gegen den HSV. Links Glomb und Müller, rechts Torwart Schnoor und Klopacz vom HSV. Wieder nix mit der Meisterschaft

traurig: „Jäit's Johr desselbe Scheiß-Schpül". „Bräisala" hat recht, denn es wird wieder nix mit der Deutschen Meisterschaft. In Stuttgart am 27. April nur ein 2:2 gegen den FK Pirmasens, in Ludwigshafen am 4. Mai ein 1:3 gegen den Hamburger SV, wobei der verletzte Zenger an allen Ecken und Enden fehlt, und lediglich am 11. Mai in Berlin ein etwas versöhnliches 4:3 gegen den 1. FC Köln. Obgleich der Maxl Morlock fehlt, Strehl eine Menge Dampf, der Club aus einem 1:3 bei Halbzeit noch einen Sieg macht und 25.000 Berliner „Bravo Nürnberg" rufen – es kommt zu spät. Dafür hat die vielversprechende Karriere des Ferdinand Wenauer begonnen, während der Knoll Adi aus dem Vertrag entlassen wird.

Im August stellt sich Freude ein im Zabo, weil Karl Friedrich Haas bei den Leichtathletik-Europa-Meisterschaften in Stockholm Dritter im 400-m-Lauf wird; im Oktober Trauer, weil mit Hans Hofmann ein Gründungsmitglied des Vereins vom 4. Mai 1900 im Alter von 81 Jahren stirbt. Hofmann hat in Nürnberg den Fußball mit „erfunden" und von 1900 bis 1909 selbst in der ersten Mannschaft gekickt – als Spielführer.

Gerade, schmale Silhouette „ohne Modellierung der Körperformen"– das gemäßigte Sackkleid

Führend in der Damenmode dieses Jahres ist das berüchtigte, jedoch gemäßigte „Sackkleid" ohne Busen. Auch Kostüm und Mantel sind weicher und lockerer als in den Vorjahren, fast schon etwas salopp, und gleichzeitig auch wieder ein Stückchen kürzer. Der Stoff „umspielt" die Figur, eine „befreite und befreiende Mode". Die modische Damenhose mit Schlitz bleibt ebenfalls gut im Rennen, beim Friseur schleicht sich der Bubikopf wieder ein. Die Herren sollen sich weiterhin konservativ kleiden, die Hosen in U-Form. Der große Knaller heißt Dralon. Die Werbung nennt das Kunstgewebe eine „wunderbare Gabe der modernen Zeit, leicht, geeignet für jede Jahreszeit und schnell zu trocknen."

Raucher wollen Filter

Zur Raucher-Mode gehört jetzt endgültig die Filterzigarette, jeder zweite „Smoker" will es leichter haben und greift zum Filter. Der Anteil hat sich sprunghaft erhöht: 1954 waren's knapp fünf Prozent, 1955 zehn, im Jahr darauf bereits 24 und letztes Jahr 38 Prozent. Auch so harte Glimmstengel wie Overstolz, Zuban, Peer, Ernte 23 und Mercedes schieben jetzt einen Filter vor.

Neuheit unter den Schallplatten ist seit kurzem die Kunststoff-Scheibe, die liebe alte Schellack mit 78 Umdrehungen hat ausgedient, im Kaufhaus wird sie für eine Mark verschleudert. Als nächstes kündigt sich die stereophonische Platte an.

Das neue Motto des sparsamen Mannes, der mit Hammer und Zange umgehen kann, heißt: „Mach' es selbst!" Die aus Amerika importierte Heimwerker-Welle „Do it yourself" fällt bei uns auf fruchtbaren Boden. Erstens kostet's weniger Geld, denn die Wohnung ist eh schon teuer genug, zweitens hat der Mensch des Jahres 58 mehr Freizeit, drittens läßt sich Hobby mit häuslicher Nützlichkeit verbinden und viertens kriegt man sowieso kaum noch einen Handwerker.

Auch neu, aber ärgerlich für Nürnbergs Gastwirte sind die Flaschenbierhändler, die an jeder Ecke aus dem Boden sprudeln und die Halbe billiger verkaufen. 1.480 solcher Tandler gibt's heute in der Stadt, vor dem Krieg waren es nur 134. Umgekehrt läuft's bei den Wirtschaften: 1939 mit 1.281 Wirtshäusern eine nahrhaft bestückte Stadt, hat Nürnberg heute gerade noch 779 Kneipen. Und das bei inzwischen 441.835 Einwohnern im Dezember, 7.279 mehr als zu Beginn des Jahres.

Ein Trostpflaster bekommt die SPD bei der Landtagswahl am 23. November verpaßt, nachdem der Schock von der letztjährigen Wahl-Niederlage noch in allen Knochen sitzt: Die Nürnberger Sozis heimsen 50 Prozent ein und damit zum ersten Mal in ihrer 90jährigen Geschichte die absolute Mehrheit der Stimmen in der Stadt – womit sie aber wenig anfangen können. Es ist eher ein Prestigegewinn, obgleich auch die CSU von 26,6 auf 31,5 Prozent zugelegt hat. Zehn Nürnberger ziehen in den bayerischen Landtag ein, fünf von der SPD, vier von der CSU und einer von der FDP.

Gewonnen haben wir wohl alle in diesem Jahr, Wirtschaftswunder und Wohlstand bringen neue Lebensqualität – aber auch einen anderen Lebensstil, versuchen Soziologen, Psychologen und Marktstrategen uns wieder mal einzureden. Noch nie haben wir vom Leben so viel erwartet wie jetzt, sagen sie. Nach allen vorausgegangenen Wellen hat uns nun die „Gesellschaftswelle" erfaßt, jedes Jahr fügt unserem Lebensstil ein anderes Stück hinzu.

Doch zwei Beispiele beweisen, daß wir wie ehedem hilfsbereit sind und die Hemdsärmel hochkrempeln können.

Der 22jährige Schauspieler am Lessing-Theater, Georg Kostya, „Naturbursche und jugendlicher Komiker", wird von der Kinderlähmung befallen und hilflos ins Krankenhaus eingeliefert, nur seinen rechten Arm kann er noch bewegen. Seine Schauspielerkollegen, Nürnberger Betriebe und viele Bürger sammeln Geld, damit Kostya mit modernsten Methoden behandelt werden kann. Ruth Leuwerik ruft zu einer Spendenaktion auf, ein „Georg-Kostya-Club" formiert sich und Regisseur Wolfgang Liebeneiner verspricht ihm eine große Filmrolle.

Hilde und Hans Kubitza aus der Schweinauer Hauptstraße, Flüchtlinge aus Schlesien, wandern samt Tochter Helga im April nach Australien aus. Sie gehen mit 1.068 anderen Auswanderern in Bremerhaven an Bord des norwegischen Passagierdampfers „Skaubryn". Vor Aden ist die Reise zu Ende. Das Schiff brennt aus und sinkt. Die Kubitzas verlieren Hab und Gut, verlieren alles, was sie sich erst in Nürnberg wieder erarbeitet haben, denn schon aus Schlesien waren sie 1945 mit nichts gekommen. Jetzt haben sie wieder nichts mehr, sogar das zusammengesparte Geld ist verbrannt. Aber die Kubitzas kehren nicht um, sie geben nicht auf, sie fahren „mit nix" in ihre neue Heimat Australien – sie fangen wieder von vorne an.

Menschen aus Nürnberg 1958. Schicksale in einer Zeit, da diese Menschen von ihrem Leben ja noch viel erwarten.

Oder wie sonst soll man es deuten, wenn Nürnbergs kinderreichste Familie sich über ihr 15. Kind noch genauso freut wie übers erste vor 25 Jahren? Die drei ältesten Töchter sind längst verheiratet, Vater Heinrich Lang, 47, Angestellter beim Finanzamt, und Mutter Anna, 41, füllen mit den „restlichen" zwölf Kindern die Sechs-Zimmer-Wohnung in der Gartenstadt bis zum letzten Winkel aus. Sie sind stets fröhlich, die Wohnung ist immer picobello aufgeräumt, und am Sonntagmittag pünktlich um halb eins stehen 70 Kniedla auf dem Tisch. Wenn das kein Optimismus ist!

BÜHNE UND FILM NÜRNBERG

OPERNHAUS	Fr. 19.30 Tosca Sa. 14.30 Frau Luna; Sa. 19.30 Margarethe
LESSINGTHEATER	Fr. 19.30 Viel Lärm um nichts Sa. 19.30 Der gute Mensch von Sezuan
Stadttheater Fürth	Fr. 19.30 Die goldene Meisterin
ADLON am Luitpoldhain	Ein Amerikaner in Salzburg, 18.30, 20.45
ADMIRAL a. d. Lorenzk	In 80 Tagen um die Welt, 13, 16.45, 20.30
AKI im Hauptbahnhof	Die große Wanderung des Aals; Aktualitäten; Tom & Jerry Farbtrickf., Wo. 9-24, So. 10.30-24 durchgeh.
ALHAMBRA, Fürther Str.	Madeleine und der Legionär, 14, 16.15, 18.30, 20.45
ASTORIA am Plärrer	Einer kam durch, 14, 16.15, 18.30, 20.45
ATLANTIK, Karolinenstr.	Almenrausch und Edelweiß, 14, 16.15, 18.30, 20.45
ATRIUM, Wölckernstr.	Prinzessin v. St. Wolfgang, 14, 16.15, 18.30, 20.45
BAVARIA, Eibach	Und abends in die Scala, 20
BIEBERBAU, Sulzb. Str.	Und abends in die Scala, 16, 18.15, 20.30
BURG, Bucher Straße	Unter glühender Sonne*), 14, 16.15, 18.30, 20.45; Die Todesreiter von Loredo, 23
CAMERA, Eibach	Frauenarzt Dr. Bertram, 20
CENTRAL, Christuskirche	Das ist Paris*), 14, 16.15, 18.45, 21; Küsse, Kugeln und Kanaillen, 23.15
CITY, Luitpoldstraße	Die Brücke am Kwai*), 12.30, 16, 19.30; Der Tote lebt, tgl. 23
CORSO, Nordostbahnhof	Der Edelweißkönig, 14, 16, 18.15, 20.45; Dick und Doof, der Schrecken der Kompanie, 22.45
DELPHI, Josephsplatz	Mona, die Schwedin, 12, 14, 16.15, 18.30, 20.45; Weiße Fracht für Rio, 23
DIANA, Gibitzenhofstr.	Der Graf von Luxemburg, 14, 18.45, 21; Der Mann ohne Furcht*), 23.15
FILMBÜHNE, Ostendstr	Immer wenn der Tag beginnt, 18.30, 20.45
FILMECK, Gibitzenhofstr	Das einfache Mädchen, 14, 18.15, 20.30
SÜD, Schwabenstr.	Die Lindenwirtin vom Donaustrand, 18.30, 20.30
FRANKONIA, Georgstr.	Alle Wege führen heim, 18.45, 21
HANS-SACHS-THEATER	Gier nach Gold [illegible] 20.45; Kuß vor dem T[illegible] 23
HUMBOLDT, Humboldtstr.	Skandal in Ischl, 14, 18.30, 20.45
KALI, am Plärrer	Galgenfrist, 10, 13, 15, 17, 19, 21, 23
KOLIBRI, Stresemannpl.	Verlobung am Wolfgangsee, 18.30, 20.45
LU-LI, Luitpoldstraße	Die Heilige u. ihr Narr, 14, 16.15, 18.45, 21
METROPOL, Humboldtstr.	Endstation Liebe, 14.30, 16.30, 18.45, 21
MUSEUM, Lessingstraße	Feuriges Blut, wilde Leidenschaft, 13.15, 15.30, 17.45, 20; Gefährliche Leidenschaft, tgl. 22.15
ORPHEUM, Johannisstr.	Skandal in Ischl, 16.15, 18.30, 20.45
PARK-LI, Gebersdorf	7 Jahre Pech, 20; Abenteuer d. 3 Musketiere, 2
PHOEBUS-PAL., Gr. Haus	Der Arzt von Stalingrad, 13, 15.30, 18, 20.30
PHOEBUS-PAL., Kl. Haus	Lächeln einer Sommernacht, 13.30, 15.45, 18, 2
PHOEBUS-STUDIO	Don Quichotte, 13.30, 15.45, 18, 20.15
REGINA, Königstraße	Um Kopf und Kragen, 9.45, 12, 14, 16.15, 18.30, 20.45; Die sich verkaufen, tgl. 23
REX-Theat., Reichelsdorf	Das Herz von St. Pauli, 20
RIO-PALAST, Fürther Str.	London ruft Nordpol*), 14, 16.15, 18.30, 20.45
ROXY (am Südfriedhof)	Die Beine von Dolores, 18.30, 20.45
SCALA, Äuß. Bayr. Str.	El Hakim, 16, 18.30, 20.45; Der Engel, der ein Teufel war, 22.45
SCHAUBURG, Grolandstr.	2 Matrosen auf der Alm, 14, 16.15, 18.30, 20.45
SCHLOSS, Mettingstraße	Eine verrückte Familie, 18.30, 20.45
SCHWANEN-LI, Mühlhof	Rosen f. Bettina, 20; Fluch des Blutes, Nachtvorst.
STRAUSS, Leopoldstraße	Dr. Crippen lebt, 18.45, 21; El Paso, 23
TIVOLI, am Maxfeld	Die Nächte d. Cabiria, 14, 16.15, 18.30, 20.45
WEST-LI, Schniegling	Der Graf von Luxemburg, 20; Ritter der Tafelrunde, 22.30
ALTENFURT: Central	Franziska, 20; Im Schatten des Galgen, 22
HEROLDSBERG: Union	Der Fremdenführer von Lissabon, 20,15; Kronzeuge gesucht, 22.30
KATZWANG: Filmbühne	El Hakim, 20
SCHWAIG: Ba-Li	Der schräge Otto, 20.15
STEIN: Lichtsp. Stein	Die Beine von Dolores, 20

*) in CinemaScope

Kino, Kino, mit den Vororten sind es 48 Filmtheater

Noch gewaltiger!
Jetzt auf der riesigen TODD-AO Leinwand!
Noch grandioser!
WILLIAM HOLDEN
ALEC GUINNESS
JACK HAWKINS
DIE BRÜCKE AM KWAI
SCARS“
13.30
17.00
20.30
2 73 09 a. d. Lorenzkirche
Admiral PALAST
FREDDY
unter fremden Sternen
FARBFILM
Am romantischen Maligne-See, am gefahrvollen Athabasca-River und in den unermeßlichen Wäldern Kanadas spielt sich das Schicksal des Einwanderers Freddy ab.
Schallplatten-Millionär Freddy Quinn singt drei neue Schlager:
„Unter fremden Sternen ...“
„Du mußt alles vergessen ...“
und einen original-kanadischen Hillbilly-Song.
mit
Gustav Knuth, Vera Tschechowa, Christian Machalet, Dieter Eppler
Kasse ab 11 Uhr
Ruf 2 41 06
Täglich:
13.45
16.05
18.25
20.45
Jugend ab 6 Jahren zugelassen
Sonntag, 29. Dez., vormittags 11 Uhr
RUBEZAHL
Preise DM 0,70, 1,— u. 1,50, Jgd. ab 6 Jahre
Atlantik PALAST
Das größte und modernste Haus am Platze!
BUCHHANDLUNG
FAHRKARTEN
ZU DEN ZÜGEN
TO TRAINS
Gepäck u. Expreßgutabfertigung

Idee und Wirklichkeit, Gegenwart und – übersteigertes – Zukunftsbild: Auch am Ende der 50er Jahre gleicht der Hauptbahnhof noch immer einer Arena nach der Schlacht, doch die Planer haben bereits Visionen von übermorgen. Bei der Landgrabenstraße soll der Verkehr vierstöckig entwirrt (oder verwirrt?) werden. Knotenpunkt für alle Fälle: Fernverbindungen trennen sich, Schnellstraßen münden in Tunnels, Auffahrtsrampen führen in die Innenstadt, die Straßenbahn rattert auf Pfeilern und oben drüber die Eisenbahn. Kniefall vor dem Moloch Verkehr. Und im Kino singt noch immer der Freddy. Doch die Klänge des „River-Kwai"-Marsches, dessen Schallplatte in Nürnberg zu einem Verkaufserfolg wird, kündigen neue Töne an

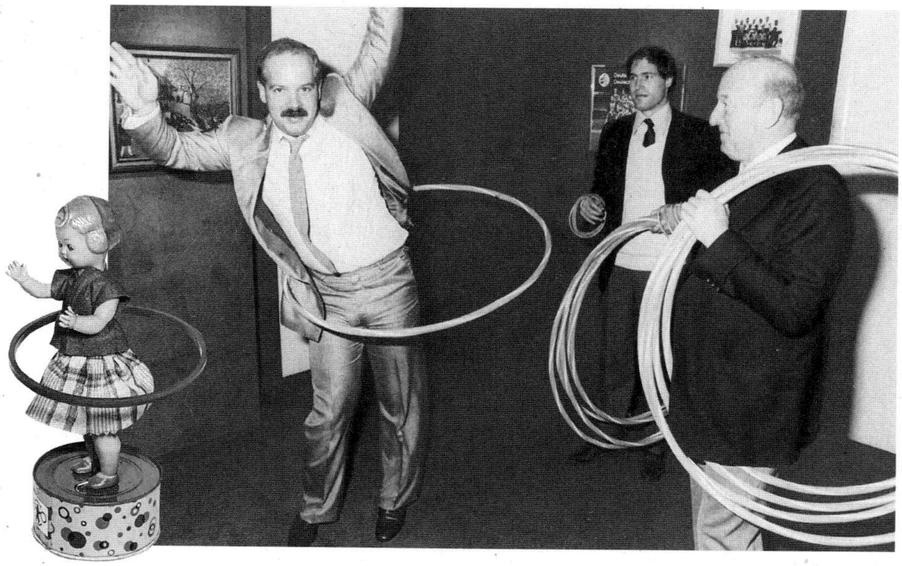

„Schlüsselkinder" – Ausdruck der vollbeschäftigten Familie. 40 Prozent aller Nürnberger Volksschüler sind tagsüber sich selbst überlassen, weil Vater und Mutter arbeiten. Deshalb hängt der Hausschlüssel um ihren Hals (oben). Für Hula-Hoop, dem neuesten Reifenspiel, bleibt da viel Zeit (rechts)

1 9 5 9

Es ist erreicht

Die „NATO-Else" ist eine 36jährige Frau „mit besten Beziehungen". Die hat sie sich selbst angedichtet und damit Firmenchefs mächtig imponiert, die mit den Amis ins Geschäft kommen wollen. Mit gefälschten Papieren gaukelt Else den naiven Herren vor, sie könne die tollsten Aufträge für NATO-Flughäfen, Kasernen und ähnlichen Militärkram besorgen. Aber dazu seien leider vorher „Einschreibgebühren" zu hinterlegen, so könnten sie anderen Anwärtern eine Nase voraus sein. Dieser billige Bauerntrick reicht aus, um 19 Baufirmen mit 130.000 DM aufs Kreuz zu legen. Für so ein stattliches Sümmchen muß die clevere Else wohl vier Jahre ins Gefängnis, befindet das Nürnberger Landgericht.

Gerhard R. ist gerade 24 und seine Frau Irene schwanger. Sie verdienen zusammen 600 DM im Monat, wohnen bei Gerhards Mutter „for nothing" und könnten eigentlich gut leben. Das tun sie auch, ein bißchen zu gut, denn für dicke Feste reichen die 600 Märker nicht. Also spezialisieren sich Gerhard und Irene zeitgemäß auf „Teilzahlungsbetrug". Und das geht sehr einfach. Sie zeigen ihre Kennkarte vor, beteuern, daß sie einen festen Arbeitsplatz haben, zahlen ein paar Mark an oder auch gar nichts und schleppen dankend ab: Klamotten für 3.000 DM, 13 Radioapparate, acht Teppiche, drei Pelzmäntel, ein komplettes Schlafzimmer, Daunendecken, Staubsauger, Waschmaschinen, Uhren und alle möglichen Elektrogeräte. Neunzigmal gelingt ihnen das. Noch schneller als gekauft, tragen sie die Sachen ins Leihhaus. An ein Abstottern der Raten verschwenden sie keinen Gedanken. Weil dieses „Tauschgeschäft" blendend läuft, geben Gerhard und Irene ihre Arbeit auf. Halbherzig wollen sie nicht bei der Sache sein.

Die Richter der V. Großen Strafkammer haben kein Verständnis für derartig lockeres Geschäftsgebaren und schicken Gerhard für vier Jahre, Irene für ein Jahr ins Gefängnis. Das ist happig. Der Vorsitzende Dr. Zeynek meint, „das auf Vertrauen beruhende neuartige Teilzahlungssystem hat das Ehepaar skrupellos und gerissen in amoralischer und gesellschaftsfeindlicher Haltung ausgenützt". So etwas verdiene eine empfindliche Strafe.

Zwei Verhandlungen um Delikte, die charakteristisch sind für den Ausgang der 50er Jahre, für Wirtschaftswunder und Wiederaufrüstung.

Einsame Schlüsselkinder

Auch ein Jugendrichter kratzt an der Fassade des Wohlstandes. Er fragt: Wer oder was ist schuld an der nun doch wachsenden Jugend-Kriminalität? Der Richter sorgt sich, wie andere vor ihm in diesem Jahrzehnt, daß immer mehr Mütter arbeiten gehen, statt sich zu Hause um ihre Kinder zu kümmern. Dieses Problem ist in vielen Familien leicht zu erklären. Ein Lohn, ein Gehalt, das reicht 1959 trotz aller Verbesserungen häufig nicht aus, denn jetzt will doch jeder kräftig abbeißen vom Wohlstandskuchen. Auch die letzte Lohnerhöhung hilft da nicht viel. Die Ansprüche steigen, die Konkurrenz ist groß. Nachbar Schmidt hat ein neues Schlafzimmer, also brauchen wir auch eins, den Kühlschrank sowieso. Ein Auto, wie der Meier eines hat, muß her, ein größerer Fernseher auch, damit wir uns nicht blamieren, wenn der Chef zu Besuch kommt. Und statt an die Adria könnten wir ja mal nach Spanien fahren.

Eine Umfrage des Stadtjugendamts hat ergeben: In Nürnberg sind 40 Prozent aller Volksschüler sogenannte „Schlüsselkinder", mehr als 13.000. Sie haben immer den Hausschlüssel dabei, sie sind tagsüber allein, versorgen sich selbst, bis die Eltern abends nach Hause kommen. Oder die Kleinen marschieren nach der Schule in den Kinderhort und sind dort bis zum Abend gut aufgehoben. Leider gibt es aber nur 38 Horte für 2.100 Kinder. Jede fünfte Mutter ist berufstätig, in vielen Klassen sogar jede zweite. Dabei arbeiten nur fünf Prozent aller 100.000 berufstätigen Frauen aus purer Freude am Job.

Der Jugendrichter und andere Skeptiker fragen deshalb nicht ganz zu Unrecht, wie lange eine Mutter diese Doppelbelastung ertragen kann, ohne daß sie, ihre Kinder, ihr Mann, die ganze Familie darunter leiden. Kommt Mutti abends müde heim, beginnt der „zweite Beruf", und sie will auch hier nicht versagen. Jetzt umsorgt sie ihre Familie, kocht Essen, bringt den Haushalt in Ordnung. Die Folge: 84 Prozent aller berufstätigen Frauen sind vor dem Rentenalter erwerbsunfähig, bei den Männern „nur" 65 Prozent.

Ein erschütternder Fall macht deutlich, was der Richter meint. Die 25jährige Ehefrau und Mutter Margarete P. aus Schwabach will mit ihren drei Kindern aus dem Leben scheiden. Das jüngste, ein vierjähriger Bub, überlebt die Tragödie nicht.

Familie P. haust in einer baufälligen Dachwohnung, die Eltern schlafen im Wohnzimmer, die drei Kin-

Show in der Messehalle: Louis Armstrong bläst, und die Menge tobt

der hinter einem Lattenverschlag in einer sieben Quadratmeter großen Remise. Margarete P. muß mitarbeiten, damit die Familie sich endlich eine ordentliche Wohnung leisten kann. Obgleich sie sich mit ihrem Mann gut versteht, kommt es immer wieder zu Reibereien. Die Belastungen sind zu groß, die Nerven zum Zerreißen angespannt, da genügt schon der geringste Anlaß, um durchzudrehen.

Für Margarete P. kommt dieser Augenblick vier Tage vor Weihnachten. Sie setzt sich mit ihren drei Kindern aufs Bett, gibt ihnen ihre Geschenke, singt Weihnachtslieder, öffnet den Gashahn und wartet auf den Tod. Aber sie hat nicht damit gerechnet, daß das Gas durch die vielen Ritzen der baufälligen Wohnung entweichen kann. Es reicht nicht, daß sie nur zwei Gasmarken eingeworfen hat. Es reicht jedoch, um den vierjährigen Buben zu töten. Als Margarete zu sich kommt und sieht, daß das Kind tot ist, will sie sich die Pulsadern öffnen; sie kann nicht mehr. Ihr Mann rettet sie, seinen siebenjährigen Sohn und die sechs Jahre alte Tochter.

Margarete P. sitzt wenig später vor ihren Richtern, abgehärmt, eingefallen, die Hände gefaltet. Sie trägt ein Trauerkleid. Als das Urteil gesprochen wird, nickt sie unmerklich mit dem Kopf: Ein Jahr und drei Monate Gefängnis „wegen eines Verbrechens des vollendeten Totschlags und zweier Verbrechen des versuchten Totschlags". Die Richter billigen der armen Frau zwar „verminderte Zurechnungsfähigkeit zur Tatzeit" zu, verweigern ihr aber die Bewährungsfrist. Auch der Haftbefehl wird nicht aufgehoben, weil „Fluchtgefahr" bestehe.

Die Zuschauer schütteln die Köpfe und alle, die in der Zeitung darüber lesen, sind empört. Fluchtgefahr? Wohin soll diese bedauernswerte Frau denn flüchten? Zu Hause wird sie von ihren zwei Kindern gebraucht. Nun aber muß sie im Gefängnis verzweifeln, und die Kinder sind wieder allein.

Zum Glück ist das Schicksal der Margarete P. ein Einzelfall, aber es ist ein Signal. Und davor will der Jugendrichter warnen. Nur: Er darf nicht verallgemeinern.

Der weitaus größte Teil der Jugendlichen zwischen 14 und 19 Jahren, die jetzt Teenager heißen, hat nämlich erstaunliches Selbstbewußtsein entwickelt und innere Stärke, die ein Abgleiten in die kriminelle Szene eher unwahrscheinlich machen. Die jungen Leute von 1959 gehen am Samstagabend zum „Record-Hop" in die Messehalle. Dort legt, nach amerikanischem Vorbild, ein junger Mann Schallplatten auf, und danach wird getanzt. Der „Disc-Jockey" ist geboren. Die jungen Leute spielen Jazz im Gewölbe des Paniersplatz-Bunkers. Ihr „Jazz-Club Nürnberg" wird zehn, das „Jazz-Studio Nürnberg" fünf Jahre alt.

Der Teenager von 1959 weiß genau, was er will. Beispiel Einkauf. Vor fünf oder sechs Jahren noch von Vater und Mutter an der Hand genommen, die letztlich bestimmten und bezahlten, was dem „Kind" angemessen ist, kommt der Teenager-Kunde heute allein. Er ist zielstre-

Die Jazz-Begeisterung verwandelt Trümmerkeller in Studios. Vor ein paar Jahren haben diese jungen Jazz-Fans ein uraltes Gewölbe unter Ruinen entdeckt, heute „hotten" sie darin. Links unten eine „Session" im LuLi

big, läßt sich nichts aufschwätzen, bevorzugt Qualität, zögert nicht, wenn's ein paar Mark mehr kostet und bezahlt bar.

Die junge Dame hat den Pferdeschwanz abgeschnitten und durch eine individuelle Haartracht beim modischen Friseur ersetzt. Sie favorisiert die weibliche Note, zweiteilige Kleider, modernes Kostüm, weiten Rock, den Petticoat noch immer. 30 Prozent aller Miederwaren werden an Teenager verkauft. Der junge Herr legt Wert auf seriöse, dunkle Farben, erstklassig knappen Sitz und tadellose Verarbeitung, wenn er einen „guten" Anzug kauft. Gepflegt, aber mit eigener Note. Der Teenager von heute ist anerkannt, er ist eine wirtschaftliche Macht. Die Industrie braucht ihn. Der Teenager richtet sich nicht nach dem Diktat irgendeines Modemachers, der muß sich an den Wünschen der jungen Leute orientieren. Etwa 40 Prozent aller Fahrräder und Mopeds, 44 Prozent aller Schallplatten und 25 Prozent der Kinokarten werden von der Jugend gekauft. Sie gibt – bundesweit – im Jahr etwa zehn Milliarden Mark aus, ein Viertel davon für Kleider und Schuhe.

1959 – ein Babyjahr

Auch vor frühzeitiger Bindung und baldigem Nachwuchs haben die jungen Leute 1959 keine Angst. 40 Prozent der Jungen heiraten schon zwischen 20 und 25 Jahren, vor dem Krieg waren es nur 30 Prozent; 17 Prozent der Mädchen sogar schon vor dem 20. Lebensjahr, früher knapp sieben Prozent. Die jüngste ist 15 Jahre und elf Monate, als sie in Reichelsdorf vor den Traualtar tritt. 1959 ist ein Babyjahr, am Ende werden 5.666 neue Nürnberger gezählt; 1951 waren es nur 3.861.

Die beliebtesten Vornamen heißen in diesem Jahr Petra, Gabriele und Karin bei den Mädchen; Klaus, Peter und Thomas bei den Jungen.

Beliebt bei den erwachsenen Damen sind endlich wieder modische Kurven, zierliche, schmale Taillen und schwingende Röcke. In Sack und Asche mit dem Sackkleid, mit Empire und Ballon. Wieder Busen zeigen, wer Busen hat; zurück mit der Taille, wo sie hingehört; hoch mit dem Rock bis ans Knie! Heiter beschwingt und elfenhaft schlank, das ist der Grundton der Damenmode 1959. Der Herr bleibt weitgehend unbeschnitten. Sein Einreiher wird vielleicht durch zwei oder drei Knöpfe „gestreckt", weil das in fetten Jahren nur vorteilhaft sein kann; die Hose bleibt kurz. Synthetische Fäden fädeln sich immer mehr ein in die Mode. Ungewöhnlich sind die kragenlosen Jacketts, die viele Männer mögen. Die Damen werden traktiert durch 10 cm hohe Absätze mit Fleckerln auf den Stiletto-Stöckeln, die halb so groß sind wie ein Pfennigstück. Die Boutique mit den modischen Kleinigkeiten wie Handschuhe, Gürtel und Tasche (der letzte Schrei heißt Skay) ist jetzt total gefragt.

Die Preise verändern sich kaum oder nur unwesentlich, weder bei Textilien noch anderswo. Noch immer gibt es Damenkleider von 6,90 bis 89 DM, Mäntel von 19,90 bis 298 DM, Schuhe unter 40 DM und einen Herrenanzug von 118 bis 197 DM. Noch immer kostet eine Schlafcouch von 312 bis 543 DM, ein kleiner Kühlschrank 394 DM, ein Fernseher mit 43er Bildschirm 598 DM und eine imposante Fernseh-Konzerttruhe ab 1.375 DM. Nur die Lebensmittelpreise legen gegen Ende des Jahres ein wenig zu. Vergleicht man mit 1951, dann kostet heute ein Kotelett um 23 Prozent mehr, das „normale" Schweinefleisch um neun Prozent weniger. Die Flasche „Noris"-Weinbrand steht noch immer für 9,75 DM im Regal.

So sieht der 59er Schuh aus (von links): Glencheck-Modell aus Stoff und Leder, Pumps aus Samtcalf, spitzer Herrenschuh mit Steppnähten, heller Aprés-Ski-Schuh mit Transparent-Sohle

Der Benzinpreis bleibt bei 63 Pfennig, sinkt dann sogar auf 60, Super auf 67 Pfennig; die Großtankstelle am Jakobsplatz tut's auch für 57 Pfennig pro Liter. Angedroht werden Preiserhöhungen für Diesel um mehr als acht Pfennig und für die Kfz-Versicherung, wovon jedoch nur kleine und größere Wagen betroffen sind, nicht die Mittelklasse. Hat man bisher für einen Goggo oder eine Isetta 70 DM im Jahr bezahlt, sind es bald 114 DM; für einen VW bislang 160, jetzt 196 DM. Dagegen fällt die Prämie für den „Rekord" von 260 auf 235 DM.

Der Anteil von Motorrädern macht nur noch 6,5 Prozent aus, das Fahrrad taucht aus der Versenkung auf und wird – aus Gesundheitsgründen – zum Hoffnungsträger der Zweirad-Hersteller. Gleichzeitig steigt auch die Nachfrage nach dem Moped wieder. Mutig stellt Hercules sofort ein Moped für zwei Personen vor.

Von frech bis zugeknöpft für Mädchen und Damen 1959: Links der elegante Lammfellmantel mit Chinchilla-Muff (auch für Hündchen geeignet), unten von links: Petticoat für Teens und Twens; Sealskin-Ozelot- und Bueno-Mantel mit Blaufuchs; der neueste Look von Dior aus Paris. Man sieht: Verdient der Ehemann mehr Geld, darf Frau Gemahlin zum Pelz greifen – 1959 wird's immer öfter möglich

Reisen, reisen, immer weiter. Meist fährt man mit dem Bus, Camping wird populär, aber auch kombinierte Bahn-Schiffs-Reisen kommen in Mode

Reisen und Urlaub bleiben erschwinglich, Bahnreisen trotz Auto und Flugzeug erstaunlicherweise noch immer beliebt. Zum Beispiel zehn Tage nach Riccione mit Vollpension für 149 DM, zehn Tage mit Halbpension nach Palermo für 198 DM oder zwölf Tage mit Übernachtung und Frühstück im Sonderzug durch ganz Italien, vom Brenner bis Sizilien, für schlappe 229 DM, mit Abendessen 50 DM Aufschlag. Allerdings verspüren immer weniger müde und berufsgehetzte Urlauber Lust dazu, sich kreuz und quer herumkarren zu lassen. Der Trend heißt: An einem Ort bleiben, einsteigen, aussteigen, Urlaub machen, ausruhen, die vom Aufbaustreß strapazierten Nerven entspannen. Neunzig Prozent aller Urlaubsfahrten werden so gebucht, denn der Durchschnitts-Nürnberger hat eh nur zwischen zwölf und 18 Tagen Urlaub, und da will er sich erholen. Die Top-Urlaubsorte sind gegenüber den letzten beiden Jahren so ziemlich gleichgeblieben: Oberbayern, Österreich, Italien, Jugoslawien, Mallorca und jetzt immer mehr Spaniens Südküste. Die Freude der Nürnberger am Campen nimmt weiter zu, denn Campingplätze findet man schon in halb Europa.

Während die Nürnberger sich die Welt anschauen, kommen 290.961 Fremde nach Nürnberg zu Besuch, darunter 66.541 Ausländer. Am liebsten sehen sie die Kaiserburg, die Sebaldus-, die Lorenzkirche und das Germanische Museum. Die Stadt bietet inzwischen in 108 Hotels und Gasthöfen 2.830 Betten an.

Es lohnt, Nürnberg zu besuchen. Seine Bürger haben seit 1945, zum größten Teil aber in den 50er Jahren, aus einem Trümmerhaufen wieder eine sehenswerte Stadt gemacht, von allen geliebt, die in ihren Mauern leben, von allen bewundert, die zu Besuch kommen. Es gibt wieder 139.656 Wohnungen, weit mehr als vor dem Krieg. Allein 1959 sind 6.420 hinzugekommen. Wir erinnern uns: Anfang 1950 waren es 45.106, die diesen Namen annähernd verdienten, 27.273 glichen mehr einem Unterschlupf. 449.800 Menschen leben heute in der Stadt, Anfang 1950 waren es fast hunderttausend weniger. Mehr als 54.000 Fahrzeuge tragen ein Nürnberger Kennzeichen, 1950 waren es 16.898.

Alte Pläne sind erfüllt, neue kündigen sich an. Aus Aufbau wird Ausbau, Wachstum verlangt andere Dimensionen, die Zukunft braucht eine neue Stadt.

Letzte Restaurationen werden vollendet, Denkmäler kehren zurück: Das alte Wolff'sche Rathaus, die Egidienkirche, der Weiße

Autos – das jüngste Angebot

„Arabella" von Borgward, 900-ccm-38-PS-Motor, 120 Spitze, 7,2 Liter auf 100 km, 5.250 DM. 700er Coupé von BMW, 30 PS, 125 km/h, 6 Liter, 5.300 DM. DKW-„Junior", 741-ccm-34-PS-Motor, 7,3 Liter, 4.790 DM. „Isar"-Kombi (Goggo), 4.565 DM. Der „Große Borgward", 2,3-l-Motor, 100 PS, 160 km/h, 12.350 DM. Neuer Mercedes 220 S, 110 PS, 13.250 DM; 220 SE, 120 PS, 14.950 DM. 1.800er und 2.100er Fiat, 6 Zylinder, 85 bzw. 95 PS, 140 bzw. 155 km/std., 9.650 bzw. 10.150 DM. Opel „Rekord" und „Kapitän" (verbessert): 1,7-l-55-PS-Maschine für den viertürigen „Rekord" (6.950 DM), 2,6-l-6-Zylinder-Motor mit 90 PS für „Kapitän", 9.975 DM. Ford 12 M und 17 M, modernisiert: 5.690 bzw. 6.650 DM. 15-PS-Pflasterhüpfer Fiat 500 (4,5 l Verbrauch, pro Tag 20 Pfennig Steuer und 28 Pfennig Haftpflicht), 2.890 DM.

Dieses Auto soll ein Unikat bleiben: Die 2,3-Liter-100-PS-2400-Pullmann-Limousine von Borgward wird nur in einer Serie hergestellt – und dann nie mehr wieder

Reisen wird zum Spaß der Nation, Urlaub im Campingzelt zum Schlager der Saison. Allerdings hält sich der Komfort noch sehr in Grenzen

Die Amis helfen mit, damit die wiederhergestellte Lorenzkirche in alter Pracht glänzt. Ein Hubschrauber der US-Army setzt der Spitze des Kirchturms die Krone auf

Turm, der Laufer Schlagturm, die Heilig-Geist-Kirche. Aus der einstigen Wölckernschule wird, nach jahrelangem Streit, die „Martin-Behaim-Schule“.

Neues fügt sich zu Altem: Das Schauspielhaus am Richard-Wagner-Platz wird am 9. September mit „Wallenstein“ eröffnet. Im alten Lessing-Theater fällt am 28. Juni zum letzten Mal der Vorhang. Das Städtische Krankenhaus ist jetzt eine der größten und leistungsfähigsten Kliniken der Bundesrepublik. Der Großmarkt in Gaismannshof, der Volkspark am Marienberg und der 150.000 qm große Wöhrder See werden fertig.

Pläne für morgen, die heute schon begonnen werden: Die Schnellstraße auf dem alten Kanalbett; jeder Kilometer kostet 30 Millionen, 30 Brücken sind notwendig. Raum für 5.000 neue Parkplätze in der City. Endlich eine Südfront für den Hauptmarkt, die ebenerdigen Laden-Provisorien werden verschwinden. Die Verkehrssanierung der Innenstadt. Vom Prinzregenten-Ufer bis zum Plärrer beginnt das große Aufräumen, der Bahnhofsplatz sieht aus, als seien die Bomber vom 2. Januar 45 zurückgekehrt, für den Fußgänger-Tunnel wird gebuddelt, daß die Bagger rauchen; in der Bayreuther Straße, am Maxfeld, schafft Nürnbergs umstrittenste Baustelle ein Chaos; dutzende neuer Verkehrsampeln verwandeln den Ring in eine einzige „Grüne Welle“. Dann stehen an: Der Neubau des verfallenen Polizeipräsidiums und der Konzerthalle am Luitpoldhain sowie der Ausbau der Kongreßhalle am Dutzendteich. In die Euphorie vom großartigen Vorzeige-Stadion mischen sich erste verhaltene Warnsignale. Andere Projekte haben Vorrang, gibt man vorsichtig zu bedenken, und die Stadt müsse erst Finanzierungsmöglichkeiten erschließen. Geduld, Geduld... Warten wir's ab. Aber mit dem Warten ist das so eine Sache. Wer zu lange wartet, wird bestraft. Er beginnt zu zögern, bis es zu spät ist. Gras wächst darüber, und schließlich wird der ganze stolze Plan vergessen. Leute, die sich auskennen, sagen dem Dutzendteich-Kolosseum eine Dornröschen-Zukunft voraus. Aber noch will niemand zugeben, daß diese Skeptiker recht haben.

Weiter sind geplant: Nochmal 45.000 Wohnungen, ein Heizkraftwerk und 28 Hochhäuser, 160 Klassenzimmer für Volksschüler, die Hochschulfusion, der Zusammenschluß von Nürnberg, Fürth und Erlangen zum Großraum für 1,2 Millionen Menschen und die Vollendung der Trabantenstadt Langwasser. Und schließlich werden Stimmen laut, ob denn die Messehallen in der Bayreuther Straße überhaupt an der richtigen Stelle stünden. Sogar der OB selbst stellt diese Frage bei einer Bürgerversammlung der nördlichen und nordöstlichen Stadtteile im März.

Gefahr für Langwasser

In Langwasser passiert eine Posse:

Mehr als 5,9 Millionen Mark stecken bereits in den Häusern, und 7.000 Nürnberger leben auch schon drin, da schießt die Bayerische Staatsregierung mit sehr unsauberer Munition gegen den Trabant. Sie fühlt sich plötzlich nicht mehr an den Vertrag von 1934 gebunden, durch den das Langwasser-Gebiet für den Wohnungsbau erschlossen werden darf. Die vierschrötigen Herren vom Münchner Landwirtschaftsministerium wollen das halbe Gelände von der Bebauung ausschließen und für den Rest mehr Geld haben als bisher vereinbart war. Der Oberbürgermeister haut lautstark auf den Tisch: „Wir weichen keinen Zollbreit von den Lebensnotwendigkeiten der Stadt ab. Unser Wille, die Trabantenstadt zu errichten, um der Nürnberger Bevölkerung Wohnmöglichkeiten zu geben, ist unerschütterlich.“ Und es wird weitergebaut. Die Hartnäckigkeit zahlt sich aus.

Das alte Polizeipräsidium an der Ludwigstraße, von der Rückseite gesehen. Schon 1952 werden Teile dieser ehemaligen Deutschhauskaserne abgerissen, aber die stark angeschlagenen Behelfsbauten überdauern die ganzen 50er Jahre

Der Staat ist auch schuld daran, daß, nur einen Steinwurf entfernt von der neuen Trabantenstadt, noch immer das Valka-Lager vor sich hingammelt. Zwar gerade noch von 390 Emigranten bewohnt, gibt es trotzdem immer wieder Anlaß zu Ärger. Im Januar verhaftet die Polizei mit dem Polen Stanislaw S. aus dem Valka-Lager den lang gesuchten Nürnberger „Gaststättenschreck“, der 40 Wirtshäuser ausgeräumt hat; im Mai brennt eine Baracke ab, zwei

Von der Baracke in die neue Siedlung – noch träumen Tausende Nürnberger und Flüchtlinge davon. Oben das Witschel-Lager mit seinen armseligen Hütten, links die ersten Wohnblocks von Langwasser, einsam auf kahlen Feldern

weitere werden schwer beschädigt und 80 Kroaten, Serben und Polen obdachlos; im August tobt sechs Stunden lang eine „Völkerschlacht" zwischen Serben und Kroaten, und vier Männer kommen schwer verletzt ins Krankenhaus; ein paar Tage danach wird in Schniegling ein Algerier erstochen, die Polizei erwischt zwei Verdächtige, sie kommen aus dem Valka-Lager.

Wieder mal versichert die Regierung, daß das Lager „demnächst" aufgelöst werde und die Insassen in das Bundessammellager Zirndorf kämen. Dieses Versprechen hört man in Nürnberg seit Jahren. Daß auch im Witschellager nach wie vor 561 Menschen kampieren, dürfte angesichts der modernen Wohnblocks nebenan schon recht peinlich sein.

Nicht minder verdrießlich ist ein „Überbleibsel" aus längst vergessenen Kriegstagen: Noch immer hausen 6.347 Nürnberger Evakuierte, Ausgebombte von 1941 bis 45, irgendwo draußen auf dem Land und warten auf eine Wohnung in ihrer Heimatstadt.

Auch diese Wohnungen sind in dem großen 480-Millionen-Wirtschaftsplan vorgemerkt, der Nürnbergs Zukunft auf Jahre hinaus sichern soll. Kann die Stadt sich denn solch horrende Ausgaben überhaupt leisten, wo Kämmerer Dr. Zitzmann eben erst die Bremse gezogen hat? Ja doch, wir können, sagt der OB, wir sind zwar mit 189 Millionen verschuldet, aber noch lange nicht überschuldet; schließlich besitze die Stadt ein Vermögen von 600 Millionen. Der Haushalt für 1959 ist mit 211 Millionen DM ausgeglichen, im außerordentlichen Haushalt will die Stadt 65 Millionen ausgeben.

Und überhaupt: Warum soll die Stadt nicht kräftig in den Säckel greifen, wenn es doch der Wirtschaft und uns allen so gut geht? 1959 hat sich zu einem Jahr der Hochkonjunktur entwickelt, wir sind auf dem Gipfel angekommen. Kaiser Wilhelm II. würde jetzt die Schnurrbartspitzen nach oben streichen und zufrieden ausrufen: „Es ist erreicht!" So mies wir 1950 in das Jahrzehnt hineingestolpert sind, so strahlend verlassen wir es.

In der zweiten Jahreshälfte droht die Hochkonjunktur zu überhitzen. Die Produktion brummt, der Handel floriert. Die Arbeitslosenzahl sinkt von Monat zu Monat, Anfang Oktober sind es im Bundesgebiet noch 187.199, und das entspricht einer Quote von 0,9 Prozent. In Nürnberg werden 1.829 Arbeitslose (0,4 Prozent) und 9.168 offene Stellen gemeldet, aber 212.800 Menschen in 553 Betrieben beschäftigt. Erinnern wir uns: Im Februar 1950 hatten wir 14.554 Arbeitslose in der Stadt und 4.356 Kurzarbeiter.

44,6 Prozent mehr Lohn

Die Lebenshaltungskosten steigen seit 1958 um knapp drei Prozent, die Löhne um 5,6 Prozent. Der Durchschnitts-Stundenlohn beträgt 2,35 DM, in der Spitze bis zu 2,80 DM und auch darüber. Gegenüber 1952 ist dies eine Erhöhung um durchschnittlich 44,6 Prozent. Am besten gelöhnt wird im Braugewerbe, im Fahrzeugbau und in Druckereibetrieben. Ein gut bezahlter technischer Angestellter hat im Monat etwa 897 DM, im kaufmännischen Beruf 834 DM.

Auch von der Bauwirtschaft gehen wieder Impulse aus. Es gibt mehr neue Wohnungen. Was nichts daran ändert, daß Bauen und Wohnen immer teurer werden, durchschnittlich um 20 Prozent, zumeist verursacht durch die Explosion der Grundstückspreise. Klar doch: Die Leute verdienen besser, wollen Grund für ein eigenes Häusla kaufen, und je mehr Nachfrage, desto begehrter und teurer der Boden. Am Stadtrand, etwa draußen bei Wolkersdorf, wachsen immer mehr Flachdach-Bungalows aus der Erde. Dieser Kontrast zum fränkischen Steildach bringt Ärger. Konservative und progressive Bauherren verbeißen sich in hitzige Stammtischkämpfe.

Weil die Wohnungszwangswirtschaft Stück für Stück abgebaut wird, steigen die Mieten ganz empfindlich, zum Teil bis zu 35 Prozent. Die Durchschnittswohnung 1959 hat vier Zimmer und ist 66,10 qm groß; 52 Prozent sind Vier-, 21,5 Prozent Drei-, 16,3 Prozent Fünf- und nur 5,9 Prozent Zweizimmer-Wohnungen.

Teilweise haben die noch gebundenen Quadratmeter-Preise zwei Mark schon überschritten, von den frei finanzierten gar nicht zu reden. Eine Dreizimmerwohnung am Stadtpark, 76 qm, mit Balkon kostet jetzt 168 DM und 6.000 DM Darlehen, eine gleichgroße Wohnung am Marientunnel 150 DM und 5.000 DM Darlehen, vier Zimmer mit Dachgarten beim Plärrer 210 DM und 4.500 DM Darlehen, vier Zimmer am Laufer Schlagturm 198 DM und 6.000 DM Darlehen, zwei Zimmer Nähe Opernhaus 144,50 DM plus 4.000 DM Darlehen. Diese Darlehen sind immer noch vonnöten. Ein Einfamilienhaus mit drei Zimmern am Reichelsdorfer Keller ist für 35.000 DM zu haben, ein

Weder Straßenschlacht noch Schanzarbeiten – Nürnberg will nur den Verkehr bändigen, der die Stadt zu überfluten droht. Am Bahnhofsplatz wird endlich die jahrelang für überflüssig erklärte Unterführung gebaut, am Maxfeld die Bayreuther Straße Länge mal Breite komplett neu „durchgeformt"

Zehnfamilienhaus in der Glockenhofstraße für 160.000 DM und ein Dreifamilienhaus in Eibach für 60.000 DM.

Eingerichtet sind wir noch wie vor zwei oder drei Jahren, der Wohnungsstil hat sich kaum verändert. Nierentisch, Schalensessel und Schlafcouch (ab 198 DM) sind geblieben, im Schlafzimmer der Hochschrank (für 714 DM bei 2,50 m Höhe), und in der Küche macht die neue Kunststoff-Folie farbenfroh, denn Kunststoff und Chemiefasern sind nun mal der große Trumpf. Wer Geld hat und dies zeigen will, verbarrikadiert sich mit Chippendale.

Reich, so richtig reich zu werden und über Nacht möglichst viele 1.000-DM-Scheine in der Hand zu halten, die es jetzt erstmals wieder gibt, das ist kaum die erklärte Hoffnung der vielen Sparer, die, mehr noch als in den Jahren zuvor, bei ihrer Bank ein Konto eröffnen. Es ist eher der Wunsch nach Sicherheit. Zum Teil aber werden die Leute auch zu einem eigenen Konto gezwungen, denn die Firmen wollen Lohn und Gehalt nicht mehr bar auf die Hand, sondern lieber per Scheck bezahlen oder aufs Konto überweisen. Zum größeren Teil jedoch treibt der wieder erwachte Sparwille und das neue Sparprämien-Gesetz die Leute zum Schalter. Wer jetzt monatlich 50 DM anlegt, hat in fünf Jahren 3.000 DM.

Geld für junge Leute

Der Kontenstand bei Banken und Sparkassen erreicht 1959 eine neue Höchstmarke. Wohl auch deshalb erweisen sich die Herren des Geldes plötzlich als sehr großzügig und vergeben seit 1. Mai ohne großen Papierkram Kleinkredite bis zu 2.000 DM, Rückzahlung in sechs bis 24 Monaten. Hauptsächlich junge Leute nutzen die Gelegenheit weidlich – Menschen, die vorher noch nie eine Bank von innen gesehen haben. Sie brauchen das Geld zumeist für ihre Wohnung, für ein Auto und für Reisen.

Neu ist auch die Volksaktie, mit der Preussag und Veba als erste Aktiengesellschaften das Volk erfreuen. Wer nicht mehr als 16.000 DM im Jahr verdient, kann Aktien bis zu 500 DM Nennwert erwerben.

Ein anderer Trend, der uns eher dazu verleitet, das Geld möglichst rasch wieder unter die Leute zu bringen, zeigt sich im Lebensmittelhandel. Die Supermärkte breiten sich in der ganzen Stadt mit bedenklicher Geschwindigkeit aus. Mehr als 30 Prozent aller Läden haben umgestellt, und sie machen doppelt soviel Umsatz wie Tante Emma an der Ecke.

Namen, die jeder Nürnberger kennt, tauchen in den Todesanzeigen auf: Heinrich Pöhlmann vom Schuhhaus stirbt mit 76 Jahren, Theodor Prasser vom Möbelhaus mit 71, Friedrich Trost, einer der letzten Alt-Nürnberger Maler, mit 80, und am 1. Juni der langjährige Wohnungsbaureferent Karl Schönleben mit 68 Jahren. Er hat in harter Zeit Nürnbergs Wiederaufbau geleitet, eine der undankbarsten und zugleich wichtigsten Aufgaben der Stadt. Wenn wir heute die Wiedergeburt Nürnbergs aus Ruinen bewundern, dann können wir uns auch bei Karl Schönleben bedanken; es war mit sein Verdienst.

Im Juli fallen sich zwei Männer in die Arme, die sich seit 1938 nicht mehr gesehen haben: Der Nürnberger Rechtsanwalt Dr. Joachim Schreiber und sein jüdischer Kollege Rudolf Fleischmann, der heute in England lebt. Schreiber hat dem Kollegen 1938 zur Flucht verholfen, als die Gestapo ihm auf den Fersen war. Als Hauptmann der Wehrmacht besorgte er Fleischmann Wehrmachtspapiere, lotste ihn unter Lebensgefahr im Zug von Berlin nach Köln, unter seinem persönlichen Geleit durch mehrere von Posten gesicherte Absperrungen – bis Fleischmann im sicheren Flugzeug nach Brüssel saß. Seit 1945 hat Fleischmann seinen Retter von 1938 gesucht.

Vater des Wiederaufbaus in den ersten Nachkriegsjahren: Wohnungsbaureferent Karl Schönleben stirbt mit 68 Jahren

Im Oktober verschwindet plötzlich der 37jährige Nürnberger Polizei-Hauptwachtmeister Leonhard Sch. spurlos von der Bildfläche. Nach längerem Rätselraten taucht ein Abschiedsbrief auf: Der Polizist hat sich in die DDR abgesetzt – in Nürnberg der erste und einzige Fall einer Polizisten-Flucht nach Osten. Leonhard hat kein politisches Motiv.

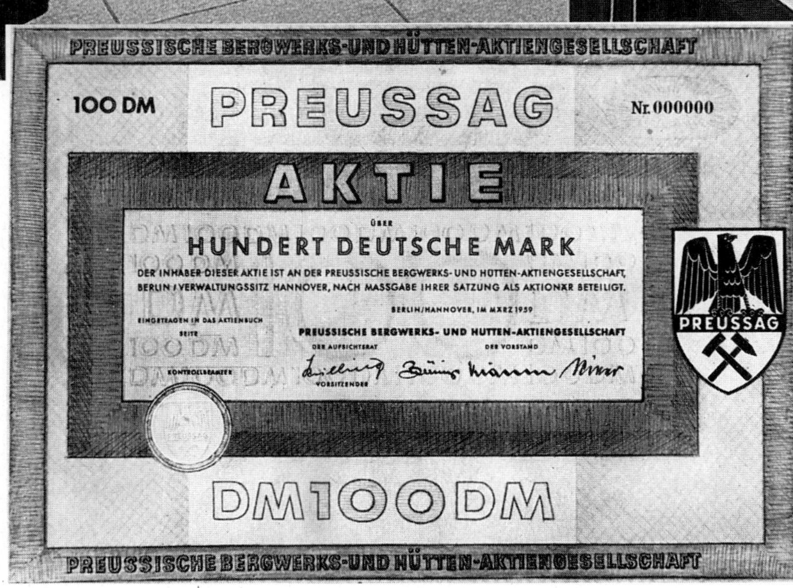

PREUSSISCHE BERGWERKS- UND HÜTTEN-AKTIENGESELLSCHAFT

100 DM PREUSSAG Nr. 000000

AKTIE

ÜBER

HUNDERT DEUTSCHE MARK

DER INHABER DIESER AKTIE IST AN DER PREUSSISCHE BERGWERKS- UND HÜTTEN-AKTIENGESELLSCHAFT, BERLIN / VERWALTUNGSSITZ HANNOVER, NACH MASSGABE IHRER SATZUNG ALS AKTIONÄR BETEILIGT.

BERLIN/HANNOVER, IM MÄRZ 1959

EINGETRAGEN IN DAS AKTIENBUCH

SEITE

KONTROLLBEAMTER

PREUSSISCHE BERGWERKS- UND HÜTTEN-AKTIENGESELLSCHAFT

DER AUFSICHTSRAT

VORSITZENDER

DER VORSTAND

PREUSSAG

DM 100 DM

PREUSSISCHE BERGWERKS- UND HÜTTEN-AKTIENGESELLSCHAFT

Es ist erreicht: Das hochmoderne Wohnzimmer 59. Alles ein bißchen schräg, sieht man sich die Beine an, und alles ein bißchen asymmetrisch. Zeichen von relativer Wohlhabenheit: Das weiße Telefon, die längsgestreiften bodenlangen Vorhänge. Links noch ein Beweis für neue Finanzkraft: Die erste Volksaktie

Er ist lediglich ohne Führerschein mit einem fremden Auto gefahren und hat einen Unfall gebaut. Aus Angst vor den Konsequenzen flieht er bei Nacht und Nebel nach Sachsen, wo seine Frau zu Hause ist.

Flucht in die „Unwirklichkeit" werfen Kritiker dem deutschen Film 1959 vor. Theater- und Kino-Experte Friedrich Luft aus Berlin formuliert das so: „Das Grab für den konventionellen Kintopp ist schon geschaufelt. Man wurschtelt weiter, holt sich Freddy und geht auf Nummer Sicher."

Man kann dem Friedrich Luft nicht widersprechen. Die Luft in unseren Kinos ist noch immer erfüllt von Schmalzgesang und Gitarrenklang wie seit zwei Jahren schon, es wird eher schlimmer. Der unsägliche Musikfilm hat jetzt die Heimatschnulze endgültig abgelöst. Haben bislang die Wälder gesungen, singen jetzt immerfort und immer noch dieselben Damen und Herren, die uns schon 57 und 58 beglückt haben, und ihre Lieder klingen auch nicht viel anders. Der armen Romy bleibt zwar der Gesang erspart, doch sie verkuppelt man mit Alain Delon, ohne zu ahnen, daß aus der gemeinsamen leichtfüßigen Komödie „Liebelei" von Arthur Schnitzler im wirklichen Leben ein Liebesdrama werden soll.

Ansonsten erfahren wir von Nürnbergs Leinwänden vornehmlich, daß das Leben unheimlich komisch sein muß, denn in welches Kino wir auch gehen, es umtosen uns „Orkane der Heiterkeit", piesacken uns „Angriffe auf unsere Lachmuskeln", versinken wir in „Wogen des Humors", werden wir von „umwerfender Komik" umgeworfen. Sparen wir das Eintrittsgeld und kauern zu Hause vor der Glotze, schauen wir leider im wahrsten Sinne des Wortes in die Röhre. Es hat sich noch immer nichts geändert, das einzige Programm fängt nach wie vor erst um 17 Uhr an. Einen Spielfilm kriegen wir höchst selten zu sehen, und dann ist er so alt, daß nur noch Opa sich an die Schauspieler erinnert.

Natürlich kann so ein Fernsehprogramm die Unterhaltungsbegehrlichkeit eines Volkes nicht zufriedenstellen. Es ist, wie maßgeschneidert, dazu angetan, den Tod von Opas Kino noch ein bißchen zu verschleppen, so mies dies auch sein mag.

Man will gar nicht glauben, wie Dr. Clemens Münster, der sich Fernseh-Koordinator nennt, sein Programm und die Abwesenheit von Spielfilmen begründet: „Der Film im Fernsehen ist beinahe eine ebenso große Tragödie wie das Fernsehen für den Film. Es hat sich immer wieder bewiesen, daß die schönen Erinnerungen an Filme schöner als die Filme selbst waren." Filme seien oft nur Lückenbüßer und von sehr unterschiedlicher Qualität.

Gute Nacht, Deutsches Fernsehen! Der Spielfilm, auf den Millionen warten, ein „Lückenbüßer"! Wo steht denn geschrieben, daß die Filme steinalt sein müssen? Nicht der Film ist die Tragödie für das Fernsehen, die „Macher" sind es, die vom Geschmack ihres Publikums meilenweit entfernt leben. Geistschleichen, die das Fernsehen für ihren eigenen Hausgebrauch zusammendichten und mit der Volkshochschule verwechseln. So präsentiert sich das bundesdeutsche Fernsehen 1959!

Gleichzeitig kündigt der Herr Doktor Münster trostreich an, das Programm werde besser. Wie, das behält er für sich. Man werde zu diesem Zweck einen „Referentenstab" bilden, der „die Planung auf längere Sicht vornehmen wird". Da sind wir ja schon zufrieden: Ein „Referentenstab", der plant! Ohne diesem Stab vorgreifen zu wollen, entwickelt der Herr Münster selbst revolutionierende Ideen: Vor der Tagesschau werden fünf Minuten lang Kurznachrichten mit Filmstreifen, Standfotos und Landkarten gesendet. Der naive Zuschauer hat immer geglaubt, daß sowas ganz selbstverständlich zur Tagesschau gehört. Wieso heißt sie dann „Tagesschau"? Man werde auch versuchen, aktuelle Berichte nicht erst 24 Stunden später auszustrahlen, sondern – mit Hilfe des neuen magnetischen Bildaufzeichnungsverfahrens und des Eurovisions-Austausches – schon in die nächst erreichbare Tagesschau aufzunehmen. „Versuchen", sagt der Herr Doktor Mün-

Filme, die wir mögen

„Die Gitarre und das Meer", „Venga, venga, Musica", „Junge Leute brauchen Liebe", „Allez Hopp", „Diana", „Mein ganzes Herz ist voll Musik", Hitchcocks „Aus dem Reich der Toten" (James Stewart, Kim Novak), „Die Katze auf dem heißen Blechdach" (Elizabeth Taylor), „Weites Land" (Gregory Peck), „Getrennt von Tisch und Bett" (Rita Hayworth), Tatis „Mein Onkel", „Das Tagebuch der Anne Frank", Norman Mailers „Die Nackten und die Toten", „Manche mögen's heiß" (Marilyn Monroe), „Hausboot" (Sophia Loren), „Fähre nach Hongkong" (Orson Welles), „Die Buddenbrooks" (Liselotte Pulver, Hansjörg Felmy), „Helden" (O. W. Fischer), Bernhard Wickis „Die Brücke" und „Hunde wollt ihr ewig leben".

AUF DEM BILDSCHIRM SEHEN SIE:

Sonntag

12.00 Der Internationale Frühschoppen
anschließend Vorschau auf das Programm der kommenden Woche
14.30 Die Leute von Barbignol
Eine französische Kleinstadt stellt sich vor
15.00 Einkaufsbummel zu zweit
17.00 Turnländerkampf: Deutschland — UdSSR
Uebertragung aus der Rheinlandhalle in Krefeld
19.30 Wochenspiegel
19.55 Illustrationen zur Bibel: Marc Chagall
20.00 Nachrichten
20.05 Was da kreucht und fleucht
Ein Walt-Disney-Film
20.30 Evergreens
Aus Alt mach Neu
21.15 Salon Pitzelberger
Operette von Jacques Offenbach

Montag

17.00 Sport — Spiel — Spannung
Eine (möglichst) unterhaltsame Sendung mit Heinrich Fischer
18.45 Die Münchner Abendschau
20.00 Nachrichten, Tagesch
20.00 Nachricht., Tagesschau, Wetterkarte
Leitung: Martin S. Svoboda
20.25 Die Oelwirtschaft zwischen Elbe und Rhein
Sendung von Dieter Schäfer und Max H. Rehbein
21.15 Münchner Lach- und Schießgesellschaft
Ausschnitte aus dem neuen Kabarett-Programm:
„Der Widerspenstigen Lähmung"
Von Klaus Peter Schreiner und Dieter Hildebrandt
Mit Ursula Noack
Hans J. Diedrich
Klaus Havenstein,
Dieter Hildebrandt

Dienstag

17.00 Das unruhige Weihnachtsgeschenk
Ein Handpuppenspiel der Hohnsteiner (Kinderstunde)
17.25 Unsere Autorennbahn
Wir basteln mit Friedrich-Karl Ries und Carl Mühlberger (Jugendstunde)
17.50 Wie funktioniert das?
Holger Hofmann berichtet vom „Selbstwählen im Fernsprechverkehr"
18.45 Die Münchner Abendschau
20.00 Nachrichten, Tagesschau
20.20 Das Genie und die Göttin
Von Aldous Huxley
Beth Wendel
Deutsch von Herberth E. Herlitschka
21.40 Piloten und Legionäre
Garnisonen in der Wüste — einst und jetzt
Filmbericht von Werner Prym und Kurt Schraudenbach

Mittwoch

17.00 Schneewittchen
Ein Märchenfilm (Kinderstunde)
17.50 Gesehen — gekonnt
Mit Dr. Marianne Stradal (Für die Frau)
18.45 Die Münchner Abendschau
20.00 Nachrichten, Tagesschau, Wetterkarte
20.25 Hätten Sie's gewußt?
Eine Fragespiel mit Heinz Maegerlein als Quizmeister
21.10 Der höhere Befehl
Ein Fernsehfilm mit David Niven
21.35 Blick in die Zeit
Menschen, Ereignisse und Ideen
Gesprächsleitung: Professor Dr. Eugen Kogon

Donnerstag

17.00 Das Christbaumspiel
Von Otto Brues
Musikalische Leitung: Nils Sustraten
Bühnenbild: Hans Gröninger
Inszenierung: Henry E. Simmon
Uebertragung aus dem „Jungen Theater", Hamburg
18.45 Die Münchner Abendschau
20.00 Nachrichten, Tagesschau
20.20 Der Irre von Chaillot
Von Jean Giraudoux
Deutsch von W. M. Treichlinger
Musik: Kurt Heuser
Szenenbild: Rudolf Küfner
Fernsehbearbeitung und Regie: Harry Buckwitz

Freitag

17.00 Geheimnisse aus der Weihnachtswerkstatt
Wir basteln für große und kleine Leute (Kinderstunde)
17.20 Einen Augen-Blick
10 Minuten über Tierschutz mit Wladimir Lindenberg (Jugendstunde)
17.30 John Sebastian spielt Bach
18.45 Die Münchner Abendschau
20.00 Nachrichten, Tagesschau, Wetterkarte
20.25 Mitteldeutsches Tagebuch
Von Günter Lincke
21.00 Jazz ohne Gebrauchsanweisung
30 Minuten mit dem Rediske-Quintett
Solisten: Ingrid Hagl, Lorne Lesley, Roderick Perry, Jordan Pugh und Klaus Weise
21.30 Wie werde ich gesund alt?
Bandscheibenerkrankungen
Eine Diskussion

Samstag

16.15 Wilder Westen Arizona
Die neuen Siedler
16.45 Kontinent der Stürme
Ein Jahr am Südpol
Ernst von Khuon interviewt Professor Dr. Herfried Hoinkes
17.30 Höpfner — zweimal klingeln
Eine unterhaltende Stunde
Es spielt das Hans-Schepior-Trio
18.45 Die Münchner Abendschau
20.00 Nachrichten, Tagesschau
20.20 Hans Hass: Expedition ins Unbekannte
Sind Haifische gefährlich?
20.50 Heute abend Peter Frankenfeld
Uebertragung aus dem Mannheimer Rosengarten
Anschließend
Das Wort zum Sonntag
Es spricht P. Georg Waldmann S. J., München

Kein Wunder, daß Kino und bunte Abende noch immer die Freizeit füllen, wenn das Fernsehen so wenig zu bieten hat – wochentags gerade mal fünf bis sechs Stunden. Und was von 17 Uhr bis höchstens 23 Uhr gezeigt wird, reißt wahrlich niemanden vom Stuhl

ster, und erst, wenn sich zeige, ob der „außerordentlich hohe Kostenaufwand" überhaupt lohne, dann werde man den Referentenstab beauftragen... und so weiter.

Na ja, da können die Herren Filmtheater-Besitzer ruhig schlafen und sich vorerst noch mit Freddys Sehnsuchts-Gitarre bescheiden.

Daß große Sportereignisse nur als Konserve gesendet werden, Stunden nach dem Spiel, wenn jeder das Ergebnis längst kennt, das macht die Sportfreunde ungehalten.

Hören wir ins gute alte Dampfradio rein, wird uns endlich die lang und wohltönend angepriesene Stereophonie, kurz Stereo genannt, ins Ohr strömen. Zuerst auf Schallplatte, dann auf Tonband und schließlich auch durchs Radio.

Ein ganz raffiniertes Gerät bringt Metz aus Fürth auf den Markt: Ein Kofferradio mit Plattenspieler, ganze fünf Pfund schwer, mit einem Zehn-Kreis-Super ausgestattet, für Batterie, Netz und Autobatterieanschluß. Eine tönende Handtasche.

Auch auf anderem Gebiet meldet die heimische Industrie Erfolge: Die neu gegründete Zweirad-Union, aus den Victoria-Werken hervorgegangen und nun mit Fahrrädern, Mopeds, Rollern und Motorrädern der Marken Victoria, DKW und Express beschäftigt, steigert ihren Umsatz um 80 Prozent. Ardie macht allein weiter, produziert erfolgreich Mopeds, Zweitaktmotoren, Industrie-Nähmaschinen und Steuergeräte für Werkzeugmaschinen. Quelle bietet jetzt 5000 verschiedene Artikel an und ist Deutschlands größtes Versandhaus. Grundigs Umsatz stößt an die Milliardengrenze.

Das Nürnberger Vergnügungsleben findet an den bekannten Plätzen statt, da hat sich zum letzten Jahr kaum etwas verändert. Es fällt nur auf, daß die Menschen noch tanzwütiger geworden sind. Wohin wir auch treten, auch in der Vorstadt, überall wird getanzt: Im „Leonhardspark" mit den „Fünf Teddys", die auch Jux-Postkarten verschenken, im Café Zymny an der Johannisstraße, im Volksgarten Dutzendteich mit Richard Fischer, in der Carlton-Bar mit Lothar Garbe, im Lessing-Theater, das jetzt ein Festsaal geworden ist, mit den Kapellen Hans Schluderer und Gerhard Grund, im Café Maxim (Breite Gasse) mit Hans König, Freddy Granzer und Thomas Schaller, im Café Meilhammer (Wiesenstraße), in der „Muggenhofer Klause", im Café Bristol mit den „Los Chicos", in den Stadtpark-Gaststätten mit Peter Herbolzheimer, im „Nachtfalter" (Wiesenstraße), in der „Astoria"-Tanzbar mit den „Drei Murinos", in der 46er Turnhalle mit Hanns Frank, im Gesellschaftshaus Gartenstadt mit „Atlantik", in den Hubertussälen mit Franz Plonner, im „Casino-Cassett" des „Vier Jahreszeiten" mit der Swing-College-Group, im Café Kerzinger mit Mario Falco und Giampiero Zilioli. „In" sind derzeit Cha-Cha-Cha, Blues und Boogie.

500-Mann-Zelt im Tucherkeller

Eine Neu-Eröffnung stellen wir fest: An der Bayreuther Straße macht der Gigerlas-Lößel den Tucher-Sommerkeller mit einem 500-Mann-Zelt wieder auf. Im alten Tucher-Keller saß Anfang der dreißiger Jahre mein Großvater gleich neben dem Musikpavillon, wo jeden Abend die Blasmusik donnerte, und ich machte meinen Matrosenanzug unterm Podium dreckig, weil's dort am schönsten war. Dafür hat's ein paar hinter die Löffel gegeben. Daß so was wie der „alte" Tucherkeller wiederkehrt, das will dem guten Gigerlas-Lößel allerdings keiner abnehmen.

In der Messehalle erleben wir dieses Jahr das Trompeten-Genie Louis Armstrong und die Wiener Eisrevue mit Ingrid Wendl, Europas größte Eisschau. Den Club erleben wir bei den Spielen um die „Deutsche" dieses Jahr überhaupt nicht, weil er sich – als Dritter der Oberliga Süd – nicht qualifiziert hat. Dabei ist die Mannschaft so gut wie unverändert geblieben, nur vier neue Namen tauchen auf: Hilpert, Derbfuß, Ammer und Flachenecker. In ihm sehen die Clubfreunde den Stürmer von morgen, so was Ähnliches wie einen zweiten Uwe Seeler. Der kräftige Junge mit den klassischen Fußballerbeinen ist schon in der DFB-Jugendauswahl angenehm aufgefallen.

Wohl um sich selbst zu beruhigen und ein wenig auf die Schulter zu klopfen, ergötzen sich die Freunde vom Zabo an einer sogenannten „ewigen" Tabelle der Oberliga Süd. Da steht ihr Club unter 32 Mannschaften auf Platz 1: 440 Spiele, 245 gewonnen, 83 unentschieden, 112 verloren, 1022:599 Tore, 573:307 Punkte. Das kann sich sehen lassen, denn die nächsten drei, Kickers Offenbach, VfB Stuttgart und Eintracht Frankfurt, halten ehrerbietig Abstand; keiner hat so viele Tore geschossen, keiner so wenige eingefangen.

Am Rand einer DFB-Sitzung im November fällt zum ersten Mal das Wort „Bundesliga". Spielausschuß-Vorsitzender Hans Deckert aus Schweinfurt schlägt vor, aus den

Es ist was los in der Stadt – für jeden Geschmack. Sogar den legendären Tucher-Sommerkeller an der Bayreuther Straße gibt's wieder – wenn auch nur für eine Weile. Wer Lust hat auf Schwof und Massentanz, kann sich leicht in die Hubertus-Säle an der Dianastraße verirren (oben), genannt „Huberla"

vier Oberligen und der Berliner Stadtliga zwei Gruppen zu je 18 Vereinen zu formieren.

Nürnbergs Eishockey nimmt einen neuen Anlauf, um im nationalen Konzert wenigstens eine zweite oder dritte Geige zu spielen. Aus HGN und dem „Club am Marienberg" wird eine Stadtmannschaft zusammengewürfelt, die am 4. Januar die englische Mannschaft Oxford-Cambridge mit 4:3 besiegt. Der neue Verein SG Nürnberg jedoch blamiert sich bei seinem ersten Aufritt am 8. November bis auf die Kufen: 2:9 gegen Preußen Krefeld.

Macht nix. Wir haben's rasch vergessen. Auf ein Neues. Das nächste Jahrzehnt wartet auf uns. Vielleicht wird der Club dann wieder deutscher Meister. Wir sind Optimisten. Wenn's so weitergeht wie 1959, dann kann gar nichts passieren.

*

Nach zwei Jahren treffe ich meinen Freund Gerch wieder, der jetzt in München lebt und deshalb lieber Schorsch heißt. Es ist kurz vor Weihnachten. Wir schlurfen über den Christkindles-Markt, dann schlürfen wir ein Bier. Wir sitzen in derselben Wirtschaft, wo wir damals, Anfang 1950, für vierzig Pfennig eine Halbe getrunken haben. Jetzt trinken wir wieder eine Halbe. Sie kostet 60 Pfennig.

Der Gerch mault: „Viel zu teuer. Waaßt nu, damals ham wir..."

Ich unterbreche ihn: „Was hast du denn damals verdient? Ich glaub' es waren 1,26 in der Stund', stimmt's?"

„Stimmt."

„Und was kriegs't heut'?"

„Zwa Mark fünfundachtzig. Und Zulong". Der Gerch ist tüchtig, er ist ein Spezialist und bekommt über Tarif bezahlt.

„Und die Betty? Die arbeit' doch noch, oder?"

„Fraali. Des Geld braung' mir doch. Waßt scho, etz ham wir den neua Rekord kaft, und a groußa Waschmaschin', weng dem Boum seiner Wäsch. Und nächst's Jahr woll'n mir amol nach Spanien düsen. Dös kost Geld, die Betty kräicht etz 400 Märker", sagt der Gerch und nimmt einen kräftigen Schluck: „Scho widder a Fünferla versuffen."

Damit hat er wohl schnell im Kopf ausgerechnet, wieviel dieser Schluck bei 60 Pfennig für die Halbe kostet.

Ich frage: „Dann habt ihr doch mit'nander an gout'n Tausender".

„Ja, dös ham mier. Aber dös braung mir a."

Ich überschlage: Der Gerch und die Betty verdienen 150 Prozent mehr als 1950. Die Preise sind seitdem, grob gerechnet, um 30 Prozent gestiegen.

„Und euer Bou, was macht denn der, wenn die Betty arbeit'?"

„Der gäiht in Kinderhort. Dou g'fällt's dem. Am Abend und am Wochenend sin mier ja daham."

Spuren im Gemüt

So ist das 1959, auch beim Gerch „daham". Der Gerch ist lieb und nett geblieben, aber er ist auch mit den Jahren gegangen, und so wie die Jahre sich verändert haben, so haben es die Menschen. Der Gerch lebt wie Millionen andere. Er hat die Herausforderung der Zeit angenommen, die da heißt: Du mußt mitmachen, du hast dir den Wohlstand hart erschuftet, jetzt willst du ihn auch behalten. Besonders in der zweiten Hälfte der 50er Jahre ist unser Leben nach diesem Muster gestrickt; es unterscheidet sich wesentlich von dem der ersten Nachkriegsjahre. Wer sich im Räderwerk dieser neuen Mechanismen zurechtfindet, wo ein Rad ins andere greift, ein Anspruch den nächsten nach sich zieht, der hat es geschafft, er kommt nach oben und bleibt Sieger.

Aber Jahre wie diese hinterlassen nicht nur beim Gerch Spuren im Gemüt. Damals haben wir beide nur wenig gehabt. Die Zeit war schwer, aber vielleicht haben wir leichter gelebt, weil es nix zu verlieren gab. Wir haben die Last nicht gekannt, die Besitz mit sich bringt. Jetzt haben wir „was geschaffen", jetzt sind wir „wer", jetzt können wir uns was leisten. Ein Stück Bescheidenheit aber ist auf diesem Weg zurückgeblieben. Das Leben wird dadurch nicht leichter. Es wird nur anders, sehr viel anders, weil wir jetzt sehr viel zu verlieren haben.

Der Gerch drängt, raucht seine Stuyvesant zu Ende, die neue Zigarette mit dem komischen Namen, die es seit ein paar Monaten gibt; früher ist er stundenlang hocken geblieben. Er muß „des" noch kaufen, und „des" und sonst noch was. „An haaf'n Zeuch mou i nu b'sorg'n", sagt er, und er freut sich, daß er sich's leisten kann.

Wir gehen in die Metzgerei, wo im Januar 1950 die freundliche Metzgerin sich „ziert" hat, weil die „Worscht a bißerla mehr worn is".

Die Metzgerei gibt's nicht mehr. Da steht jetzt ein Supermarkt. Die Metzgerin ist auch nicht mehr da. Hinter der Fleischtheke werkelt eine andere Frau. Sie lächelt nicht, sie ziert sich auch nicht, sie kommandiert: „Hinten anstellen!"

Wir stellen uns hinten an. Ich verlange einen Ring Stadtworscht, deute auf den Größten.

Werbung der 50er Jahre: realistisch, deutlich, unverwechselbar. Der Kunde versteht die klare Sprache. Alles wird gesagt, aber nichts darf gegen den „guten Geschmack" verstoßen. So sind sie nun mal – die 50er Jahre

Die Frau gibt mir den Kleinsten. Sie hat nicht recht zugehört.

„Aber ich wollt' doch…"

„Etz nehmes halt den, ich hab'n scho eipackt. Is halt a bißerla wenger worn, macht a nix. Sie wern scho net vom Fleisch fall'n."

Jetzt lächelt die Frau sogar, aber sie lächelt nicht so wie die Metzgerin im Januar 1950.

Sie lächelt anders. Vielleicht ist es schon das Lächeln der 60er Jahre.

Aufbaustadt Nürnberg 1959: Zurück zum Leben

REGISTER

Personen

Straßen, Plätze, Gebäude

Gastronomie